LOCUS

LOCUS

from

vision

from 02 1688

1688: A Global History

作者：衛思韓 (John E. Wills, Jr.)

譯者：宋偉航

（第21至24章多處關於伊斯蘭文化的名詞與概念，承蒙
政治大學阿拉伯語系林長寬老師校正並提出建議）

責任編輯：陳郁馨

美術編輯：謝富智

法律顧問：全理法律事務所董安丹律師

出版者：大塊文化出版股份有限公司

台北市105南京東路四段25號11樓

www.locuspublishing.com

讀者服務專線：0800-006689

TEL：(02) 87123898　FAX：(02) 87123897

郵撥帳號：18955675　戶名：大塊文化出版股份有限公司

總經銷：北城圖書有限公司　地址：台北縣三重市大智路139號

TEL：(02) 29818089 (代表號)　FAX：(02) 29883028　29813049

排版：天翼電腦排版印刷有限公司　製版：源耕印刷事業有限公司

初版一刷：2001年12月

初版 3 刷：2002 年 6 月

定價：新台幣 380 元

Printed in Taiwan

1688 : A Global History

1688

John E. Wills, Jr. 著
宋偉航 譯

目錄

致謝
009

巴洛克序曲：一六八八年，一月三日
013

第一篇　木船所到的世界

第一章　白銀帝國
029

第二章　面面都是非洲
057

第三章　奴隸，船，邊疆
074

第四章　丹皮爾和原住民
095

第二篇　大公司經營的世界

第五章　好望角
107

第六章　島嶼世界
114

第七章　法爾康
132

第三篇　三方相鄰的世界：俄羅斯，中國，日本

第八章　彼得大帝的俄羅斯
144

第九章　遺民和先覺
157

第十章　康熙朝中
167

第十一章　耶穌會士和中國
183

第十二章　金澤，江戶，長崎
204

第十三章　井原西鶴與松尾芭蕉
221

第四篇　歐洲宮廷的世界：凡爾賽宮，倫敦，阿姆斯特丹

第十四章　太陽王的宮闈
235

第十五章　禍起蕭牆，光榮革命
250
第十六章　四海的回響
270
第十七章　百年的自由
287

第五篇　文字的世界：歐洲的文風和思想

第十八章　文字共和國
307
第十九章　艾芙拉・班恩
326
第二十章　牛頓，洛克，萊布尼茲
334

第六篇　伊斯蘭及其所屬的世界

第二十一章　蘇丹的世界
353

第二十二章　麥加
372

第二十三章　印度教徒，穆斯林
381

第二十四章　英格蘭人與印度人等等
393

第七篇　流亡，希望，家人

第二十五章　明年耶路撒冷再見
406

第二十六章　願你平安
415

中文版註
419

參考資料與延伸閱讀
445

致謝

我是在蒐尋中、歐關係的史料時，無意撞見書裡說的幾件事。一開始我想避開光榮革命的複雜糾葛，找一六八七或八九年的史料就好，但法爾康在暹羅出的事，施琅遣使到馬德拉斯，就害我要避一六八八也不可能了。意外的邂逅自此接二連三，無止無休。在我於布魯塞爾巧遇柯洛內里做的地球儀前，從沒聽過這號人物。一九九五年七月，我從一處史蹟紀念碑追到瓦爾瓦索在斯洛維尼亞的鄉間寓所，此前我也沒聽過瓦爾瓦索。一九九七年，我有機會到丹皮爾當年落腳澳洲的海岸，也去了倫甫沈醉熱帶動植物的安汶島要塞。一九九九年二月，我在羅普武里把法爾康在世的最後一日重走了一遍。巧遇，意外，隨一件事帶向另一件事，這些都不是歷史學界講究方法該有的路數。沒幾位史家願意脫韁如我在這本書裡的作法，但許多史家都會承認，這也是治史的艱難工程裡的樂趣之一。所以，做這本書眞是好玩。能和彭威廉、芭蕉、丹皮爾相聚也是三生有幸！

既是巧遇，欠下的人情債就多得要命，到處都有。我在南加大歷史系的同事，就有許多給過我指點或書目。我虧欠最多的是 Ayse 和 Hari Rorlich，兩人在俄國和中東史料上給了我莫大的協助。南加大其他同事如 Marjorie Becker、Gerald Bender、Marguerite Bistis、Michael A. Burnstine、Thomas Cox、Cahlotte Furth、Paul Knoll、Philippa Levines、Edwin McCann、Peter Nosco、Edwin Perkins、Carole Shammas、Lisa Silverman、Joseph Styles、孫紹宜。Connie Wills、Diane Wills、Jeff Wills 在最後痛苦的編輯作業，是出力最大的核心集團。愈謝愈多的名單，從對街要擴大到全世界了：Kim Akerman、E. M. Beekmnan、Leonard Blusse、David Ellenson、Lory Friedfertig、Aubrey Graatorex、Richard Hovanissian、Allen F. Issacman、David Northrup、Demy Ohoilulin、Dhirivat and Pajrapongs na Pombejra。Branko Reisp、Shalom Sabar。南加大的圖書館和館際借聘人員是我很依賴的資料來源。洛杉磯加大和亨廷頓圖書館（Hungtington Library）裡的寶藏，也給了我很大的助力。我到北京、海牙、歐洲、亞洲港口的旅程，因許多單位贊助經費才得以成行；在各地又蒙地方史料暨相關機構大力襄助，在我的專論裡都一一致謝。我特別要謝謝諾頓出版社（W. W. Norton and Company）的 Steven Forman，蒙他賞識，以驚人耐力相待，我這怪計劃才得以屢進屢退的腳步蹣跚完成，他對我的工作也投注了非凡的學術功力，是在我在「學術」出版社裡從未得見的殊遇。Geoffrey Parker 對我初稿所提的指點和犀利的批評，也是這本書非常重要的助力。

我太太和孩子跟大部份人家一樣，對家裡有人陷在愛的痛苦裡不知伊于胡底，先是好笑，然後忍耐，再來不耐。女兒 Lucinda 和女婿 Muhammad Al-Muwadda 幫我處理伊斯蘭方面的材料，還給了我一件T恤印著「1688—the best year of my life」（1688，我這輩子最愛的一年），在我完工前讓我穿。而和 Carolin Connell Wills 結褵四十多年最棒的福利，是從她那裡弄來了個親戚，Robert H. Irrmann，他在 Beloit College 當了多年歷史教授，鑽研一六八〇年代英國史，是備受愛戴的老師，說故事高手，也給了我許多敏銳的指點，隨時都有一六八八年的事情可講。這本書就是獻給他聊表敬愛和感謝。我最高興的是他在過世前知道這本書做到了哪裡，也拿到了完整的初稿。

巴洛克序曲

一六八八年，一月三日

地球緩緩自轉，陽光即從淺藍帶灰的太平洋，移向日本、呂宋一線的岸邊田野。江戶街上浮盪一片蒸騰的活力，蠢動的秩序；日本世襲幕府駐蹕的都城，住宅區沈重的木門呀然開啓。佛寺傳來了鐘聲梵唱，悠悠盪盪。店家掀開門板，整齊擺出各地運來的精緻陶器。鬧了一夜的酒客，萎頓自花街柳巷踉蹌，又馬上遁入巷內，避開策馬而來的武士挾著刀劍鏗鏘，揚長而去。

呂宋島，帕西戈河（Pasig River）沼地南邊，馬尼拉市中心的宏偉大教堂也響起了鐘聲，和沼地北邊華人基督信徒的小禮拜堂遙相呼應。一艘艘帆船陸續從中國港口抵達。有傳言說今年來的船可能沒去年多；因爲華人和其他民族的關係愈來愈緊張。遠在天邊的馬德里、墨西哥城官方，對馬尼拉這邊頻頻送去連篇抱怨，數落華人作亂、詐欺等種種不是，不知作何反應？會不會有另一波華人海盜又要攻向信奉天主、白銀的西班牙帝國，在這極遠角落的據點？

再往南推，澳洲西北部有處嶙峋海岸，丹皮爾（William Dampier），這位天資過人的自然學家兼海盜群的剃頭醫生❶，已經起床在忙，除了仔細計算潮來潮往的變化，也不忘留意在山丘站哨的土著。他覺得他們不過是可憐的原始人罷了，沒什麼好怕的，他若留得下性命回家，倒是跟人講驚險故事的好材料。

陽光再灑上北京皇城的大紅高牆、黃琉璃瓦。一列縱隊朝南走過高大的城門，旗海、衛隊，歆歟盛哉！中國的皇帝走在隊中往天壇去，要向寒冬裡的蒼天祝禱，願以他的陽壽折換彌留的太皇太后年歲。

陽光繼續折向北京西城的牛街清眞寺❷，也往南折向民答那峨（Mindanao）、安汶（Ambon）等熱帶島嶼的清眞寺。叫拜塔傳出呼喚，召喚信徒作清晨的禮拜。幾個小時後，禮拜的呼喚傳遍了印度南部的海得拉巴德（Hyderabad），以及城郊蒙兀兒大君奧朗則布（Aurangzeb）大軍的營帳。奧朗則布麾下雖有幾位將軍信的是印度教，但他本人及其他將帥則是穆斯林〔回教徒〕。所以，現在個個面朝麥加俯伏在地，作他們的晨禮。之後，就要著手規劃下一次的頭痛戰役了。叫拜塔的呼喚隨著各地一道道破曉的曙光，四處迴盪，往北到〔今伊朗〕伊斯法罕（Isfahan）、〔今烏茲別克〕撒馬爾罕（Samarkand）、麥加、開羅、伊斯坦堡、烽火連天的貝爾格勒，再到〔北非〕阿爾及耳、廷巴克圖（Timbuktu）。

基督信徒的晨鐘亦於此時響起。人在漢堡的吉莉柯‧萊伯（Glikl bas Judah Leib）知道這鐘聲召喚的不是她，不是她的族人，只是，鐘聲響起，她通常已經起床在忙。柯洛內里（Vincenzo

Coronelli）神父同樣也已起身，在威尼斯的聖方濟修道院（Convent of St. Francis）做完早課，正要開始他製作地球儀、四方飛鴻去信的一天。牛頓在劍橋也聽到了大教堂、小禮拜堂此起彼落的鐘聲。這一年他得刻意壓低身段，免得加深他和英王的衝突，同時靜待他的巨著《數學原理》（*Principia*）的書評出來。一待陽光衝破黑暗，他就可以記下：這天正午時的陰影比較短，因爲，冬至已過。

再跨越大片海洋，美洲大陸那邊有許多部族熬過了歐洲人挾疫癘而來的荼毒，正力圖重建固有的生活。但也有少數歐洲人在這新世界裡大作新夢想：無關乎金銀財寶、世外桃源的夢想。就在偏僻的索諾拉沙漠（Sonora Desert），基諾神父（Father Eusebio Kino）站在高原秀麗的山谷，看著他新皈依天主的皮馬族人（Pima）魚貫前來聽他佈道，同時在心裡暗禱，北方的那片烏雲快爲他們帶來生命的雨水吧。陽光繼續移動，走入汪洋大海。

這一年這一天的寫照，多少是虛構的想像。這起點，選定我們現代世界一天周期之始的太平洋，純粹是因爲太平洋是那時人口聚落、活動密度落差最大的地區（現在依然）。接下來的章節，就要再慢慢揭露這些人、這些地方在一六八八這一年裡的事。只是，以這一年爲焦點，在我們是主觀的選擇，但對一六八八那年的人就絕非如此。那一年，在許多人根本還不是「一六八八」。

像穆斯林，那年就先是回曆的一〇九九接一一〇〇。華人，先是康熙二十六年然後是二十七。以「年」的周期來看全球世事，本來就是人工的概念；二十世紀末如此，十七世紀末更是如此。如今，世上有任何大事，不出幾秒、幾分鐘就可以傳遍全球；透過全球的電腦、電訊網路，世上的任何一個角落幾乎唾手可得。但在一六八八年，跨越大陸的傳訊，全靠船隻送人和信漂洋過海；還得看風向，只有特定的季節才能出海。從地球的這一頭傳消息到另一頭——像有一家東印度公司設在日本的貿易站，就有荷蘭人寫了封信要給人在〔美國〕赫德遜河谷的表親——起碼要走上至少一年。

即使像現在旅行的機會這麼多，通訊這麼便捷，世人對「全球一體」有穩固的概念，甚至對世界幾大區的牽連有穩固概念的人，可不如我們想得多。那推回一六八八年，對世界有多少種地方、民族，各地方、民族間的差距和牽連又如何等有點完整概念的人，就更少之又少，如萊布尼茲一輩的歐洲哲學家、耶穌會士、英國旅行家丹皮爾，以及少許歐洲城市裡的居民，因爲有幸涉獵當時市面上愈來愈多的遊記、采風錄，而對世上其他地方略知一二。中國的康熙皇帝和他的幾位大臣，當然也知道有歐洲這麼個地方，也拿歐洲作他們「天下」極遠的邊界，但對非洲和美洲可就一無所知。至於伊斯蘭世界，雖是從北京、民答那峨延伸到〔東歐〕多瑙河和〔西非〕尼日河，但要再伸到新世界，就要靠一些倒楣的非洲穆斯林熬過「中介航路」❸的折磨，在美洲以奴隸身份度過餘生才有辦法了。那時，不論哪裡的文化，文盲農民的世界泰半局限在他住的小村子和鄰近的市集。如澳洲西部巴第族（Bardi）的世界，最多不超過一千人，沒什麼工具，但有一大堆「靈」和「夢」。因此，一六八八年的地理世界，雖然只有一個，人類的經驗世界，卻有好多。

旅行、通訊的速度，不是我們現在這世界和三百年前唯一的差別。一六八八年的世界，空曠多了，有大片森林和野地綿延；如今都成了農場和大城。凡爾賽宮的朝臣，隨便哪天早上要騎馬出去獵狐狸都沒問題。一六八八年的世界安靜多了，沒有擴音器，沒有內燃機。他們的平均壽命是短了點，因爲那時還不知道怎樣預防傳染病，怎樣降低生產的死亡率。但這其間最根本的差別，可能還是在：十七世紀末的世界，沒人會碰得上或想得到在他生前，人類的技術會有怎樣急遽的變化，或在他身後，他們的政治秩序、生活型態可能會有天翻地覆的逆轉。那時代的人對先人相信的事，對自己所過的日子，幾乎全都篤信不疑，認爲天經地義，理當繼續；就算要有改變，也會師出「復古」之名，意在匡復傳統。我們現在視「變」爲必然，視人類生活進步爲極大的或然，於根本的心理即無法忍受威權、傳統。凡此種種，在那時才剛從歐洲幾位學者的口中隱隱吐出了一些先聲。

這寥寥幾位學者在當時覺得劇變隱然在望，證諸事實確實沒錯。以事後之明來看，我們確實在一六八八年的世界看見了劇變的徵兆隱隱浮現，即將創造出我們這大不同的後代世界：科學勃然發蔚；城市、商業擴張；政府政策以經濟成長爲重；寫作、出版日盛，類型繁多，有些還專供城市裡的大眾閱讀；大宗教出現非常獨特、新異的看法和新解；蓄奴和男尊女卑的習俗出現了抗議的聲音。這些新發展，在接下來的章節裡會陸續出現，往往還不止一次。許多讀者可能沒想到，當時許多分處天南地北的地方，居然都出現了相當類似的情況：日本和歐洲的商業、經濟同都大幅成長；井原西鶴和艾芙拉・班恩（Aphra Behn）的作品都有非常活潑的商業市場；王夫之和彭威廉（William Penn）也同都對源遠流長的大傳統提出了個人獨到的新解。

我在尋找這一繫年的史料時，取捨的分際難免有所不足或是過當。像沒有文字的民族只能出現在他人的記載裡；統治者比被統治者多；商人比農人多。冒險家有故事可說，而且也以歐洲人爲多，對西方人認識歐洲外以的世界都有很大的貢獻。但我在讀這類史料時，也特別注意不要被他們帶著走，不依附作者的偏見。我四十年前開始讀荷蘭人的中國沿海史料時，就一直很注意這點。但我最想做的，還是要將我聽到的聲音在我心底引發了何等悸動，傳達予讀者知道。這些聲音有的說的就是這本書用的語言：像丹皮爾重述他對澳洲原住民敏銳的觀察；洛克呼籲我們作理性、縝密的思考，有關事實、知識、政治權等深奧的謎題更應該如此。有些聲音則是用別的歐洲語言來講——像皮耶・培爾（Pierre Bayle）以慷慨激昂的語言，將「自由同意權」（free assent）和眞正的信仰聯結了起來；像維艾拉（Antonio Vieira）在「聖靈降臨」的觀念上轉了兩次彎，「說別國的話」（speaking in tongues）——但這些都還算清晰。只是那艾芙拉・班恩要怎麼辦呢？她以虛構的聲音，轉述一位叛變的奴隸歌劇劇情式的勇氣，而且，這聲音還只有一部份是她的。我們也眞的抓得到修女胡安娜（Sor Juana）複雜的意象和巧喻嗎？原本，我一直以爲我抓得到一點康熙皇帝講話時專橫又譏誚的口氣，但再知道他說過的話都是經過編纂才流傳後世，我一時就不太敢確定他講的是漢語還是滿州話。而一位印度蘇菲（Sufi）說的「暴君必遭天譴」，所引發的共鳴又好像可以穿越心態和翻譯的鴻溝。我們之所以聽得到井原西鶴冷淡、譏誚的聲音，靠的也是幾位才華很高的博學譯者，奮力和世上用典最爲細密飄忽的散文纏鬥。

我們當然也不是眞的聽見了什麼。我們是在「閱讀」；一六八八年傳來的人聲轉化到文字裡了。閱讀的時候聽見聲音，在我們這樣的識字文化裡司空見慣，也很神祕。有時，我們若認識作者本人或聽過作者說話，就會發現一個人在寫作時，多少會用文風去捕捉一點自己的聲音。這神祕的聲音，在我們一六八八年傳下來的文獻裡特別清楚。經商的生意人，走政治、軍事、學術道路的人，常常周遊各地。他們和身後人保持聯繫的唯一方式，就是寫東西。中國文人千百年來常在道別的時候，寫詩送給朋友賦別，遠離後更常千里飛鴻，捎來可以吟誦的詩歌遙相唱和，彷彿寫詩的人和讀詩的人就在一起。十七世紀的英國、法國，也是輕鬆的對話式散文體如日中天的時候；這樣的文體，大部份和當時人愛寫信有點關係。洛克就將他談農耕、談理財的口氣，還有在女士面前靦腆的魅力，一路全帶進他最深奧的哲學思考。那時還有許多小說都是用書信體寫的。許多書的序文標題也是「致讀者」。

聲音，也可以超脫個人，至少一般人說可以。剛果的偉人，就用言、行重演魔咒、法力的糾葛。黎明時的叫拜人，塞內加爾河岸《古蘭經》學校裡的學童，多瑙河畔遭信基督的海盜俘虜的土耳其青年，在在都在重覆上帝派遣天使指示予先知的話語。耶穌會士維艾拉就鄭重宣告，他之所言，乃聖經假借其口而出。只是，顯然聲音每每也和個人以及個人的生活分不開。這些人的名字，有些就出現在每一章的標題：丹皮爾，井原西鶴，洛克，萊布尼茲，班恩。他們沒一個人的聲音僅只是他們自己的聲音；不過，我們若多了解一點孕育這聲音的生活背景，就可以把這聲音多聽清楚一點。

但也有的時候，我們只聽得到集體的聲音。我們知道奴隸船艙裡有何等憤怒、絕望的呻吟，偶爾夾雜怒吼。我們想得出來古老的俄羅斯讚美詩在「舊信徒派」點火自焚之前，吟唱的是何等神祕的和諧。還有安第斯山脈（Andes）的風帶來聲音，在波托西（Potosí）的巴洛克廣場角落咆哮。在外海風暴的呼號裡，流浪人的眼睛睜得再大也可能隨時走到冒險的終點。長川湍流的轟隆漫過大陸的心臟，朝大海奔流。歐洲人到了非洲、美洲的海岸，所聽見的長川，說的都是源頭的祕密，允諾的都是上游的寶藏。甚至有位歐洲人，以心眼望見亞馬遜河乃通往人間天堂的道路。那時，即使是長江、密西西比河在西方人的了解裡，也比塞內加爾河、甘比亞河、尼日河、剛果河要熟悉。非洲的形狀，非洲一個個人的聲音，始終是西方人最難理解的（但有悽慘的例外：遠離非洲一去不返的奴隸）。

地球自轉，光、影隨之變動。主題、聲音來來去去，在在超乎我之所料，更遠非我能控制。其錯綜複雜，好不巴洛克啊！一六八八年，世上有些地方已經有一些人對人類的理性有了新解，而能直視人性的複雜和矛盾，再以優雅的文詞，描述太陽、月亮、星辰運行的軌道，甚至彗星駭人的不規則軌道。「巴洛克」因此代表許多事，絕不僅只是神祕的人聲在作浮面的交織。井原西鶴層疊的反諷和典故，就教人忍不住說是「巴洛克」。我們會從修女胡安娜的巴洛克巧喻開始；走到近末了時，再由《聖經》的「雅歌」當我們神聖的線索，領我們追尋美麗的圖樣，聆聽人聲交響的「詩篇」，禮讚、渴望的和聲。最後則以普賽爾（Henry Purcell）爲斯圖亞特王朝覆亡而寫的聖歌告終，傳達人類從王國到未出生嬰兒所懷抱的希望，所歷經的危難；只是，這一切絕非到此爲止。

第一篇

木船所到的世界

一六八八年，「太平威尼斯共和國」的地圖師，方濟小兄弟會（Friars Minor）修士柯洛內里（Vincenzo Coronelli, 1650-1718），把一張張裁好的地圖發送給訂户，讓他們貼在大圓球上。圓球直徑超過一公尺，拼好後，就成了當時史上最大的印製地球儀，見證十七世紀地圖師於藝術、科學的偉大成就。各大陸的海岸線畫得精確得很，但澳洲東部、日本、加州以北的太平洋岸、一部份美洲的海岸、西伯利亞的北極、南極等地除外。這些地方不是空白，就是簡單勾幾筆，略畫出航海家模糊的說法或猜測就好。大陸的內陸，畫出了當時耶穌會士所知的中國長江、北美聖羅倫斯河、南美巴拉圭河流域，以及晚近歐洲人於非洲塞內加爾河、尚比西河、美洲密西西比河下游的探險知識。柯洛內里的地圖，只有西伯利亞和中亞一帶没辦法呈現當時歐洲人對那一帶的了解。因爲，這些地區以阿姆斯特丹的大商人政治家魏森（參第十七章）了解得比較多；荷蘭人和俄羅斯作貿易已有一世紀之久。只是，魏森没將他知道的公開。

柯洛內里在他地圖的幾處空白海面，畫了幾艘小巧精緻的歐洲木船。這些木船便是一六八八年的全球紐帶。歐洲木船所到的世界，有西班牙人駕貫列船❶載運白銀橫渡大西洋、太平洋；有西非、歐洲、美洲間縱橫交錯的奴隸、黃金、布疋、槍砲貿易網。歐洲人遠渡重洋，到新世界，到亞洲、非洲的邊緣，闢出一塊塊小小的屯墾區；面對的是作夢也想不到的各色人種，從亞洲的偉大文明到北美印地安人的宜人小村，或澳洲西北部物質貧瘠但心靈豐富的原住民社會，在所多有。

柯洛内里神父本人，是篤信天主教和經驗論的虔誠混合體。他在聖方濟修會有很大的影響力；聖方濟修會則是中古時代知性和精神之光。柯洛内里神父也是威尼斯自信滿滿的公民和官員。只是，威尼斯於當時雖還是地中海區的一大強權，但也眼睜睜看著歐洲的政治、商業、文化霸權，日漸從義大利轉移到法國，到尼德蘭（the Netherlands），現在，又到了英格蘭。他曾在法國住過很長一段時間，在那裡累積了不少地理知識，也做出當世最大的一顆地球儀，直徑達十三英呎，獻給法王路易十四。他在威尼斯一樣深受寵信，替威尼斯的權貴把他們在地中海東部攻城掠地的成果畫成地圖。

一六八四年，柯洛内里神父成立世上最早的地圖學會，「亞格宇宙誌學會」[2]。威尼斯共和國的總督（doge），還有剛從土耳其人手中救下威尼斯的波蘭國王索比耶斯基（Jan III Sobiesky）[3]，都大力支持該會。米蘭和巴黎還設了分會。向該會訂製地圖的著名學者遍及歐洲；連遠在中國北京供職的天文學家南懷仁（Ferdinand Verbiest），也加入學會當會員；可能是別的耶穌會士回歐洲來時替他辦的手續吧。訂户每個月付三里拉，就可以收到柯洛内里神父做的大地圖，六張一套。裁成三角形的地球儀圖也開放外人申購，一套五百零四里拉。

柯洛内里神父努力培植他和歐洲各國王公的關係，孜矻不敢懈怠，以求一有新的地理知識就可以取得，兼改良他在威尼斯聖方濟修院裡的地圖作坊。有幅他的畫像，像是拿他開了個風趣的視覺型玩笑：畫他人在一六八八年的大地球儀上，從渦卷形邊框的角落裡朝外偷看，眼睛晶亮有神，還有一張苦修絕找不到的圓臉龐。他一身聖方濟創立修會時的棕色袍子、腰帶、草鞋，在恪守聖方濟會的禮拜日程之餘，偷閒做他繪製地圖、推廣地圖的工作。不知有多少天，他坐鳳尾船從支流轉進交通繁忙的大運河，朝總督府帷幔深垂的黝暗宮室前進，去和市政府的官員商量事情——這總督府現在依然泛著當年威尼斯共和國一絲不苟、積極任事的氣味。他偶爾應該還會再走遠一點，到人稱「兵工廠」的大造船廠去看看。廠裡專門以裝配線的方式造賈列戰艦。他悠游在權貴的世界裡如魚得水；其實，他要做的，不靠權貴扶植還不行。由於他的地圖是探險家披荊斬棘的實錄，這些探險家又是歐洲霸權的急先鋒；因此，他畫的地圖，形如歐洲人意圖組織世界、終至控制世界的象徵。他既是聖方濟的精神後裔，也是十九、二十世紀地理學會的前驅。他既植根於上帝和世人亙古不變的眞理，又迎向世人在上帝塵世所挖掘的新發現——柯洛內里神父和他的地球儀，爲我們開啓了一六八八年世界的許多層面：已知、未知的海洋，已測、未達的海岸，一一在內。

當時歐洲、非洲、美洲間的貿易往來十分頻繁，以致南大西洋成爲一六八八年世人最熟悉也最常橫渡的海域。這時，離西班牙、葡萄牙第一次將他們反伊斯蘭的好戰天主教霸權向外投射，也有近兩百年的時間。一開始，誰也想不到這小小的開端，到後來會演變成大批大批自願、非自願的移民洶湧朝西而去，而財富則往東而來，兼在美洲建立起一座座新的都城，開闢出一塊塊商業、霸權、掠奪的新世界。跟著去的，除了移民，還有海盜。而不論移民還是海盜，都早已找到路，穿過巴拿馬，繞過南美洲，深入浩瀚的太平洋，甚至橫渡過海。他們在這些陌生的海岸，會遇見陌生的民族；這些民族，有部份的生活會因歐洲人到來而幡然一變，像波托西的採礦人。但倒也有民族有幸保存原本的生活方式，多年不改，像現在美國德州的凱多族（Caddo），澳洲的巴第族（Bardi）。

第一章 白銀帝國

一六八八年四月二十八日，一長列隊伍走出墨西哥城（Mexico City），沿著堤道穿過附近的湖泊，走過高原上的小鎮和農村，朝伊斯塔克西瓦（Izyaccihuatl）和波波卡提佩（Popocatepelt）兩座火山中間的隘道走去。兩座火山的高度都超過一萬六千英呎。由隘道往下，就到了熱帶港維拉克路茲（Vera Cruz）。村子裡的農人早已習慣行旅來來去去。但這次，他們停下手中的活兒，看了一會兒，然後用那瓦語（Nahuatl）喊來喊去。那瓦語是這裡原住民的主要語言。這次的隊伍可不常見：一列騎兵隊護著一輛大型的豪華馬車，後面跟著一輛輛載滿箱籠的貨運馬車，之後再跟著一長列漂亮的驛馬車。拉古納侯爵（Marquis of Laguna），一六八〇到八六年任「新西班牙」（New Spain，即墨西哥）總督，夫妻倆挾龐大的財富、馬德里的有力背景，以及對精緻品味與藝術的鑑賞力，爲總督府營造了幾年豪華、雅致的丰華。就算無法和馬德里比美，也絕不下於當時歐洲許多小王國的王室排場。如今，他們富有的西班牙朋友，一個個坐在長列馬車裡，爲侯爵和夫人送行。他們要啓程回西班牙了。

奴隸若有所出，
依吾人法律，
自隨生母歸於
效命之主。
沃土所收禾穀，
美果，敬謹奉與，
我主；以其富饒
全拜我主恩寵眷顧。
所以，聖潔的里西斯啊❶，我這卑微情意：
乃我靈魂所育，我心所出，
依法隨汝于歸；
毋令有憾而致蔑毀。
因其名正言順歸屬於汝，
因其魂魄所念，一以汝之爲繫。

這段詩句寫於一六八八年晚一點的時候，而且是從墨西哥寄回西班牙給拉古納侯爵夫人的。詩裡用隱喻和古典的巧喻（conceit），表達作者的感情，但又遮掩作者的眞意。侯爵夫人一走，作者就失去了所愛；有生以來所識最接近眞愛的愛。侯爵一走，作者就失去了最重要的保護，再也無人替她擋下他人對她思想與生活的非難。問題的關鍵，倒不在於這位作者是位女同性戀——雖然她對男性、女性的感情，複雜得要命也反常得要命，但要她走到親密關係的地步，殆無可能，連所謂的「愛戀」都談不上。問題的關鍵，在她是位隱修的聖哲羅姆會（Hieronymite）修女，卻博覽俗間群書，愛和眾多友人長時間談經論史，寫作不輟，文體遍及宗教、俗世，字裡行間不時可見她對赫米斯神智學和新柏拉圖學派[2]頗有共鳴；而這兩派學說，於當時就算不是異端，也在邊緣打轉。這位修女的聖名，叫作「修女胡安娜·伊妮斯·克魯茲」（Sor Juana Inés de la Cruz）。如今，她已入祠西班牙文學史偉大詩人之林。

一六八〇年代的墨西哥社會，充斥強烈的矛盾，風雅的總督府和富裕的神職階級仰望歐洲，追隨其流行和觀念的腳步。庶民大眾則盡力保存西班牙人來之前，即已帶領他們久矣的語言、信仰和生活。例如瓜達魯普聖母（Virgin of Guadalupe）[3]的信仰，就和阿茲特克某一女神的神廟有很大的關係。因爲，聖母就是在這神廟裡向一位墨西哥農人顯靈的。而夾在「半島」精英和「印地安人」中間的，還有土生土長的克利歐（Creoles），以西班牙語和西班牙文化經營牛群大牧場，不斷挖掘新的銀礦逐利，不斷發明新的技術去開採老礦。既不「西班牙」，也不「印地安」；

墨西哥社會、文化裡的矛盾，就全壓在這些克利歐人身上。

修女胡安娜的文藝世界，就是因這社會、文化的矛盾，而異峰突起，昂然兀立。這文化是巴洛克式的文化。「巴洛克」一詞起自葡萄牙文，原指畸形珍珠凹凸不平的特異美感；後來泛指多種藝術風格，凡捨文藝復興時代的平衡、和諧，而偏好不對稱、自由演繹、擺淘氣姿態、用奇典異語，以之一窺人世最強烈的情感、最幽暗的現實，以燦爛輝煌的表相在遮掩中強化表達力量，都可以叫作「巴洛克」。矛盾，於嬉笑中將矛盾作部份化解，便是巴洛克風格的精髓。一層層幻覺堆疊，意義堆疊，也是巴洛克的精髓。而巴洛克式巧喻之最，還有什麼比得上在粗鄙的邊陲社會，在教會、國家男性至上的偏見最強大、最褊狹的處境裡，居然有位修女綻放出如此文學的奇葩？再看看前文所引的詩吧：貞潔的修女將詩比作她的孩子，比作沃土所收的嘉禾；再次向遠去的侯爵夫人表明愛的眞心。

修女胡安娜是墨西哥克利歐社會的產物；她就生在波波卡佩提火山肩的大牧場裡。她母親是文盲，和她父親可能連婚約也沒有。不過，家族有些人住在城裡，有藏書，也有很好的關係。她一在祖父的大書房裡看見那麼多藏書，便馬上燃起了獨處閱讀的熱望。而她非凡的文學和學習天份，也馬上顯露出來。一六六四年她十五歲，被送進剛上任的總督府，成爲總督夫人最喜愛、最常帶在身邊的陪侍。她的慧黠，一定爲她贏得眾人的矚目和讚許，享有尊貴豪華的生活。而她對此，也一定如魚得水。至於當時年輕男女盛行的儀式化「慇懃禮」，想必她也有份。只是，她沒有嫁妝。孤獨是她天性的棲所。一旦爲人妻、爲人母，她如何能讀？能寫？能獨處？一六六八年，她發願入聖哲羅姆修會當修女。這修會從聖哲羅姆（Saint Jerome）之名，以隱修和靜思爲會規。

這是個大決定，但未如一般人所想之絕決。她當然是虔信的天主教徒。只是，她這新身分，並未限定她就此只能全然奉獻於祈禱，棄絕於自我。也不表示她必須斬斷所有的友誼和俗家的知識；這些，可是她生命的重心。修院裡的修女，是有集體禮拜的日課，但許多規定未必奉行徹底。因此，她在日常的作息裡，還是有時間可以讀書寫作。每位修女都有舒適的個人宿舍，附有廚房、浴室，備有傭人或一、兩位隨從的臥房。胡安娜身邊，常帶著一位奴隸和一、兩位姪女或家族裡的小輩，跟她一起住在宿舍裡。修女在宿舍裡的交遊極其頻繁，搞得胡安娜還抱怨她們打擾她讀書寫作。不過，修院外的人，就只有在會客室裡才能和修女講話。會客室是修院專爲修女和外人會面而闢的房間。而胡安娜一進修院，就把會客室變成了優雅的沙龍，總督常偕同夫人和其他名流來院裡探望胡安娜，在會客室一待好幾小時，作知識的論辯、即興的寫作，兼閒話家常。

胡安娜最忠誠的朋友、支持者，是卡洛斯・席古安薩（Carlos de Sigüenza y Góngora），他是墨西哥大學的數學教授，學富五車的克利歐學者，境遇也跟胡安娜一樣，異於凡俗。他是由耶穌會士扶養長大的，原本也志在當個耶穌會士，只是被學校退學。儘管沒有大學文憑，卻還能建立起這樣的地位，靠的是證明他在數學這一科確實有卓越的見地。他自己在姓裡加上「貢戈拉」（Góngora），是要別人知道，他母親那邊和西班牙最著名的巴洛克詩人有遠親的關係❹。只是，夾在出身歐洲的教授、教士、達官貴人群中，他也始終難以自處。他一樣著作等身，寫的以墨西哥歷史爲多；文才雖然難望胡安娜項背，卻可能是胡安娜淺嚐現代科學、近世哲學知識最主要的來源。

聖哲羅姆修會有安貧的清規，但沒什麼人去管。胡安娜就常收到餽贈，有些還很豐厚，足以讓這位以前沒嫁妝的少女拿去投資生息。胡安娜就靠餽贈和自購，建立起近四千本藏書的小圖書館，外加小小一批科學儀器。儀器可能是席古安薩送的。胡安娜讀的書很廣，但不怎麼有組織，是給了她寫作源源不絕的靈感和典故，但沒辦法幫她掌握歐洲當時正漸累積的知識張力和變化。她寫個不停，遍及當時各類複雜、艱澀的文體；也常因心有所感，或應人之邀，而寫各色各類的應景詩，送給朋友或贊助人。像有喜慶時，可能就需要寫一首「羅阿」（loa）詩體的短劇，禮讚某位權貴。如她有一首「羅阿」，裡面就有一位「身披陽光」的人說：

吾乃反射
出自烈日
於燦爛光中

育輝煌之子：
顯耀榮光
射中稜鏡，
其上即現
肖似之形。

胡安娜的社會地位，在一六八〇年拉古納侯爵夫婦駕臨之時，攀達另一頂峰。就在慶祝侯爵夫婦抵達的公開慶典上，胡安娜施展渾身解數，以巴洛克風的縟飾詩文和巧喻，禮讚教堂裡一具臨時搭起的凱旋門。她以海神奈普頓（Neptune）寫了一則寓言，將侯爵現實或想像裡的事蹟比作希臘眾神的功勳。她拿侯爵「拉古納」的封號——意思是「湖泊」——大加發揮，和海神於海洋的統御，墨西哥城源出於提諾奇提特蘭（Tenochtitlán）湖中的阿茲特克城，作三方的交響共鳴：對君主的奉承，牽強的用典，加上克利歐人對墨西哥身分認同的企求，就這樣精緻融於一爐。這位作者還在一部份的詩文裡，舉愛西斯[5]爲奈普頓的先祖。而她這時代起的作品，也開始透露出她對時人所知的古埃及文化有很濃厚的興趣，相信埃及智慧之神赫米斯・都利斯美琪斯塔斯爲世人揭示了最古老、最純粹的智慧，是摩西、基督天啓的先聲。她這類看法，她從這類看法所引申來的半柏拉圖式靈、肉二分的觀念，還有她用這類看法暗示女性或雌雄同體比男性更接近神的智慧，在在將她推到異端的邊緣，甚至越界，以致後來形成反噬。

胡安娜很快便和拉古納侯爵夫人建立起親密的友誼。她寫給夫人的詩，有些都是她生平的絕頂佳作，也絕對是她示愛的情詩。有幾首還附上詩人的畫像。有幸傳世的幾張畫像，可見一位英氣逼人的端莊女子直視畫外觀者，黑白二色的修女服，俐落襯出她性格的力量和優雅的丰姿。

你若竟而有憾
見我（畫像）沒有靈魂，
你大可擇一賜下
獻與你的諸多靈魂：
我的魂（胡安娜）雖可護於你，
我的命雖順從於你，
你看我，雖詑異於
此之冷漠無情，
然你，即是此身凡軀的靈魂，
你，即是此縷幽魂的凡軀。

FIEL
Copia de otra que de si hizo, y de su mano pintó la R. M. Juana Ynes de la Cruz Fenix de la
America, Glorioso desempeño de su Sexo, Honrra de la Nacion de este Nuevo Mundo, y argu-
mento de las admiraciones, y elogios de el Antiguo. Nació el dia 12. de Nov. de el año de 1651. a las
onse de la noche. Reciuió el Sagrado Hábito de el Maximo D. S. S. Geronimo en su Convento de
esta Ciudad de Mexico, de edad de 17. años. Y murió Domingo 17. de Abril de el de 1695. de edad

修女胡安娜

拉古納侯爵於一六八六年卸下總督一職，但一直留在墨西哥到一六八八年才走。該年，胡安娜非常忙碌。侯爵夫人要將她的詩作帶回西班牙，未幾即將出版。胡安娜在稿子裡加進一齣戲，《聖潔的納西瑟斯》（*The Divine Narcissus*），將納西瑟斯的故事和耶穌的生平合一。這齣戲可能在一六八九或九〇年於馬德里上演。胡安娜的姪女在一六八八年也進了修道院。後來，該年她的密友走了之後，她寫了前文引的那首詩，還有一齣浪漫喜劇《愛是座大迷宮》（*Love Is the Greater Labyrinth*），一六八九年初於墨西哥城上演。

一六八九年，她的一巨冊詩集在馬德里出版。翌年，她在墨西哥城出版一封信，就葡萄牙著名的耶穌會士維艾拉（參第三章）幾十年前的講道內容，提出玄奧的詰難。她對靈修的清規看得比較隨便；她寫的那麼多文章，都是俗家的體例，也隱隱暗示她於愛有不合身分的認識，以致樹敵頗多。只是，有拉古納侯爵夫婦在她身邊作保護，他們也無可奈何。如今，機會來了。一六九四年，胡安娜被迫正式宣告放棄一切寫作和人文學術的研究，也將她的藏書和科學儀器全部交出。一六九五年，胡安娜在時疫大流行時，盡心守護修院裡的姊妹，以致同時染上時疫，與世長辭。

墨西哥城是西班牙於美洲的一處總督府所在；另一處總督府是在今祕魯的利馬（Lima）。兩地的總督，都由西班牙國內派來的貴族擔任，挾赫赫威儀行使治權，確有「代吾王號令天下」的氣派。總督下設各省省長。每一層級的決策過程，都由大學出身的律師制訂，很縝密，也很慢。但有不可小覷的功能，既可以維持貿易和賦稅的重要動線暢通，又可以預防殖民地的官員累積太多實力不受節制。天主教會及其眾多修會的集權結構，又在這上面加上幾層組織的勢力。西班牙的殖民聚落和權力中心，又再因爲曾向國王陳情，取得歐洲式公民暨地方議會的法定特許權，而得以持續、凝聚。

一六八八年時，美洲的西班牙語族群，也包括了許多小康人家；像胡安娜家在鄉間的親戚就是——這些人從事農耕、貿易、採礦，雖然不是有閒、也未必有錢，但照樣想辦法雇別人或強迫別人替他們做粗重的工作。對象往往便是位居西班牙語世界邊緣的原住民。西班牙王室常說，他們維持遠在美洲的帝國勢力，爲的是要拯救靈魂。因此，王室自然大力支持傳教活動。只不過，他們一樣賣力挖掘美洲的財富以供己用——這大部份是銀礦。

貴重金屬在一六〇〇年代，不論在商業還是政治對歐洲人都十分重要；各國的商人和君主，付帳，靠它；軍餉，靠它，這包括傭兵；賄賂君主、官員，也靠它——只要有猜疑或有機密的地方，紙幣不管用，就得靠它。但貴重金屬的魅力，是沒道理可講的。十七世紀的歐洲人一想到金、銀，就像著了魔。金、銀由於是「貴金屬」，不易氧化，也不易有其他化學變化，因此有抗衰變的意義，甚至是亙古長存的象徵。一六八八年時，許多思想最先進的科學家對煉金術依然很有興趣，只是常說他們的興趣是在哲學方面，和愛黃金的貪婪無關。

也因此，歐洲人一聽見波托西（在現在波利維亞境內）有座「銀山」，群起瘋魔就不稀奇了。西班牙國王，就是靠這新世界財富之流的主要源頭，才富甲天下，所向無敵。波托西在十七、十八世紀時的白銀產量，比墨西哥兩大白銀產區加起來還要多。美洲鑄幣廠所鑄的銀披索❻，通行全歐，遠達亞洲許多港口和沿海地區。如阿姆斯特丹的碼頭區，成群水手在喝酒、召妓、胡謅世界各地港口奇聞逸事之餘，也會同聲高歌，頌揚西班牙的銀礦船隊碰上史上最大奇襲。「荷屬西印度公司」（Dutch West India Company）千方百計要把他們在歐洲對西、葡兩國打的仗，延伸到美洲來。而一六二八年這一次，便是他們區區幾次眞的成功的事蹟之一：「派亞韓！派亞韓！讚美盡歸其名！……因爲他逮到了運銀船！」❼

十八世紀初，在波托西長大的阿爾贊（Bartolomé Arzáns de Orsúa y Vela），爲自己的故鄉寫了一巨冊的歷史。他擷取地方其他作家的作品以及代代相傳的故事，將波托西政治、社會的實際經驗，以及愛情、暴力、天譴、神蹟、巫術等奇妙傳說，融於一爐。而在一六八八這一年，他記的，是位出身良好的少女親身的奇遇。他認識這位少女。也說不定他愛上了這位少女：

臉龐如白皙的大理石。髮色適中，因爲既不暗如黑夜，也不黃似麗陽。綠色的眼珠。睫毛好長，像蓋在眼上的華蓋，又好豐厚，像保護眼睛的柵籬，也像烏木鏡框，爲臉龐添加幾分裝飾。眉毛又厚又寬，靠得好近，幾近相連。鼻型完美，多一分太大，減一分太小。兩頰、眉頭點綴迷人的鬈髮，垂過臉龐，萬般不願讓一絲嫣紅從大片雪白裡透出來。小小的嘴，點綴著細小、白皙、整齊的牙齒。兩手、胸脯、腰枝，比例都很優美。舉止優美動人，行走婀娜多姿；聲音（聲音常會錦上添花）輕柔、甜美、清亮；思慮清晰、敏銳，極其縝密。

這位佳人，叫作泰瑞莎小姐（Doña Teresa），芳齡十五。

而我們這位作家問了，有誰看見這樣的佳麗會不愛上她的？也因此，就有兩位追求者大獻慇懃。一位已婚，是個富有的煉汞廠老闆。另一位是外地人，自稱歐默斯伯爵（Count of Olmos），顯然是個假頭銜。只是，泰瑞莎小姐的父母管她管得比她那階級的人家都要嚴，「連禮拜日或節日也不太帶她出去望彌撒。」因此，她連一點小小的自由也不可得；而這自由是「絕對不會超出她天生貞潔和矜持的限度的……如今，自由是上天賜與人類最珍貴的禮物；地底埋的寶藏，海裡藏的財富，都無法與之相提並論。生而爲人，可以爲自由犧牲性命，也應該爲自由犧牲性命，像榮譽一樣。反過來也一樣，降臨在人類身上最大的不幸，就屬囚禁。」

煉汞廠老闆後來終於說服泰瑞莎小姐的父母，讓女兒陪他妻子參加各式節慶，但始終找不到機會一償和她獨處、一親芳澤的心願。至於「歐默斯伯爵」，則是搬到她家對面的房子，偷偷看她在屋裡的一舉一動。泰瑞莎一知道歐默斯伯爵暗戀於她，便同意和他在晚間幽會。他在他的陽台，她在她的窗口，下面是條窄窄的街道。兩人似乎有一、兩次，是在泰瑞莎的房裡談心，但兩人日增的愛苗，卻從來沒機會進行「完成式」。最後，泰瑞莎同意用床單從窗口爬下，到他家去，但跌倒；幸好及時爬回臥房，沒被父母發現。

煉汞廠老闆發現他有了情敵，便密報予泰瑞莎小姐的母親知道。泰瑞莎的母親毒打印地安女僕，直到女僕和盤托出一切。泰瑞莎的母親再轉向泰瑞莎，同樣將她毒打一頓，打到她渾身是血，然後關入廢禽舍的雞籠裡，從五月一直關到七月；這是當地一年最冷的月份。而我們這位作者還說：「若她母親先前已經確定女兒依然是處子之身，但因爲女兒隨便讓男人進她的臥房，所以將她毒打一頓；現在又何必將她扔進如此的絕境呢？」所以，看來是他們覺得讓男人進臥房，眞的該打；若這少女眞的再遭玷污，那關起來也沒什麼不對。

泰瑞莎的父親出外作生意去了，泰瑞莎的母親跟她說：「我已經寫信給妳父親，告訴他妳敗壞我們家聲的醜事。我也已經收到他的回信，說他回家來第一件事，就是喝你的血。所以，妳聽好，妳若離開這裡，就是由人抬著到墳墓去。」

「歐默斯伯爵」終於透過泰瑞莎的弟弟，得知泰瑞莎的悲慘遭遇。泰瑞莎的弟弟，每個禮拜得去打掃雞籠兩次。因此，他替他們兩人偷偷送信，最後給泰瑞莎帶了一把銼刀，讓她切開雞籠門上的鎖。雙方講好由泰瑞莎爬上一座矮屋頂，綁上一條結實的繩索，繩索的另一頭，則綁在伯爵的陽台上。就在泰瑞莎的父親到家前四天，他們綁緊了繩索兩頭。但是，泰瑞莎在沿著繩索往外爬時，突然心生害怕，伯爵只好差個僕人，沿著繩索爬過去幫她。

> 就在他們沿著繩索往外爬時，出了兩件事；若泰瑞莎因此從高處掉落一定重傷。第一件事是泰瑞莎和那僕人兩人從屋頂盪下來時，陽台的邊緣（陽台是木頭做的，略有蛀蝕）裂了一個大口，若不是伯爵伸出兩手拼命拉住，他們兩人可能就會因爲陽台裂開而摔落地面。另一件事，是攀著繩索穿過街心時，泰瑞莎因手臂太瘦撐不下去；幸爲僕人發覺，掛在繩索上一把抓住泰瑞莎的頭髮和襯衣的前襟。兩人就這樣吊在那兒動也不敢動，吊了有一則信經❽那麼久，泰瑞莎才終於恢復元氣，繼續爬，爬到了陽台，投入伯爵摯愛的懷抱。接著，他們趕快解開麻繩的一頭，從另一頭將麻繩抽回來，將美麗的泰瑞莎由此逃跑的證據全部湮滅。泰瑞莎那晚全在愛人的懷裡度過，而她的愛人，也不像他第一次、第二次、第三次那麼自制，尤其是這次泰瑞莎也相當樂意。

泰瑞莎小姐躲在伯爵家裡兩個月；至於她爲什麼沒有嫁給那位伯爵，作者沒多作說明。之後，泰瑞莎和弟弟，偷溜到另一城裡的姑姑家躲了兩年多，沒回波托西。這期間，她母親因痛失兩個孩子，懊悔而死。泰瑞莎小姐，則是尋覓到了「一位願意娶她的貴族青年。……泰瑞莎小姐終於偕同夫婿回到了波托西，過了十幾年平靜、祥和的歲月。泰瑞莎離開人世時，身後留下四個兒子和一個她同名的女兒；女兒的美貌恰似年少時的她。而且，現還在世，美貌與年歲一同增長。」

這則小故事講女性美色的力量，講窄窄街心上方的戀人低語，講街心上千鈞一髮的私奔記，可能是西班牙塞維爾省（Seville）傳唱下來的一則老故事，有吉他琤琮伴奏，有噴泉在廣場飛濺，有吉普賽人在樹蔭裡唸咒。只是，故事的背景，和塞維爾說有多不一樣就有多不一樣。

從波托西、墨西哥礦場流出來的白銀之流，給了西班牙幾十年雄踞世界第一霸權的時光，也支撐世界貿易網得以茁壯成長——到北歐，到地中海區，在麥加朝聖的路徑，到印度，還有繞行世界到中國去的東、西兩路。這條白銀之流，流經我們要講的每一處一六八八年的世界。而這世界，也找不到有哪一處地方，其規劃與混亂、愛戀與痛悔、貪婪和憐憫，外加教會、法律、白銀，西班牙人、印地安人間的糾葛，會像波托西這樣的了。

波托西座落在海拔約一萬三千呎的山谷地裡，四周荒山環繞，所需的食物、木材等生活物資，都得從下方運來。若不是因爲那裡正好是當時世上所知最大、藏量最豐富的銀礦所在，一五四五年爲人發現，一五八〇年代開始挖掘，波托西城根本不會存在。一六〇〇年代初期，波托西的人口已經遠超過十萬；以一座優美的西班牙城爲中心，有規劃良好的廣場、教堂，華美的大宅邸，還有大片地區專供煉銀工廠使用，廠房外有碉堡護衛。街道故意蓋得又窄又彎，擋下呼號的強風。城裡，全世界的奢侈品都有的賣：中國的絲、義大利的畫、波斯的地毯、法國的海獺帽——西班牙婦女也學會一點：生產一定要往下走，到低海拔的地方去；因爲，許多新生兒在稀薄的空氣裡，未必有辦法在他人世的第一口氣裡便吸到足夠的氧氣。

一六八八年，全世界除了日本，少有城市的街道可以夜不閉戶，但也少有城市，可以動亂如波托西者。巴斯克人（Basques）、卡斯提爾人（Castillians）、美洲土生土長的克利歐人、外國人間糾雜的貪婪、情慾、挑戰、宿仇，激盪出無止無休的暗襲、決鬥和混戰，在在是阿爾贊津樂道的素材。若偶爾有目無法紀的傢伙居然幡然悔改，遁入修會，以聖方濟修士的身分終老，就給了波托西的說書人寶貴的機會，在講述最生動的暴行之餘，寓教於樂一番。黑人奴隸和印地安僕人，絕對可以靠掐斷主人宿敵的脖子給自己單調的一生作些變化。若「淘銀」的貪婪沒辦法替惡魔招來夠多的小鬼，那還有西班牙和印地安的巫婆呢！有些據說特別擅長用古柯葉（coca）作通靈的媒介；古柯葉當時已在安第斯山脈一帶人的生活裡佔了相當的份量。

波托西及其白銀之流，仗的全是一樣有組織的暴行：印地安奴工的強迫勞役制，「米塔」❾。從一五七〇年代起，西班牙官方便規定祕魯總督治下的每一座印地安村子，每年全村的男性人口必須有七分之一，到波托西礦場、宛卡瓦利（Huancavelica，位於現在的祕魯）汞礦場或其他公共工程，支薪做四個月的工。工資比市場行情要低很多，工作辛苦又危險（以宛卡瓦利的有毒汞礦最糟），疾病加上惡劣的飲食，以致奴工的死亡率始終居高不下。米塔的奴工只佔波托西整體勞力的十分之一，但做的都是最粗重、最危險的活兒，不強迫就沒人要做的活兒，像扛大桶沈重的礦石，爬不穩的梯子出礦坑之類。而其他地方的經濟面目，也是米塔的奴工制在決定；因爲，印地安人紛紛從自己戶籍登記的村子裡出逃，到沒有米塔制的地方過活。

到了一六五〇年，米塔奴工在波托西整體勞動力所佔的比例，只剩世紀初的百分之六十，銀礦產量和王室的歲入也一路隨之減少。磨坊和礦場老闆，紛紛要求恢復全額的奴工配給制；王室也支持他們，希望這樣可以提振產量。一六八三年，幾經冗長的討論、數度流產的改革，總督拉帕拉塔公爵（duke of La Palata）終於下令作新的人口普查，以之作爲米塔全面執行的依據。此時，許多地方官員一再要求釐清問題，或要求准許在人口登記時變更類別；再要不就是能拖就拖。印地安人則乘機大批外移，遷離行政中心，以免被登錄在冊。結果上祕魯（Upper Peru）人口普查的總數，只剩上一世紀的一半。一六八八年時，各地普查結果終於匯整起來，訂出了比較低的奴工新配額。到了十八世紀，西班牙人是終於想出辦法將波托西的礦產量提高到十七世紀末的水準之上了；但也還是沒放棄要重振米塔制，但效果很小，因爲配額和實際的奴工人數一直在往下滑。

初見索諾拉沙漠（Sonora Desert）的人，都會覺得這地方不過就是「沙漠」：大片荒地，只有拒人於千里外的仙人掌和了無生氣的灌木叢散落其間，突破堅硬的土表。尤其在夏季，熱氣逼人，萬里無雲，太陽一出，任誰都會懾於艷陽的威力趕忙朝陰涼處告退。但只要在這裡多待上一段時間，四處探探，就會驚覺這裡其實變化萬端。山岳可以高達海拔六千五百英呎，覆蓋蒼松。隨處可見巨仙影掌（saguaro，或稱薩瓜羅掌）、燭台掌（organ-pipe）、蔓仙人掌（ocotillo，或稱馬鞭，墨西哥刺木）等大型仙人掌叢聚蔓生，像一座小花園，甚至小林子。

八月，雨雲乘東風一路從墨西哥灣疾駛而來。雷聲轟隆，閃電擊發，墨色的烏雲倒下暴雨，灌進乾涸的河道。冬天，氣溫比較宜人，從北太平洋來的風雨有時可以深入內陸，爲索諾拉沙漠帶來二度新生的雨水。這便是索諾拉沙漠獨特之處。再往東或往西推進，那裡的沙漠一年便只有一季雨水，也長不出索諾拉沙漠因兩季而有的各色沙漠植被。

一六八八年住在索諾拉沙漠裡的人，自稱「霍霍坎」（Hohokam），意思就是「人」。從南邊逐漸移入沙漠區的西班牙人，則叫他們「皮馬人」，叫他們住的地方「皮馬利亞」（Pimería）。他們大部份以採集-狩獵爲生，在沙漠採集各類草莖、種籽，獵捕小動物爲食。若有地方水源不虞匱乏，就也種些玉米和豆類。他們懂得挖溝渠，引水到田裡灌溉。有些地方，現在還看得到灌溉工程的遺跡，規模不小，可能是他們的祖先做的，但他們自己不覺得跟這些先人有什麼血緣關係。

一六八八年，耶穌會士，基諾神父，要在索諾拉沙漠度過他來此第二年的夏天。後來，他再也沒離開過這一帶，一七一一年在此過世，享年六十六。他埋骨之處，現在是墨西哥索諾拉省的馬達雷納基諾市（Magdalena de Kino）。他一六八八年大部份的時候，可能就待在他現在埋骨不遠的地方，也就是當年他蓋的那所新教堂，哀傷聖母院（Nuestra Señora de las Dolores）。這教堂蓋在一處岬角上面，正對著下方飽含希望的沖積層，和聖米吉河（San Miguel River）。這條河是上好的終年灌溉水源。這裡的開發工程在一六八七年三月開始，到了一六八九年時，已經坐擁大片沃壤、一座教堂、一棟住屋。一六八八年時，基諾可能一反常態待在多羅勒斯沒動，專心監督農事、工程，指導搬到附近定居的皮馬人。

基諾於一六四五年生於義大利特倫特（Trent）附近瓦底農（Val di Non）的塞格諾（Segno）。衛匡國[10]，十七世紀著名的製圖學、地理學與中國歷史學家，是基諾的親戚。基諾在家鄉一帶及德語區的耶穌會學校裡受教，包括印格爾斯塔[11]在內。他晚年曾經寫道，他也不知道自己該說是義大利人還是日耳曼人。他年輕時有次病重，於病中立誓若大病得癒，一定入耶穌會當教士從事傳教工作。他從一六七〇年起，就一再要求耶穌會派他到中國傳教。只是，儘管他一心嚮往東方——他甚至要求給他一間窗戶朝東的宿舍，讓他可以時時仰望東方——他終究是個順從上意的耶穌會士；只要他的神還有他的上級要他去哪裡，他就去哪裡。所以，他的上級派他和另一位耶穌會士到塞維爾接受傳教的派令。一人要到墨西哥，一人要到菲律賓。他們兩人用抽籤的方式由上帝決定各人的去處。基諾抽到墨西哥。

他們在塞維爾等派令時，有許多天晚上，都在看天上一顆異常明亮的彗星。這顆彗星出現於一六八〇年的十一月到十二月間。彗星來無影去無蹤，神祕莫測，許多文化都視之爲天譴、災厄的不祥之兆。彗星也很難放進當時已快要過時的經院哲學宇宙觀裡；這派宇宙觀裡固定不動的「晶球體」[12]，當時歐洲新觀念的科學家揚棄的人已愈來愈多，但還是基督宗教的正統觀點。一六八〇年的這顆彗星，在北美麻薩諸塞的清教徒和法國備受迫害的喀爾文教徒間，也引發不小的末世大恐慌。而喀爾文教徒在恐慌之餘，也興起了一股強烈的反彈，反抗法國新教徒作家皮耶・培爾兜售凶兆、叫賣末世的論調，倒是特別值得一書。培爾其人也會在後文論及。這顆彗星也抓住了當時頭腦先進的科學家注意；其中一位是人在倫敦的哈雷（參第二十章），也已經準備好要在兩年後另一顆彗星來時大顯身手，記下空前精確、細密的觀察記錄。

基諾一六八一年抵達墨西哥時，依然盼望有天能接到赴中國傳教的派令；但不可能了。他暫留墨西哥期間，和修女胡安娜有過短暫的晤面，也和席古安薩爲了彗星有過不小的爭執，尤其是大家看得驚懼不已的那顆明亮大彗星。席古安薩那時已經發表過一篇短論，小心批駁彗星不祥的觀念，就彗星的性質和軌道提出幾則比較現代的理論。但也已經頻遭幾位保守的作家猛烈砲轟了。基諾顯然也想證明他有天文知識，同樣出版了一本小冊，主張每個人都應該鄭重看待彗星的凶兆，「除非該人魯鈍不察。」基諾應該不至於直指席古安薩；然而，席古安薩是個渾身帶刺、沒有自信的克利歐人，為此寫了篇文章盛怒還擊，只是文章直到一六九〇年才出版。而那時，基諾神父已經在他教區的田園安身落戶；現在找不到證據判別他生前是否知道自己在無意間得罪了人。

基諾神父的第一項使命，是要在下加利福尼亞險惡的海岸地帶建立教區；但未成。後來，他在一六八六和一六八七年因新派令，而啓程前往西班牙屬地的西北邊陲，也就是索諾拉沙漠。「基諾」一名的義大利文拼法為 Chino，義大利文的發音如同英文的 Kino，但於西班牙語的發音則和英文一樣，意思是「中國人」；這在墨西哥有時是族群的貶辭，也太容易勾起他中國傳教夢破滅的痛苦。因此，基諾這時開始把名字改拼作 Kino。

基諾在皮馬利亞待了那麼多年，至少有過一次騎馬或騎驢子穿越沙漠，去開闢新教區、找印地安人傳教。他常一天一騎就是三十英哩，還幾乎從沒士兵護送。有時，他得到熱忱的歡迎，因為印地安的酋長或部落覺得有西班牙人支持，有助於抵抗他族。但印地安人之所以歡迎這位黑袍修士還有他帶的牲口、印地安助手，更常見的理由是著眼於醫療和饑饉。他在沙漠的年歲，有荒年糧食不足，也有豐年牧豆（mesquite bean）豐收，弄得印地安人吃太多而生病。教區裡因為有農耕和穀倉，糧食的供應比較穩定。因此，基諾每次遠征沙漠，都會帶些糧食隨行。皮馬人好像也把他當醫生看待；他治的人、祈禱的人若好轉，他們就跟著他行禮如儀，作基督宗教的禮拜，奉若族裡的巫醫沙蠻。後來，開始有一小撮、一小撮的皮馬人，自己到多羅勒斯來見這位「怪醫」，拿他送的小禮物在陰涼的教堂裡休息，甚至多待一陣子，挖幾條溝，種幾畦田，吃幾餐規律的飯。而且，他們都是不請自來的——這麼偏遠的地方，沒幾位西班牙士兵駐守，誰有辦法強迫他們來呢。

基諾晚年更是不眠不休四處設立傳教站，每闢一站，一定同時開闢養牛場，開墾小塊地方作灌溉農耕。除了種些土生土長的玉米和豆子，他也鼓勵印地安人多種些小麥、洋蔥、大蒜、歐洲蔬果，包括釀酒的葡萄。這樣，神父就可以自己釀酒供領聖餐時用；有貴客來訪，也偶爾可以喝上幾口。沙漠拓荒一有牧牛場加進來，就可以知道基諾在索諾拉這片水源還算充足的丘陵谷地裡，引進了許多以前沒有過的糧食。雖然基諾一直在遊說墨西哥和歐洲的教會上司，多派些傳教士來，但派來的神父始終不夠，他開闢出來的教區也始終人手不足。有時，皮馬人一聽到有重要人士到多羅勒斯來了，也會自動長途跋涉前去請願，要求再派些神父前來，再爲他們引進農作、醫藥和祈禱。

基諾始終以多羅勒斯作他的傳教基地，直到一七一一年逝世。他生前已將他小小傳教帝國的邊疆，往北推進到「聖沙勿略戴爾貝克」(San Xavier del Bac)，離多羅勒斯約一百三十哩遠；那裡至今依然有座古老的漂亮教堂，矗立在美國亞歷桑那州土桑市（Tucson）的外緣。他於遠征途中，在拯救靈魂之餘從來不忘蒐集地理知識。那時的人都認爲現在叫作「下加利福尼亞」

的這塊狹長半島是座島嶼，至於加利福尼亞灣則是一直朝北伸展，和太平洋連在一起。因此，只要找到了通往下加利福尼亞的陸上路徑，應該大有助於教會在這片險惡沙漠裡開闢教區和聚落。基諾參加的那次探險沒有成功；而後繼者，則幾乎無人堅持下去。現在亞歷桑那州索諾拉沙漠毗鄰加利福尼亞灣南邊的那片火山熔岩沙漠，望之教人生畏，但基諾生前就曾穿越過幾次。而且，依他觀察，加利福尼亞灣不太可能一路伸到北方。一七〇六年，他率隊騎著顛簸的驢子，深入火山熔岩沙漠心臟地帶的皮納凱特山（Pinacate Mountain）。到了那裡，只見海岸線迤邐向南，彎入下加利福尼亞灣，再往西南走去。這就說服了全隊的人，加利福尼亞不是島嶼。

當年基諾若是宿願得償，那他就會在（墨西哥西南沿岸的港市）阿卡波可（Acapulco），坐上另一艘西班牙船，橫渡太平洋到馬尼拉去。他很可能就留在菲律賓的一處教區裡，或不管葡萄牙王室的管轄權，逕自前往他心儀的中國傳教。但不論是哪一種，都和索諾拉沙漠大不相同。

一六八八年，馬尼拉市因謠言亂竄，人心惶惶：中國的麵包師傅在麵包裡摻毛玻璃。這流言已經流傳了好幾個月。獨立的皇家法官在報告裡好像也覺得流言可信。但省長就覺得事有蹊蹺，雖罰了些錢，但沒作更嚴重的懲處。至於皇家法官看來是怕爭議升高，躲到耶穌會尋求庇護去了。這麵包師傅很可能真的在麵包裡動手腳，但吃不死人；只是這法官也未免太輕信謠言。

這樣的謠言，因當地人怕華人、恨華人而愈滾愈大。這也是馬尼拉社會揮之不去的一面。

馬尼拉到了一六八八年建城不過一百年又多一點，是座小小的西班牙城堡，城牆外散落幾處擁擠的住宅區。整座城位在與海面同高的濕地平原上，隔在內陸的拉古納灣（Laguna de Bay）和馬尼拉灣的良港中間。馬尼拉城的西班牙省長，號稱菲律賓群島全在轄下，但實際的治權只及於周遭的幾處小要塞，還有很少幾處別地的聚落或市集。西班牙勢力在馬尼拉城外最重要的烙印，就是那一座座大修道院了——耶穌會、方濟會、道明會（Dominican）、奧古斯汀會（Augustinian）；這幾支修會早已開始他們的傳教大業，最後，也終究會帶領菲律賓人成爲亞洲唯一一支基督信徒佔多數的民族。西班牙官方在這裡的政治勢力，其實是新西班牙總督府上一個莫名其妙的配件。而這新西班牙總督府可是遠在墨西哥的。至於馬尼拉的經濟，則是十七世紀兩大現象被動交會所塑造成的：一是從西班牙美洲屬地的銀礦所流過來的白銀，一是精明的中國製造商和蓬勃的商業活動。每年都有一、兩艘大型帆船，從阿卡波可橫渡太平洋到馬尼拉來，運來一大批新世界的白銀，用來購買中國的絲、中國的棉花、印度的棉花，以及其他精緻的消費品。這些貨品在新世界的需求量都很大。據說，利馬連大戶人家的奴隸穿的都是中國來的絲織品。貿易的貨物，有小部份是由印度或爪哇的船運來馬尼拉；但大部份還是華人駕大帆船運來的，而且，還以華南的廈門和福建省的其他港口爲多。西班牙的海關記錄記載，一六八五年從中國開來了十七艘大帆船，一六八六年有二十七艘，一六八七年有十五艘；但在一六八八年只有七艘。來船的數量可能從一六八五年起就一路下滑，但有鑑於卡洛斯二世（Carlos II）治下的隳敗帝國貪污頻傳，海關大規模吃裡扒外、造假推脫，可能也都是來船創新低的部份原因。

馬尼拉於華人之依賴，不僅止於貿易。早在一五七一年西班牙人征服菲律賓前，就已經有一些中國人在馬尼拉作貿易甚至定居了。西班牙人剛來時的聚落，曾經碰上一支中國海盜，幾乎全遭夷平。但在那以後，陸續有數千名中國人移民到馬尼拉一帶定居，幾乎壟斷了馬尼拉的手工製造業——打鐵，製革，裁縫，當然還有烘麵包——華南以米食爲主的華人移民到產米區後改做這一行，眞是特別。定居下來的華人，就成了馬尼拉和中國大帆船作生意的中間人。華人也和西班牙官府簽約，包辦多種零售業的經營權，同時替官方向菲律賓人收營業稅。有些人在這時候改信了天主教，至於信得是純、是雜，是虔誠還是投機，程度不一。他們大部份都是華人常見的那種處世低調、謹言愼行的中間商；但出海的華人裡，免不了也有海盜／幫派等份子夾雜其間。菲律賓本地人也不是沒有暴力份子的；而且，西班牙人永遠一劍在手的調調兒，還因爲遠在美洲的官府愛把最難搞的麻煩人物流放到這裡來，而給這調調兒加上了另一層特殊的風味。有位很有名的道明會修士在一六〇〇年代末就講過，「新西班牙所有的穢物，全都倒到」馬尼拉來了。

馬尼拉就是在菲律賓人和華人海盜的衝突中誕生的；一六六〇年代，台灣的華人異姓政權（譯按，就是鄭成功），對菲律賓也一度有所威脅。不止，西班牙人還夢想在地球遙遠的這端，建立一處純粹基督信徒的國度，卻落得怎樣也不得不靠異教的華人來替他們維繫這一國度。以致，西班牙人和菲律賓人對華人的懼、恨雖然不一，但懼恨交加的情緒還是在一六〇三、一六三九、一六六二、一六八三等年份，引發馬尼拉出現排華大屠殺。一六八三年，台灣岌岌可危的（鄭氏）政權爲了救亡圖存，一度還可能轉向攻擊馬尼拉。很可能就是因爲這原因，以致馬尼拉又興起新一波對華人的憂懼，連帶送出些信，慢慢繞著世界走。如今，我們只知道在一六八六年九月的時候，馬德里發出一道敕令，下令將馬尼拉所有非基督信徒的華人全部驅逐出境。就在這道敕令橫渡太西洋、太平洋，慢慢朝馬尼拉前進的時候，馬尼拉城裡也正在醞釀更多的暴亂。一六八六年進港的大批中國帆船，帶來了不少華人移民。西班牙人就開始討論是否要施行新法，將華人的活動局限在先前就限定華人居住的「華埠」（Parian）裡。這些話引發謠諑紛紜，因而也可能引爆了小規模的暴力衝突。一開始是一小撮華人在一六八六年殂殺了一名專門收取華人人頭稅的一位西班牙籍稅吏，而且就在他家中。同一晚，另還有三位西班牙官吏遇襲，受到重傷。麵包摻毛玻璃的謠言，就是在這時候流傳開來的。之後幾天都有零星的暴力衝突，許多華人害怕西班牙人和菲律賓人報復紛紛外逃。後來，殂殺案的七位凶嫌就逮受審，馬尼拉的秩序逐漸恢復。

　　這些事，加上麵包師傅陰謀論，導致一六八六年九月從馬德里發出的驅逐非基督信徒華人敕令在一六八八年十月終於送達馬尼拉時，西班牙人覺得行動的時機已到。不過，華人的拖延技巧，以及用文書作業動手腳的機伶，起碼和西班牙人不相上下。所以，驅逐令宣布時，有些華人就說他們也想皈依基督，因此，受洗前得上先修班。有些則要求多待一陣子，等阿卡波可的船來了再走，因爲有許多西班牙人欠他們錢，唯有等他們在墨西哥貿易的投資拿到了回收，才有辦法還錢。西班牙官方覺得也有道理，就要他們將債務人和債權人列出表來。只是，表送到他們手上時卻發現，可能遭到驅逐的華人全都名列西班牙國王的債權人名單；因爲，西班牙官方曾向他們借錢（可能是強迫式的）付西班牙守軍的軍費。儘管如此，看來當時還是有約一千名非基督信徒的華人，在一六九〇年遭強制送上入港的大帆船載走。但有更多人因爲船運不足而沒送走。但是，西班牙人於華人的依賴關係，西班牙人再不甘也得忍受境內的非基督徒華人，始終沒辦法打破。即使現在，華人於馬尼拉商界的地位依然十分重要。只是，他們和菲律賓菁英階層及政府間的關係有時很緊張就是了。馬尼拉華人墓園中央的那座禮拜堂，基督教和佛教神像並排而站，便是兼容並蓄的精神於世上的最好表現。只是，這精神在今日比在十七世紀要明顯；十七世紀那時，多的是褊狹和盲從。

第二章　面面都是非洲

一六八八年二月二十二日，非洲某處地方有個國王，以「英主若望曼紐葛里洛於母腹中踩踏獅皮」的簽名式，在剛果河下游的林巴鎮（Lemba）用葡萄牙文寫了一封信，給嘉布遣（Capuchin）修會的一位義大利修士。修士應該就在附近一帶。信裡寫道：「讚美至高無上的聖禮。……願基督保佑您。我很高興收到您滿是愛心的來信。……身爲您屬靈之子，隨時願意接受您之指揮。您〔屬靈〕之女，即我母親波坦席亞娜夫人（Dona Potenciana），亦然。……不知何時能蒙神恩，再見您如父的慈祥容顏，再蒙您拯救我兒的靈魂。」酋長還解釋，這封信會由一位他很信任的奴隸帶在身上。奴隸奉命要找到神父送上禮物，還有要事要和神父討論。

有位剛果國王用葡萄牙文寫了封信（就算是找人捉刀，像是雇了位識字的葡萄牙人替他寫也罷），是剛果人適應葡萄牙和基督宗教勢力兩百年的成果。一四八五年，第一艘葡萄牙船開到剛果河口；之後不過幾十年，葡萄牙人便驚喜得見有剛果國王偕朝中群臣皈依了基督宗教，勸學葡萄牙文，寫信給教皇、葡萄牙國王，派使節常駐歐洲。剛果王國於名義上臣屬基督宗教和葡萄牙國王，一直延續到一六六五年。一六六五年，剛果和葡萄牙發生戰爭，剛果慘敗，幾乎完全覆亡。

以我們現今對這地區文化、宗教的了解來看雙方這段悠久關係的記載，可以多知道一點雙方的複雜糾葛。剛果人認爲生、死乃由一大片很深的水澤分隔兩地，死者的靈魂潛入水中，鑽入另一個白色的軀體，就這樣待在祥和的冥界中。死者身後的生者，每隔固定一段時間就會膜拜死者，和死者通靈一番。因此，從河對岸來的白皮膚葡萄牙人，可能就被他們當作是冥界來的人了。而剛果使節隨他們搭船到歐洲，回來後轉述所見的奇景，顯然更讓剛果人確定，這些外來的人擁有某種強大的神力。有位皈依基督宗教的剛果王子後來以武力奪得王位，成爲剛果王國的第一位信基督的國王，顯然就好好發揮了這類神力。剛果的菁英階層，大部份跟著皈依基督宗教，葡萄牙於剛果的貿易和影響力，隨之織成了緊密的網。但剛果人很快也發現，若要買歐洲貨物，他們唯一能付的，就只是奴隸。也因此，剛果和葡萄牙的來往，以奴隸買賣佔絕大部份。而剛果國王也設法維持境內的奴隸輸出有一定的條理，多以境外戰爭的俘虜、發配爲奴的罪犯，還有富家、貴族所進貢的奴隸，當作奴隸輸出的大宗。

住在大鎮裡的剛果菁英階層，將他們和基督宗教、葡萄牙的關係看作是新式的炫耀法；因爲，他們拿得到外國東西，也有新方法來駕馭超自然的力量。只是，這怎樣也沒改變多少剛果文化、政治的基本現象。到了鎮外的農村，偶爾會有傳教士去傳教，有他們的祈禱、儀式，還會立起十字架或送給村人。但一般都被村人看作是有神力的人而已；只是以前沒見過的類型罷了，和他們原有的類型有競爭，但沒多大差別。葡萄牙人在盧安達建了一處新的勢力中心，就位在南邊的沿海地帶，是形成了威脅，也有陰謀說要對剛果王國不利。但剛果王國十七世紀最大的亂源，還是來了幾十位嘉布遣修會的修士。他們是梵諦岡「傳信部」(Congregation for the Propagation of the Faith) 派出來的，因此不受葡萄牙節制。嘉布遣修會的傳教手法比較有侵略性，跟先前的葡萄牙傳教士不同，比較不願意和剛果的習俗妥協。嘉布遣修士一來便朝剛果許多領域的傳統文化進攻，還集合剛果人對抗葡萄牙人。結果引發一六六五年剛果和葡萄牙的戰爭，剛果國王死於戰事，首都被毀，剛果王國就此解體。

十七世紀中葉，葡萄牙在盧安達的指揮官利用非洲本地野蠻的附庸武力，在內陸進行猛烈的獵奴奇襲。一六五六年，一支獵奴部族的女王和葡萄牙簽下合約，由葡萄牙人將他們的貿易商和教區交給女王管轄，換取一條穿過盧安達的可靠通路，供葡萄牙人輸出她提供武力所俘獲的奴隸。獵奴奇襲戰後來蔓延到剛果王國的南緣，因而加快了王國的覆滅。葡萄牙人那時雖然沒多少證據，卻還是判定這位女王的獵奴軍隊是食人族。只是，被獵奴武力俘虜的非洲人跌跌撞撞朝盧安達海岸走去時，看見船上煮東西的大鍋，也認定這些白人要把他們煮來吃。

再往北方推進到剛果河口，有處非洲人和葡萄牙人來往的大中心，就落在剛果王國鞭長莫及之處，自有其和北邊、內陸的關係網。林巴鎮，也就是「英主若望曼紐葛里洛於母腹中踩踏獅皮」的勢力中樞，便是這一帶的一大河岸集散地和貿易中心。

但我們要怎麼看待這篇含糊的短文呢？我們聽得見英主若望曼紐葛里洛的聲音嗎？在這短短的一封信裡，抓不到多少東西。他信裡提到母親波坦席亞娜夫人；這在門第和階級以母系爲本的社會裡是很重要的。而他希望神父「拯救我兒的靈魂」，可能是因爲他兒子還沒受洗。不過，他很可能不覺得基督宗教的洗禮和別的祓濯儀式或祖先、神祇保護族人有什麼不同，也很可能不知道，一旦受洗就必須棄絕原本信仰的眾神。但若再看一看寫信的人稱呼自己的方式，「英主若望曼紐葛里洛於母腹中踩踏獅皮」，我們可能就朝非洲眞正的聲音多走近了一步——雖然說步履維艱。直到我們這時代，剛果文化中的「稱號」始終是個人權力的基礎，必須舉行冗長而且繁複的儀式才能取得。我們在這樣的封號甚至在他們的整體文化裡，都找不到有什麼類似我們以財富、政治權力、或超自然靈力來明白劃分高下的情形。一個人只要累積了財富，像我們這位「英主若望曼紐」說不定就靠貿易累積了不少財富，就可以用些許財富舉行儀式，爲他於地方上的政治支配權建立正統的地位，也賦與他超自然的神力。這樣，他多少就成了符咒，就成了好幾種法力的集合體，像歐洲人說的「物神」(fetish)。現代的紀錄裡有文獻記載，若有婦女生下這四樣東西：人，豹，蛇，一堆白堊，就可以這樣的儀式去賦與偉人這四樣東西的法力。這些法力，因此也可以用豹皮、蛇皮、白堊等神符來代表。信裡葡萄牙文的「獅皮」，應該就是

「豹皮」之誤，或「豹」的泛稱。豹是森林部族又敬又畏的動物，跟獅子在大草原裡一樣。身穿豹皮或是坐在豹皮之上，就等於有了豹的力量。若是腳踏豹皮，依這類儀式及剛果人的解釋，表示對這力量的侵犯、褻瀆和佔有。所以，這「英主若望曼紐」，是在母親的肚子裡佔有另一位同在母親肚子裡而且消滅了豹的人的力量嗎？要爲伊底帕斯的意志力想出比這更生動或更沖犯歐洲基督宗教常規的象徵之結，不容易啊。

他的兒子後來受洗了嗎？「英主若望曼紐葛里洛」一生是否就安坐在他的豹皮之上，看著船隻進港，看著一列列長長的腳伕走來，也不時和羅馬教廷作雙重性格的性靈團契？那條長川又怎麼樣了呢？這條河可是在他生前，就有時叫「剛果河」，有時又叫「薩伊河」的了。河對岸，有像利巴鎮一樣醒目的船運接駁中心兼買路錢徵收中心。沿河而上不必多遠，就聽得到湍急難渡的激流洶湧而來，發出怒吼，一哩又一哩，一哩又一哩。

非洲說書人的嘴有非凡的記憶，流傳一代又一代君王的世系和大事。只是，他們的敘述沒辦法精確連上我們的紀年，因此，沒辦法聚焦在一六八八。在伊斯蘭勢力已經很強大的地區，倒是有阿拉伯文的史料提供一些紀年。只是，歐洲人在非洲沿岸的摸索經驗，依然是我們主要的憑藉；而且，大得不成比例。他們的經歷、他們的掙扎、他們的挫敗，還有罕見的成功，我們都有興趣。但我們解讀這些材料時必須注意不要被他們牽著鼻子走，而必須多援引現代史家以爲助力——其中幾位還是非洲的史家呢。這樣才能比十七世紀的歐洲人更了解非洲的眞實面貌。由於剛果和葡萄牙人有悠久的關係，嘉布遣修會又留下了眾多記載，因此剛果算是記載比較翔實、豐富的例子，可供我們作這類解讀。而剛果這部份的史料，不僅對非洲這一帶的歷史極其重要，對巴西也很重要；因爲，從盧安達運出去的奴隸，大部份就是送到巴西去的。歐洲人在黃金海岸設了許多貿易站，約當就在現在的迦納（Ghana）。只是，這裡的歷史到現在還很模糊；歐洲人極少冒險遠離他們岸邊的堡壘深入內陸，因此對內陸的狀況只有些許零星的了解。

從黃金海岸往東延伸的那塊地區，約當現在貝南（Benin）和多哥（Togo）兩共和國的沿海地帶，也就是迦納和奈及利亞中間的地方；在一六八〇年代的歐洲人眼中，這兒可是一塊蘊含嶄新希望，也暗藏異常困惑的地帶。一六八八年，「法屬幾內亞公司」(French Company of Guinea)在這一帶的海岸握有皇家特許的獨佔權，只是握得很不保險；他們的大買辦杜卡席(Jean Baptiste Ducasse) 曾出馬拜訪那一帶沿海地區的維達王國（Whydah），想要拉攏法國和非洲君主的關係，好讓法國人能夠定期輸出奴隸。維達國王拜的主神是巨蟒「當比」（Dangbe），供奉在首都城外兩哩一株巨樹下的神廟裡。一六八八年，據說在維達王阿格邦格拉（Agbangla）要去當比神廟作他一年一度的大祭時，有歐洲人說他們看見杜卡席居然身穿豹皮還有「其他牢什子」，夾在維達王的隊伍裡一同前進，當下覺得丟臉透了。

說丟臉是言不由衷的啦。那時的歐洲人能在維達出現，全靠維達王默許，才能在維達王的官員監督下作貿易。每一歐洲的國家或公司，在各地的住宅區就都設有神廟祭拜當地的神祇。這時期的歐洲人，是頗有點興趣去理解身邊的非洲社會和文化，只是沒多少想像力或同情心，連提一下覆蓋在當比神廟上的那株「巨樹極美」，都很稀奇；那是無意間流露感情的特例。

這一帶的沿海地區只有零星散布的樹木，在一望無際的地景裡非常醒目，和往東或往西眺望會看見蔓生到岸邊的大片森林，很不一樣。這是這一區森林帶的「達荷美斷層」(Dahomey gap)，人、貨在這裡的運輸，要比在茂密森林裡容易；所以，這斷層就成了內陸和外界貿易的天然集散地。巨蟒神代表的不僅是巨蛇的危險力量，也代表雄性的力量。有個歐洲人就注意到在作物的生長季節裡，非洲人都很怕巨蟒會晚上出來抓走年輕婦女，把她們逼瘋。因此，他們在這樣的季節裡，都把年輕婦女關在特別的聖殿裡保護。不過，女性的力量、女性的生殖力，他們也沒忽略；王公貴族累積財富、炫耀財富的方式，便是收集滿屋子妻妾和女奴，有幾十位甚至幾百位之多。其中只有幾位眞正在服侍國王或同衾共枕，其他大部份，就在國王的農場上做工。有傳聞說，偶爾會有醋勁兒大發的正室，強迫國王把他寵愛的妃子或是女奴賣給歐洲人爲奴。而這也不是非洲女性的性別力量於歐洲貿易唯一的用武之地。非洲最重要的輸入品是「錢寶貝」❶，大部份是從印度洋來的，尤其是印度南邊的馬爾地夫群島。人類拿「錢寶貝」當錢幣用，已經有好幾千年的歷史，從中國到西非都有。而「錢寶貝」之所以有錢幣的身價，在於外型一致，堅硬持久，橢圓的形狀加上中間一道裂縫，很像女性的外生殖器。

歐洲人當然樂於賣錢寶貝、金屬製品、布料、酒類到非洲去，槍砲彈藥後來也賣得愈來愈多。買進來的則是象牙製品，運回歐洲市場去賣，或買別的到非洲的其他港口去賣。但歐洲人之所以甘願一直在海岸的酷熱裡揮汗賣命，甘願被蚊子咬出病來死掉，甘願在反覆無常的地方政治裡摸索生存，偶爾還得穿一穿豹皮，爲的全是美洲的大城小鎮、礦區農場對奴隸的需求愈來愈大。

歐洲人在非洲沿海地帶膽敢朝內陸多走幾哩的地方，沒幾處；而維達，就絕對不是他們敢去的地方。就算歐洲人想過要自己去抓非洲人來當奴隸賣，去掉非洲中間人居中增加的成本，他們也沒什麼機會這樣子去抓奴隸。像維達自己的奴隸，二十人裡有一個是本地人，因受制於其他有權有勢的非洲人而淪爲奴隸：有經審判爲奴的，有重要人物家裡多出來而賣爲奴的（或因爲正室吃醋而遭殃），也有還不出錢而循例爲奴的；其他十九人，則是商人從內陸的其他國王或酋長的領地裡買來的奴隸。這些奴隸大部份是用暴力手法弄來的——像打仗、突擊鄰近市鎮、在通往田地或市集的路邊埋伏等等。歐洲和美洲對奴隸的需求愈來愈多，也加強了使用暴力的動機，維繫了販奴這一行的命脈。

親身參與販奴的非洲人，沒幾個眞正了解，他們抓到海岸區去賣的黑人被他們推進了什麼樣的恐怖深淵：坐的船惡臭、擁擠、顛簸，甘蔗田裡的工作艱苦，不被當人看的管理殘酷，法律和政府還把奴隸財當「動產」(chattel)，而不是「人」。在非洲——這裡用的是範圍很廣的泛稱，遍及數百形形色色的社會和文化——每個人在階級體系裡都有各自的尊、卑地位，而他們的階級體系往往便是一大家子長輩和晚輩的家屬關係。我們叫作「奴隸」的人，地位當然卑下，但從來不會沒有「人」的身份和「人」的關係，往往也有機會往上晉升，像勤奮工作或和男性長輩共枕生兒育女，要不就娶進地位比較高的人等等。年齡正處於善戰期的男性奴隸，由於比較危險，比較容易和遇俘前的同族人互通聲氣，因此也比較容易被主人賣給奴隸販子，再轉賣到遠地。這正合內陸和沿海貿易的需要，年輕力壯的男性賣到海岸一帶的價錢特別好。但他們總還是個「人」，不管是在自己的親族裡還是要被賣了。

這並不是說維達王阿格邦格拉或他朝中的奴隸販子、官員不知道，把奴隸賣給歐洲人跟賣給別的非洲人是兩碼子事。非洲人以前從沒見過船隻乘風破浪而去。許多非洲人都相信，歐洲人買奴隸爲的是要把他們吃掉。只是，非洲蓄奴、販奴的悠久習俗，正在悄悄質變。國王和酋長想買歐洲貨的慾望愈來愈強，而且，沒有歐洲人輸入的槍砲彈藥，他們也愈來愈沒辦法自衛。

被抓來維達的奴隸，都送進一座蓋得很堅固的圍場裡關著，由國王指派的官員看管。歐洲人則透過非洲中間人作買賣；非洲中間人也是由國王指派。歐洲人得付國王一筆買奴隸的權利金；事先就得談好。國王有權先賣他自己的奴隸，之後才開放給其他奴隸主作買賣。國王賣的，通常是高價卻體弱多病的奴隸。交易開放給其他奴隸主後，一個個奴隸就必須作詳細的身體檢查，而且管你男女、管你雅不雅的；有毛病的馬上剔除。奴隸經過篩選，談好價錢，就烙上歐洲買主的記號，免得後來被掉包，換成次等貨；只要想得出來的事，全都注意到了——據我們的「線民」說是這樣；烙印還不能太用力，尤其是女性，因爲「她們比男性柔弱」。買賣談好之後，奴隸再關回圍場——可不是買主的辦公室喲；等著上船運走。

維達和附近的港口在一六八八年時，可能輸出六到七千名非洲奴隸。年初時的運量很大，若整年維持這樣的水準，那這年的人數應該會超過一萬二千人。只是，後來內陸的供應量銳減，以致有些奴隸販子得出高價買人，或是把女性的比例提高。依杜卡席的記載，這打亂行情的因素，是「內陸的豐族（Fon）國王有意見，阻斷了通路」。

歐洲人對非洲政治所提供的消息，大部份都是這樣：含糊不清，特別是少有歐洲人去的地方。「豐族」，是達荷美（Dahomey）這王國早期的稱呼；在一六〇〇年代即已崛起，成爲獨立的王國。到了一六八〇年代，豐族已經是輸往沿海地區的奴隸大盤商，也愈來愈好戰，一下用突擊隊搶奴隸，一下把武士借給別的君主當傭兵，換著來。一七二〇年代，豐國朝沿海地帶打出去，征服了維達和附近的港口。有歐洲人不得不到豐國首都一遊的，回來說的見聞都很恐怖，說他們訓練精良的武士火器用得極好，王宮裡掛著打仗殺死的敵人頭骨。這樣的頭骨在一六八〇年代維達王的宮裡看得到。只是，將達荷美王國整個改造的連年戰事，一六八八年早就開始的戰事，卻是因爲他們要有戰俘送到沿海地帶去打烙印送上船運走，而且需求量愈來愈大。

非洲最西邊凸出來的那塊，是歐洲人在一六八八年勉強要取得內陸一手知識的幾處門戶之一。有兩條大河在這裡入海：塞內加爾河、甘比亞河。一六八八年時，歐洲人在這兩條河的下游夾出來的地區作貿易，有兩百年不止的時間了，也一直在猜這兩條河是不是可以帶他們往內陸一尋寶藏。這地區現代學者叫作「塞內甘比亞」(Senegambia)。只是，歐洲人在這期間，再怎樣也不過是在兩條河的入海口弄一、兩座堡壘而已；法國人的堡壘蓋在塞內加爾河口，英國人在甘比亞河口；再偶爾派一支小小的探險隊溯河而上找貿易機會。他們在這一帶複雜的政治、經濟生態裡，完全是邊緣人。

塞內甘比亞一帶的非洲部族，語言和社會都有許多類似的特點。農作的收成全由極不穩定的降雨量來決定。豪雨一下，超過河面水位，就會引發莫測的洪流，淹沒整年的農作，但也在地表留下一層肥沃的淤泥供來年耕作。過塞內加爾河往北走，就少有足夠的降雨量供農作生長了，但這區最重要的商業資源是從野生樹木採集來的橡膠，像阿拉伯樹膠。塞內加爾河附近的沙漠邊緣就是文化的邊陲，騎馬或騎駱駝往來沙漠內外的部族，膚色較淺，講阿拉伯語或北非的柏柏語(Berber)，不論文化還是社會都偏向伊斯蘭世界。

塞內加爾的邊陲地帶不時有穆斯林入侵；摩洛哥人（Moroccan）在撒哈拉沙漠南邊掀起的新一波突擊，早在一六八〇年代即已開始；到一七〇〇年代，他們的威脅只會更加嚴重。但穆罕默德教義在這裡眞正有效力的傳染媒，跟世界其他地方一樣，還是和平的貿易活動。阿拉伯和柏柏的商旅，或影響塞內甘比亞區商人的信仰，或乾脆定居下來，娶當地女子生兒育女，孩子當然就是穆斯林囉。地方的統治者可能因爲看上穆斯林的讀寫能力，而雇穆斯林幫他們做事，以致受伊斯蘭信仰影響。因此，雖然崇拜祖先還有其他神靈的傳統信仰在各地鄉間依然十分牢固，但市鎭裡有不少人已經是相當虔誠的穆斯林了。若有「師表」或是地方上的居民，在學校或因上麥加朝聖而萌生較強的正統伊斯蘭思想，就很可能在朝中或市鎭裡掀起一場伊斯蘭肅清運動。一六八八年時，第一波這類肅清運動已經走過高峰，開始退潮。比較平和的調整動作也才有機會推動。這時，伊斯蘭師表和徒眾，可獲准在市鎭或個別城鎭的行政區內享有頗大的自治權。一六八〇年代，就有一群不同族裔的穆斯林，跟隨他們的師表在塞內加爾、甘比亞兩條河上游間人煙稀少的地帶，建立起自己的國家。這新國家後來成爲這一帶政治的重要元素，由延續數朝的「伊瑪目」❷統治；伊瑪目就是伊斯蘭的「主禱人」。至於其他地方，則以長途巡迴於各市鎭的商旅隊伍，也就是「朱烏拉」（juula），才是比較虔誠的穆斯林，在市鎭裡常自成一區而居。

在這樣的社會裡，每個人各有其位，但這位置不會一直不變。血緣關係決定了誰有資格統治地方或入朝爲官。但鐵匠，由於做的是熔鐵、鍛造武器等危險的行當，因此被看作是具有特殊神力的人，必須和社會略作隔離，只在同行間通婚。他們手下也有爲數不少的奴隸。但只有從別處買回來的奴隸才可以轉賣出去。許多奴隸在主人家裡都有安穩的僕傭地位。有些還可以進入王室爲奴。若當上武士或行政人員，則還可能攫掌大權。

往來沙漠內外的阿拉伯人和柏柏人商旅，以及沿海地帶的歐洲人，都在塞內甘比亞買奴隸。只是，這裡的供應量極不穩定。惟有一五〇〇年代末期內戰方殷的時候，這一帶的奴隸貨源才佔大西洋跨海奴隸買賣的大宗。一六八〇年代，歐洲人在這一帶的貿易輸出値，光是奴隸一項就佔過半。其他商品，不論歐洲人還是北非穆斯林買的，也都是這一帶區域商業經濟的產品。鍛鐵業相當蓬勃，精品的品質極佳。他們也種棉花，棉織品除了當地人用，另在區間流通。其他區間流通或向外輸出的貨品，則有前文提過的阿拉伯樹膠、牛皮、蜜蠟、象牙、黃金等等。黃金的產量不多，採集的方法是在挖出來的大量土壤裡慢慢挑揀，而且都是農人在沒農事可做的農閒季裡，拿這一項來補貼收入，而且賺的說不定連飯錢都不夠呢。

只是，交易裡一冒出黃金這樣東西，就絕對教歐洲人瘋魔。一個個歐洲人就在兩大河口的堡壘裡揮汗賣命。雖然眼睜睜看著淘金客在初來乍到的第一年裡十個會有六個死掉，他們還是一樣又一樣的計劃拚命做，想要怎樣溯河往上探勘，一方面打開奴隸和其他商品輸出的直接貿易通路，一方面尋找涓滴細流的黃金源頭。一六八八年七月，巴黎有位尙博紐先生（de Chambonneau)，就向「塞內加爾皇家公司」的主管報告，他在一六八六、八七兩年沿塞內加爾河往上，得出了哪些出色的探險成果。塞內加爾皇家公司是法國政府連續在境外開設的數家公司之一，目的在擴張法國於非洲沿海地區的貿易，奪取壟斷權，但一直沒什麼成績。一六八七年，尚博紐帶的人分坐兩艘三桅船，沿塞內加爾河直上費魯瀑布（Felu Falls）。費魯瀑布是塞內加爾河航運的起點，離河口有五百英哩以上。那裡的酋長熱忱歡迎他們，還說他們所在的位置離內陸的大貿易鎮廷巴克圖不遠，離甘比亞上游的一道支流也不遠。法國這支探險隊那時還以爲，塞內加爾河過了費魯瀑布再往上，一樣可以通行船隻，結果事與願違。那裡的酋長答應他們，八天內給他們一批黃金。但他們只能多待一天，原因是「船上每個人都病了，因爲只有小米可以吃，也因爲六、七、八月實在太熱，雨又下個不停。」

尚博紐在他一六八八年的報告裡，提出了解決這些難題的方法，手段很激烈。他建議法國派出一支探險隊，由一千兩百名男女組成，其中四百人爲士兵，前來攻佔塞內加爾河下游的肥沃地帶，建立起道地的歐洲屯墾區。當地的土著當然會反抗，但沒幾個月就會歸順的。因爲他們的社會沒有土地私有的作法，而且，他們沒開墾的土地也多的是。法國人在那裡開墾自己的地，養一些奴隸，根本不用奴隸也行。種小麥，這樣全區的法國人就有麵包可吃，不必再吃小米；法國人覺得小米不健康。也可以種菸草。那時那裡已經種出品質相當好的菸草了。還可以種甘蔗、槐藍（indigo，木藍屬植物，可以提煉藍色染料）、棉花，甚至蠶絲。法國的墾殖戶不會和塞內加爾皇家公司搶奴隸或其他輸出品，卻可以供應貿易站新鮮的食物和新的輸出品，像農場生產的菸草或其他經濟作物。這樣的規劃，用的其實是歐洲屯墾區在西印度群島實驗失敗的構想，根本無視於現實裡的氣候、疾病等障礙，也不管當地土著其實還有保衛自己土地的能力；眞是不切實際得緊！現在沒有史料可以判斷這樣的規劃是否眞有人認眞考慮過。

盤據在甘比亞河口的英國人，對法國人沿塞內加爾河往上探險的事瞭若指掌。他們也有自己的探險要忙，一樣沿著自己的這條河往上走，以探測貿易的潛力。只是，迄至目前爲止，我們還看不出英國人曾有一頭熱的狂想，作些英國家庭主婦在非洲河岸織棉花、養蠶寶寶的夢。倒是有位霍吉斯（Cornelius Hodges），在他一六八九和九〇年沿甘比亞河往上作探險的報告裡，讓我們多了解一點歐洲人在上游會碰上怎樣的障礙，那裡的商機和利益又有多不可靠。甘比亞河在水位低的時候極不利於通行，但雨季一旦開始就下得「像潰堤一樣」，有時還搞得這些英國人除了跟著洪水往下游撤，別無他法可想。而沿河走，有好幾處地方都有部族有很多象牙，也急著要賣。有處地方，甚至從一六八三年起就有一場淘金熱——那是有位老婦在一塊植物塊莖的根上發現金屑而掀起來的。只是，近來因乾旱和饑荒而告中斷。霍吉斯也說，越過塞內加爾河再往沙漠邊緣走去，聽說不遠處有摩洛哥人即將發動突擊。

十八世紀，歐洲人在塞內加爾和甘比亞兩條河的貿易不斷擴張，且以奴隸爲主（但在十八世紀大西洋川流不息的龐大奴隸群中，只佔一小部份）。摩洛哥人的突擊，商旅橫越撒哈拉沙漠的路線，也都還在塑造塞內甘比亞的風貌。大西洋的奴隸貿易路線在一八〇〇年關閉，阿拉伯樹膠的貿易代之而起，成長快速。法國的皇權也同時入侵。只是，像尚博紐先生建議種植經濟作物的法國農忙景象，從來沒實現過。

一六八八年前的百年間，西非的主要貿易路徑是從森林帶的北邊開始延伸，穿越大草原，到商隊橫越撒哈拉沙漠的起點。非洲人建國運動的中樞，就在這些起點或附近。一八〇〇年前後，貿易的動能已經確定朝沿海地帶偏移；這一帶最重要的建國中樞跟達荷美一樣，雖不在沿海，但大有支配沿海地區的勢力走向。由於有歐洲的史料作依據，我們對非洲史的了解又以海港和海上貿易多於一切，因此，我們很可能會把海上貿易的成長看作是促成這一偏移的主因。這一點是很重要沒錯，但內陸的變化可不止於此。

歐洲人直到十八世紀末，才往費魯瀑布上游探勘。那時，許多非洲人都知道往東去的路要怎麼走，知道越過塞內加爾河的支流走一段陸路，就可以通達歐洲人後來叫作尼日河的那條大河上游。再沿尼日河往下，走上很長一段路，幾乎像是從塞內加爾河口走到費魯瀑布的路程，就可以到達廷巴克圖了。「廷巴克圖」的英文 Timbuktu，後來在英文裡成了「遙不可及之處」的比喻。但放在非洲來看，廷巴克圖是他們很有名的大集散地和文化中心。沿著尼日河再往下走兩百英哩，就到了另一處大集散地，加奥（Gao）。從加奥起，還要再走上一千兩百英哩，才會到尼日河流入大西洋的那片森林和紅樹林的沼澤地。

一六八八年，廷巴布圖和加奥只剩往日輝煌的餘光。西非幾百年來的權力和貿易中心一直在尼日河沿線一帶；貿易路線以此爲起點，穿越撒哈拉沙漠到地中海沿岸。而伊斯蘭信仰也沿這些貿易路線而來，扎下了深厚的根基；廷巴布圖有許多清眞寺和學校，有不少學者用阿拉伯文寫下了非洲的歷史和伊斯蘭的論辯。一五〇〇年後，穿越撒哈拉的貿易路線和市鎭的繁榮突然一斷，原因有許多：像鄂圖曼帝國（Ottoman Empire）沿著地中海南岸推進，將穿越撒哈拉的貿易線切斷了一陣子；葡萄牙人拿摩洛哥作靶子，打了一場時間很長、手段齷齪、破壞力大、但了無意義的侵略戰。或許跟葡萄牙人的破壞有部份關係吧，摩洛哥人的武力在一五九一年越過撒哈拉沙漠，摧毀廷巴克圖，還在尼日河沿岸游移盤桓了幾十年不去。連游牧民族也從沙漠裡出來搞侵略，而在一六八八年拿下了加奥，威脅及廷巴克圖。有支部族在廷巴克圖上游的地方建立起廣大的權力組織，但在英主於一六八〇年去世後，分崩離析。不止，我們先前提過的摩洛哥突擊戰，這時又在塞內甘比亞的邊陲地帶重新燃起，而且更爲頻繁。至於森林帶的貿易變化和建國運動，一六八八年時才剛開始。但在尼日河這邊，這處遠在歐洲人視線所及之外的地方，廷巴克圖還有其他古老、繁榮的集散點城市，已經步入日薄西山的漫漫衰途。沿海地帶勢力的崛起，只加快其衰落的速度，無力可以回天。

第三章　奴隸，船，邊疆

有兩位法國年輕人，拉榭維克（Jean l'Archevêque）和葛洛斯列（Jacques Groslet），一六八八那年大部份都待在現在美國德克薩斯的東部，和凱多印地安人混在一起。就在一六八八年近末尾時，他們拿出他們證明出身歐洲的寶貴紀念品：一張畫了艘船的羊皮紙，在上面寫下兩段話，再用一條精緻的蕾絲領巾紮好，弄成歐洲寶物的樣子，擔保歐洲人一看便知。之後，這東西便託付與一位和他們往來相善的印地安人。羊皮紙上的兩段話，有一段還可以清楚認得出來：

敬啓者：

我們不知道你們是什麼人。但我們是法國人。正身處蠻族群中。亟欲和基督信徒重聚。我們都是基督信徒。我們確信你們應當是西班牙人。我們不知道你們會不會攻擊我們。但我們身陷在這群禽獸當中，極爲苦惱。這些人不僅不信上帝，他們還什麼也不信。閣下若願意帶我們離開這裡，只需要寫幾句話就好。由於我們在這裡沒有什麼事情可做，因此，我們一接到閣下的回音，就可以馬上啓程，和閣下會合。

閣下卑微且忠誠的僕人

拉榭維克，貝揚（Bayonne）人

至於葛洛斯列在羊皮紙上寫的話，讀得出來的部份就少得多了。只知他說他們都很年輕，將這張羊皮紙託別人帶給西班牙人。

待這兩位年輕人在一六八九年眞的和一隊西班牙人碰面時，兩人身上的彩繪畫得跟印地安人一模一樣，而且，身上除了一張鹿皮，片無寸縷。他們流落在德克薩斯的印地安部落約有兩年。西班牙人把他們送到墨西哥城，讓他們在一六八九年底啓程往西班牙去。

這兩位年輕人，就是凱佛里耶[1]——人稱拉薩爾爵士（sieur de La Salle）——所率領的遠征探險隊新近發現的倖存者。當年，凱佛里耶率探險隊南征，企圖將法國的勢力和貿易從北美中部朝南擴張，也要在墨西哥灣的海岸建立一處軍事據點。拉薩爾對戰略地理和商機都有很敏銳的眼光，這是所有開疆拓土的偉人都有的特色。他看出法國人若以聖勞倫斯河爲大本營，在已有的毛皮貿易基礎上運用大型貨船，在北美的大湖區和密西西比河流域建立起永久的貿易站，就可以趕在西班牙人和英國人擋路之前，先在北美建立起眞正的帝國。而他看見的美景還不止於此。一六八四年，他取得了法國王室的特許，率領近三百位拓荒者，在馬塔哥達灣（Matagorda Bay）建了一處要塞。位置就在現在德州的科帕克利士提（Corpus Christie）附近。他腦子打的主意，可能就是墨西哥北部的銀礦。他認爲，沿我們現在叫格蘭河（Rio Grande）的這條通路，應該可以到達那一帶。他派了幾支小探險隊去探勘河道，也和印地安人交交朋友。

但拉薩爾選的第一處屯墾地就大錯特錯：地勢低，沼澤多，土壤貧瘠，只養得活稀稀落落的印地安部族。聚落本來就很小了，營養不良和疾病很快弄得聚落裡的人所剩無幾。而他們僅存的兩艘船還觸了礁，在海邊的沙洲上撞得全毀。這時，他們唯有朝東北方打開條路，向密西西比河谷的法國聚落求援，此外無以圖存。一六八七年一月，拉薩爾帶領一小群人啓程朝東北前去。只是時值洪氾，德克薩斯平原幾乎無路可走，隊伍裡開始有人鬧叛變，有些甚至落跑。最後在三月十九日，拉薩爾死於自己人的槍下。拉樹維克顯然是鬧叛變的那群人之一，但不是槍殺拉薩爾的那位。葛洛斯列那時已經先跑了，棲身在印地安人當中求生存，後來還是重回法國人那邊。待小隊在五月啓程朝東北走要往密西西比河去時，兩人又脫隊折返。

不管這兩人有多想念基督信徒的社會，他們在凱多族過的日子，絕對比落入拉薩爾岸邊堡壘周圍的卡朗卡瓦人（Karankawa）手裡要好一點。落在卡朗卡瓦族的法國人，幾乎全橫死在他們手裡；而這個部落過的日子很慘，全靠撿食海灘上的爛東西爲生。凱多人的日子就有秩序多了：他們會定期合力耕作、蓋屋；管理眾人之事，概由族人審慎討論；市鎮裡秩序良好，少有人違法犯紀，連法國在一六八八年都沒幾處地方比得上他們的。他們在現在東德克薩斯的肥沃土壤和溫和氣候下種玉米、豆子、大南瓜、小南瓜、漿果、水果，並捕魚，獵鹿，獵熊；他們餓肚子上床的機會比法國許多地方的農人都還要小。他們認爲天上只有一位神祇，所用的火種全從固定一座神廟裡的常明聖火點燃。有人死去，必以動人的儀式相送——他們依循的儀禮，全隨農時輪迴。他們織的籃子、草蓆都很漂亮，還會縫堅固的皮衣。北美原住民最精緻的陶器，有些就是他們的成品。一六八〇年代，他們已經和東邊的法國聚落作貿易，和西邊大平原的部落作馬匹的買賣——也就是西班牙人引進的馬所繁殖的後代。他們對自己的能力很有信心，知道歡迎法國人、西班牙人來，絕不致於失去控制權。後來，連早期到那裡傳教的教士，雖然一心要從根扭轉他們的生活方式，卻也不禁敬重他們。

這兩個法國年輕人，可能是實在受不了他們把敵人頭皮掛在屋裡的習俗吧，也可能是因爲看過戰俘被他們活活折磨至死，要不就是怎樣也看不慣凱多人頭上、胸脯繁複的刺青吧！歐洲人每每說這是「毀容」。只是，西班牙人找到這兩位時，他們的臉上、臂上也都有刺青！可能是畫上去的。

拉榭維克和葛洛斯列一時沒辦法回法國，是因爲法國和西班牙從一六九〇年起到九八年都在打仗。所以，他們先被送回西班牙，又再送回墨西哥，而且，連名字也和西班牙同化，成了「阿奇培克」(Archibeque)和「古魯勒」(Gurule)。他們還加入培布羅印地安人(Pueblo Indians)

的陣營，跟他們去打仗，收復上格蘭河谷；培布羅印地安人在一六八〇年就已經將西班牙人趕出去了。拉樹維克／阿奇培克後來轉到聖塔菲（Santa Fe）求發展，變成生意做得很發達的貿易商、譯員，很受敬重的印地安事務顧問。一七二〇年，他陪一支探險隊到東邊的高原去和波尼人（Pawnee）人打仗。波尼人顯然也有法國人當顧問。拉樹維克這次就死在波尼人之手。如今在新墨西哥和南加州，還找得到大批阿奇培克和古魯勒家的人，個個都以自己不凡的出身爲榮。

一六八八年，美洲的邊疆到處看得到歐洲人的蹤跡。從拉布拉他河（Rio de la Plata）到聖勞倫斯河一線的海岸、島上，內陸的河邊，也有幾處深入內陸如波托西者。有的人只能自求多福，境遇如何，全看土著民族對他們是善是惡；拉樹維克和葛洛斯列就是這樣。有的人則征服整片地區，將之改頭換面；西班牙人在墨西哥城和波托西就是這樣。再有些人，在散布歐洲人聚落、勢力的邊陲，看見了人類重新開始的契機。再有的歐洲人以暴力摧毀一切，完全不思建樹。但也有拓荒者秉耐心耕耘，以大地爲故土，即使像牙買加這樣小小一塊地方，也不改其志。

一六八八年，普萊斯少校（Major Francis Price）偕妻子和三個孩子，住在一棟大木屋裡：一樓三間房，二樓三間房，廚房、浴室、貯藏室、馬房分布在其他屋子裡。木屋蓋在牙買加中部美麗的尤伊達谷（Lluidas Vale）裡。四周蓊鬱的群山環繞，氣候比沿海地帶涼爽，土壤肥沃，雨量豐沛但不致過多。這谷地是全島最適合農耕的地區，也是歐洲人住起來最舒服的地區。原本森林密布，但到了一六八八年，這地方已經養了大批牛群。史隆醫生（參第十六章）一六八八年曾到牙買加一遊，就指出尤伊達谷以特產之上好兼特貴的小牛肉聞名。這裡偏僻的農場也養豬，殺來煙燻做成「豬肉乾」賣；也養火雞，運到西班牙鎮（Spanish Town）去賣。西班牙鎮就在現在的京斯敦市（Kingston）西邊，是當時沿海一帶最大的城鎮。

普萊斯的「少校」稱號，是他在殖民地民兵團的軍階。他也當過兩次市議會議員。一六八八年時，他和其他殖民夥伴，常在這小島的政治舞台上和一位不太平凡的皇家總督，奧柏瑪公爵（參第十六章）同台演出。這位公爵於後文會再提到。另有還位不凡人物；這位也大不同於愛好和平、辛勤勞動的拓荒先民。摩根❷是這座小小殖民地的副總督，也是一位沒有完全改邪歸正的海盜；經政府收編，給與官銜和權力，要他把作戰、欺敵的才華發揮在鎮壓別的海盜上面。當時的海盜原都是些逃兵或逃犯，在各小島上自謀生路。他們時常獵殺大批野豬或牛群，把肉掛在大木架❸上用煙燻烤，然後拿到屯墾區或船上去賣。由於島上的統治者，特別是希斯潘諾拉島（Hispaniola，即海地）的西班牙人，都想把他們趕走，逼得他們漸漸走向搶劫過往船隻和城鎮的路子。英國人、法國人、荷蘭人，都曾有一陣子雇他們去打劫西班牙或其他敵方的船隻。年復一年，這些海盜將海上打劫西班牙船而搶來的財寶，全拿到羅亞爾港（Port Royal）——現在京斯敦附近的牙買加海岸上——花在酒、色、打架的狂歡上，囂張得連看慣了倫敦、阿姆斯特丹碼頭亂象的人都受不了。一六七〇年，摩根率眾掃過巴拿馬地峽（Isthmus of Panama），去搶巴拿馬市。只是，從那年起，歐洲的君主個個開始轉向，希望島上殖民地走和平發展的路線。也因此，歐洲的君主開始推展貿易，和西班牙港口的貿易自也不例外，因而開始鎮壓海盜。摩根偶爾也揷一腳，跟著去打以前的同志。摩根死於一六八八年八月。他死後，地方官步步加壓弭平海盜的活動並未中止。一六九二年來了一場大地震，羅亞爾港大部份都被震入海中。這樣的事，不必清教徒的傳教士來說，就知道是神的懲罰。

但於一六八八年，牙買加內陸還藏著一處另類的邊陲：脫逃的奴隸，也就是「亡奴」（maroon）集居的聚落。他們在灰岩地的鄉間特別常見；因爲，這樣的地質到處是石灰岩的峭壁和落水坑，只要派一個人當斥候，就可以看住四面峭壁和灰岩坑內外的狹窄通道。數百人就躲在坑內耕田種地，安然過他們和平、自由的生活。這些「亡奴」的起源，和普萊斯少校那年頭也有些關聯。西班牙人向來放奴隸自由行動，任他們在內陸養牛過活。有些人原本在尤伊達谷還有塊自己的小農場，但因爲被西班牙人趕，只好朝西退到人跡不易到達的深山裡面。一六八四和一六八六年，都有奴隸逃跑的記載。一六九〇年則爆發大逃亡潮。再沒過多久，因爲甘蔗田裡的奴隸愈來愈多，亡奴的聚落也跟著愈來愈大；這些人，便都會成爲亡命之徒聚落的中堅份子了。

在加勒比海一帶的聚落，普萊斯少校這樣的墾殖戶和商人群體間的利益衝突，始終沒有斷過，尤以他們和英國的皇家非洲公司（Royal African Company）的衝突最爲厲害。因爲，他們賣奴隸不是只賣給英國墾殖戶就好，還希望賣給出價最高的買主。這樣的買主往往就是西班牙人。西班牙在這時期並沒有直接涉入非洲的貿易活動，但十七世紀賣到新世界的黑奴，可能有五分之一都是賣到西班牙在美洲的領地。由於西班牙人生怕新教徒污染他們的天主教國度，破壞他們黃金、白銀的壟斷權，因此，西班牙在美國的屯墾戶要和歐洲其他國家的人作貿易，幾乎是一概禁止。西班牙的屯墾戶若要奴隸，就只有違反皇家敕令，讓外國船隻進他們的港，或到牙買加、古拉索(Curaçao)等島去買。再要不就利用西班牙法令的一大優惠，叫「特許權」(asiento)：就是西班牙或外國的商人聯合起來，先預付大筆關稅和其他貢品給西班牙王室，換取他們在西班牙的美洲港口有合法輸入奴隸幾近乎壟斷的權利。但在一六八八年，這措施引發了一場「寇伊曼」特許權的巴洛克式糾紛。

「巴洛克」在這時期不只見於文學、藝術而已，不只見於修女胡安娜、作曲家普賽爾（參第二十六章）和韋瓦第（Vivaldi, 1678—1741）的創作而已。在政治，在貿易，一樣有許多情況罩著繁複的結構和形式論辯，掩蓋在內的現實雖只是偶爾探頭出來，但一探就驚天動地。一六八〇年代初期，這特許權是握在一家西班牙商行的手裡。商行的老闆叫波奇歐（Juan Porcio）。波奇歐買賣的奴隸顯然是跟荷蘭人買的。喀他基納（Cartagena）還有美洲大陸其他西班牙港口的居民，碰上有荷蘭人或英國人的船隻進港，顯然也喜歡跟他們作買賣，才不管馬德里那裡怎麼說。波奇歐在一六八四年時因爲財務吃緊，沒辦法付錢給西班牙王室，因此指控喀他基納的官方侵犯他的權利。

一六八五年，馬德里官方便開始和巴瑟薩・寇伊曼（Balthasar Coymans）交涉；他是住在西班牙卡地茲（Cádiz）的荷蘭人，也是當時阿姆斯特丹的大商人約翰・寇伊曼（Johan Coymans）的代表；約翰・寇伊曼則又是「荷屬西印度公司」（Dutch West India Company）及其在古拉索島大奴隸商場的半公開掩護。雙方很快便達成協議，由巴瑟薩・寇伊曼取得原先在波奇歐手中的特許權；巴瑟薩・寇伊曼則立即支付西班牙海軍在荷蘭建巡防艦的造價，同時預付他在美洲西班牙領地進口貨品的稅金。

波奇歐的原意，當然是要西班牙法庭再多給他一些優惠，外加財務上的協助，而不是把他手裡的特許權給拿走。因此，現在他必須向外尋求奧援，與這新的協議抗爭。他求援的對象特別以教會爲主，因爲西班牙教會那時害怕異教徒的船進了美洲西班牙領地的港口，會污染天主教的信仰，特別是才剛皈依的教徒，信仰的教育和磨練都還不夠。所以現在，雙方的協商，就和西班牙法庭複雜得出名、慢得出名的作業程序攪和在一起了。教會提出的反對意見，聽在隱約還有點良知和虔誠的西班牙國王卡洛斯二世耳裡，很有點道理。因此，他在一六八六年尾，指派一位特任官負責研究這問題。但一六八七年時，荷蘭政府和西印度公司出手了，指西班牙政府和寇伊曼的後人——寇伊曼已於一六八六年去世——訂的契約是一項堅定的王室承諾，不可由一位權限不明的特任官重作考慮。一六八八年六月，西班牙的特任官提出了他研究後的意見，指出荷蘭方面應該先承認他的權力，才有辦法繼續協商。只是，荷蘭人照樣運奴隸、運貨物到古拉索島，轉賣到美洲的西班牙港口，才不管它特許不特許權的。光是一六八八年，他們就已經運了約五千名奴隸到古拉索島準備出售。而地方上的西班牙官府自然也樂得任人和他們作貿易。一六八九年，西班牙法庭撤銷寇伊曼那邊的特許權，將契約還給波奇歐。寇伊曼那邊一直抗辯，馬德里這邊就一直組成委員會來作研究。但寇伊曼的抗辯始終沒人理，西班牙人這邊顯然也從沒把巴瑟薩·寇伊曼一六八五年付的第一筆款項還給人家。只是，美洲的西班牙人還是很依賴荷蘭運給他們的奴隸和貨物，以及日益成長的英、法兩國貿易。

這份特許權狀的巴洛克表相，最裡面所遮掩的其實是：數以千計驚慌又可憐的非洲人遭強迫送到美洲的買賣，因之有了合法的名目，有了商業的利益，也有了明確的數字，得以在美洲販售、在美洲爲奴。現代研究販奴的著作常附上地圖，用粗細不同的黑線，畫出一條條從非洲港口伸出來的線，縱橫交錯，在大西洋中間交會，然後岔開到各目的地去；從加勒比海到拉布拉他河都有。從安哥拉（Angola）運出來的奴隸，大部份留在葡萄牙人的勢力圈裡送到巴西去賣。至於塞內加爾河至尼日河間各王國港口外流的奴隸，一般會穿過西印度群島，有的就留在那裡，有的賣到美洲大陸的西班牙港口。

運奴船在風浪裡顛簸前進，隔著蒸騰、濕熱的大氣，有時還不太看得到船的影兒。奴隸在岸邊先賣給歐洲買主，烙下記號，然後坐進長艇，送到船上。待船裝滿了「貨」要揚帆啓程的時候，船上的奴隸許多都已經在船上待了好幾個禮拜。奴隸晚上鎖在甲板下，白天才帶上甲板進食，或強迫他們定時跳跳舞、作體操。他們有許多人都相信，等船一到這一大汪水的那一頭，白人就會吃掉他們。有些人乃時刻注意是否有機會壓制守衛的船員，趁船還沒走遠，逃上岸去。再有些則鬧絕食，認爲他們若絕食至死，靈魂便能重返非洲岸上的大陸。

船一揚帆，離岸駛去的時候，絕望的情緒特別強烈。這時，船首、船尾都有船員拿著點上火的引線，以備奴隸一有騷動的跡象就要朝他們發射小型砲彈。有的船比較幸運，趕上順風，航程走得很快。若沒這福氣，或沒趕上好風勢，就得困在岸邊好幾天，甚至好幾個禮拜，才能離岸駛去。這時，船長當然很關心他的「貨」是不是還活著。每丟一個死奴隸到海裡餵沙魚，在他的帳本裡可都是一筆損失。因此，好船長都很注重奴隸吃的東西——主食是玉米粥加胡椒調味，據說胡椒可以預防兼減輕腸胃不適。管理良好的奴隸船絕不會塞太多人進去；船艙也定期用醋和熱水打掃，定時帶奴隸作體操。但這大部份要碰運氣了，不只是風向的運氣，也包括傳染病的運氣。預防措施做得再好，傳染病還是很容易在船艙裡蔓延，一口氣掃掉半數的奴隸，甚至全部一掃而空。有幾個例子，連船員也無一倖免。

現代史家或許沒辦法認同十七世紀的人（二十世紀也一樣）對金條交易的重視；但現代史家絕對比十七世紀的人更容易了解，大西洋兩岸因非洲奴隸買賣而帶動的變化有多大。一六八八年時，歐洲人譴責奴役非洲人的聲浪根本還沒開始；這還要過一百年才會成爲歐洲政治論辯裡的要項。（本書第十九章會提到史上最早的反蓄奴作品之一，《奧奴諾可》出版於一六八八年，作者是艾芙拉·班恩。）一六八〇年代參與販奴的人寫到販奴的事時，不論觀點還是用語，都沒有一般人在碰上別人以道德和政治角度抨擊他做的營生時常有的那種自衛心理，反而常常前言不對後語。前一頁說非洲人和他們除了膚色沒有別的不同，說他們是「可憐蟲」；下一頁卻又變得自傷自憐，說自己才是這恐怖行業的「奴隸」。

從零星的數字盡可能作估算，可以推測：一六八八年，英國人在非洲海岸買下的奴隸總數是五千人。葡萄牙人從安哥拉運到巴西去賣的數目比較大，或許有七千人。荷屬西印度公司在非洲沿海有不錯的基地，在古拉索島也有愈來愈繁榮的奴隸轉運站；因此，可能又弄走了三千人。丹麥、普魯士、法國等國再弄走二千人。加一加，估計是一萬七千人。英國人的皇家非洲公司一六八八年記載，他們在甘比亞河口，在黃金海岸，在維達，在貝南、卡拉巴（Calabar，奈及利亞），都有自己設的永久貿易站，或在非洲人代管的沿海城鎮裡有穩固的營業處。但該公司投資總額的三分之一，都用在運貨到迎風海岸（Windward Coast）賣。這迎風海岸，約當現在賴比瑞亞到象牙海岸間的這段海岸。這一帶的海岸沒有堡壘，沒有歐洲人居住的形跡。要作生意的船，就沿著海岸走，非洲人有奴隸或別的貨要賣，就升火用煙作訊號。有些人是覺得這樣作生意好慢，又不穩定，但那裡的商人和公司倒還喜歡這樣省下了固定支出，也沒有在當地設堡壘或聚落的麻煩。直到一六九〇年，迎風海岸的貿易量一直佔非洲和歐洲船隻貿易總額很重要的比例。但那之後，迎風海岸便：一，不能在歐洲各國彼此打仗時提供安全的保障；二，不能在十八世紀貿易成長時，穩定供應市場日增所需的奴隸。不過，迎風海岸那時於某些商人依然是重要的據點。由於迎風海岸沒有歐洲人定居以提供長久的觀察，我們對這一帶非洲的貿易結構所知就比平常要少。然而，這地方做事的效率夠高，這地方的非洲人不願賣別的非洲人爲奴的意願也夠低；因此，這一帶雖然沒有永久的要塞或歐洲的貿易站，還是在一六八八年賣了多達千名的奴隸給英國的公司還有其他商人。

一六八八年，聖靈降臨節❹這一天，耶穌會的神父維艾拉（Antonio Vieira），在巴西巴伊亞（Bahia）耶穌會學院（Jesuit College）的教堂講道。他從「舌頭如火焰」的雙重意象開始講那驚惶、偉大的一天，舌頭如火焰分開落在使徒頭上，講耶和華變亂他們的口音，毀掉巴別塔：

「這便是古代的悖逆，這便是古代的懲罰。但今天，我們正站在轉變的前夕。從審判轉向憐憫，神要建祂自己的塔，神走上了悖逆的小徑，以他的懲罰爲工具。……這座塔，就是天主教會。……神以哪些工具摧毀巴別塔，懲罰巴別塔呢？這些工具，便是天下人原本一樣的語言，經變亂、分散，生成了各式的新語言。也因此，聖靈降臨在使徒頭上，化身爲眾多不同的語言。」[5]

維艾拉神父的講道辭，誠乃巴洛克修辭學的傑作。由這段講辭，可見他逆轉手法運用之妙。語言先是神施以天譴的工具，繼而是神建立教會的工具，再而是聖靈的事功。歐洲人於漂洋過海之際，發現人類語言形形色色，在所多有，因而對語言的變亂、分散，對逸失的人類始祖亞當的語言興趣愈來愈濃。只是，維艾拉這段講辭，除了巧妙勾起聖靈於教會外傳有臨門一腳之功，還另有深意。他這也是在告訴耶穌會士的老少同修，包括見習修士在內：他可不喜歡巴西耶穌會教區的同修學語言、用語言的道路。

維艾拉以慷慨激昂的佈道，力陳宣教政策需要作重大的變革。雖已年高八十，他在耶穌會巴西教省的三年巡查要職才剛開始。他是在巴西亞長大的，逃家進了耶穌會學校就讀；就是他現在佈道的地方。他在內陸的教區當見習修士時，學會講「土俾-瓜拉尼」（Tupi-Guarani）語；這是巴西大部份印地安人講的話。耶穌會士不論到哪裡傳教，都會認眞把他們要傳福音對象所講的語言給學起來，因此成爲歐洲世界第一批休倫語（Huron）、伊洛克語（Iroquois）、華語、日語，還有印度南部塔米爾語（Tamil）的專家。據說在巴西的耶穌會學校和維艾拉年輕時待過的教區，土俾-瓜拉尼語的流通率和拉丁文不相上下。

可能就是因爲他講道的天份過人吧，維艾拉在一六四一年獲選爲巴西信使之一，向葡萄牙的約翰四世（João IV）輸誠。那時，約翰四世才剛和西班牙政權決裂，重建獨立的葡萄牙王國。約翰四世對耶穌會還算支持，維艾拉在宮中因此頗有點影響力。有次他到阿姆斯特丹去，曾和猶太拉比瑪拿西・本・以色列❻有過長談；瑪拿西正在寫他那本預言大作，《以色列的希望》。兩人談話的要點，在葡萄牙國王必將成爲上帝的工具、稱勝人世的末世預言，還有維艾拉本人對印地安人佈道的深切支持；這些都在維艾拉心田的沃土投下了印記。

一六五三年，維艾拉回到巴西，擔任亞馬遜盆地的耶穌會分會會長。這地方在他、在他的同修，都是世界最遠的邊陲。每次沿著這條大河往上走，都會找到一條從沒見過的支流供他們一探，也會碰上從沒見過的印地安人，身上的彩繪、穿的衣服，甚至身無寸縷，望之頗爲駭人；他們用吹管發射的毒鏢有時也很危險。但大部份時候，這些印地安人只是戒心較重而已，多點耐心和善意，還是會有回應的。傳教士在這條商旅來往的河邊通常還找得到會講土俾-瓜拉尼話的人，但一過這第一道接線，就得面對愈來愈複雜的「巴別城」語言，就算學習的熱忱再大、決心再堅定，也教他們不勝負荷。早先皈依的印地安人，確實有許多對教義的理解不多，也不堅定，大部份著眼的是耶穌會士心地好、有禮物、有藥品，兼看上會士身上好像有新式的超自然力量。就算如此，維艾拉到那裡佈道頭兩年，皈依的人數以萬計。這就表示葡萄牙的屯墾戶和耶穌會士之間有麻煩了；因爲，耶穌會士會想辦法保護教徒不受墾殖戶強徵勞役的剝削，不受屯墾的小鎮淫佚邪靡的污染。維艾拉想辦法在中間作折衷，希望能將屯墾戶引領到他的路上，一同邁向他爲亞馬遜盆地所仰望到的多元部族和平共處的榮耀基督之路。那一帶沒有印刷機，許多屯墾戶也是文盲；因此，他佈道的技巧就特別重要了。只是，衝突始終不斷。

一六五五年，維艾拉回到葡萄牙里斯本，強力遊說當局立法保護印地安基督信徒，同時指派地方首長推行這一新法。他在里斯本一次四旬齋（Lent）的講道裡，就細數了舊歐洲世界的罪惡，闡述猶太人跟隨火柱（pillar of fire）出埃及來到「應許之地」的寓意。葡萄牙人那時已經靠著他們繞行世界的航程，打開了一處處新的「應許之地」。現在，他們一定要依照上帝的旨意進入他們的帝國，特別是巴西這地方，洗刷舊世界的罪惡，開啓基督稱勝世界的歷史。之後，維艾拉重回亞馬遜。一六五九年，他經長途跋涉，到伊比亞帕達山脈（Ibiapaba Mountains）一遊，又召來了更多皈依的信徒。這時，他開始寫下他爲亞馬遜勾劃的幸福憧憬，書名就叫作《葡萄牙的希望》（*The Hopes of Portugal*）；稿子大部份是坐在一艘原木刨空的獨木舟裡寫的。那時，他還在用他的兩手策略，一方面安撫屯墾戶，一方面保護印地安人——只是，全屬徒勞。一六六一年，屯墾殖群起叛變，把耶穌會士逐出亞馬遜。

維艾拉就再度上里斯本爲耶穌會請命。他在講道裡闡述《聖經》裡的預言，特別是〈但以理書〉裡的「第五帝國」[7]，指即將來到的基督國度就在新世界裡。他說，不是他在評論《聖經》，而是《聖經》在評論他，評論他的經驗，這些預言還沒有實現，即證明這些眞的都是預言；〈但以理書〉謎般的用語，有譯作「有鐘長翅」（bells with wings）的，也有譯作「有船長翅」（ships with wings）的，預言的就是亞馬遜印地安人作戰用的獨木舟，還有他們的大戰鼓，他們的弓。

一六五六年，約翰四世去世，爲反耶穌會士的勢力開了新的出口。維艾拉在一六六三至八八年間遭到軟禁，送上宗教裁判所受審，要他收回先前比較極端的預言論。但入獄的日子只教他更相信自己的預言正確。因此，他不接受宗教裁判所的裁判權，但服從王權，自動流亡羅馬。他在羅馬不准傳教，但有許多仰慕的信徒。一六八一年，他回到巴西。這時，他不再苦苦要墾殖戶跟他一起仰望基督的帝國，改將心力放在離葡萄牙人聚落很遠的地區，努力耕耘教區，將聖盧伊馬蘭約（São Luis de Maranhão）的耶穌會修院，改成亞馬遜教區的神學院。所以，在這一六八八年，這位新上任的巡查在年紀比他小好幾代的同修面前大聲疾呼，指責耶穌會士學習美洲印地安人語言的精神日漸衰落，甚至認爲修士應該連海岸一帶的非洲奴隸語言都一併要學。

稍後，一樣在一六八八年，維艾拉有次在講道時慶賀有位王子和王位的繼承人在里斯本誕生。（這是另一位「天命之子」，跟同年在倫敦出生的那位一樣。而倫敦那位一手斷送斯圖亞特王朝的命脈！）這消息重新燃起了他的希望，希望葡萄牙王室可以實現其縱橫世界的天命，成爲預言裡的「第五帝國」。只是，他不知道這位新生的王子只活了十五天。維艾拉在一六九一年隱退，少再公開活動。一六九七年逝世，享年八十九歲。

十八世紀，耶穌會士在亞馬遜一帶力抗屯墾戶激烈的反對，賣力佈道、保護教友，都頗有進展，直到一七五〇和六〇年代遭西班牙、葡萄牙政府迫害、驅逐出境爲止。一六八八年後不久，這塊巴西的邊陲開始出現眞正的變化；因爲有話傳到了沿海的城鎮，說內陸有地方挖到了金礦，那地方很快就有了名字，叫「大礦場」（Minas Gerais）。淘金熱，採鑽熱，遠征隊（bandeirantes）和墾殖戶間的武裝鬥爭，外加政府野蠻強徵徭賦，造就了一片殘暴的邊陲世界。此時，巴西和葡萄牙雖已跨進競築豪華教堂、富麗宮殿的年代，卻怎樣也蓋不住還有一處邊陲世界，容不下維艾拉神父爲人類精神開拓極遠邊境的夢想。

葡

葡萄牙在美洲的帝國，雖然勾起了維艾拉神父的夢想，但景況之暴戾、汚穢，絕不下於西印度群島，規模還大得多。葡萄牙人的美洲大本營，在現在巴西的大西洋沿岸一帶。從一五三〇年代起，葡萄牙屯墾戶和葡萄牙政府在這一帶的財源，最早是東北部的甘蔗園。但在一六八八年時，因西印度群島的產量增加，已趨沒落。新世界的蔗糖生產，和非洲奴隸的勞力剝削脫不了關係。葡萄牙人在南邊遠一點拉帕拉塔河邊的薩克拉門多（Sacramento），有處小型的聚落，更是他們從西班牙領地後門走私白銀的大本營——也就是波托西礦場的白銀。聖保羅（São

Paulo）是他們另一個比較大的勢力中心。這裡是內陸縱橫交錯的流域谷地入口。巴西最著名的拓荒者，遠征隊，在這一帶的探險活動也從來沒斷過。這些遠征隊幹的，就是抓印地安人作奴隸。他們自己往往就是印地安人，或印地安混血，彼此間用的語言以印地安部落的語言爲主；個個練就了一身剽悍的騎術和戰技，也在四處追獵俘虜之際，對現在巴西大部份地方的風土氣候累積了無人能比的知識。西班牙耶穌會士在巴拉圭建立起一處處印地安信徒的大型聚落後，這些遠征隊就發現到這些聚落去打劫可要好賺得多；一口氣可以抓來一大批印地安人，而且都是已經學會種白人作物、養白人牲口的印地安人。所以，到印地安人的原生地去追捕四散各方的印地安人，這危險差事就免了吧！到了十七世紀中葉和末葉，葡萄牙政府還策動這類人，多利用他們偏遠地區的知識和驍勇善戰的秉賦，深入內陸去採礦去。

葡萄牙於巴西領地的邊陲，除了隨時警戒的土著部族，四處打劫的遠征隊，掙扎奮鬥的甘蔗園主，還有逃亡的奴隸聚落點綴其間。這樣的聚落叫「奎隆波」（quilombo）。這類聚落最有名的一處，在帕馬雷斯（Palmares），一六八八年時，該地可能已有百年左右的歷史。帕馬雷斯位在雷西非（Recife）那片棕櫚密林西南邊一塊崎嶇跌宕的荒野上——「棕櫚林」一字的葡萄牙文，就是palmares，聚居的人口有時多達二萬人，自耕自食，四周圍了三哩多的柵欄作防衛，還有武裝人員戍守在各方位上警戒。奎隆波有自己的鐵匠，也設法從海岸一帶的城鎮取得新的工具和武器。奴隸逃到那裡的情事從沒斷過，有些葡萄牙人還甘犯鄰人眾怒，付錢給奎隆波，向他們買在邊境耕地過活的平安日子。

但從一六〇〇年代初起，葡萄牙的屯墾戶就不時自行集結起來，攻進這片窮鄉僻壤，不是想剿滅這塊奎隆波就是要剷除那塊奎隆波。從一六六六年到一六八七年間，這類「剿匪」仗就總共打了十二次。帕馬雷斯自有的武力通常會作抵抗，但只要敵方放火燒他們的柵欄，他們就往林子裡逃，等葡萄牙人撤走，再回來重整家園。一六七七和七八這兩年，葡萄牙人剿匪更是賣力，指揮官也比較能幹，但還是沒辦法弭平帕馬雷斯。因此和帕馬雷斯首領議和，讓他們在葡萄牙殖民地的大架構裡享有自治權。大部份的首領都願意媾和，但有比較好戰的少壯派，在臧比（Zumbi）率領下，逃入林子繼續戰鬥，協議就這樣解決了。臧比據說有位葡萄牙籍的妻子。在這之後幾年，他以領軍的長才，打響他驍勇善戰的名號。他於巴西的民間傳說也始終罩著一圈落難英雄的光暈，直到今日未去。

一六八〇年代，葡萄牙於海岸城鎮的領袖常抱怨帕馬雷斯侵入鄉間行搶。他們在陳情文裡寫道，政府該拿出魄力來徹底解決這問題了；高層應該派正規軍來的。但他們在這同一份文件裡，也一直抱怨民生普遍困苦，各地的城鎮都付不出當年的稅賦。後來，一六八七至八八年間，這一帶遭印地安人大舉攻擊，又碰上了「黃熱病」[8]大流行。但一六八七年時，協商其實已經開始，即將扭轉衝突的狀態。遠征隊那時已經從印地安人手裡搶來了地，開始在內陸定居下來。一六八七年，葡萄牙城鎮和遠征隊雙方已經快得出協議。一六九一年，協議終於完成，由遠征隊出兵弭平帕馬雷斯各奎隆波，事後可以取得攻下之地大部份的所有權。只是，遠征隊一六九二年第一次出兵就打了大敗仗。一六九四年捲土重來，可能是因爲雙方都知道這次非決一死戰不可，因此，歷經二十二天圍城的持久戰，帕馬雷斯終於陷落，居民非死即遇俘爲奴。

先前提過，巴西的奴隸許多都是從安哥拉搶來的，其中大部份還是購自盧安達。而盧安達就因爲暴虐的販奴勾當，害得剛果王國因之瓦解。有幸在送到盧安達前就逃走的奴隸，有些逃到了偏僻的山區，在武裝首領的帶領下隨地安身。他們就叫作「奎隆波」。這個稱呼和這聚落的型式，就是從安哥拉隨著一船船的苦難和暴行，遠渡重洋到了巴西。

第四章　丹皮爾和原住民

一六八八年一月和二月，兩艘小型的英國海盜船，在澳洲西北沙漠區的一處嶙峋小海灣邊下錨停航，要等北邊海域的危險風暴季和逆風期過去。在船上的人忙著洗船艙、修帆檣時，船上有位軍官，丹皮爾[1]，倒多的是時間去觀察陸上的原住民活動。這些英國人剛到的時候，陸上的原住民曾揮舞木製的武器威脅過他們。「最後，船長下令敲鼓，而且要敲得很突然、很響，看是不是能把這些可憐蟲給嚇跑。他們一聽到鼓聲，眞的拔腿就跑，沒命似的狂奔！一邊跑還一邊叫 gurry，gurry，像從喉嚨深處發出來的聲音！」

待陸上的原住民看慣了他們後，船上的英國人就開始哄一些人幫他們提水到船上去，還拿舊衣服給他們作報酬。

> 我們把衣服披在他們身上，原以爲給他們這麼漂亮的東西，一定可以要他們賣力替我

們做事……但不論我們怎麼比都沒用，他們就直挺挺站得像尊雕像，動也不動，還咧開嘴笑得像一隻隻猴子，你看我來我看你。而且，這些可憐蟲好像也不太習慣提重物似的，我看我們船上的十歲小弟提得都跟他們一樣重。所以，後來我們還是自己提水算了。而他們也很客氣，把衣服好好脫下來，放在地上，好像衣服只是拿來做事時穿的。我看他們打從一開始就不喜歡這些衣服，而且，我們的東西他們好像一樣也不喜歡。

這地方的居民眞是世上最可憐的人了。莫諾馬塔帕(Monomatapa)的霍騰托人(Hottentots)雖然討厭，但在財富方面跟他們比，就可以算是士紳一級了。這些人不住房子，不穿皮衣，不養羊、不養家禽，不撿地上的果實、駝鳥蛋；跟霍騰托人很不一樣。撇開體格像人不論，跟野獸差不多嘛。個子很高，身子桿兒挺直，很瘦，四肢細長。大頭，額頭圓凸，眉毛粗大。眼皮老是半睜半閉，免得蒼蠅飛進眼睛。那些蒼蠅眞是麻煩，再怎麼搧也趕不走，老是衝著你的臉來。若不用兩隻手幫忙趕，準爬進鼻孔裡去；嘴沒閤緊也一樣。所以，他們從一出生便備受這些小蟲騷擾，因此不像別人一樣會把眼睛完全睜開。也因此他們看不遠，除非把頭抬起來，結果，那樣子就很像在看高處的什麼東西。

他們都有個特大號的鼻子，很厚的嘴唇，嘴型寬闊。每個人的上門牙都少兩顆，男女老少都一樣。自己拔掉的嗎？我不知道。他們也不留鬍子。都是長型臉，而且有一點很討厭：沒一個人的五官有哪裡算是好看的。黑色的頭髮，短短、鬈鬈的，跟幾內亞的黑人一樣。

他們不穿衣服，只拿塊像樹皮一樣的東西往腰間一裹，再用一把長草或三、四根帶葉的小枝子蓋在腿間，遮掩一下就好。

他們不住房子，都是露天睡覺，毫無遮掩，以大地爲床，以蒼穹爲華蓋。他們是一男一女同居還是混居雜交，我不知道。但他們眞的是成群結隊一起住的，二、三十人一起，男女老少都有。只吃一種小魚，是他們用石塊做成魚梁（譯按，設在港口、河川裡的捕魚柵欄），在小海灣或小海口捕來的。每一漲潮，海水就會帶來小魚留在那裡，讓他們捕食。退潮時他們常到魚梁那裡撈魚。依我看，撈這些小魚就是他們漁撈技術的極致了。就算有大魚來，他們也沒工具可以撈大魚。而大魚也不太可能在退潮後還留在那裡；我們自己在那裡時，也從沒辦法用我們的魚叉或釣具抓到魚。在別的地方，退潮時他們找的是烏蛤、殼菜、玉黍螺之類的東西。但這些有殼類水生動物更不容易找；所以，他們的主食就只有看大海在魚梁裡留給他們什麼就吃什麼了。不管魚梁裡的小魚有多少，他們撈起來後，便結隊走回住的地方。老人家年紀大，沒辦法在外面活動，便在住處帶小孩等他們回來。不論上天給他們什麼，他們都欣然接受，放在火上烤，全體分來吃。有時他們撈到的魚很多，夠他們來場盛宴；有時很少，每人只能分到一口。但不管多少，每人一定有的吃，就算是老弱婦孺沒辦法出去撈魚，分到的跟年富力強的人一樣。他們吃飽了，就躺下等下次退潮來。下次退潮來時，每個走得動的人都出動，不管白天、黑夜，也不管晴天、雨天，全體出動，到魚梁那裡去。要不然就要斷糧了；因爲，這裡的大地根本沒給他們準備吃的。沒有草、根、豆子，也沒有任何一種穀類可以給他們作食物；依我們看是這樣。也沒有小鳥或動物可以讓他們抓；他們也根本沒工具可以抓動物的啊。

我看不出來他們有作禮拜的習俗。若有人去他們可憐兮兮的魚梁亂搞的話，這些可憐蟲是有一種像武器的東西，可以保衛他們的魚梁或和敵人打仗。他們一開始是有用他們的武器嚇過我們，因爲，我們就擋在他們到魚梁去的路上。有些人拿的是木劍，有些人拿的是一種像長矛的東西。他們的劍，就是一根很長、很直的圓棍，一頭削尖，然後烤焦，變硬。我沒見過鐵器，也沒見過有別的金屬製品。……

最後我們終於上了別的島，又發現許多土著。有個島上的人，男女老少加起來，我想絕對只有四十人。

他們在附近的另外一個島上遇見更多原住民，有些婦女、小孩一見陌生人來了馬上逃走。其他人「靜靜圍在火邊，發出低沈的嗚嗚聲，好像我們是來吃他們的。但他們一發現我們沒意思要傷害他們，就會安靜下來，其他一見我們就跑的人，也會陸續回來。」

這些原住民好像沒有船之類的東西。有次，這些英國人看見有幾位原住民要從一個島游泳到另一個島，便弄了四個人上他們的船，給他們一些米和熟肉。「我們給他們的東西，他們全狼吞虎嚥吃個精光，但就是不多看我們的船一眼，也不多看船上的任何東西一眼。而且，一上岸就拔腿狂奔而去。」

丹皮爾是位天份很高的觀察家，寫作的風格渾然天成。雖然沒接受過多少正規教育，但晚年在倫敦的文藝界頗有人望，和皇家學會（Royal Society）的科學通訊也頗頻繁。他最大的喜好，就是看遍世界偏遠的角落。一六八〇年代時，航海界的第一次環球大普查（哥倫布、麥哲倫、巴倫支、赫德遜）早已完成，系統化的科學探險（布干維、庫克，再到我們這現在）則還遠得很。一六八〇年代，最常在沒有航海圖的海域航行的歐洲人，就是海盜。丹皮爾也看不慣他身邊這批狐群狗黨，但在文章裡卻從不遮掩他對同夥的燒殺擄掠其實也沒一絲歉意。我們只常看見他又發現了什麼植物、什麼動物、什麼土著，逐日詳細記下他的見聞，記下他的良心建議不知有多少次遭人否決，記下他們那一幫人又吵了什麼架，搞了什麼分裂，老是瘋瘋癲癲，做些奇奇怪怪的事，弄得那幫人倒像飛車黨，不像黑手黨。

一六八八年，丹皮爾三十六歲，他第一次環遊世界的航程即將告終。這次航程，因一連串的臨時決定和倒楣事，而花了他十二年的時間才把它走完。先是在中美洲、南美洲的太平洋岸沒找到有什麼好搶的東西，後來又空等一場，沒等到每年從馬尼拉到阿卡波可滿載寶物的船隊；他和船長兩人實在很想放棄海盜事業，改行去做正派生意，便聯手說服船員開航，橫渡太平洋去。幸好，在船上東西吃光前，船到了馬尼拉。後來，還有船員還跟他們兩人說，若東西吃光而船還沒到岸，船員已經決定：要先把船長吃掉，再吃丹皮爾，其他強要他們冒險走這一遭的人，也會一個一個輪到。歐洲人碰上陌生而且好戰的民族，常擔心人家會把自己吃掉。關在奴隸船裡的黑奴也一樣。但在丹皮爾的經歷裡，會吃人的不是害羞、膽怯的巴第族，而是他自己的英國同胞。

他們在菲律賓群島南部的民答那峨做了幾筆生意，再開到澳洲海岸停了一會兒後，丹皮爾就和幾個人一起跳船跑了，開了艘小小的土著船，冒險到蘇門答臘北端的亞齊（Aceh）去了一趟。之後，他坐船在亞洲的幾條河裡四處亂跑一陣，連現在的越南北部他們也都去過，又在蘇門答臘西岸本庫魯（Bengkulu）一處荒涼的英國小要塞，當了一陣子主砲手，才終於在一六九一年啓程回家。回到倫敦之後，丹皮爾馬上以他滿肚子的見聞，能把前所不知的地方講得清楚明白，外加故事說得精采絕倫，而揚名立萬。一六九三年，他參加過一場聚會；這場聚會，可能是英語文學史上日記體風格大師難得一見的盛會。他和伊夫林、培匹斯❷一起吃飯。地點在伊夫林家；這房子沒多久就要借給俄國沙皇彼得大帝暨隨員一行人暫住——兼破壞。丹皮爾寫的遊記於一六九七年出版，轟動一時。有些人覺得他筆下的澳洲原住民，對斯威夫特寫的「雅虎」❸頗有影響。一六九九年，丹皮爾又走了；這次，他是以皇家船艦的船長身份出航，要作正式、合法的探險。他率隊繞行澳洲，做了些重要的探勘，甚至還重回他一六八八年看過的那處荒涼海岸。但他帶的這艘船和船上的人麻煩都不少，以致他回航的旅程結束得一點也不光彩，破船在南大西洋的亞森欣島（Ascension）沈了，一群人得在島上等別的船隻經過，救他們走。這之後，他又作了數次海上之旅，出了幾本航海遊記，但再也沒機會像第一次一樣無憂無慮，盡情享受新奇見聞。

丹皮爾仔細觀察非歐系民族的習慣，在他早年航海的時候就已開始。而最早的那次，他觀察的是中美洲海岸的米斯基托（Miskito）印地安人。這是一支漁撈技術卓越的民族，因此，常有海盜雇他們做事。丹皮爾對語言或血緣關係沒有興趣；但這是現代人類學家最注意的問題。丹皮爾注意的一直是人家吃些什麼，怎麼弄到吃的，造船的技術怎樣。若有慶典讓他看見了，就也順便作些觀察。但像他觀察能力這麼出色的人，在澳洲原住民身上也只看到物質的匱乏，這不足爲怪。因爲，現代的人類學家再怎麼賣力，再怎麼發揮想像力和同理心，也只不過開始了解一點這些僻處偏遠的民族而已。像人類學家就發現，都已經進入二十世紀好久了，巴第人在丹皮爾半島依然緊守著他們古老的生活方式不放，依然靠他們在海邊砌的魚梁捕魚爲生。他們的語言很優美，總共有二十二種不同的「接語」（affix，就是字首、字尾、字腰），讓他們修正動詞的用法和意思。他們以小型的異族通婚親族爲生活的單位，有複雜的規矩，明訂鄰近的親族誰可以通婚，誰不可以通婚。有很繁複的儀禮，必須在特定的地方舉行，而平常是不准進這些地方的。男性的成年禮更是重要。他們相信，每個小孩都有長得像小孩子的小精靈作他們精神的嚮導。這些小精靈住在特定的地方，在主人出外時一路相隨，有危險時會對主人示警。小精靈唯有在夢中才能顯靈。重要的事情在他們一定是在夢裡顯現。巴第人的物質真的很貧乏，若說他們會蓋什麼東西，最複雜也不過是蓋魚梁而已。但他們的財富就在經營人文的根本——語言、傳說、儀禮、親族、夢。但如今，他們改住在附近的村屋裡；古老的習俗已漸失序。

丹皮爾對他停留在這荒僻海岸的描述，還有他明顯的嘲諷口氣，都帶著嘮叨重覆兼有點丟三落四的調調兒。他是個很謹慎的領港員，於潮汐的觀察極其縝密。就靠他這長才，他們才決定把船停在海灣的外緣修船；船停在那裡，才避得開入海口水道的強大海流沖力。他還注意到陸上的土著深諳潮汐起落，知道什麼時候退潮，應該到岸邊查看魚梁。他也記下曾見土著從一座島游到另一座島去。但看不出他有一點讚歎的意思；只是，若對潮汐、海流的了解不夠，他們絕對游不過去；唯有知道在高潮、低潮間該怎麼抓平潮（slack tide）的流向，或知道怎麼順著海流游泳，否則沒人游得過去的。

丹皮爾搭的那艘船，極可能是巴第族有史以來第一次看見船這東西。這支民族，在那時是從來不蓋東西，從沒見過別的部族，也幾乎不穿衣服的。這樣的部族，會怎麼形容那艘木船的船身？船桅？鼓動的帆？還有膚色白皙還穿衣服的人呢？丹皮爾說他們飛奔逃命，嘴裡亂叫「gurry, gurry」。有位研究巴第語的現代學者說，他們可能是在叫那些陌生人“ngaarri”，這字是他們所有的鬼裡面最可怕！最狡滑！最邪惡的一種！

第二篇

大公司經營的世界

十七世紀，歐洲人的每一條貿易航線，幾乎都看得到荷蘭人的大木船，只有西班牙在美洲西岸的航線，以及横渡大海到馬尼拉的航線例外。從好望角到日本，荷蘭人的船幾乎艘艘掛的都是荷蘭政府特許的「荷屬東印度公司」（Dutch East India Company）的旗子。這家公司在當時，是歐洲強權國家裡最不集權、最不像國家的一個國家所成立的集權、國家化組織。在尼德蘭，這家公司的最高權力握在管理委員會的手裡，這管理委員會叫作「十七士紳團」（Gentlemen Seventeen）。阿姆斯特丹市在委員會裡佔八席，澤蘭省（Zeeland）佔四席，其他小貿易市合佔五席。在委員會裡呼風喚雨的，以阿姆斯特丹市的代表爲多；但若其他席次的代表聯合起來反對的話，一樣莫可奈何。造船，投資外銷船貨——這類決策，也都握在公司設在澤蘭省的「商會」（chamber）和各市代表手裡。但是，巴達維亞（Batavia，雅加達舊稱），才是這中央集權系統的帝國首都所在，由總督和理事會在巴達維亞城（Batavia Castle）開會，派任官員，負責指揮全公司從好望角到長崎的所有船運和各貿易站。派駐遠地的官員，定期要向巴達維亞交報告，巴達維亞也定期送出詳細的指示，監督他們採購、銷售，以及公司和地方的關係。在這公司貫穿亞洲的大貿易網裡，不管哪裡，沒一個住在亞洲的荷蘭人可以和這家公司競爭，遑論運貨回祖國。在不論歐洲、亞洲，許多事情全看出身和階級來決定的世紀裡，這家公司倒像是個孤島，唯才是用。原本簽的是當小兵的賣身契，有些還是被債務逼得逃出尼德蘭的，到後來，卻有人可以當上總督，當上公司理事，當上大貿易站和內陸領地的司令官。一排排年輕書記在巴達維亞的城堡裡，埋頭揮汗寫字，把外緣貿易站和遠征隊送回來的報告一一謄錄下來，送回尼德蘭的「十七士紳團」那裡。一六八〇年代，他們每年約要送出十五到二十五大本這樣的報告書。這些大冊子，現在還完好存放在海牙的「國家檔案局」。我，還有不少同樣摸到那裡去的史家，研究的生涯就靠這些。而這些檔案，還有許多未曾挖掘的寶藏。就是有這些史料，還有製造出這些史料的關係網，造就了這些大公司所組成的世界，成爲一六八八年的世界裡最多樣、最容易打入的一面。

第五章　好望角

一六八八年一月十四日，荷屬東印度公司在好望角的司令官和理事會，作出這樣一則決議：

經司令官大人指出，有自由民因疏忽，使奴隸趁機竊取主人槍隻收藏，作竄逆叛逃之用，以致極易陷此殖民地於無可挽回之災厄。幾經慎重考慮，爲即時遏止此一威脅至鉅的危害，兼顧念大眾福祉暨居民安全，本會決議，以公共傳單發布消息：凡蓄奴之自由民，若擁有火器，不論是毛瑟槍、散彈槍、卡賓槍或手槍，不論是掛在架上或收於別處，皆須立即取下（點火用的）燧石上蓋，收藏於安全處所。凡有嚴重疏失或不從者，處以二十五銀幣罰鍰，須與檢舉或通報官方之人。

一月二十日，該地駐軍獲准一周兩次以狩獵磨練戰技。九月二十七日，此令再補充一套規定，共三十二條，供士兵以立姿打靶或騎馬打靶比賽時依規定辦事。

那時，荷蘭人很擔心而亟思未雨綢繆的事，已經有了些苗頭。一六八八年三月十日，理事會討論一份送上來的報告：有十位奴隸，由一位非洲自由民和另一位奴隸率領，攜帶武器逃入了內陸。這兩人都是西非外海維德角群島（Cape Verde Islands）的人。他們擔心孤立的農莊會遭夜襲，或出些殺人放火的事。「爲防微杜漸」，以免奴隸叛變蔓延，凡生擒叛變奴隸首領者，可以領取官方獎金，若追捕逃亡奴隸有拒捕情事，一律槍擊頭部、格殺勿論，或任由追捕隊伍處置。三月三十一日，據報已經抓回六位逃亡奴隸；大家怕的奴隸叛變並未成眞。

荷蘭人怕會叛變的奴隸，都不是好望角本地的土著奴隸。現代學者叫這裡的土著爲「柯伊柯伊族」（Khoikhoi）。荷蘭人怕會叛變的奴隸，體格可能比柯伊柯伊族要大、要壯，也絕對很習慣用金屬武器作戰。好望角過半的奴隸，都是從馬達加斯加島（Madagascar）來的。馬達加斯加島是印尼和非洲兩大族裔的衝突悶燒鍋；戰禍和販奴的亂事不斷。好望角的奴隸，不論來自何處，都不是自願住到好望角來的，又不能自由離去——他們畢竟是財產，是投資——日日只能聽命於主人行事。

但在歐洲人來好望角前就已經住在這裡的部族，又怎樣了呢？他們不是現在南非境內的非裔多數族群，而是個子比較小、皮膚比較白的一支部族。在荷蘭人的史料和丹皮爾的書裡，都叫作「霍騰托特人」。柯伊柯伊族只是他們自己叫的名字之一。他們在遠古是狩獵、採集的文化，直到幾百年前才開始養牛、養羊。一六八八年時，柯伊柯伊族和荷蘭人來往最密切的首領，是位荷蘭人叫「克拉斯」(Klaas) 的。他那時已經連續十五年向荷蘭人竭力輸誠，好望角的堡壘也不知去了幾回。他從別的柯伊柯伊人那裡買來大批牛羊，轉賣給荷蘭人。奴隸逃回去，他再抓了送回來。荷蘭人遇上船難，他就去救人。柯伊柯伊族裡有誰和荷屬東印度公司爲敵，他就先去打誰。而荷屬東印度公司給他的回報，就是給他牲口買賣的代理權，送他白蘭地、菸草作禮物，送他一套荷蘭服裝、一頂假髮。甚至還可能送了他四把槍；這可是荷蘭信任土著盟友最大的表示。

一六八八年二月十六日，克拉斯到荷蘭人的堡壘去，上理事會申訴一件案子：有另一位柯伊柯伊族首領——荷蘭人叫他「庫普曼」(Koopman，意思是「商人」)——攻擊他和他的族人。他們兩人是有宿仇的。理事會給了克拉斯一點酒，一點菸草，還有其他財貨，也答應他要叫庫普曼到理事會來，「嚴辭喝令」他要和克拉斯和平相處，要奉克拉斯爲君主，也一定要把他從克拉斯那裡偷去的牛給還回去。不過，一六九三年時，荷蘭總督突然轉向支持庫普曼，把克拉斯抓走，關在陰森的洛本島 (Robben Island)。這島在非洲外海六哩的大西洋上。克拉斯最後還是獲釋，晚年酗酒，窮愁潦倒，後來在庫普曼的營地裡跟人打架被殺。

克拉斯的敗亡，不過是他族人在好望角一帶更長、更慘的敗亡史裡的一小段而已。柯伊柯伊族的支系在聲勢扶搖直上時，雖然搜括來大批牛羊，但遇上乾旱、戰爭、昏君或其他倒楣事時，牲口照樣丟得一隻不剩，得去投靠別的柯伊柯伊族系幫傭爲生，或散成一小幫、一小幫人，以狩獵、採集、偷牲口討生活。荷蘭人對柯伊柯伊族的認識少之又少，但他們的態度，卻使柯伊柯伊族變成十八世紀歐洲人最熟悉的野蠻、低等人的範例大成。丹皮爾在他描述澳洲原住民時，也有這樣的說法。但荷蘭人不覺得他們有什麼好怕的；荷蘭人只覺得他們是很好的牲口販子，才不想消滅他們呢。但是，賣牲口的生意搾乾了柯伊柯伊全族的牛羊；若族裡有一支人走背運，那他們可不是淪落到狩獵、採集的生活裡去，而是淪落到柯伊柯伊族的社會組織之外，淪落爲荷蘭人的苦力，或在好望角的街頭賣身、行乞。一七一三年，一場天花大流行，就此爲獨立的柯伊柯伊族社會在好望角一帶的行跡，寫下了消失的終曲。

阿菲利堪人（Afrikaners）向來有非洲白人部落之稱。南非於他們，就是他們的祖國。他們的語言，沒別的地方在講。他們的文化和尼德蘭文化的差距之大，跟北歐裔美國人的文化和英國文化的差距一樣。之所以如此，有一大因素是因爲這支部族跟美國人一樣，都是由歐洲好幾個國家的移民所融合成的新民族。

阿菲利堪人的姓，有法國的古老姓氏：「維里耶」(De Villiers)、「儒貝」(Joubert)、「杜托伊特」（Du Toit）、「魯」（Le Roux）、「富樹」（Fouche）、「馬蘭」（Malan）、「馬雷」（Marais）。許多人的家世都可以上溯到早年「預格諾派」❶的移民，也就是爲了逃避法王路易十四的宗教迫害而外移的法國難民。第一批，就是在一六八八年抵達好望角的。拿他們登上好望角陸地的那一刻作爲阿菲利堪人崛起的里程碑，絕不離譜。但也別忘記，這本書裡還有其他預格諾派信徒，一六八八年時同樣個個都流亡異鄉：像皮耶．培爾（參第十八章），還有鹿特丹的許多人，像伊萊休．耶魯（參第二十四章）在倫敦的錢莊老闆。

荷蘭人在好望角的據點，是一六五二年由荷屬東印度公司所建，目的不在當他們向北方大片大陸擴張的根據地，而在當補給站，爲該公司往來尼德蘭、印度、印尼等地作長途運輸的船隻提供飲水、食物、肉品。依該公司的目的，好望角若是座島最好，只要地方夠大，能養牛、養羊，種蔬菜、水果供應船隻所需就好。荷屬東印度公司有自己的牲口和園圃，由奴隸照管，還鼓勵自由市民——就是未受雇於荷屬東印度公司的荷蘭人——多多移民，開墾自己的農地，賣自己種的收成，給荷屬東印度公司作過往船隻的補給品。只是，荷屬東印度公司付的價錢不太好，因此，許多人寧願開客棧也不耕田種地。大部份的荷蘭人離開富庶的祖國到這裡來，要嘛，是要過更愜意的日子，要嘛，是要過更刺激的日子，但就是不要當小養牛戶。一六八八年，這塊小殖民地的人口還只有三百位公司雇員、四百位自由市民、八百位奴隸，農場也才剛開始越過開普半島（Cape Peninsula）狹長的邊界。開普的官府發現，這一帶是種葡萄園的絕佳地點，只是還找不到有移民懂得怎麼釀酒、釀醋、釀白蘭地。

一六八七年近末尾時，治理荷屬東印度公司的理事會決定，只要有預格諾教徒願意宣誓效忠尼德蘭，移民到開普來，他們願意給他們自由通行證，能種多大的地就給多大的地，還可以借牛和器具給他們用。因此，這時已經有幾位有這方面專才的法國人，出發朝這裡來了。荷屬東印度公司也會爲他們特聘一位預格諾派的牧師。所以，從一六八七年十二月到一六八八年七月，約有一百八十到九十位預格諾派信徒，看上荷屬東印度公司開的條件，坐船往開普來。他們裡面有一位富商，有一位製帽商，有一位馬車工匠，有一位葡萄酒商，還有約三十位婦女和五十位孩童。這些人，就算有幾位以前坐過船，像在地中海或歐洲的大西洋岸邊坐過船，也絕對沒人有這次航程這樣的經驗：在一艘不到三百呎長的木船裡，一坐就是兩個月。這還算好的；若不巧，可能會坐上四到六個月了。他們大部份在北歐的寒冬裡出航，橫渡悶熱的赤道無風帶，穿行西非外海熱帶海域的焦躁，在四月到八月間的南半球冬天抵達。途中因疾病或意外而損失的人命，依當時的標準不算高。依我估計，一六八九年一月底，已經約有一百五十位預格諾派信徒活著到了開普。由於之前只有約四百位自由市民住在這裡；因此，現在沒領荷屬東印度公司薪水的歐洲人，有四分之一是預格諾派教徒。預格諾派信徒在壯麗的龍山谷地（Drakenstein Valley）分得農場。這地方約在開普堡和屯墾聚落東方約二十哩處。土地是很肥沃，但從沒耕種過，光是整地，就要花好幾年做壓斷脊樑的苦工。屯墾戶在頭幾年，還需要荷屬東印度公司鼎力相助，才撐得過來；但也頻遭猜忌相待，尤其在法國和尼德蘭打仗的那幾年。但他們終究還是紮下了根，日漸繁榮起來，於開普釀酒業作出重大的貢獻，也爲阿菲利堪人的文化注入宗教迫害所鍛煉出來的喀爾文鋼鐵般的信仰。非洲，便是他們世上唯一的家。

阿菲利堪人自十八世紀起，頻朝內陸遷移，征服大批非洲部族，南非因而變得面目全非。但恐懼卻盤桓不去，直到我們這時代；當年關克拉斯的洛本島，現在是關反種族隔離政策（apartheid）人士的殘酷監獄。曼德拉（Nelson Mandela）就在那裡關了十八年；研究洛本島的團體愈來愈多，洛本島也在非洲領袖口裡成了「曼德拉大學」。一九九八年三月，美國總統柯林頓（Bill Clinton）陪同年衰體弱但豪氣不減的南非總統曼德拉，重履當年他洛本島的舊牢房。

第六章　島嶼世界

老人在陰涼的斗室裡回憶往事，口述紀錄。作紀錄的幾位助手，忙著跟上如潮水湧來的清晰瑣事。海上，一群群水母湧動，頂冠像船帆伸出海面，閃著藍水晶、紫水晶的光澤。藤蘿、甜美多汁的果實、棕櫚樹，隨船隻駛向低窪小島，漸漸從海平線上浮現。這些於他，一概歷歷在目。他的助手依他指點，已經快要畫好一套新插圖了，好補上前年被火燒掉的那一部份。榴槤的插圖畫好了嗎？好了，全是刺的大果子、大葉片，畫得很漂亮、很仔細。雙目已盲的老人笑了，想起第一次吃榴槤，想起榴槤聞起來有多臭，吃起來又有多香甜。家裡有榴槤嗎？馬上有個小童奉命急奔市場。陰涼的斗室臭味四溢，老人一口口品嚐豐潤油滑的果肉。

因為荷屬東印度公司有這麼一位聰明絕頂又鍥而不捨的日耳曼人，我們現在才有幸擷取「香料群島」(Spice Islands) 一六八八年的面目於一二，不僅只是人與人間窒礙又暴力的邂逅，還有教人讚歎的自然美景，島上、海中繁盛的動植物世界。倫甫 (Georg Everard Rumpf, 1628—1702)

寫的兩冊大對開本，《安汶植物誌》（*Ambonese Herbal*）、《安汶奇珍錄》（*Ambonese Curiosity Cabinet*），就像兩座紀念碑，記載十七世紀晚期歐洲人邂逅自然世界，展現了何等好奇、分類、觀察緻密的眼，勾劃細膩的筆。

倫甫在法蘭克福附近的哈瑙（Hanau）長大，父親是建築師，頗有成就，負責監督市內的建築工程。倫甫有很好的教育背景，拉丁文也學得不錯。一六四八年，「三十年戰爭」[1]近尾聲時，備受戰火荼毒的日耳曼地區有許多定不下來的年輕人，紛紛想辦法到阿姆斯特丹去，進而再打進荷蘭的海外據點或全球貿易網。一六四六年，倫甫以十八歲的年紀響應一位日耳曼諸侯的號召，把握機會加入威尼斯於地中海的軍隊旗下。該諸侯號召的眞正目的，其實是爲荷屬西印度公司召募軍力，投入荷蘭於巴西東北角力抗葡萄牙反攻的戰事。只是，倫甫搭的船始終沒到巴西，或許是遇上船難，或許是被葡萄牙人給抓了去。反正，倫甫人在葡萄牙待了幾年。或許他就是在葡萄牙聽人說起亞洲熱帶地區的奇聞異事，尤其是安汶島（Ambon）。這小島遠在現代印尼東部的「香料群島」之外。再回哈瑙家鄉一下之後，倫甫又回阿姆斯特丹，簽約加入荷屬東印度公司當兵。到了一六五三末，他已經走過巴達維亞，在往安汶去的途中。而且，此後再也沒離開過這東方群島；四十九年後，逝於安汶。

倫甫抵達之時，荷蘭人於當地的鎮壓，已近徹底擊潰反抗勢力、完全收服的最後階段；該地的統治權和丁香的壟斷權即將落入荷蘭人手中。倫甫在軍中當工程師，頗能勝任愉快，但他不喜歡軍人生活，而於一六五七年轉任文官，在安汶島北邊管一處偏遠的要塞。他在那裡負責維持治安，注意當地人或陌生人是否有反抗荷蘭人的跡象，也須嚴防丁香走私。而跟每個駐防據點的指揮官一樣，他在地方頗有「土皇帝」的特權，日日都有地方居民「進貢」魚獲、獵物、鮮果。那裡的氣候，也是群島裡最適合歐洲人住的。倫甫娶了當地女子爲妻，可能還是位混血佳人，身負多樣血緣和文化傳承。倫甫就在那裡開始研究起了身邊無限繁茂的動植物。先從椰子、檳榔椰（areca palm）、果樹研究起，再擴及海邊、空地近處的林間樹木和藤蘿。走出他小要塞的碼頭，就可以觀察清水窪裡的魚蟹。他學馬來語和安汶語進步神速，很快就從當地人那邊學會植物的藥性。他偶爾也在附近一帶作作旅行；像他一六六二年從班達群島（Banda）回來時，船就在滿佈水母的淺灘裡走了整整一天；就是前面他回憶口述的景象。

沒多久，倫甫就開始構想一項大計劃：要用拉丁文寫一部安汶的植物大全。爲了符合他用拉丁文寫書的大志，也希望著作最後能得到歐洲學術界的肯定，他在這時，將名字改成拉丁文的寫法：Rumphius。到了一六六八年，他投入之深，甚至教他提起請假一年之請，希望能到巴達維亞把書寫完；但遭駁回。接著，噩運來襲：一六七〇年，他已幾近全盲，一眼僅剩微光，另一眼則一片漆黑，而且，一到戶外觸及熱帶的烈日就劇痛難忍。青光眼或寄生蟲感染是最可能的原因。

荷屬東印度公司對提倡學術研究、非營利性質的求知，再熱心作法也不固定。只是，倫甫這位軍官實在是很珍貴的人才；他下的工夫若能完成的話，說不定會有大用呢。因此，他們把倫甫接到安汶的大城，當個尊貴的總督理事，讓他肚子裡的當地民族、語言知識還有用武之地。兼任理事會婚姻委員會的主席，有點像家事法庭庭長。而他兒子沒多久，植物就畫得比他好了。荷屬東印度公司也派一位職員聽他口述作紀錄。他的妻子涉入極深，他也把一株特別嬌美的蘭花冠上妻子之名。後來，一六七四年，他妻子帶著么女在中國農曆年的正月十五去看燈會；他妻子可能有中國血統。結果發生地震，妻子和么女都被倒下來的牆壓死。

失去了視力，再失去心愛的妻女，教倫甫更加埋首研究。由於用拉丁文很難口述，因此，現在只好用荷蘭文寫了。他也準備寫幾部小一點的作品：一篇談地震的報導，一篇談安汶的農業，一本談安汶島的地理、歷史；每一樣，對公司的同事都有直接的用途。因此，荷屬東印度公司加派一位職員給他，後來再追加一位畫家。再到一六八八年，原本被公司派出去四處走的倫甫兒子，也已經回安汶幫他的忙了。他甚至已經得到歐洲學術界的肯定。一六八〇年，兩位在荷屬東印度公司任職的日耳曼籍醫生向歐洲推薦，使他獲頒維也納「自然研究學會」(Academia Naturae Curiosum) 會員資格。他寫的信，也有摘要登在學會的期刊上。

一六八七年，他最重要的著作，《安汶植物誌》，大部份已經完稿，最花時間的插圖繪製工作也進行得很順利。但在該年的一月十一日，一場大火燒過安汶城，倫甫的工作人員雖然搶救出文稿，但插圖全部付諸一炬。不過，不論是倫甫本人還是荷屬東印度公司都沒有放棄。他自己估計，插圖重畫大概需要一年半到兩年。荷屬東印度公司便再派一位畫家來，也把他兒子再調回安汶。其實，一六九〇年時，倫甫已經將文稿以及十二卷的前六卷插圖送到了巴達維亞。他也在安汶選好了葬身之地。所以，我們大有理由說他一六八八年過的日子，就是催手下的職員趕快抄稿子，趕快畫圖，聽他們覆述謄寫的文章，同時在心裡拿捏一下自己到底留了什麼東西傳世。他用心裡的眼睛回想他坐的船一路駛向低窪小島，椰子樹漸漸從海平線上升起（這是《安汶植物誌》的卷首語）．回想果子的樣子，一樣樣的氣味和觸感，於他清晰如昨；回想島上日復一復、年復一年的壯麗日出和日落。《安汶植物誌》剩下來的部份，在一六九七年完成，送到巴達維亞。而他那時也已經開始口述《安汶奇珍錄》，仔細描述漂亮的海貝、海星、各色各類的螃蟹，有一種還是安汶特產的可怕陸蟹，巨螯可以捏碎椰子果（這幾頁特別出色，構造和活動描述得極其精確），熱帶海域無盡的奇珍異類無不在內。

雖已年逾七十，加上失明、體弱，在爲荷屬東印度公司鞠躬盡瘁超過四十年後，倫甫依然參加安汶的理事會議不輟，同時投身該地礦石的研究。一七〇二年六月十五日，倫甫逝世。一七〇五年，《安汶奇珍錄》出版。但他的傑作《安汶植物誌》就命運乖舛了。《安汶植物誌》的稿子終於送到荷蘭「十七士紳團」的時候，他們卻撥不出大筆錢來出版這部巨作。這部書，要等到一七四一年才得以出版。

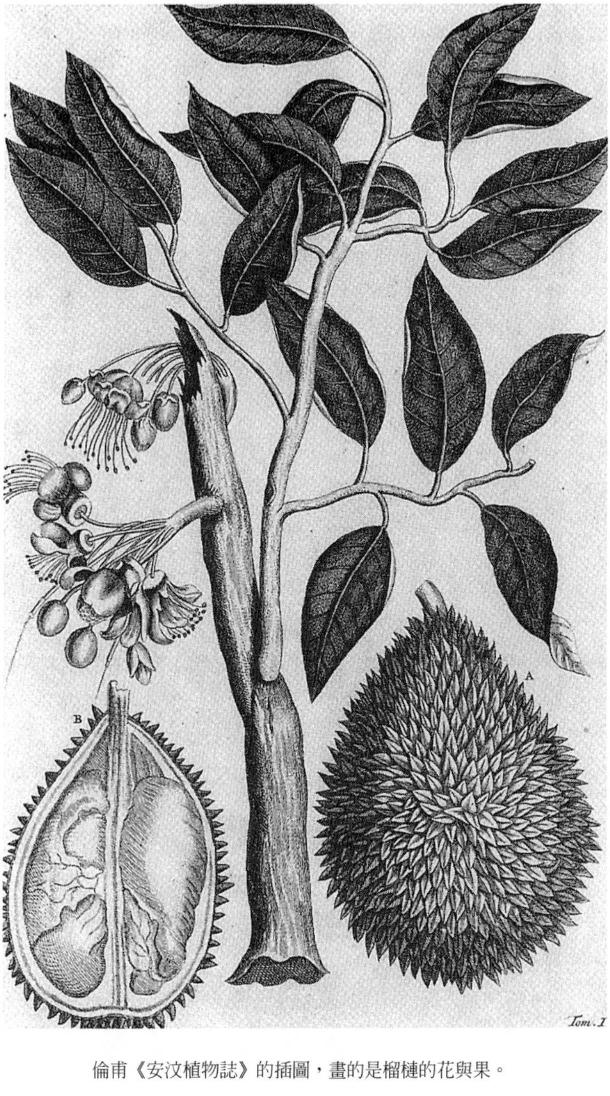

倫甫《安汶植物誌》的插圖，畫的是榴槤的花與果。

荷屬東印度公司在亞洲的總部：巴達維亞，建在爪哇島的一座城上；城的名字，荷蘭人聽錯了，聽成「雅加特拉」（Jakatra）。現在印尼的首都雅加達，就在同一位置。從海路到該地的人，初來乍到一定大嚇一跳，只見在這爪哇島低窪的北岸，就在南緯六度的淺海處，一艘艘印度、印尼、中國、歐洲的船，櫛比鱗次。一大片整齊有序的島嶼，荷蘭統治者拿來當度假勝地，荷屬東印度公司拿來當造船廠。巴達維亞堡巍然聳峙，居高臨下，俯視內港的入口。街旁荷蘭式建築沿運河而走。有繁榮熱鬧但井然有序的華埠。尋歡買醉之處，到處都是。地位顯赫的荷蘭人家，豪宅裡僕從如雲，巴洛克式傢俱具由漆黑的熱帶硬木製成。頂上蓋的是荷蘭風的藍白屋瓦，各房門頂隔的是精細的鏤空面板，好讓走岔了路的微風輕飄進來，四下通風，驅散鬱積的熱帶熱氣。

巴達維亞及其島嶼世界，展現的是巴洛克錯綜複雜的風貌。表面的秩序，蓋著層疊私利和交易，往往還牴觸巴達維亞堡的統一權力和目標。城裡有大批講葡萄牙話的混血族裔；也有勢力強大的華人社區，自己設族長，自己開醫院。華人在一六八〇年代靠區域貿易，還有來往中國老家和巴達維亞的華商貿易重振聲勢，因而大爲繁榮。例如，一六八八年到巴達維亞作生意的華人，就從荷屬東印度公司買下八千盾（guilder，荷蘭金幣）的胡椒。但是，交通流量成長，對巴達維亞的華人也不全是佳音。一六八八年從中國來的船，也運來了七百多名華人，大部份打算留下來在爪哇打天下。荷蘭官方一六八七年，就已經在抱怨有大批「窮光蛋、惡棍」從中國坐船來了。該年剛從中國來的人，就揹上了城裡竊案頻傳的罪名。遭竊的人家以落戶已久的華人爲多。他們好不容易才爭取到荷蘭人、爪哇人的包容，現在，卻因新來的移民挑起的怨氣而有了危險。一六九〇年，荷蘭官方針對華人移入及既有的移民，擴大了管制措施。許多落戶已久的華人，在巴達維亞附近的農業平原區開設製糖廠，剛到的貧困移民就投入該地日漸成長的蔗糖業當苦力。一七四〇年，農村地區的華人爆發反荷蘭的叛變，巴達維亞的華人菁英社群站在統治者那邊，而不是自己的同胞那邊。

不過，那時的巴達維亞總督和理事會在看貿易數字時，一定也會注意到印度和他們的貿易，角色愈來愈重，尤其是印度的棉織品、絲織品。只是，香料貿易在他們的世界佔有一席特殊的位置。荷屬東印度公司在他們的勢力範圍裡壟斷得最徹底的地方，就屬班達群島。因爲，這塊小群島是世上唯一生產肉荳蔻和荳蔻的地方。一六二〇年代，班達人就因爲荷蘭人指控他們違反專賣契約——他們根本沒完全弄懂那份契約，也沒完全同意那份契約——而遭趕盡殺絕，被荷蘭人從耕地趕到火山坡，成群在雨季裡餓死或病死。到了一六八八年，班達人幾乎已經滅絕。肉荳蔻林便都落入荷蘭實業家手裡，由他們買奴隸來耕作。而他們買的奴隸，有從峇里島（Bali）來的，有從巴布亞島（Papua）來的，也有從印度來的，都是當時東南亞一帶相當繁榮但罕有研究的海上奴隸貿易網所賣出來的人。巴達維亞官方在一六八八年呈給祖國的報告裡，就說班達群島種的肉荳蔻，成株計有十六萬株，半成株有一八萬五千株，幼株有三十一萬五千株。人口爲六千六百四十二人，一千零七十位是荷蘭人，三千七百一十六位是奴隸，自由的班達族人只有三位，班達族的奴隸有二十五位。報告裡還說了幾句農場主人待奴隸及其他亞洲人眞是殘酷，但沒細講。

到了一六八八年，丁香農業的中心也落入了荷蘭人手裡，而且，抓得跟肉荳蔻、荳蔻一樣牢。荷蘭人的權力中心、管理中心在安汶島上；就是我們談倫甫時說的那地方。但種丁香的問題是，一來丁香太容易種了，二來歐洲、亞洲市場對丁香的需求量一點彈性也沒有。荷蘭人若要繼續低價買入、高價賣出，就不僅要剷除每一位競爭者，也得嚴格限制他們手中港口的輸出量。若不這樣，荷蘭人自己的僕人絕對會忍不住要把丁香轉入私人管道，偷偷運到荷蘭人管不到的港口去賣。從一六五〇年代起，荷蘭人就已經在地方領袖多少默許的情況下，在管制不嚴的地區，甚至因熱帶氣候使然以致收成超過海外市場需求的地區，大肆砍伐丁香樹，毫不留情。一六八八年尾的時候，巴達維亞官方在他們呈報荷蘭長官的公文裡，就說他們那裡生產過量的老問題還是沒解決；只要一小塊產區的產量，就可以滿足荷屬東印度公司在歐洲、亞洲各港口的所有需求。過去，他們砍掉丁香樹或強迫農戶自己砍，都會付他們一定數目的錢，彌補收成的損失。但他們不想再這樣增加賠償金，也擔心就算砍掉幾個島上的丁香樹，島上的居民乾脆就搬到荷蘭人鞭長莫及的島上去，照種他們的丁香樹，還種得更多。所以，他們不再多砍樹，而且，還似乎在考慮要用誘導的方式，讓島民改種別的作物，但覺得島民的反應不會太好。因爲，島民一定寧可用他們的「懶」方法，繼續拿水果當飯吃，也不願眞的去種稻米。反正稻米在安汶島上也種不起來。報告上還說，他們也在作最後的計劃，要在安汶附近的島上再蓋一座大型碉堡。

安汶島一帶的北方，有一處叫「瑪魯庫」（Maluku）或「摩鹿加」（Moluccas）的地方，就是特納提（Ternate）和提多雷（Tidore）雙火山島周圍一帶。打從一五〇〇年代初葡萄牙人來了以後，就一直是丁香的生產中心，兼歐洲強權的爭霸重心。瑪魯庫族將他們的政治平分在特納提和提多雷兩大中心上面，由兩邊相輔相成。最理想的狀態就是均勢，雙方的競爭都在控制之下，而非一方壓倒另外一方。伊斯蘭勢力固然加強了他們王位世襲的觀念，但瑪魯庫人總還是堅信，要坐上國君寶座的人，都應該先向各族長老證明其人確有超凡的才具和神力。他們就有許多傳說，講的就是跨海來的人經證明確爲「一國之君」而登上了王位。

瑪魯庫族的特納提、提多雷雙君主制，若是能在歐洲強權爭霸關係中合縱連橫，運作得倒還順暢。只是，先是荷蘭人趕走了葡萄牙人，然後連西班牙人都在一六六〇年代初期將僅存的勢力撤出了該區。以致，自此而後，特納提和提多雷兩邊統治者間的兄弟之情，就成了兄弟鬩牆，各自爭著要討荷屬東印度公司「老爸」的歡心。荷蘭人在祖國，非君主式的集體政治搞得很好，但到了亞洲，和君主制國家打交道才比較得心應手。因爲，這樣他們才知道該扶植誰，又該打壓誰，好弄到他們要的條約。也有荷蘭人一見伊斯蘭勢力增長就覺得有危險，這也不全算錯。從一六六〇年代起，荷蘭人就一直在對瑪魯庫的兩個國王施壓，要他們改行歐洲習俗、服飾，君主制度也要更集權一點。特納提的蘇丹，就把自己的兒子叫作「阿姆斯特丹」和「鹿特丹」。而叫阿姆斯特丹的這位一六七五年即位後，不僅馬上推動荷蘭人的文化同化政策，也以武力加強他在外圍地區的控制，因而引發頗大的反抗，連荷蘭人都有一些反對。但另一邊的提多雷蘇丹，薩福丁（Saifuddin），就不肯跟著荷蘭人的政策走，還是採傳統的公意決政治。因此，雖然在民間的聲望高得多，但荷蘭人的歡心就低得多了。一六八七年十月二日，薩福丁逝世，荷屬東印度公司馬上插手，把薩福丁的兒子拱上王位，跳過即位資格更強的薩福丁弟弟。巴達維亞官方以為，這樣一來，他們和提多雷的關係應該會比較好。但到了一六八八年末，他們在報告裡說，這新任的蘇丹比他爸爸還要麻煩。像有次在特納提的港口有六個提多雷強盜搶劫漁民，地點離荷屬東印度公司停泊的船隻很近，還把其中六人給砍了頭。荷蘭人向提多雷的新蘇丹抱怨這事，新蘇丹居然派了他六個人來，跟荷蘭人說可以把這幾人處死，這樣雙方就扯平了。荷蘭人不肯，「違反基督的律法。」

從爪哇穿過巽他海峽（Sunda Strait）就是蘇門答臘島，西北座向，長達九百英哩，拱衛麻六甲海峽（Melaka Strait，現作 Malacca）的西端。島上山陵起伏、密林遍布的內陸，少有人煙；一般人只在海岸、港邊出入。島的北端是亞齊（Aceh），這是處港口國，還維持獨立，偏伊斯蘭文化，歐、亞各地的行商來者不拒，只要不求壟斷特權或政治霸權，一概歡迎。島中央的內地富藏黃金，荷屬東印度公司已經控制了部份金礦區，以奴工開採，但產量不豐。離巴達維亞最近的港口，也是荷蘭總督和理事會常掛心頭的兩個港口國，是蘇門答臘東南海岸的占碑（Jambi）和巴鄰旁（Palembang，巨港）。兩港的統治者都愛說兩人情同手足，但兄弟鬩牆的機會從來不是沒有，而且還因荷蘭人從中作怪而容易火上加油。一六八八年，荷蘭人看占碑，就覺得他們特別麻煩，特別危險。

這兩處港口國的地理位置相當類似，首都都是港市，沿著彎彎曲曲的河道，坐幾天船就到。港口位在開闊的岸區，長滿紅樹林和沼澤林，碰上漲潮或洪汜，大片大片的地就泡在水裡。房子大部份建在架高的木樁上，地板下，一年至少有一段時間會淹水。由於地勢極平，再矮的一座小山凸起來也很惹眼。巴鄰旁附近就有這樣一座小山，附著了許多地方上國王興亡、埋骨的傳奇。至於歐洲人和其他外人，就覺得這塊酷熱、潮濕又有大批蚊子肆虐的地方實在有害健康。港市附近沒有多少人口或農產；夾在人煙比較稠密的上游，和隔海財富、權力的大中心之間，這兩地，純粹是財富轉移的交匯點，偶爾加上點權力轉移吧。

若要往上游去，全要走河川、支流的水路網。水位太低的時候自然不通。但在雨季過後的

三、四月，水流全速急湧而下，順流的速度就很快了，只是，危險也不止一點點。待回程要逆流而上，當然不可能。其他時候，逆流而上，就得花好幾個禮拜的時間划船。但逆流而上的誘因，就在河谷地的沃土可以開墾種胡椒。十六、十七世紀時，中國、歐洲的商人，常到占碑、巴鄰旁、萬丹灣（Banten）和其他港市，來找胡椒的大貨源，好運回自己國家，賣入愈來愈大的商業經濟體系裡去。只是，用普通的工具在熱帶林裡砍林闢地是很慢的活兒，而胡椒也要種上五年後才開始結果。但到了一六八八年，那裡的人也看出來：幾十年來胡椒種得太多，產量也未免「刺激」太多。阿姆斯特丹和巴達維亞的貨倉可是胡椒滿溢。

這還只是占碑和巴鄰旁在商業擴張的途中，特別是在讓荷蘭人介入他們的事之後，出的眾多麻煩事裡一樁而已。他們的君、民關係，下游港市的權貴和僻處上游的無數黎民間的關係，全依血緣而定。只要是世襲的制度，多少都有血緣的條件。但是，血緣在這裡牽連之廣，可是連中國的大官僚體系或歐洲的法律、特權、商業結構都比不上。他們的統治者，是要當「族長」的；有極高的威望，但沒有絕對的權力，主要以排難解紛或重賞示惠，維繫族人對他的敬重。族人則報以敬畏、順服還有貢品。這麼鬆散的君、民關係，因爲上游地區和國君所在的沼澤都城距離遙遠，交通不便，而更顯疏宕。許多皇親國戚跑到上游地區據地稱「王」，給自己劃出一塊半獨立的地盤；但若看不慣國都裡政治的搞法，還是會跑回去干涉一下。

這類政治互惠，在荷蘭人和他們簽下胡椒生產契約，將其他貿易的競爭對手完全排除之後，就遇上了極爲強大的壓力。這時，唯有國君能嚴格控制胡椒的生產、運送，提高產量，荷蘭人才會支持他的統治權。但是，嚴格的控制和大力增產、運送所造成的社會壓力，都會撕裂傳統政治秩序裡的微妙平衡，蒐集財貨送到下游進貢的儀禮和互惠的習俗自也在內。不過，雖然有這些事情在製造緊張，但巴鄰旁的蘇丹拉曼（Abdul Rahman）在一六八八年時看來是很有錢，王座也很穩的樣子，只有他兩個兒子偶爾會較勁一下，給他主政的朝代塗一些污點。但是，占碑蘇丹英加拉加（Ingalaga）的統治手腕就弱得多了。不僅他那國的貿易量下降，在上游稱王的貴族，也有人打著鮮明的伊斯蘭教義反荷蘭，質疑他治國無方。一六八七年，荷蘭派了一小支武力到占碑，卻發現占碑有許多貴族已經不認原來的國王，改支持國王的兒子。國王的兒子當時已經即位，英加拉加則逃往上游。一六八八年三月，英加拉加重返國都，威脅要帶兵進攻，但一看兒子支持者眾，就喪了膽子，投奔到荷蘭司令那裡求庇護。荷蘭司令送他到巴達維亞，過他寂寞、窘迫的流亡生涯。巴鄰旁的拉曼國王支持占碑的新君。至於打著伊斯蘭教義反荷蘭的威脅，就擱在一旁吧，至少暫時擱著。此事之後，巴鄰旁繁榮更甚，占碑則每下愈況。

寇奈莉亞・范・奈仁魯德（Cornelia van Nijenroode），在一六八八年八月十日抵達尼德蘭。活到五十八歲，這還是她第一次踏上尼德蘭的土地。她這回是來打官司的，要告她分居的先生約翰．畢特（John Bitter），捲走她第一任丈夫留給她的財產。她的穿著、儀態、談吐，應該都是從東印度群島歸國的荷蘭貴婦樣子。但她的長相，卻是外國人的樣子比較明顯了：她是一六三○年生在日本平戶❷的，父親是荷蘭商人，母親是日本貴婦。父母雙亡之後，在巴達維亞的孤兒院長大，而且，看來從沒離過那一帶太遠，直到她在一六八七年年尾乘船往荷蘭去。荷蘭年終晝短夜長，陰濕寒冷，和巴達維亞赤道晝夜平均的燠熱濕氣大相逕庭。而她身邊，也沒有她巴達維亞豪宅裡鎮日在身邊圍繞的成群僕傭，嘀嘀咕咕講葡萄牙語；這些，在她和律師研究她的控訴事項時，想必益增她內心的不安。她在一六八八年十一月時向荷蘭高等法院提起訴訟。她的故事，在巴達維亞和荷蘭的祖國之間搭起了一道橋樑，篩透進一道窄窄的亮光，供人一窺巴達維亞上流社會的陰暗面。

寇奈莉亞在巴達維亞孤兒院長大的歷程，可能因父親留下的遺產，看來不算特別難過。她和日本流亡巴達維亞的一小批人頗有來往，也常寫信給平戶的日本親人。一六五一年，她嫁彼得．柯諾爾（Pieter Cnoll）爲妻。在一六五三到一六七○年間，連生了十個孩子，但只有一個長大成人。有一幅不錯的畫傳世，畫的是彼得、寇奈莉亞和兩個女兒。寇奈莉亞優雅的荷蘭服飾和日本五官，畫得很不錯。

彼得．柯諾爾在荷屬東印度公司裡爬到位高權尊、收入優渥的位置，於一六七二年過世。遺囑指定遺孀爲其財產的主要繼承人及孩子的監護人。這遺產可相當可觀；寇奈莉亞出入有豪華馬車接送，宅子裡總共有四十位僕人。一六七五年，當律師的約翰·畢特從荷蘭到了巴達維亞。他的妻子死於途中，有四個孩子要養。在法庭當差的薪水，不夠他在巴達維亞菁英階層過豪奢日子養家活口。因此，他看上了寇奈莉亞的財產，寇奈莉亞則可能看上他的法律專長，還有他和高層的良好關係。這兩樣條件，可能有助於她保存財產和地位。她堅持簽署婚前協議，由她保有她原來財產的專屬所有權。兩人在畢特抵達巴達維亞後六個月多一點，就結了婚。

接著，事態急轉直下。在寇奈莉亞提議以她的名字作些小投資時，畢特告訴她，雖然他絕對沒有她名下財產的共同所有權，但協議書裡可沒說他沒有寇奈莉亞名下財產的管理權；沒有他的參與和許可，她不可以動用她自己的財產。兩人因此鬧得很兇。朋友居中調解，勸寇奈莉亞將她原先答應若她先死要給畢特的那份先給畢特，換取和平。但兩人還是繼續鬧。畢特打她，打到肩膀脫臼。她搬出去，但又搬回來。畢特提議離婚，但要十二萬五千盾。寇奈莉亞不肯。寇奈莉亞上法庭打離婚官司，畢特也提抗告，說他簽的婚前協議書無效，他有權分得寇奈莉亞一半的財產。巴達維亞的教會會議，把基督教義裡的和諧看得比個人權益要重，便想爲雙方協調出和解的方法。但畢特詆毀會議成員居心不良，不肯道歉，搞得程序一拖再拖，看不出了結的時候。

寇奈莉亞想辦法把自己的錢弄出一部份，用朋友的名字存起來。畢特也想辦法弄到她一部份的錢，寄了一些鑽石和匯票到荷蘭。後因事情敗露，畢特遭控走私鑽石，違反荷屬東印度公司的專賣法，而遭荷屬東印度公司解雇，於一六八〇年遣送回荷蘭。畢特在荷蘭又提起新的訴訟，要求法庭命寇奈莉亞和他和解，寇奈莉亞存在荷屬東印度公司裡的錢，一半必須沒收，歸屬於他。荷蘭法庭只做了和解的部份，但不管畢特最關心的處分寇奈莉亞財產的事。但現在，畢特有幾回合已經開始贏了。他走私鑽石的指控已經撤銷，且重回荷屬東印度公司做事，於一六八三年回到巴達維亞。

由於受制於法庭的命令，他們夫妻倆兒非得住在同一屋簷下不可，而兩人也勉強可以相安無事。但後來，畢特又從寇奈莉亞的錢裡轉了五萬盾到他自己的戶頭，還大部份匯到了荷蘭。一六八六年一月五月，三位水手看見一個男子毆打一位中年婦女，打得她口吐鮮血，男子還大叫：「婊子！畜牲！賤人！我踩扁妳！非踩到妳吐血不可！」官署的人趕到。由於畢特到底是在法庭當官的人，坐了一夜的牢後，三個目擊證人決定不作證。寇奈莉亞要求法庭准她和畢特分居，保障她的財產，但遭駁回。官方還在尋求基督信徒的和解，最後不得不放棄，把兩造都送交尼德蘭處理。

一六八八年夏天，寇奈莉亞到了荷蘭，雇了一位好律師，在一六八八年十一月向荷蘭高等法庭提起訴訟，要求依法和畢特分手，取回畢特從她那裡弄去的四萬五千五百盾，以及他賣掉她在巴達維亞的房子、馬車、還有其他資產的錢。畢特反控，要求判寇奈莉亞「惡意遺棄」，由他取得寇奈莉亞財產的四分之一所有權，並享有其他財產的管理權。荷蘭高等法院直到一六九一年才下判決，命令寇奈莉亞必須和丈夫同居和好，判處畢特有權享有她財產收益的一半。八月休庭後會再有進一步的諮商，但沒舉行；因爲，寇奈莉亞可能就在那年夏天過世。畢特則一直在荷蘭，過他非常優渥的生活，終於一七一四年去世。

寇奈莉亞多年來一直是日本人家的好女兒，常常從巴達維亞寫信給她母親平戶娘家的親戚。現在，離巴達維亞那麼遠，她是否還記得窄窄海峽邊上的臨海小鎭？是否記得高聳矗立的大名（日本封建領主）城堡？是否記得停泊在小島四周的中國帆船和船艙特高的歐洲船？她當然記得巴達維亞，記得巴達維亞日本人孤獨的小社群，記得中國人有多發達、多聰明，記得教會會議有多熱忱、又有多虛僞，記得那裡的手水、客棧，新鮮的魚貨和甜美的熱帶水果，運河的惡臭，女僕做事時嘰嘰喳喳講的話，第一任丈夫生前她老是在懷孕，自己獨立過活、投資有了回收的快樂，還有約翰．畢特迴避事實、不論是非給她帶來的噩夢！荷蘭的運河也不太乾淨，工人、水手喝醉後也差不多。只是，街道窄了些，盛夏的微風吹過來，也有寒意，漫漫長日隨夏天逝去，縮短得眞是快啊！

第七章　法爾康

荷屬東印度公司在亞洲作生意的港口，有許多都沒建碉堡，特別約定的權利事項也不多，甚至沒有。有時，他們連倉庫也不蓋，船靠岸一停，就直接在甲板上做起生意來了。但是，他們不論到哪裡做生意，公司的人一定仔細記下做了哪些生意。他們在十七世紀末還特別注意要記下各地的政治情勢，以及競爭對手的貿易狀況。若有港口的生意競爭特別激烈或利潤有點問題，他們也會故意擴張得多一點，好看看是要繼續奮鬥下去還是放棄。像英屬東印度公司（English East India Company）的商業暨政治氣燄日盛，法國人雖然是時斷時續，但偶爾也會有驚人之舉，就連丹麥也有人在印度南部活動了。這些，都需要荷屬東印度公司作仔細的監測。而他們做的詳細紀錄，在我們談「大城」（Ayutthaya）這地方時就非常重要了。「大城」是暹羅（Siam）王國的首都；「猶地亞」（Yudia），是荷蘭人因爲聽錯而弄出來的名字，有時也拼作 Judea。

一六八八年，有一樁最古怪的巴洛克式政治危機，就發生在大城。一位希臘裔的冒險家，自稱康斯坦丁・法爾康（Constantine Phaulkon, 1647—88），在暹羅攫掌大權，當上王國的財政暨外貿大臣。他樹敵無數，但深獲國王納賴（Narai）信任。由於納賴想借法國人的力量，對抗荷蘭人獨大的商業地位暨偶爾耍耍流氓的作風，法爾康便動用他自己的管道，走後門攀上了高風險的法國門路。法國人在印度洋一帶的勢力，遠在荷蘭人和英國人之下，因此回應得很快。一六八六年，暹羅在法國設的華麗大使館開張後，法國人也回報以大使館一座，外加軍隊六百。甚至還有一些人癡心妄想那暹羅國王會不會改信天主教呢。但到了一六八八年末，暹羅國王納賴和法爾康都已謝世；法國人和法國兵也已離去。

其實，就算一六八八年出的事激起了不小的民怨，也流了點血，但暹羅王國的穩定根基從來沒有過問題。法國人一心巴望以優勢軍力作宰制或皇室皈依天主，顯然是膨風了。暹羅的政治型態，本來就容許外國人以個人的身份參與外貿、財經等事務的管理。中國人這樣插手都有好幾百年了；他們特別愛在暹羅派赴中國朝廷進貢的特使團裡當總管。這職務是有巨額免稅貿易的好處的。但是，外商於暹羅的活動從來不會悖離皇權；對暹羅這由神格國王、堂皇寺廟、虔誠拜佛所繁複交織而成的安定、繁榮國家，構不成一點威脅。

暹羅這大王國的國力基礎，就在大城周圍那片廣闊、富饒的稻田；也就是現代曼谷沿昭披耶河（Chao Phraya）往上約四十英哩的地方。每年的洪氾，都為肥沃的田地注入新的地力，才不會有歉收這等事呢。雖然大部份地方都未開墾，但天然的物產十分豐富。雖然平民每年都必須進宮服六個月的勞役或更久，但因家人和奴僕的耕作收穫還養得起一家子人，因此可以忍受。皇室在宮中握有這一大批人力，就可以轉換成可觀的軍力，像一六八八年那樣，足可抵禦或消耗來犯的外敵。然而，這些勞役也很容易被地方官或高官把持。十七世紀的時候，有幾位暹羅國王曾想反制這股離心力，因而加強直接控制，提倡對外貿易。在現代東南亞的早期歷史裡，國君直接涉入對外貿易是常事，但還找不到有哪個國家像暹羅一樣積極、一樣有組織的。荷蘭的史料裡，就有暹羅「國王的船」遠至爪哇和日本的紀錄。

大城裡到處是大大小小的寺廟林立，大一點的都有浮屠寶塔，高聳矗立，滿蓋虔誠信徒奉獻的金箔。有些廟裡的佛像，還排成一長列，歆歟盛哉；有一具是臥佛。身著橙黃袈裟的和尚隨目可見。掙脫塵世羈絆進至涅槃的這條路，在離開佛寺生活後，其實走不了多遠。暹羅的和尚在社會裡備受敬重，許多少年都是先出家進寺廟學佛兼受教育，之後再還俗娶妻生子。皇宮蓋得富麗堂皇，處處行禮如儀。依暹羅的佛教信仰，國王即是「法輪王」(chakravartin)，也就是轉動佛法法輪的人。大城內外有幾處華人、葡萄牙人的大型聚落（這裡許多葡萄牙人都是亞裔和歐裔混血），有一處荷屬東印度公司的大貿易站，一座耶穌會教堂，還有一所神學院，專供「法國外籍傳教士協會」的亞裔傳教士就學。皇家衛隊裡有一些人是信天主教的日本後裔，於十七世紀初移居至此。波斯和印度來的穆斯林，爲數一樣不少，但勢力比幾年前要小一點。納賴（一六五六至八八年在位）是位明君，一年到頭大部份都待在羅普武里（Lopburi），這是大城再往北四十英哩一處皇家的狩獵小屋；但已在作擴建，頗有點皇宮的規模，附設有寺院。

暹羅對荷蘭及歐洲其他地方的人而言，都不是淘金的好所在。在這裡是買得到大批鹿皮，以供應日本市場爲主，也有一些重要的染料原木，但都不是高利潤的商品，競爭又很激烈，尤其是華商。荷蘭人雖然在一六六〇年代就已經用武力威脅，要到了條款沒有訂得很嚴密的鹿皮外銷專賣權，但貿易站依然僅能維持而已。納賴國王痛恨荷蘭人搞威脅的把戲，亟謀抗衡之道。英國人，已經證明不行。納賴早在一六七四年就想到法國人的關係或可一用，也曾派遣一支使節團到法國路易十四朝中一拜。只是在一六八一年因海難全員罹難。

自稱康斯坦丁·法爾康的這位，是從希臘塞法羅尼亞島（Cephalonia）來的；一六八〇年代該島歸威尼斯統治。他原本是以英屬東印度公司人員的身份到暹羅來；能夠打入納賴朝中當官，靠的也是英國人付錢打通關節大力推薦。英國人希望靠他在朝中使力，剷平他們的貿易障礙。而法爾康做起事來也極其賣力，人又聰明絕頂。他在暹羅皇家的貿易管理部門工作時，反而不愛和英屬東印度公司那些難纏又無能的官員做生意，而愛和獨立的英國商人打交道；只是，獨立的英國行商做的生意，是違反英屬東印度公司專賣法的。法爾康擴大暹羅皇家商船的編制，雇用獨立的英國和歐洲其他地方的人來替他管船。他的馬來語和葡萄牙語都講得很好，也很快就學會了暹羅話。一六八二年，他在朝中爲晉見國王的傳教士作口譯，頗得納賴賞識。未幾，便和納賴固定作長時間會談。他也信了天主教，或說是改信天主教吧；一部份原因可能是要託傳教士回歐洲，拜託塞法羅尼亞島的威尼斯官府多照顧他的家人。現在，他已經是納賴朝爭取法國支持的主力所繫。法王路易十四爲了回報暹羅，也在一六八五年派了一支怪使節團來暹羅。團員有「舒瓦齊」（Choisy）修道院長，這是位尖酸的教士；還有蕭蒙騎士（chevalier de Chaumont），剛從新教改信天主教，一肚子新皈依的熱忱和褊狹。他們此行，一來要爲法國向暹羅爭取貿易特權，二來要做沒人做過的事：說服暹羅國王改信天主教。法國耶穌會士還有派到中國的幾位天文學家也和他們同船，這於後文會再論及。羅帕布里是這齣戲的中心舞台；暹羅特別爲外國使節建了居停，國王也捐地給耶穌會士作建地，後來還去那裡觀看月蝕奇景。

法爾康就是從這時候起，得在交錯的關係網上走鋼索。蕭蒙這位宗教狂一點也不了解暹羅，一個勁兒作夢國王可以皈依他的天主，那暹羅全國就也一樣屬於他天主的了。但法爾康知道，暹羅王室和民間篤信的佛教有斬不斷的關係，改宗的機會是零，卻也無法朝這位法國人脈網裡的要角當頭潑冷水。若納賴國王搭上法國這條線，大部份的功勞絕對歸於法爾康。此外，讓法國人在暹羅略有點活動，也能讓法爾康在國王死後或他自己失勢時有條自保的門路可走。但法國人的動作也不能太大、太扎眼，否則還沒能讓他自保就先撩撥起暹羅人的敵意，那就不妙了。眼下他的麻煩就是蕭蒙這傢伙，三番兩次在納賴國王面前發表演講，闡述基督拯救世人的眞理。法爾康一碰上，就跳過去不替他譯。法爾康倒是說服了蕭蒙，若他能替納賴和「太陽王」（即路易十四）牽線，締結盟約，這效用才大呢。這事一打點好後，暹羅國王龍心大悅，派了三位高官作特使，步上漫長又危險的旅途，到法國去也。他們到了法國，到處被人品頭論足，撰文紀錄。路易十四也決心要將他的天威加強放送到歐洲千里外的地方，因此刻意選在寬闊的凡爾賽宮「鏡廳」❶一頭，佈置起鑲滿珠寶的高台，用來接見來使。這次互訪，眞正的主事者，其實是耶穌會士塔夏德（Guy Tachard, 1651—1772）。他帶了法爾康的密函來，建議法國派大軍戍守辛果拉（Singora），這是暹羅在馬來半島中段的港口。

所以，暹羅特使在一六八七年打道回府時，身邊便多了兩位新的法國特使相隨。其中一位，盧貝赫（Simon de la Loubére），利用他派赴暹羅的短短一兩個月時間，蒐集資料寫了一本書，謂爲歐洲人在一七〇〇年前寫的亞洲書裡見解最爲透徹、觀察最爲敏銳的一本❷。塔夏德神父則是負責走後門，執行凡爾賽宮交付的任務，而且只和法爾康打交道。另外還有六百大軍，分乘六艘戰艦前來。即使途中死掉了兩百人，這樣的軍容依然壯盛，當然也比法爾康原來的打算要多了些。此外，還有更嚇人的：法爾康發現塔夏德帶來的命令，是要把法軍佈署在曼谷一帶；就在大城的下游，正好緊握暹羅王國的咽喉。

法爾康若同意這些條件，一定有許多暹羅人會指控他出賣暹羅，但這樣他卻比較容易上曼谷求庇護。但若拒絕，法國人還是可能賴著不走，擺出侵略的架式。而他，大家都知道是他把法國軍隊給引進來的，這時再要扛著腦袋逃出去，還眞要福大命大不可。因此，他先確立自己在納賴國王這邊唯一的協商代表，然後同意法軍留在曼谷，但有一樣條件：法軍必須宣誓效忠暹羅國王。法軍宣了誓，然後留下來，在沼澤帶附近疫癘、蚊蟲遍生的風土環境裡，鞏固他們的要塞設施。法軍的將領是年邁的德法爾熱（Desfarges），和法爾康的計劃配合得不錯。兩位法國特使就在一六八七年底，揚帆回法國去了。

但接著，法爾康走的鋼索就開始搖了。納賴國王就駐蹕在羅帕布里，法爾康則在皇宮五分鐘腳程外特別爲法國大使建的居處。由於國王健康不佳，王位繼承就成了很重要的問題。法爾康支持納賴國王欽定的人選，是位叫蒲拉披（Pra Pi）的養子。國王還有兩個弟弟，但對法爾康都沒什麼用。而兩人顯然也在各玩各的把戲，講起話來都有準國王的架式。但最能幹的人選，也是最能煽動暹羅人群起反抗法爾康、反法國人的，是位叫披叻差（Phetracha, 1633?—1703）的高官，有一妹、一女嫁入納賴後宮。那時也有民眾武裝起來，一來是憂心王位繼承有難，二來要抵禦法國軍隊入侵，紛紛從四面八方朝大城集結。法爾康要求德法爾熱多派些軍隊，到大城北方的羅普武里保護他、納賴，還有蒲拉披。但這時，德法爾熱在和法屬東印度公司一位心有不滿的仲介，還有法國外籍傳教士協會一位傳教士長談過後，已經不再一心向著法爾康。這位傳教士很清楚法爾康挑起了多大的怨氣，而法爾康和耶穌會拉關係時，居然也從沒看上過他。德法爾熱就這樣不肯讓軍隊朝大城再接近一步。

有朋友向法爾康傳消息，說他處境危殆，逃命要緊。但法爾康沒聽。依荷蘭人寫的紀錄，法爾康是有幾天沒進宮去，但五月十九日他還是進宮了。但他的銀轎子回家時，裡面空無一人。

他在宮裡遭人施以酷刑，逼他招供，說出錢財的去處，以待沒收。但他根本沒多少錢財留在身邊，因爲大部份都投資在法屬東印度公司裡了。法爾康於六月四日綁赴刑場砍頭，屍體再砍成兩半，埋在淺墳裡，沒多久就被野狗挖出來啃光了。那時，蒲拉披已經被殺，砍下來的頭被人一把扔到驚駭莫名的納賴跟前，「這就是你要的國王！」七月九日，納賴的兩個弟弟同遭人以檀香棍活活打死。這是暹羅的習俗，不讓皇室的人留一滴血。納賴死於七月十一日，繼位的人是披叻差；反對的人屈指可數。八月一日，披叻差率大隊裝飾華麗的駁船，載了納賴國王的屍體朝下游往大城開去，荷蘭人則朝上游方向徒步走了幾哩路，恭迎披叻差的隊伍。

法國軍隊還是留在他們在曼谷建的碉堡。八月有船來，載來了兩百名新兵。其他據點，也派出幾艘船來巡航，協防曼谷，以防海盜來劫。曼谷的碉堡是有暹羅國旗飄揚。但沒人要法國軍隊留在那裡。暹羅士兵的訓練和裝備雖然都不如法國，但人數倒是多得多。新王願意讓法軍和平離開。法軍乃於十一月二日朝下游開拔。十一月十四日，新王和荷蘭人簽了商約。十二月二十六日，撤離的法軍有部份停泊在痲六甲。他們的司令官說，暹羅不過是塊沼澤地。人還很野蠻，眞希望他們的國王不會想要再對他們怎樣才好。還好沒有。

第三篇

三方相鄰的世界

俄羅斯，中國，日本

歐洲人在一五五〇年代，已經開始常和當時世上的三大帝國作海上貿易，雖然他們對這三大帝國幾乎一無所知。一六八八年時，這三大帝國在歐洲人眼裡，還是迢隔遙遠的三方世界，其中又以日本和中國比俄羅斯要更像徹底的「異類」。這兩個國家的文明根基，都和地中海、歐洲一點關係也沒有。一六八八年，江户，日本幕府將軍的駐在地，根本不常有洋人的影兒；北京，看得到的洋人，就只有抓來的幾百名俄國戰俘和一小撮耶穌會士。日本政府之所以在對外關係上管得特別緊，就是因為天主教傳教士和信徒對他們有顛覆的威脅。除此之外，兩國的政治和文化絶少因接觸歐洲人而有任何改變。

倒是歐洲人因爲聽説遙遠的中國傳回來的消息，改變得反而比中國人因歐洲船停在他們的港口要大得多。耶穌會士勾劃的中國景象，一六八〇年代在歐洲廣爲流傳，很快便成爲新思潮借力的槓桿，而將中國的統治者的理性美化。歐洲有些知識份子，認爲中國已近「他方之大」（Great Other）的境界，思考的方式和社會的組織看來都和他們大異其趣。中國、日本、俄羅斯——還有印度——各曾在不同時代當過歐、美社會思想裡的「他方之大」，直到現在還是。取得這些國家的知識，以這些國家爲範例或比較的對象，在一六八八年正開始在歐洲醞釀學術的大變化，而且直到現在，還在爲我們打開一片又一片的新天地，展現人類景況的諸多可能。

第八章　彼得大帝的俄羅斯

戈頓將軍（Patrick Ivanovish Gordon）一六八八年全年都待在莫斯科近郊，講話的對象都是些達官貴人，聽到的事，有些他還不敢寫進日記裡去。雖然飛黃騰達，歷任兩代沙皇還是高階將領，但俄國權力核心的殘暴和動盪依然教他惴慄難安。戈頓是位蘇格蘭籍的天主教徒，十六歲離家闖天下，在瑞典、波蘭、神聖羅馬帝國的軍隊裡都打過仗，跟的以蘇格蘭將領爲多。當年他到俄羅斯求發展，人一到就後悔了；因爲，城好髒，人也「陰沈」。但他接獲警告，由於他是天主教徒，又是來自和俄國打過仗的國家，因此，他若膽敢離開俄國，一定會被當作間諜究辦，流放到西伯利亞。因此，他只好留在沙皇的軍隊裡努力往上爬，立下彪炳的戰功：打過鄂圖曼帝國，當過基輔要塞的指揮官，一六八七年俄國打韃靼人的那場混戰，由他負責軍需補給，一六八八年升任上校，負責帶一支軍團。莫斯科頗有幾位蘇格蘭和日耳曼的天主教軍官留滯在那裡。他們或是他們的兒子，也偶爾有獲准離開俄羅斯的例子。他們和祖國的親戚都維持聯絡，對歐洲其他地方的大事也相當清楚。戈頓一六八八年的日記就提到：倫敦抓了七個主教；奧倫治威廉（參第十五章）攻入英格蘭；法國征服萊茵河（Rhine）畔的菲利普斯堡（Philippsburg）；哈布斯堡王朝（Hapsburg）在貝爾格勒（Belgrade）和波士尼亞（Bosnia）戰勝。

十七世紀的城市大部份都很髒，很亂，很危險。莫斯科是最糟的地方之一。既然四面八方都是無邊無際的森林，供應無限的木材，城裡的建築大部份是木造的便不稀奇。若上漆，加上雕刻裝飾，偶爾會有房子讓旅客聯想起往南遠遠的地方也有座更大的城市，有更大、更宜人的木造建築：伊斯坦堡（Istanbul）。又高又窄的俄羅斯正教教堂洋蔥狀的拱頂，到處都看得見。夏季的白晝很長，之後便馬上轉入冬季白晝好短的酷寒；來春，卻是滿地泥濘，行路難矣。

莫斯科的政治生態，跟他們的街頭一樣亂；看在眼裡，一樣教人想起伊斯坦堡。鄂圖曼帝國的蘇丹旗下的遠征軍全靠各省將領徵來的兵員充數；這些將領靠的則是從土地徵收來的稅賦，這土地不是他們自有的，而是看他們奉送得出來多少人馬，就分給他們多少。莫斯科的沙皇也是這樣。若每年打一次仗，這倒是不錯的法子；但要全年無休保護國君和朝廷，抵禦內部的諸多敵人，外加多少維持一點首都的治安，那就力有未逮了。因此，就需要有全職的職業軍人投入：伊斯坦堡用的是「加尼薩里軍」（Janissary，即蘇丹的禁衛軍暨常備軍），莫斯科則有「毛瑟槍隊」（streltsy）。戍守朝廷的毛瑟槍隊一發現自己可以弄權後，就開始在每一次的王位繼承鬥爭或奪權事件裡插上一腳。他們把毛瑟槍隊的職務弄成父死子繼的世襲制，利用他們的特殊地位在首都開店，大賺他們有失軍人本色的錢。

但莫斯科不像大都會型的伊斯坦堡那麼容易接納外國人。俄國的城市從沒有過新幹才、新血輪、奴隸官僚、後宮佳麗等等的經驗，像鄂圖曼帝國的權力結構常年浸潤的那種。莫斯科也不在世界貿易暨文化交流的十字路口。摸到他們那裡的外國人，一概圈在城郊隔都（ghetto，即貧民窟）似的外國人社區。外國人到俄國求發財、找頭路，到了後就難再拿到出境許可。莫斯科城中央，克里姆林宮碉堡似的森嚴宮室巍峨矗立，附帶有壯麗的老教堂。沙皇唯有在寥寥可數的儀典上，才會以壯盛的行列出宮露面。

而一六八八年時，俄國的沙皇還有兩位。一個是伊凡（Ivan），住在克里姆林宮，二十二歲，體弱多病，腦筋遲鈍，不太能夠獨立自主。另一位是彼得，伊凡的同父異母弟弟，大部份時間待在鄉下的別墅；這位就很活潑了，好奇，外向，長得比同年齡的孩子都要高大。十一歲時，瑞典大使館就有人以爲他十六歲。彼得只有在不得不參加儀典時才會在克里姆林宮露臉。一六八二年沙皇費多（Fedor）逝世的時候，彼得母親的家族亟思掌權，乃說服朝中重臣跳過伊凡，立彼得爲帝，彼得顯然比伊凡適任得多。伊凡母系的親戚便挑撥毛瑟槍隊作亂；彼得母系的親戚有兩位在暴亂中遇害，除了被亂刀砍死，肢離破碎的屍體還遭踐踏，混入克里姆林宮外的爛泥。伊凡和彼得就此並列沙皇之位，但克里姆林宮裡的大權，其實是握在伊凡的姊姊蘇菲亞（Sophia）公主手裡。彼得和母親沒要到一點權力，但還算幸運，可以在鄉間別墅裡安然度日。

而且，是「非常」幸運。沙皇和朝臣在克里姆林宮裡過的日子，可是凡事都得按規矩行禮如儀。不過，反正伊凡那人就算沒這麼多規矩也學不到什麼，做不成什麼。彼得就不一樣了；他就好好運用了手中的自由。外國人住的社區離他的別墅不遠，因此，他利用機會學得外國的見聞、貨物、知識，甚至手藝，也自己學會了木工和打鐵。他最著迷的是打仗。愛帶著身邊的年輕貴族作操練、演習。由於是「沙皇」，因此，想要武器、甚至加農砲都徵用得到，也可以指揮自己的軍隊，建小型的防禦工事。他的「兵力」乃日漸膨脹，也有一些非貴族身份的人加入；由幾位外籍軍官協助訓練。彼得也沒一開始就封自己當上校團長的，而是由小鼓手往上爬，當得很起勁——當然也爬得很快。沒多久，他麾下就已經有三百名年輕人聽他指揮，後來在另一座別墅，又有三百人——比起毛瑟槍隊當然小巫見大巫，但這位年輕沙皇求知和活用的精神，尤其在軍事方面充分展現。這兩支各三百人的軍團，就是俄國日後著名的精銳勁旅「禁衛軍」的核心，直到一九一七年才結束。

彼得沙皇和寡居的母親雖然被排除在權力之外，但蘇菲亞公主和寵臣戈利欽（Vasily Golitsyn, 1643–1714）親王把國家治理得倒是不錯。戈利欽親王一六八七年揮軍遠征克里米亞（Crimea）的韃靼人，徒勞無功。戈利欽本人沒有將才，俄國人也不知道該怎樣對付機動力強的韃靼騎兵。到了一六八八年，莫斯科的執政當局再也沒調一兵一卒出去；因爲，莫斯科擔心法國會向日耳曼施壓，導致神聖羅馬帝國和鄂圖曼帝國另訂和約，而讓鄂圖曼還有韃靼人可以抽出兵力來對付俄國。但最重要的是一六八七年出兵失利，讓這支政權臉上無光。他們可是靠血腥政變奪取大權，而將正式受膏登基的沙皇擱在一旁不管的呢。至於他們擁立的蘇菲亞公主，現在權力還愈抓愈緊，有點要獨裁的樣子。

一六八八年初，戈頓將軍曾希望俄國該年可以再次出兵討伐韃靼。他對哥薩克人（Cossack）老是作亂特別煩惱；這些人都是迫於貧窮和農奴制，而離鄉投入哥薩克指揮官旗下，奔向寬闊的平野。值此之際，許多哥薩克人又因不滿俄羅斯正教新近在推行的儀式改革，而投奔到窩瓦河（Volga）畔的「舊信徒派」（Old Believer，舊禮儀派）聚落，以致亂局雪上加霜。他也指出，莫斯科好像也因為不想把信任全押在一位最高領導人身上，而蠻鼓勵哥薩克領袖搞獨立；這也可能是動盪日甚一日的原因。莫斯科本身在一六八八年沒有嚴重的亂象，但鬧了幾次不小的火災。其中一次，據說一口氣燒掉了上萬間房子。政府因為貸款給民間重建房舍，弄到沒錢付戈頓等軍官薪水。他一定知道不少宮廷裡一觸即發的緊張情勢，但絕少在日記裡吐露。但有一句話像打啞謎一樣：「祕密結社」。彼得沙皇向戈頓及其他軍團徵調風笛、小鼓的數量，也愈來愈多。

彼得這位年輕沙皇在一六八八年又多學了些什麼重要的東西，戈頓沒在日記裡跟我們說。彼得從一位法國回來的外交官那裡要來了一具六分儀，也找到一位荷蘭商人，丁默曼（Franz Timmerman）教他用六分儀。那年六月，彼得和丁默曼在皇家宅邸的倉庫裡四處看時，無意間撞見一艘西式小船的船體。聽說這樣的船可以逆風航行，彼得十分驚訝，便再找了位荷蘭人把船體修好，裝上桅帆，弄到附近的河上試航。沒多久，彼得就建了座小型造船廠，開始造幾艘小船，也親自跟著工人學造船。冬天來時，沒造好一艘船，但來年他繼續造，而此後彼得對船、對大海的癡迷終身未減。他和丁默曼發現的那艘船一直保存到現代都還在，是俄國海軍萌芽的種籽。

一六八九年，戈頓將軍再度率軍遠征韃靼人。這次的討伐直入克里米亞半島，但沒交火就打道回府。但是，戈頓在回到莫斯科時是以凱旋之姿備受尊崇，只是，眞相很快便傳揚開來。而蘇菲亞公主看來也已經準備好要將大權完全收入手中。彼得有幾位支持者只好先發制人，半夜搖醒彼得，告訴他毛瑟槍隊即將前來捉他。彼得慌亂逃走，躲進一處有碉堡的修道院。支持彼得的貴族和將領開始集結在他身旁。彼得也向外籍軍官發出召集令。戈頓找戈利欽商量，但見戈利欽既猶疑又害怕，便下定決心站到彼得那邊。其他外籍軍官也跟著他走。戈利欽最後被放逐到北極海區，蘇菲亞公主進莫斯科近郊的修道院修行。伊凡沙皇遜位，放棄統治權。彼得治國大權乃全然在握。

一六九〇年代，彼得全在爲日後的劇變舖路。他到北極海邊的阿干折（Archangel）去了一趟，生平第一次看見了海。他帶一支陣容壯觀的使節團到法國、荷蘭、英國訪問。在英國時，還跑到一家荷蘭人的造船廠去做工，結識了阿姆斯特丹的政治家學者維士登，開宴會把伊夫林家的鄉間宅邸弄得一場糊塗。他也無情鎮壓毛瑟槍隊的叛變。不論是俄國還是歐洲，皆已今非昔比。

彼得治下的帝國，帶給他千奇百怪的挑戰，再遠的地方也會給他帶來挑戰，有時，還是俄國冬天極度酷寒的挑戰。我們的這一年，就有幾則例子可用，從年初到年尾都有。

一六八八年一月二十五日至三月二十五日，奉彼得和伊凡兩位沙皇之命前往中國和清朝議和的特使，戈龍文（即費要多羅，或作果羅文❶），在俄國邊城色楞格（Selenginst），也就是貝加爾湖（Lake Baikal）東、南一帶，遭蒙古人圍困。最後哥薩克援軍趕到，蒙古人只好撤退；但還是遲了些。城裡的存糧已經不多，牲口餓得沒力。若原木碉堡裡的情況悽慘，那圍在外面蒙古包裡的情況也好不到哪裡去。但蒙古人不管西伯利亞的隆冬就是要圍城，表示他們知道戈龍文此行關係有多重大。

十七世紀全球地緣政治最大的變化，就在俄國人在西伯利亞的貿易和聚落有了爆炸式的大擴張。從哥薩克冒險家葉爾馬克（Yermak, ?—1584/85）在一五八〇年代的征伐開始，俄國商旅已經順著縱橫的大河系，在一六三九年走到了太平洋岸。沿路設的連串哨站，就成了俄國人和地方作皮貨買賣的中心，還有地方上的人乾脆要他們拿皮貨作「壓煞客」（yasak）的。所謂「壓煞客」，就是供奉地方霸主的貢品。一小群、一小群墾荒客就這樣開始定居下來，在碉堡附近墾荒。許多都是亡命天涯的不法之徒，極少會讀書認字的。一六四〇年代，墾荒客在黑龍江河谷發現大片特別利於穀物生長的地區，地點就在現在中國大陸的東北邊境上，再往北，就是清朝皇帝滿洲人的發源地。一六五〇年代，清朝把俄國人從黑龍江盆地趕了出去，之後，戒備鬆懈了下來，俄國人就又回來了。清朝這次要等到一六八三年拿下了台灣，才再開始趕俄國人走，可以外交就外交，眞須動武就動武。一六八五年，俄國在亞拜贊（Albazin）的據點被圍；俄國人先是撤退，未幾又回。清軍於一六八六年再圍，之後因獲報俄國已經遣使議和，而自動撤退。

四百年前，蒙古人曾據有北京、南京、基輔、莫斯科、伊斯法罕、巴格達。蒙古在帝國崩潰後雖被逐回老家，仍以其鐵騎的非凡機動力和戰力廣爲四方所懼。只是，定棲帝國的火炮，已經開始轉移各方的軍力均勢，俄國人步步進逼的作法，也變得比較細膩。俄國的勢力未必有多強，他們佔去的土地也未必對蒙古人有多重要，只是俄國人的擴張害蒙古人陷入地緣政治的困境。由於清朝和俄國都怕蒙古和對方結盟，因此，兩方都願意就歧見協調出和解的方法來。雖然雙方對彼此都一無所知，爭執的焦點又很敏感，尤其要在黑龍江一帶劃出一條分界線更是麻煩。但只要清廷和俄國兩邊都相安無事，就都不必怕對方挾財富和火炮去和蒙古的鐵騎結盟。這樣，雙方就可以在蒙古的大草原上寸寸朝外推進，而且，享有對等的和平。蒙古人則反而遭到孤立，夾在中、俄兩邊的大鉗子裡。

一六八七年尾，戈龍文和康熙皇帝都已經派人到庫倫去了，庫倫是蒙古人最重要的政教中心。色楞格圍城一事，或許有清廷特使在旁邊煽風點火。但無論如何，這裡是俄國人推進得特別前面、特別暴露的據點，看得蒙古人很氣。戈龍文在色楞格圍城事後，和清廷議和的決心更強。清廷派來的特使到了，同意雙方在色楞格會商。只是到了一六八八年，蒙古政治的結構幡然一變，清廷的人根本到不了色楞格。結果，輪到清廷按捺不住，很願意議和了。準噶爾（Dzungars）汗噶爾丹（Galdan）從蒙古西部出兵打喀爾喀（Khalkhas），喀爾喀是清廷來往最密切的盟友。喀爾喀被噶爾丹打得遠走東南，有十萬不止的徒眾躲入清廷治下求庇護。噶爾丹願意和清廷或俄國之一結盟，但清廷和俄國彼此倒是願意謀和，誰也不願助長氣勢正旺的蒙古新主子。

戈龍文特使終於在一六八九年和清廷代表在尼布楚（Nerchinsk）會面，就在色楞格東方。由於語言不通，雙方代表即由北京帶來的兩位耶穌會士，以及俄國代表團裡的一位波蘭人，居中傳譯。雙方簽訂著名的〈尼布楚條約〉，俄國同意從黑龍江河谷撤兵。蒙古的邊界未劃，但協議西伯利亞皮貨可以輸入中國市場。這樣一來，俄國人可以和平開發西伯利亞，康熙皇帝也可以改將注意力放在準噶爾上。一六九六年，康熙御駕親征，在庫倫附近擊潰噶爾丹的大軍，也就是現在的烏蘭巴托（Ulan Bator）附近。中俄這柄大鉗子，依然朝草原民族鉗去不放。

一六八八年尾，隆冬的深夜，沙皇的軍隊一直等到阿尼加湖（Lake Onega）的冰層結得夠厚，才越過湖面，朝帕里歐斯卓夫斯基修道院（Paleostrovskii Monastery）前進。修道院就在湖心的島上。十一月二十三日，酷寒，白晝約只有五小時，來襲的軍隊攻破修道院的牆。修道院裡躲著舊信徒派，力抗來軍不成，退入上層的禮拜堂，拉起梯子，點火自焚。待大火熄滅，沙皇軍隊仔細檢視餘煙裊裊的火場，再從冰上撤退。沒多久，大地再罩上一層新雪，白晝更短。據說，死於火場的舊信徒人數達一千五百名。

俄羅斯北部的森林在十七世紀的人眼中，陰森而恐怖。夏天，滿地泥濘與沼澤，加上成群蚊蚋飛舞，行路不僅艱難還淒慘。冬天踩在雪屐上滑過積雪和結冰的湖面，還好過一點，但一天只有幾小時的白晝可用，寒氣刺骨，旅人遇上驟起的風雪，若不是正好在避難小屋附近，必死無疑。夾在芬蘭灣和白海（White Sea）間的拉多加湖（Lake Ladoga）、阿尼加湖、維格湖（Vyg），周邊環繞美麗的森林和湖泊，就是十七世紀後期俄國舊信徒派和政府、教會正面衝突的主要舞台。舊信徒派認爲政府和教會是惡魔的產物，說不定已經落在「反基督」（Antichrist，就是挑撥信徒背離信仰的假基督）的掌握。這問題始於一六五〇年代，俄羅斯正教的尼康（Nikon, 1605—81）宗主教（patriarch）發布改革令，糾正教會儀式不一的問題，希望俄羅斯正教行的儀禮能和希臘正教接軌。尼康的改革最重要的一項，是規定信徒劃十字時，要由傳統的二指改爲三指。這在虔誠的俄羅斯信徒看來簡直是異端。他們覺得信眾的團契、上帝和人的聯繫，在在都要靠高處傳來的聲音，靠石砌大教堂或木造小禮拜堂的狹長正殿，靠昏暗中熒熒發光的聖像，靠教士和信徒的每一動作、每一姿勢，重建出來。任何改變，都會動搖這份聖潔的和諧。尤有甚者，在羅馬和君士坦丁堡（Constantinople）陷落之後，俄羅斯就成了「第三個羅馬」（the Third Rome），基督眞道的最後一處居所，絕對不可以因爲當世敗壞的世俗而淪喪了眞正的信仰。

反對尼康改革的人，從一開始就認定「教難已到」，末世的天啓已在目前。值此最後審判之際，信徒一定要保存基督眞正的教誨，逃離邪惡的世界，避入沙漠洗淨自身罪惡，以待人世的終點來到。這樣的想法、欲求，歷史幾乎和基督宗教一樣久遠；俄國那時有聖人隱居在廣大森林裡的「沙漠」，也已經有很長的歷史；有時，這樣的人身邊還會引來一批隱修的僧侶相隨，結成鬆散的團體。到了一六〇〇年代末期，這股宗教的遁世風，也常混進俗世的逃避；農人不想被新法綁在村子裡當農奴，就常效法他們也去遁世。

舊信徒派第一次武裝起義反抗俄羅斯政府，於一六七五至七六年間在白海一座島上的修道院裡結束。一六六七年，俄國政府已經通令全國徹底服從，也又來了一場圍城記，歷時八年，終於在隆冬酷寒之際，於北極海附近攻陷一座修道院，殺盡困守在內的舊信徒派，只有十四人逃過一劫。在漫長的圍困期間，院裡的修士抗拒政府威權的心意愈來愈堅定，不僅不替沙皇祈禱，還以「恐怖」的言語詛咒沙皇，可能還收容了一些叛變失利的倖存者。地方居民都同情他們，偷偷運糧給他們，有些修士在修道院失守前先逃了出去，繼續散播他們的教誨。另一場威脅更大的亂事，是毛瑟槍隊一六八二年在莫斯科舉事。這次，舊信徒派和這批叛軍聯手，舊信徒派的發言人還對攝政的蘇菲亞公主作了人身攻擊。亂事後來雖然弭平，但朝中有感於軍事叛變和宗教異議份子結合的警訊，而轉向全面鎮壓舊信徒派。

舊信徒派雖然曾要和政府和解，但俄國政府既然已經決心徹底鎮壓，故一無所獲。舊信徒派那時已經退到偏遠的地區，也擺出困獸絕對放手一搏的態勢。若反抗最終還是潰敗，「殉道」的榮譽必然屬於他們；而「殉道」，當然好過苟延殘喘坐等「沙皇反基督」攫掌大權、末日審判的怖懼到來。從一六六〇年代起，舊信徒派在木造教堂或碉堡聚會，以滿佈的柴薪、焦油、乾草引火自焚殉道的事例，已有零星數起。舊信徒派最高的精神領袖，阿瓦昆（Avvakum）大司祭（archpriest），一六八二年被送上了火刑架。比起基督宗教「苦修」傳統於肉體禁慾、靈魂滌淨而必須走的艱苦長途，投身烈焰不僅快、壯觀，還徹底；這在許多人看來可是很不錯的一步。一六八七年初，數百名舊信徒派佔領了阿尼加湖心島上的帕里歐斯卓夫斯基修道院。此舉擺明了在挑釁，意在加快他們和反基督終必會有的對決。地方的守軍反應也很快，沒多久就將帕里歐斯卓夫斯基修道院團團圍住。一六八七年三月四日，舊信徒派退到上層的禮拜堂，用大量乾草、麥桿圍住，然後拉起梯子，燒了禮拜堂。士兵接獲命令，要盡量生擒活口，因此搏命揮刀、開槍要殺進去；但火勢蔓延得太快，有超過二千名舊信徒派死於火場。同年夏天，還有另一場自焚案，就在白海附近，據稱燒死了數千人。率眾佔領帕里歐斯卓夫斯基修道院的一位領袖在放火前逃出去，很快又號召了一批躲在森林裡的舊信徒派追隨，而於一六八八年九月二十日，牽領他們再度佔領帕里歐斯卓夫斯基修道院。這次，他們有充裕的時間做好防禦工事，因爲，晚秋不穩定的天氣把軍隊擋在湖邊。但待湖面一結冰，皇家的司令官就可以調動部隊和火炮越過湖面，直達修道院牆下。一六八七年三月的戲碼就此重演。只是，這次多了一些不甘心的殉道者，也就是舊信徒派拿下修道院時被他們俘虜的修士。

第九章　遺民和先覺

偶作 戊辰（一六八八）

故心欲理病還慵，
篝火難醺禁酒容。
他日人閒誰借問，
由來天問定悉從。
江梅盡落眞如夢，
社燕先歸亦偶逢。
猶簡檢書支午睡，
素蟲密密裹函封。

季節變換，歲近暮年，祛病還慵：這些都是講究晚年要享清福的文化裡常見的主題。大學者王夫之一六八八年寫這首詩時，年高七十。但勤奮不輟。已經寫了六十多卷著作，有些還是儒家晚期最出色、最獨特、最艱深的學術論述和道德哲學，現在還在寫《宋論》以及另一部生平最長的壓卷之作，《讀通鑑論》。

王夫之合該在垂暮之年才著手論史：因爲，對王夫之，對所謂「儒家」這大傳統裡的每一位後人，「史」便是「師」。像孔丘（公元前551—479），號稱「述而不作」。也就是說，他只是將古聖先王、文武周公的典章制度傳於後世，而非夫子自道（周朝立國於他生前五百年）。一六八八年的耶穌會士和歐洲讀耶穌會士著作的人，都叫他Confucious，這是「孔夫子」音譯的拉丁版。

習染孔學的文人，都知道孔子的經書裡有解決社會、倫理，特別是政治問題的答案。孔子自己就說：「如有用我者，吾其爲東周乎？」。（論語陽貨十七）但若碰上危邦亂世、無道昏君，這該如何呢？可能就只有「卷而懷之」，保存一己的正道和師承的教誨歸隱山林。王夫之的一生，便爲這角色立了特殊的範例：既曾仕宦於前朝，就不再事二主。一六四四年，明末流寇李自成攻下明朝的京城北京；明朝最後一位皇帝崇禎自縊於御花園。只是，不過十個禮拜，亂民也因滿洲大軍壓境落荒而逃。滿洲以爲殉國的明朝皇帝報仇、平亂爲名入京，循而建立大清朝。大清朝剿匪平亂的速度極快，一六五〇年，廣州已經牢牢握在清人手裡，南明最後一位僭主桂王，也於一六五九年被清軍從西南方趕入緬甸。王夫之本人曾經積極參與反清復明的運動。先前舉事反抗明朝官府的農民軍，以及曾和清軍結盟的將領，聯合推舉桂王稱帝。王夫之就在桂王朝中當了個小官，嚐盡晚明腐敗、政爭遺毒的惡臭。

眼見勢無可爲，王夫之辭去當了不過一年的官，割捨四年復明的大志和斷續的聯繫，回湖南老家歸隱不出，專事著述。他四十年隱居著述，絕少出遊，來往的門生故舊只寥寥幾人。他那一代有許多人以忠臣不事二主的節義，拒絕在清朝當官；以出仕或接受清廷招安爲不忠不義。王夫之還不僅止於此；他不肯著清人服飾，不肯留清人的髮辮——就是頭頂剃光，後腦勺兒留一條長辮子。清廷通令全國男子皆須薙髮留辮。民間對這道命令深惡痛絕，偶有抗命的情事，搞到最後清廷明令：要留頭髮就不留腦袋。湖南的地方官府絕對知道王夫之還在穿明朝人的衣服，還在留明朝人的頭髮，但出於對大學者的敬重，也可能因爲他在地方上有要人保護吧，反正，對他是視而不見。

王夫之終身研讀《易經》不輟。《易經》是部深奧難解但影響極大的古籍，有一部份是占卜手冊，另一部份則闡釋動靜、成敗、陰陽相生交感的奧妙和諧，以及如何獲致圓滿、完整的人生之道。一六五二年，王夫之最後一次考慮是否要再淌政治渾水、加入反清復明大業，就是轉向《易經》請益。他倒不是要占卜未來吉凶，而是要借卦象指點道德迷津。卜出來的第一卦，指他和亂臣賊子交遊無妨，桂王可以一見；第二卦，則好像在說事無善終。也因此在一六五〇年代，在他終於死了反清復明的心願不久，也是四十不惑將屆之年，王夫之寫下了他平生最透徹、最富新意的哲學論述。第一部，論的就是《易經》，而且以這本書和中國上古的儒家信仰徹底決裂。許多學者不用大腦就信奉周初的典章制度和孔子的教誨圓滿完備，恆久不變。但這些教誨又是從哪裡來的呢？情勢有變，難道禮、教不該隨之改變？王夫之就以他對易經的疏論爲本，申論萬物之「道」皆須在具體的情境裡求，先王之道亦然——也就是放在制度和實踐的脈絡裡求。具體的情境才是最重要的，因爲世事若是有道，就不必去管相應的普遍之道。聖賢深知其理，但好學之士泰半未必。至於庶民處理起這樣的事來，還比學者要強。世上還有許多潛伏的「道」從未實現，現實情勢一變，新的道就相應而生。因此，王夫之雖然終身飽讀儒家經典，浸淫在儒家學者奉爲社會和政治活動萬變不離其宗的圭臬裡，王夫之最深刻的領悟，還是認爲傳統在新情勢裡一樣須作質疑和修正。

王夫之在他一六五〇年代寫的另一部作品（《黃書》），以當世異族征服的經驗，歸納中國歷史的結構和道德實踐，而提出相當激進的說法，作爲抗拒清廷正統地位的理由：

> 然而清其族，絶其畛，建其位，各歸其屏者……是非忍於其泮散而使析其大宗也，亦勢之不能相救而絶其禍也。……華夏之於夷狄，骸竅均也，聚析均也，而不能絶乎夷狄，所以然者何也？華夏不自畛於絶夷，則地維裂矣。天地制人以畛，人不能自畛以絶其黨，則人

維裂矣。……可禪，可繼，可革，而不可使夷類間之。❶

一六八八這一年，王夫之除了酒喝得少一點，有點擔心他打瞌睡的時間多了點，也埋首寫他工程最浩大的一部書：《讀通鑑論》，爲司馬光十一世紀時寫的《資治通鑑》作評述；另也做了一部宋史評述；兩部書都完成於一六九一年，即他死前一年。王夫之在《讀通鑑論》裡說：「以古之制治古之天下，而未可概之於今日者……。以今之宜治今之天下，而非可必之後日者，君子不以垂法。」❷

王夫之的作品於他身後湮沒無聞，直到十九世紀中葉才見出版。他作品那時得以流傳，大部份得力於當時的保守派改革人士；他們那時正在洋人、洋艦連番入侵裡掙扎。王夫之生前絕想不到中國會有這麼一天；但他修正古法以應世變，護衛中國抵禦外患等理念，在當時想必如暮鼓晨鐘。再後來，更有年輕的湖南學子在二十世紀初期組成學社（船山學社），鑽研王夫之的著作。毛澤東便是其中一位。

康熙二十七年（公元一六八八年）陰曆十月，名畫家石濤畫了一幅山水掛軸《山居圖》送給朋友丁鵬，畫的是小屋掩映在險峻山崖的林子裡，屋裡隱約可見一人獨坐。這幅畫的意思是：

即使渺小如彼，也能在大自然的侵逼之下找到安身立命的所在。這樣的主題和感情，在石濤畫這幅畫時，於中國少說也有七百年的歷史；許多名畫的靈感全都是從這兒來的。而中國畫另一樣同樣悠久的傳統，就是畫家在「描摹物形」、「自抒胸臆」間的創作拉鋸。這在石濤身上看來是「自抒胸臆」這邊贏了。中國畫家描摹物形，向來以一套層層疊疊的戳點、短劃、勾勒、圈葉等筆墨語彙，砌成山石、林薄和花草。就近審視筆筆分立，一拉遠距離馬上融合一氣，化作一幕眞山眞水。然而，石濤一六八八年送給丁鵬的這幅山水，還有他其他許多畫裡的點、線，不管怎麼看，始終點就是點、線就是線，一大片山崖都是一道道筆力、墨韻的炫技演出。還有形狀！頂端的山崖兀自斜劈出一塊，硬生生攔腰截成兩段，一朝上升，一朝橫躺。前景的巨石傾攲不平，塊面和罅隙交叉錯落。在這樣的畫裡，畫外的觀者不再立於定點，而改以看透一切的眼，逡巡全畫。觀者成了行旅，搞不好還是匍匐攀爬、蹣跚狼狽的行旅，走在地勢奇險的深山，一下因斷崖陡落而倉皇退卻，一下因巨岩壓頂而憂疑畏怯。眼望大地巨力既不顧念蒼生，又教人感動莫名，油然敬畏有加！石濤恍若以他靈動、遒健的筆，砌出湧動、活潑的形，將扭曲如此山勢、拉扯如此巨石的大地生命力，汲取到筆端汩汩流洩而出。

石濤畫上的補款是一六八八年，在向丁鵬「請正」，跋文則寫於一六七九年：

怒猊抉石，

怒猊扶石渴驥奔泉風雨欲來煙雲
萬壯起軼絶塵沉着痛快用情筆
墨之中放懷筆墨之外能不令欣賞
家一時嘆絶
清湘苦瓜和尚濟

石濤送給丁平的畫作

渴驥奔泉，
風雨欲來，
煙雲萬狀，
超軼絶塵，
沈著痛快，
用情筆墨之中，
放懷筆墨之外，
能不令欣賞家一時噱絶。

清人征服中國的劇變爲許多人帶來大好機會，或投身軍旅打功名，或棲身官場求倖進，要不就廁身商場歛財富，在在將石濤從他命中安逸、狹隘的小生活圈，一把扔進動盪阢隉的亂世，大半時候還只能靠他人資助爲生。石濤生於一六四一年，明皇室（悼僖王）之後（十世孫），兩百多年世居西南邊陲的桂林。桂林山水之奇絶秀麗，吸引中國畫家有千年的歷史。明室諸王向來得乖乖待在皇帝分封的領地，不准過問政治、軍事。這些王侯雖然不識政務，也和領地周圍的鄉里脫節，卻因爲頂著皇室血統的神祕光環而成爲打倒清朝勢力集結的焦點；而這大清勢力在滿人的權力中心外圍，還吸納了不少漢人爲附。所以，石濤父親雖曾（以「監國」之名）出面集結反清勢力，但只曇花一現，而且和南明其他反清勢力一樣，不是敗於清軍的追剿，而是敗於福建沿海地方勢力（督、撫）支持（後又背棄）的南明王室。石濤父親遭到處決，作兒子的性命倒是無虞，游走在立場模稜、互有重疊的小圈子裡長大成人，既有誓死匡復明室的忠臣遺民，也有投靠清人的漢族顯貴。當時明室倖存的後人和忠臣遺老，有不少人落髮爲僧，以示棄絕俗世功名；石濤亦然。石濤一六七九年畫這幅山水送丁鵬時，住的地方離黃山不遠。黃山就常見畫中所繪的奇絕之景。但要以畫面比對實景，斷然不能；因爲，石濤和大部份中國畫家一樣，都是在飽覽名山大川之後，回書房自出胸臆，留心中勝景於筆端造化。石濤在一六八〇年搬到南京一帶，一六八四年在康熙皇帝第一次南巡時，曾往康熙御前晉見。之後，便和清廷時有往來，後於一六九〇年代長居北京，進而得見清廷權貴蒐羅的名畫。一六八八年他住在揚州；揚州在當時是愈來愈繁榮的商業和文化中心。

石濤除了畫畫，也寫畫論，展現無比的天份、志氣和創意。中國大部份畫家不是因襲前人遺緒，就是另闢蹊徑、自創一格，以致一個個畫家的作品多半有一脈相承的家族特徵。石濤當然有時也擬前人筆意，有次還自承無法得元四大家倪瓚枯瘦、空靈的山水於萬一，「知其皮毛耳」。但他的作品，大多是哪一家也不像，風格變化之多，好像一人化作十幾個畫家。而這風格之繁盛，便是石濤在《畫語錄》裡標舉的中心原則。他說，眾法皆立於「一畫」。這「一畫」之法，全由自造。一旦立了自己的「一畫」之法，就不再拘於一法；「億萬萬筆墨」率皆始於此之一畫，終於此之一畫，以無法生有法，以有法貫眾法，隨人掌握。而每一幅畫皆須從心造化，「山川人物之秀錯，鳥獸蟲魚之性情，池榭樓台之矩度，皆須深入其理，曲盡其態」，方能得一畫之宏規。石濤的「畫語」，薈萃中國五百多年山水品評的奧妙，但推進到知性追求的另一高峰，呼應儒家、禪宗，尤其是道教的基本理念，以致他的「一畫」，也幾近乎巧立萬物一以貫之的「道」。

石濤的「一畫」，化出眾法，他之眾法，個性、渾一、入理始終不滅，在觀者腦中不僅不匯成「一法」，反而化作驚奇不斷、變化萬端的世界。石濤當然知道他潛修經年的佛法是從印度來的，但卻從沒在畫中留下一點蛛絲馬跡，透露他對中國之外的世界有絲毫的興趣。但憑他藝術的天份和創發的理念，涵括一六八八年世界的畫捨他其誰。史家在刻劃世界之際，同樣力求不拘於一法，不囿於定格，純粹依起心動念任萬物帶領。就像石濤從「一畫」始，於「萬法」終，避開家法和路數，爲讀者開展世界的繽紛樣貌，反映人類情境無拘無束的變貌、光輝和怪異。

第十章 康熙朝中

一六八八年，大清帝國相當平靜。消息靈通一點的人是聽說中、俄關係一直不太順利，準噶爾族的噶爾丹崛起，打得噶爾噶人往長城一帶逃難。但都好遙遠啊！長江中游的武漢雖有軍隊因遭解甲而鬧叛變，但也很快平息下來。

老一輩的人，記得的卻是很不一樣的時光。五十年前，華北平原備受大群流寇荼毒，至於在後追剿的明軍，差不多一樣麻煩。嗜血的亂軍在攫掌大權之前，曾在富庶的四川盆地停留過短短一陣子。盛產稻米的江南，則因時政隳敗不堪，北方流寇南竄，激起佃農、農奴群起暴動。至於南部沿海地區，握在沿海掌握海軍大權的督、撫的手裡，是否支持明室，泰半要看是否於己有利。明朝帝國的東北邊疆，有一支民族「女眞」，本是明朝的藩屬，此時也已重整旗鼓，改叫自己「滿洲」，正逐步拿下中國的城市。

一六四四年，北部的流寇攻下北京，但不過十個禮拜便又遭清軍逐出。清軍聲稱入關是爲了平亂，也要替殉國的崇禎報仇，但後來卻宣布建立他們自己的「大清」。清兵入關的動盪，蔓延極廣但時間不長，到了一六五〇年時，全國大部份地區都已牢牢握在清廷手裡。一六七〇年代，幾位先前變節投靠清廷的漢人將領作亂（三藩之亂），又陷中國數省於動盪，但最後終究敗亡。明朝遺民最後一位反清的大將，盤據台灣的延平郡王鄭成功之孫鄭克塽，也於一六八三年投降。

儒家一般認爲孔子之道，夷狄可教，只有幾位像王夫之這樣的人除外。他們知道中國周邊有小國如高麗、越南、琉球，同樣深受儒家文化影響。他們也知道日本從以前就是這樣；如今，他們對一六八〇年代的日本雖然所知不多，但掌權的幕府將軍愛讀《易經》，一心要在掌統治大權的武士階級裡注入文雅一點的規矩，他們絕對見怪不怪。滿洲繼承的則是中亞的治術，和蒙兀兒、鄂圖曼的傳統沒多少不同。他們卻在一六四四年前，就已標榜自己具有中國政治傳統的嫡傳身份——雖然未必服人。

一六八八年，當朝的清帝已經邁入年號康熙的第二十七年。「康熙」雖只是「年號」，當作朝代繫年之用，但中國一般皆以年號稱呼皇帝，我們自然隨俗。滿文是康熙皇帝的母語，但他接受過很好的中國教育，也學得很認眞。他和臣子在朝中日日商討朝政，都有詳細的記載（《起居注》）。而康熙朝的記載裡會出現「有治人、無治法」這類儒家老掉牙的古訓，自不爲奇。所以，我們知道康熙和臣子常花許多時間商討各官位的人選，比較各人的優、缺點，想有什麼辦法把脫序的官員拉回正軌，但又不至於毀了他的前途。

從公元十一世紀以來，科舉考試便一直是中國的社會菁英將活力和野心注入朝廷中樞、服務社稷的首要管道。一六八八年四月，從全國各地來的數百名士子，齊集京師參加「會試」。這些人都有幸擠過科考最難過的窄門。通過地方的考試（童試，院試）後，就有「生員」（秀才）的封號，小有社會地位，也可以減免稅賦，但還沒有做官的資格，也不是就此一勞永逸。因爲，秀才此後還是必須苦讀不輟，定期參加覆試。下一步則是最困難的：每三年就有數百名士子齊聚省會（參加鄉試），關在貢院一長列的小考試間（號房）裡，幾天幾夜埋首回答縱貫經史子籍暨治國之術的題目。這麼多士子齊聚省城，可是難得的盛事。赴試的人忙著交換學問、政事的意見。沒事的人忙著看榜，打賭誰會上榜。每一回科考的錄取率可能低到百中只取二、三人。在鄉試裡考中「舉人」，就可以出任低階官員，或到京城參加「會試」。士子未必個個是富家子弟，清寒子弟進京趕考的路費往往還得靠人濟助；而濟助的人，一來是敬佩他的學問，二來是巴望他哪天直上青雲，會記得當年的貴人。

會試是在京師裡的孔廟裡舉行，就在紫禁城東（順天貢院）。考會試還是一樣，試子一概關在貢院的小號房裡寫一篇又一篇的八股文。考過的人獲頒「進士」頭銜。最後一關叫作「殿試」，從命題到評選，皇帝都親身參與，決定上榜的名次。高中前幾名者，立即名揚名下，可能獲派出任京師學術機構（翰林院）的要職，各方皆寄予前程似錦的厚望。

一六八八年四月二十八日❶，讀卷官將該年一百七十六名錄取的進士以及前十名的名單，進呈予康熙皇帝。康熙皇帝心裡早就有數，除了一一垂詢排名前幾名的考生人品如何，還點名同鄉的大臣回答。有一份考卷還沒拆封，康熙皇帝就認出來是查嗣韓的考卷，他說他先前看過查嗣韓的墨卷。查嗣韓出身浙江望族，浙江在中國的東南邊。查家曾參與反清復明的運動，備受地方敬重。康熙皇帝看了幾份考卷，和大臣討論優劣，便將查嗣韓從第四名拉到第二名。但這樣一來，前三名就全是浙江人了，他覺得不太好，就再琢磨了一下。第二天，新科進士由人引進太和殿，向皇帝行磕頭禮（三跪九叩的大禮），皇帝高坐在龍椅之上，在殿內的陰影裡幾乎看不見身影。

雖然儒家古有明訓，但治國可不僅是知人善任、尊儒向善就好。蒼生住在大地之上，以大地爲生。君主還需要徵收徭役，以應維持社會秩序之需。君主也要剿匪平亂，保護人民的身家財產。君主要視可教者，給與受教之機會，充實倉廩以備荒年。維持運河暢通，注意灌溉、防洪。徭役的負擔既不得過重，又得兼顧損益平衡。中國政治家討論到這些問題時，自然會去援引中國君主從公元前二百年的漢朝即已試過的各種作法，論其優劣。

清廷當時有一項政策的挑戰，歷史就更久遠了。早在公元前二千年，古代的大政治家大禹就曾治水，開渠疏浚，引水入海，救溺於天下。之後，大禹因之獲繼任爲帝，任內分九州，「任土作貢」，調查各地的土質、田地、貢賦、產物等。一六八八年，有位大學士在當廷論政時提到

《禹貢》一書，皇帝反駁這是「不知黃河之性，故有是言」。不過，傳說裡大禹號令眾人、疏洪治水、百折不撓的幹才和毅力，於當時苦思黃河、大運河治水難題的官員而言，卻另有深意。

黃河流經的高原滿佈黃土。由於水性不馴，不時改道，洩出河水挾帶的大量黃泥沈積在華北平原。孔子時代之前的統治者，曾先以築堤防洪的方式排乾部份平原的水，開發農地，然後才疏導黃河流向。結果，淤泥大部份沈積在河道裡，終至河床高過周邊平原。明清時期，情況又因大運河的運輸重要，而益形複雜。江南盛產稻米，盈餘即由大運河北運京城。而大運河、黃河、往南一點的淮河，以及洪氾平原區的連串淺灘湖泊，都有複雜的水流互動。因此，整區的水系都得時作監測，集中管理。但到了明朝末年，這方面的工作愈益荒廢。淮河的入海口因之淤積日高。下游的水道又未見疏濬，河床和水道愈積愈高，洪氾也因之而日益頻繁。一六七七年，清廷決定治水，封靳輔爲河道總督，負責疏濬築堤的工程。但水患不去，以致靳輔的作法頗遭非議。

也因此，一六八八年四月八日、九日❷，康熙皇帝決心直指問題的核心，召集與聞黃河治水的幾位官員，齊集御前。眾臣當中，以京師巡撫于成龍批評靳輔最力。他指責靳輔沒有疏通主要河口，任令洪氾肆虐淮河、長江之間的富庶地帶。勞役也過重。靳輔還把官府徵稅丈量多出來的無主民田，沒收作軍方屯田之用，屯田的錢糧本作軍用，目前轉作治水。于成龍說，如今江南之人對靳輔只想「食伊之肉」。靳輔則回答，這是爲了打擊地主濫權占地。御前的這場詰難辯論，全在康熙掌握之中。他追究細節，點出大臣無知之處，提醒大臣他這位皇帝可是曾在南巡期間親自走過幾處主堰的。康熙一再點明臣子應該要顧全大局，不能只是順應地方輿情，因爲，地方居民才不管洪水改道是否淹沒鄰縣。大臣有錯遭皇帝指正，就馬上跪地磕頭謝罪。最後，看來是靳輔應該爲推行屯田政策、不得民心，未將主要河口疏通，負最大責任；革職。但皇帝暫緩發落。康熙說，等繼任的人做了六、七年，看他治水的成績再來定靳輔的罪吧。

康熙一六八九年第二次南巡時，再度巡查了江南的水系，在看了靳輔做出的成效，工程又極艱鉅後，便將靳輔復職。靳輔河道總督一職，一直當到他一六九二年去世爲止。靳輔在一六八八年時地位不穩，是因爲他和大學士明珠有牽連；明珠那時才剛失勢。康熙當然知道政治風向的影響，但他也看重人才和事實，碰上難纏的水患更是如此。

現代世界早期的君主，都知道藉儀式示惠或施威、彰顯王者的威儀有多重要。康熙在這上面，和同時代的奧朗則布、路易十四不相上下。但在中國，因儒家重禮法的思想，而使儀典多加了一層審愼、自覺的色彩。康熙自幼浸淫漢、滿兩方的禮教，展現出來的便是禮遇良臣的英主和孝感動天的孫子。

一六八八年八月九日❸，康熙皇帝召見福建水師提督、靖海將軍、靖海侯施琅。施琅在一六八三年率軍拿下了台灣，平定中國最後一處反清復明的組織勢力，首度將台灣納入中國版圖。康熙將他自己頸項上的有裡蟒披領一件，脫下來掛在施琅脖子上。八月十日，康熙再召施琅至乾清門。乾清門是一座遊廊狀的建築，一般用作非正式御門聽政使用，位在紫禁城外朝的大殿後面。康熙皇帝還從他自己的盤子裡，挑了些東西賜給施琅吃。

這是極大的優遇，寫《起居注》的人仔細記下。皇帝只要一有機會，一定不忘要大臣知道，他對替他好好做事的大臣有多好，他自己對人的判斷、對情勢的掌握又比他們強多少。君主知人善任之明，是儒家治國之術的準則之一，但翻自己的記憶庫自誇一番，卻是康熙這位皇帝獨有的性格特徵。他老愛提醒大臣他知道誰的缺點，記得誰做的錯事，但還是准他留任官位。也因此，皇帝的韁繩拉得不緊，大臣最好時刻感念於心，卻又要隨時提高警覺以備考核、監督——這便是康熙朝中臣子或將軍的命。康熙皇帝再次召見施琅時，就特別賜這位老將進入他就寢的內廷，乾清宮。這裡除了皇帝、后妃、太監，一般不准外人進入。《起居注》裡接下來記的就是這樣：

上問曰：「爾有陳奏否？」

施琅奏曰：「臣任福建水師提督、祇承皇上天威洪福，海疆寧靜，無煩聖慮。」

上曰：「爾前爲內大臣十有三年，當時因爾係閩人，尚有經爾者，惟朕深知，待爾甚厚。其後三逆反叛，虐我赤子，旋經次第平定；惟有海寇遊魂潛據台灣，尚爲閩害。欲除此寇，非爾不可。爰斷自朕衷，特加擢用。爾果竭力盡心，不負任使，奮不顧身，舉六十年難靖寇，殄滅無餘，此誠爾之功也。邇來，或有言爾恃功驕傲者，朕亦頗聞之。今爾來京，又有言當留爾勿遣者。朕思寇亂之際，尚用爾勿疑，況今天下太平，反疑爾勿遣耶！今命爾復任，自此宜益加敬慎，以保功名。從來功高者，往往不克保全始終，皆由未能敬慎之故爾其勉之。須和輯兵民，使地方安靜，以副朕愛兵恤民並保全功臣至意。」

施琅奏曰：「海寇蕩平皆賴皇上神謀睿算，授臣方略，得以成功，臣何力之有焉。臣御將束兵，素爲嚴謹。皇上設兵衛民，臣敢不仰體聖懷，和輯軍民耶？況閩中實臣桑梓，臣無不加意綏。臣蒙皇上天恩最重，既錫以內大臣，又加封侯爵，子孫世襲，皇上億萬載無疆之天下，臣子孫亦享無疆之福。又蒙皇上解衣衣臣，推食食臣，臣蒙亙古所無特典，惟有矢心效力，誓死圖報而已。但臣孤蹤獨立，心直口快，以致獲戾於人者多，全賴皇上始終保全。臣年老力衰，封疆重大，死神經不堪料理。」

上曰：「爲將尚智不尚力，朕用爾以智耳，豈在手足之力？爾其勉之。」

施琅活到一六九六年過世。一六八八年時，施琅的影響力在沿海的福建依然不小，甚至作新嘗試，在一六八八年遣使到馬德拉斯。這件事後文我們會再談到。但這時，他大部份時候還是待在鄉間的王府裡享清福，他在地方上的勢力也開始得和新設的海關❹及康熙朝中其他官員分享權力。

據《起居注》裡的記載，召見結束後，康熙還因施琅年紀大了，在他走時要侍衛扶他。

另有一場更肅穆的儀式和政治的戲碼，在一六八八年初即已開始。爲了太皇太后聖體違和，一六八八年一月三日❺，天剛破曉，康熙便親率一大列諸王、貝勒、貝子、公等及文武官員，自乾清宮內廷，穿過紫禁城的重門、內院，出城後往南走一英哩多，穿過大街，要到天壇致祭。隊伍裡人人徒步前往，以示虔敬，連皇帝自己也是；這是很罕見的事。

天壇的圜丘是大理石砌的高台，沒有樑柱，只有四周一圈大理石欄杆；內圈又再圍了兩圈大理石欄杆。不過十四天前，皇帝才親自來天壇「祀天」，行冬至節的祭典。這是皇帝一年行的祭典裡最莊嚴的一刻。從公元前一千年起，中國的君主就自稱「天子」，奉「天命」治理天下。但天命，上天對王朝的眷顧，卻不是不會變的；只要天子治國無方，個人無行，也會失去天命，王朝因之敗亡。依中國人的看法，明朝亡國，就是因爲天命改了，才在一六四四年將康熙的父親（順治）送上紫禁城的寶座。因此，皇帝冒著酷寒在破曉時份出現在天壇，是以「臣子」的身份來的，甚至是來懇求施恩的；天下的權柄最終不是在他，他天子的權位，最終還是要看上天對他的評判。但這裡面另還有一層意思，一樣很也古老，只古代的人不像我們看得那麼清楚：天子禮拜上天，就表示天子是天、地、人三方交會的唯一樞紐。四季風調雨順、農時不輟，就看皇家的曆法是不是正確，就看皇帝或他的臣子是不是依四時變換行祭祀和禮拜。我是猜康熙那時候也不會眞的有誰在擔心這皇帝在冬至來的時候若沒好好拜，這冬天就不來了；但這裡還是隱隱藏著憂慮和責任，萬一有事情出錯不好。

不論是冬至還是一月三日的那場特別典禮，官階品第的細節——朝服、冠帶、各人站的位置、行禮的次序——全都只爲一件事。皇帝一人站在天壇頂的中央，其他人全站在他身後或低階的台面上。皇帝跪地磕頭——三跪九叩，面前有一塊牌位，深藍的底色上有漢文和滿文的金字，寫的是「皇天上帝」。祀官高聲讀出皇帝的祝禱，皇帝再次叩頭。

只是，這兩次行的禮性質大不相同。一六八七年十二月二十五日，皇帝敬愛的祖母，(孝莊皇后) 太皇太后病了，病得很重。皇帝大部份時候就待在太皇太后身邊，晝夜席地而坐，衣不解帶，寢食俱廢，檢視方書，親調湯藥。十二月三十一日，康熙決定祛災解厄，祈求上天保佑，因此下令天下大赦，大部份的人犯都可以減刑。現在，他又親自步行到天壇來祈求上天增加祖母的壽命。他的祈禱如下：

> 維康熙二十六年，歲次丁卯，十二月朔乙巳。嗣天子臣敢昭告於皇天上帝曰：臣仰承天佑，

奉事祖母太皇太后，高年荷庇，藉得安康。今者疹患驟作，一旬以內，漸覺沈篤，旦夕可慮。臣夙夜靡寧，寢食捐廢，處治藥餌，遍問方醫，罔克奏效。五內憂灼，莫知所措。竊思天心仁愛，覆幬無方。矧臣眇躬，夙蒙慈眷。憶自弱齡，早失怙恃，趨承祖母膝下，三十餘年，鞠養教誨，以至有成。設無祖母太皇太后，臣斷不能致有今日。成立罔極之恩，畢生難報。值茲危殆，方寸潰迷，用敢潔蠲擇日，謹率群臣，呼籲皇穹，伏懇憫念篤誠，立垂昭鑒。俾沈痾迅起，遐算長延。若大數或窮，願減臣齡，冀增太皇太后數年之壽。爲此匍伏壇下，仰祈洪，佑不勝懇禱至。

這份祈禱文在中國歷史裡的回響，跟冬至祀天的祭禮一樣又長又深。世上每一支傳統文化都很重視家族的長幼秩序，但沒有一支傳統文化像中國文化一樣以孝爲百善之先。每一位讀過中國古書的人，都看得出來康熙此舉是公元前一千年的回聲：周公在侄子成王病篤的時候，也曾祈求上天折他陽壽以代。

但康熙是滿人，不是漢人。一六八八年時，他對中國經典雖然已經相當熟稔，不時擺出中國傳統衛道的架式，也常潛心研究中國古籍，但他的母語到底是滿洲話，他的祈禱文也是滿、漢兩種文字並陳。另外，太皇太后是蒙古人，是蒙古皇族博爾濟吉特家的人，也就是征服世界的成吉思汗暨幾個兄弟的後裔。她和姑媽都嫁給了皇太極，皇太極是滿洲征服中國的開國第二位皇帝（太宗）；滿州入關前的勢力擴張，滿、漢勢力間的合縱連橫，主要都是他在擘劃、籌謬。在他那早時候，滿洲所謂的「朝廷」還是大草原上設的大黃帳子，上朝見皇帝的人群集營地宴飲、狩獵、賽馬。

若康熙有意思要把他滿人的傳統完全丟掉，做個道地的中國皇帝——顯然他也沒這意思——那他一定會激得滿朝的滿洲貴族和蒙古藩屬出現異心。一六八八年初，蒙古已有公侯在叛變邊緣；他們若和俄國人聯手，對清廷就特別可怕了。只是，孝道並非中國專屬的美德。就像康熙皇帝幾個禮拜後跟臣子說的：「但人孰無祖父母、父母？」滿洲人、蒙古人、漢人對血緣關係的看法，或許未盡相同，但敬愛長輩無論如何對這每一方都很有吸引力的。特別在這件事上，漢人會覺得皇帝爲孝道的傳統美德立下最好的範例；滿洲人會覺得太皇太后像是大清入關前到入關後這段光榮歷史的表徵，而皇帝對這表徵還有特別的敬意；蒙古人則覺得皇帝對出身同族的祖母感念至深，與有榮焉。

這件事另還跟朝中的政治情勢有比較直接的關係。從一六七九年起，康熙朝政就把持在滿洲的大學士明珠一幫人手裡。那幾年，許多官員大肆斂財，賣官之事時有所聞，皇帝要派官的時候，也不時受限於明珠那一幫人擺在他眼前的名單。而康熙反制明珠勢力的一條可行之路，就是靠朝中的漢族士大夫，他們已經在上疏指責明珠一幫人的腐敗無能。只是，他們的指責都深植於純粹漢人的傳統，滿人、蒙古人插不上腳，而他們指責的方向又常偏向理想的空談而不切實際，幾乎像是直接指向了皇帝，教人不快。此外，康熙也看不慣漢族士大夫講究才學、人脈的複雜政治手腕。至於另一條制衡明珠的門路，則是索額圖。他是領侍衛內大臣，一六六○年代大力支持康熙，但在一六七九年遭罷，權力盡失。不過，索額圖仗著他和皇后的關係（他的侄女是康熙的皇后），和康熙十三歲的太子特別親近。只是，朝政全抓在一位皇親國戚的手裡，不太明智；尤其皇太子任性、浮躁的脾氣，這時也已經看得很明顯了；這位皇太子最後還因此而被廢、遭囚。康熙因太皇太后之病而焦急憂慮，不僅可以提高他在朝中每一派系裡的人望，也可以增加他的權勢，而不必轉換派系。而對太子，或對任何有意暗助太子反抗皇帝的人，康熙的孝，都是很重要的身教。

這不是說康熙的焦急、哀痛都是在演戲。他七歲喪父，九歲喪母，由祖母撫育、教導，在他十五歲決定親身視事、罷黜攝政時，也是祖母大力指點、支持。他眞心敬愛祖母；我覺得他眞的認爲若不是祖母，他不可能成爲明君有所作爲。

一月十二和十四日，文武群臣見康熙侍疾過勞，一起跪在太皇太后宮外，奏請皇帝節哀。皇帝不肯。宮中政事幾已停擺；皇帝這三個禮拜只聽政一次。太皇太后於一月二十六至二十七日近午夜時去逝。皇帝「擗踊哀號，呼天搶地，哭無停聲，飲食不入口」。到了早上，王公大臣再度跪請皇帝節哀，舉古書恭請皇帝稍抑哀痛，善自珍攝，因爲天子貴爲天地祖宗所付託，天下臣民所仰賴。皇帝則回答說，他讀古書裡的帝王居喪，持服以二十七月易爲二十七日，惟有魏孝文帝例外。魏孝文帝是公元五世紀末時人。由於他早年即失怙恃，父母的音容記憶不全，從來沒有機會盡孝，至爲遺憾。因此，他要爲太皇太后鞠養教誨持服二十七個月。

諸王大臣登時期期以爲不可。皇帝服喪對他執掌政務、聽政，召見、准判，似乎不算是太大的障礙，只要節哀、保重就好。眞正會有問題的，好像是在「儀禮」上面。皇帝必須親自主持的典禮許多都是「吉禮」，包括冬至節的祀天，還有定期上郊廟祭拜祖先。這些在服喪期間都不可以舉行，因爲服喪不吉。大臣說，這些祭禮若因皇帝服喪而未得舉行，「即太皇太后在天之靈，亦必不安。」皇帝還是晝夜號哭不止，群臣只見皇帝健康日差，容顏日減。而且，依禮，他們還應該和他一起哭號、持服。二月二日，是中國陰曆的正月初一，一般是一年最喜氣的日子。但現在不得慶祝，皇帝還在諸王、大臣敦請之下，才勉強下詔要「王以下輟哭一日」。之後，哀痛又起，「以月換日」的問題也還在僵持。康熙一度還說出：「朕前所諭豈可食言？」但最後在二月六日終於軟化，放棄他服喪二十七個月的念頭。

二月十二日，文武百官恭送太皇太后梓宮安奉於紫禁城外（朝陽門外）殯宮，在北京的東北角。康熙在隆冬的酷寒裡，徒步護持靈柩前行，一路痛哭甚哀，成群王侯、大臣、公主、王妃、大臣妻子於梓宮行經路旁，舉哀跪迎。皇帝沿途哭聲不停，又教文武百官擔心他哀傷過度。棺柩送到梓宮安奉之後，康熙要在梓宮尋一小室暫居，但群臣力勸他依國家定例回紫禁城去。他同意，但不進他平常住的舒服處所，而要在內門（乾清門）附近架帳篷住，那裡可能可以擋下一點蒙古大草原吹下來的北風，但應該還是很冷。

皇帝幾乎天天都應該要上朝見大臣聽政的，但自從他一月三日走遠路到天壇去，到現在已經一個月半了，他只聽政一次。二月二十四日，他開始上朝聽政，而一上朝，馬上就要處理黃河下游水患的沈痾。然後在三月九日，大罵一干大臣九卿諸臣結黨營私，部院衙門官員對此又不發一語，置身事外。最後把明珠和他走得最近的一班人都革職罷官。康熙才剛重新上朝視事，就有此突兀之舉，應該是宮中的政治勢力有了一番重組。看來明珠的勢力基礎一定有一部份是在他和太皇太后還有太皇太后家的關係上。太皇太后一死，他就出現了弱點。康熙繼續整肅朝廷裡的政治新局，再將明珠餘黨革職；至於先前因政爭而獲罪的人，有幾位獲赦，索額圖就重返朝政，負責和俄國人議和這件絕頂重要的大事。這一派任給了索額圖不小的權力，但他此後一年半的時間，也全耗在離京師很遠的地方，忙著和俄國人打交道；至於康熙皇帝，就在京城裡繼續鞏固勢力。

五月，康熙護送太皇太后靈柩到東墓，即北京往東約六十英哩外的地方。群臣以皇帝盡孝竭誠，古所莫睹，史冊所未見。他這次扶靈東墓，離京二十天。六月，他又去了一次，群臣勸阻，以暑熱不宜勞累至此。十一月，他又去了一次，這次是奉太皇太后尊謚寶冊而去。中國皇帝治國，一直強調以天下蒼生爲念的君父式道德辭令，但其實和蒼生的距離極遠。所以，在康熙《起居注》裡看見他居然曾和黎民有直接的接觸，還眞是教人吃了一驚。康熙在十一月出北京城後，見路旁的溝內有一具屍體。《起居注》裡沒寫是被殺、病死還是餓死。康熙最不忍心的是屍體未得殮葬，這在講究孝道的人，特別是康熙自己還大張旗鼓做孝行表率，最注重的就是這點。康熙便下令從他的內帑裡拿五兩銀子，要地方的總甲百姓買棺將屍體入殮。眾百姓跪謝皇帝：「聖上惠愛小民，澤及道路死屍，誠亙古未有之仁政。」村中老幼匍匐道旁，莫不歡呼感誦泣下。

第十一章　耶穌會士和中國

一六八八年三月十一日，北京西北角的中國人圍在街邊看一支送葬隊伍走過。隊伍和一個月前送太皇太后靈柩出禁城比起來，當然遜色多了，但另有它惹人注意、特出的地方。隊伍裡有一列高官由佟國維領頭。佟家據說一家人佔了半朝的官。康熙皇帝的母親就是佟家的人。佟國維有一女（佟佳），在宮中嬪妃裡相當得寵。佟家兼具漢、滿兩族文化，歷代於漢、滿兩邊的世界都賣力表現，後來在一六七〇年代藩鎮作亂時，因平亂有功而在官中攬掌大權。

官員肅立一旁，靜待死者的黑漆棺木抬到街上，放在一頂白幡下面，白色是中國人治喪的顏色。一個個弔喪的人邊哭邊向棺柩跪拜，送葬的行列逐漸成型。先是一隊吹鼓手，後面跟著一群人扛著銘板，上面有亮金的大字，寫著死者的名諱和官銜：南懷仁，欽天監監正。之後再跟著大隊旌旗和一具大十字架，走在左右兩列神情肅穆的華人基督信徒當中，這些人每人手裡捧著一支點燃的蠟燭，還有一條手帕拭淚。十字架後是很大一幀聖母聖嬰像，聖嬰手裡捧著地球。死者遺像旁有皇帝親撰的聖旨，寫在一面大黃錦緞上面；遺像和聖旨旁圍著一群華人基督信徒和耶穌會士，全穿著喪服。棺木慢慢往前移，由六十個人抬著，後面跟著一列朝廷派出悼唁的代表，一隊騎馬的內侍和官員。五十人的大馬隊好安靜又有秩序，肅穆莊嚴，在最後面壓陣。

從第一批西洋傳教士到我們現在，外國人若要打入中國社會，就一定要有個中國味的名字，既要有他原名發音的大概，又要能點出他到中國來的使命。這位「南懷仁」，原名斐迪南·維比耶斯特（Ferdinand Verbiest），法蘭德斯來的耶穌會士。「南」，是他名字裡的一個音；「懷仁」，表示服膺中國儒家最高、最難的道德標準，需要完全無私、常懷惻隱、不斷反省才能做到；這樣的道德要求，由他這樣一位耶穌會士拿出來標榜，不論於他自己還是他帶領的華籍皈依信徒，都不致於臉紅。

南懷仁是利瑪竇（Matteo Ricci）、湯若望（Jhann Adam Schall von Bell, 1591-1666）之後到中國的耶穌會士裡最傑出的一位。三人都極擅長糅合科學、技術、俗家知識的巧勁，爭取在中國皇帝面前有好表現，進而爲基督傳教士在中國境內活動，開拓出隱忍默許的空間。利瑪竇在晚明大儒裡頗引起一陣騷動，他的名聲、學問，還有他帶來的歐洲鐘，都替他在晚明朝中打下了一塊穩固的立足點。他一六一〇年死時，明朝皇帝還賜他一塊墓地，後來幾位耶穌會士也跟他葬在一起。南懷仁的棺木就是要送到北京阜成門外的二里溝下葬。湯若望以靈巧身段安然橫渡晚明的政治亂流、農民起義和清人入關等劇變，甚至還在清初順治朝中贏得年輕皇帝的寵信。順治便是康熙的父親，清朝入關後第一位皇帝。但晚年在順治死後，卻還是遭清廷下獄，差一點就被處死。湯若望歷經明、清兩朝，以歐洲高人一等的算學和天文觀測，奉命掌管欽天監，替皇帝編曆書。他死後也葬在二里溝。

南懷仁一六二三年生於法蘭德斯科特里克（Kortrijk）附近的小村，一直唸耶穌會學校，但有一年是在楊森會（Jasenism）控制的魯汶大學（University Leuven）唸書，很不適應。通過耶穌會的見習課程正式成爲會士後，曾想到南美傳教，下過一點工夫，但還是在一六五七年決定往中國去。一六六〇年他人已到北京，此後除了陪康熙兩度御駕親征而出關外，未曾離開過北京。湯若望一死，耶穌會士於中國的處境頗爲危殆，三位耶穌會教士在北京因軟禁而身心憔悴，其他教士則被限定不得離開廣州。之後，一六八八年的耶誕節，清廷突然派來太監，召北京的耶穌會教士進宮，爲年輕皇帝解釋天文和曆法。耶穌會士見十六歲的小皇帝頭腦那麼靈活、求知慾那麼旺盛、政治手腕又那麼嫻熟，驚奇不已。而耶穌會士也以卓越的天文知識順利通過宮中數次考驗，促使政敵遭到罷官，耶穌會士重獲宮中重用，再掌欽天監。

康熙對耶穌會、對耶穌會士的學問和技術，眞的很有興趣，也是個人的興趣。接下來二十年的時間，耶穌會士便常在拂曉騎馬到郊區的宮裡教皇帝天文、物理、數學。皇帝也學了點西洋樂器，很喜歡耶穌會士做的噴泉流水和機械玩具。耶穌會士還替皇帝監製了幾具小型加農砲，用來對付南邊叛亂的藩鎮。耶穌會士在漢滿雙文化的宮裡領了幾個人改信基督；宮中內侍和嬪妃到他們教會去時的冷嘲熱諷，他們得耐心相待；皇帝尖刻質疑他們「三位一體」的矛盾時，更得盡力解釋。耶穌會士先前就當過葡萄牙、荷蘭特使的通譯，現在則必須參與清廷和俄羅斯議約。耶穌會士討厭這些不堪的俗務，覺得和自己傳教的使命有衝突，但一六六八年起耶穌會士重新打入清廷，在其他省份爲耶穌會士打開了傳教之路。他們在宮中的優遇，很可以保障其他教士在地方官府的待遇。到了一六八八年時，宮中已經間歇討論過幾次天主教地位的問題，最後終於在一六九二年，由康熙皇帝下詔（康熙保教令），宣布天主教不違背中國社會的善良風俗及文化傳統，大清人民可以合法信奉。

南懷仁的棺木抬到了墓地，教士唸祈禱文，行羅馬天主教的下葬儀式，然後跪下聽佟國維宣讀皇帝聖旨，讚揚南懷仁對清廷的貢獻，致上皇帝哀悼之意。徐日昇（Thomas Pereira, 1645—1708）神父代表答禮，表達耶穌會士的哀悼，耶穌會士對皇帝下聖旨、派要員致唁的感謝。耶穌會士後來知道，皇帝對他們這番道謝的感言大爲快慰，便再追賜南懷仁謚號，賜銀在他墳上建碑，將皇帝的聖旨刻在大理石碑上。

一

一六八八年三月跪在南懷仁墓前的耶穌會士，有五位是新來的人，沒在一六八八年一月二十八日南懷仁去世前抵達北京，因而無法接受南懷仁神父的祝福。（南懷仁的葬禮拖了六個禮拜才舉行，最可能的理由是皇帝正在爲太皇太后服喪，因此不得在這期間舉行這類公開儀式。）這五位新來的人都是法國人。他們到北京時，耶穌會士在中國朝廷的最後一位開路先鋒也正好去世；這一六八八年的頭幾個月就成了轉捩點；直到這時，耶穌會士派到中國的人都是歐洲的天主教徒，但都得聽葡萄牙國王的號令行事，因爲葡萄牙國王依哥倫布發現美洲之後訂的條約[1]，由葡萄牙和西班牙二分天下，而將亞洲的天主教傳教劃爲自己的保護區。這幾位法國教士雖然是注入了新血和人力，但也對葡萄牙的獨大地位形成挑戰。而他們的學問和文才，在天主教到底該如何看待中國文化傳統和價值觀的老論戰，日後也會引發新的轉折。

耶穌會從利瑪竇開始和中國文化交會，爲我們點出了現代世界早期全球互動的一些現象。歐洲航海路線愈伸愈遠的網，帶他們遇見了一支支前所不知的民族；這些民族，有許多就被歐洲人硬塞進了他們先入爲主的人種劃分法。像他們認爲美洲和撒哈拉沙漠以南地區的民族是「野蠻人」，偶爾是有「高貴的野蠻人」（法國哲學家盧騷語），但還是以食人族、次等人爲多；至於印度洋一帶的穆斯林，不新鮮嘛，不就「摩爾人」嗎，信的不過是有羊癲瘋的大騙子穆罕默德，都是基督宗教上帝的敵人；印度教徒和佛教徒拜則偶像，有很多還是魔鬼的偶像，信的靈魂轉世說可能是從畢達哥拉斯那裡學來的。但他們的中國經驗，都放不進他們依歐洲、地中海歷史所得來的劃分法。中國的文人官僚體制不以上帝或眾神爲道德的指導，而是古聖先賢；中國的秩序、富庶、繁華，在歐洲先前的異族見聞錄裡都找不到先例。利瑪竇深感他中國文人朋友學識之豐富、道德之嚴正——他的中國文人朋友對他的感覺也一樣——以致認爲中國的菁英傳統和基督信仰大部份應該是相容的，不必作大變動。尤其是儒家，可以視作中國俗家或民間傳統之大成，像聖保羅將早期基督信仰連上了希臘化文化；也像文藝復興時期的人以天主教的熱忱，讚歎希臘、羅馬文化且辛勤研究一般，利瑪竇他們浸淫的就是這樣的文化。

利瑪竇在中國入境隨俗的「調適」，行中國禮、用中國語的作法，絕對少不了敵人，連耶穌會內部也有。但這問題都只在教士間作拐彎抹角不下結語的討論；直到大本營在馬尼拉的道明會和方濟會士在一六三〇年代末期也進入中國，才有了變化。他們還把他們對利瑪竇的譴責直接送上羅馬的教廷。頭痛的教廷沒有獨立的中國資訊來源，不管哪一方新送上他們對中國狀態的解釋，一概同意，結果發出一道道矛盾的諭令，解決不了事情。教廷召集一六六〇年代後期曾在廣州被關的教士開會，也只弄到些許薄弱的了解。而且還被天份很高的道明會論戰高手納瓦雷特（Domingo Fernandez Navarrete）給駁了回去。他從廣州偷溜出來，想辦法回到歐洲，以巧妙的戰術寫書抨擊利瑪竇，還在教廷裡奔走遊說。一六八八年，什麼都沒解決，接下來的十五年，就只看見歐洲爆發了一場「中國儀禮之爭」的大論戰。後來教皇還派了特使到北京伸張教廷於中國傳教士暨信徒儀禮的管轄權，惹得康熙大怒，一舉粉碎南懷仁一批人好不容易才建立起來的脆弱親善關係。

不過，一六八〇年代雖然有管轄權和利瑪竇調適說的爭議，天主教於中國的宣教前途似乎還是有很大的成長機會。法國人爲了擴大他們在中國傳教的角色，很快就擬定計劃，要派一隊法籍的耶穌會士到中國來。這些教士絕對獨立。爲了拉高他們在北京的人氣，選擇的標準也以數學、天文暨相關領域爲優先。此外，法國人還拿那時候人對資料、地圖的熱勁兒，作很妙的巴洛克式發揮，說他們派的教士不歸教會官方管轄，是因爲他們不是到中國去傳教的，而是到中國去爲法國科學院作科學觀測，蒐集地理和天文資料。

六位耶穌會士就這樣在一六八五年從法國布勒斯特（Brest）上船出發；同船的還有暹羅特使、蕭蒙騎士、舒瓦齊修道院長，他們要到暹羅的大城去（參第七章）。一六八七年，六位中有五位坐上一艘中國大帆船，繼續往中國去，在七月抵達寧波。康熙很高興有耶穌會士來了，懂數學、天文，還帶來科學書籍和儀器，便召他們進京。出現在南懷仁葬禮上的那五位新來的教士，就是這五位法籍教士。其中一位，張誠（Jean-François Gerbillon），負責的是蒐集地理資料，未幾就有機會恣意馳騁他的想像。那時，一批高官由索額圖和皇帝的舅舅佟國維帶領，即將出發去和俄羅斯使節見面；俄羅斯使節去年冬天就已經在色楞格等了。先前擋在清廷和俄國人間的語言障礙，現在俄國人找到解決辦法了。俄國使節現在一定帶一位波蘭祕書隨行，他可以把俄國這邊講的每一句話譯成拉丁文，再由北京這邊的耶穌會士把拉丁文譯成漢語或滿語。這樣一來，就勢必需要兩位耶穌會士跟著去了。其中一位是徐日昇，他在北京已經待了十五年，因爲教皇帝西洋音樂而特獲寵信。雀屏中選的另一位，就是張誠。

一六八八年五月三十日一大清早，張誠，來中國還不到一年，到北京也不過四個月，就加入了清廷這支七、八十名官員加千名騎士的壯盛隊伍，從北京出發往北去，還有皇帝的「太子」送行。這裡這位太子，應該就是康熙十三歲的王儲；他性格不穩，品行不佳，先前把他父皇搞得在太皇太后生前、死後數度眞情流露孝思不匱。

而在一路四個月穿越北亞貧草原的旅程裡，張誠，法國科學院派出來的科學研究員，一秉仔細觀察的精神，致力擴充人類的知識；精神和倫甫及後文會陸續提到的史隆、佩羅、洛克、萊布尼茲等人如出一轍，詳細記下一行人每天走的距離和方向、田野的自然景觀、動植物，還有人。頭幾天，他記的是北京北方谷地裡的一座座碉堡和銜接碉堡的綿延高牆，「忽焉沈入峻谷，繼而攀上高峰。」他在驚歎工程浩大之餘，也覺得蓋出來的結果對奇險山勢原有的防禦力沒增加多少，也注意到許多據點的兵力實在薄弱。

六月二日，隊伍到了保安（Baoan，譯音）。「這座城有兩道城牆，全由磚造。四周的土地是我一路走來所見最好、最肥沃的谷地。種的穀物和其他作物，品質都很好，雖然土壤有點乾。這裡的中國人知道怎麼作灌溉；他們把附近的泉水引進他們挖的渠道，再用人力把水引進田裡。」在下一座城裡，有位富商爲佟國維辦了一場盛宴，張誠聽人說連烏茲別克和波斯都有商人來這裡做生意。這一帶全在清廷治下。地方官紛紛前來拜見佟國維和索額圖。地方居民依皇帝命令，定期貢獻牛羊給這支遠征隊伍塡飽肚皮。

六月七日，張誠第一次看見蒙古人的營地，用一大段話說明蒙古包是怎麼蓋起來的，至於當地人的貧窮和粗野，就簡略帶過。而他在喇嘛面前想必也沒有用處。所謂「喇嘛」，是藏傳佛教的高僧，一般認爲喇嘛是上人、導師轉世而生。「蒙古人對喇嘛之虔敬，難以想像。」而他也認爲淸廷對喇嘛的禮遇，純粹是爲了蒙古政治的考量，還很篤定說這喇嘛一到了北京，一定馬上就會習慣要穿好衣服、買最漂亮的女奴，買女奴的藉口還會是「買回去作男奴的老婆」。從六月十五日到十七日，一行人在呼和浩特紮營。那時呼和浩特已經是很重要的蒙古大城，如今也是內蒙自治區的首府。張誠陪佟國維和索額圖到呼和浩特最大的喇嘛廟，看見他們對寺裡一位據稱是菩薩轉世的人頂禮膜拜，大吃一驚。他們在這位「僭稱爲神」的人面前匍匐跪拜，對方則將手放在每個人的頭頂，每人還輕觸那人的佛珠。這位「活佛」穿了一件華美的黃色袍子，鑲多色的邊，和天主教士穿的聖袍沒多大不同；但天主教士的袍子蓋住全身；張誠則在活佛伸手端茶的時候，注意到活佛在袈裟底下的手臂是光的，他其實只披了件樸素的紅、黃二色袈裟在肩上。參拜後的餐點，吃的是很不錯的米和湯，但也有很噁心的乾果、油漬漬的餅、半生不熟的大肉塊。他們在廟裡逛了逛，廟裡有些地方看來很乾淨，裝修得很漂亮，張誠也看見有另一個孩子也被人尊爲活佛。

張誠一路上定時量太陽的高度，算他所在的緯度。常說晚上有多冷，到了正午又有多熱。

離開呼和浩特之後，大隊人馬就幾乎是筆直朝正北方走，希望這樣可以遇上喀爾喀汗。往呼和浩特路上常見的零落樹木和田地，這時不復再見。倒有許多野兎、羚羊、野山羊、野雉、野鵝；士兵每天都打獵。張誠有次還很高興吃到了軟綿的野雉蛋捲。隊伍後來分成三路。再走下去，就看見零星的喀爾喀帳篷了；看那樣子好像比南邊那些蒙古人還窮。而他們要給隊伍裡數百匹馬和駱駝找水喝，是每天的難題。

七月八日，一支分隊走過一塊悽慘的喀爾喀營地，約有二十五到三十頂喀爾喀的蒙古包架在那裡。有些人是從更遠的北邊，爲了躲準噶爾汗噶爾丹的入侵大軍而逃到這裡。就連老喇嘛，也就是喀爾喀汗的兄弟，據說也往南逃了。翌日，這支分隊回頭往南走，去和另兩支會合，好讓指揮官商量這新情勢。七月二十二日，他們和索額圖帶的那支分隊會合，從皇帝那裡接到了命令，要他們回北京，再去信給色楞格的俄國使節，重新安排會面的事。這教大家大鬆一口氣；天氣好熱，馬匹愈來愈累、愈來愈瘦，北邊懸宕的情勢更教那年夏天要走到色楞格的危險大增。

大隊人馬回頭回北京去時，得知清廷已經通令蒙古各藩，派兵對抗準噶爾。有些要去參加皇室一年一度的圍獵，就在古北口北邊；那地方在那年動兵的肅殺之氣想必會比往年更甚。八月十二日，張誠見識到了圍獵的場面，但是比較低調的場面；內侍和士兵圍成兩個圓圈，漸漸朝驚慌亂竄的野兎聚攏，野兎甚至在人的腳邊亂鑽。不到三小時，就殺了一百五十七隻野兎。八月二十九日，他還有機會仔細看了一下圍獵時打到的狼和羚羊，作番描述。再下來的路，經過的田野就多了，然後再走過一處險惡的峽谷，一路上有杏子和野生的酸櫻桃可以摘。九月二十七日，他們趕到了皇帝的圍獵營。張誠對營地組織之整飭有很深的印象，衛士和高官的營帳離皇帝最近，皇帝的營帳未必比別人的大或漂亮，但在營帳頂有一個黃色的裝飾。皇帝天黑後打獵回來，高官和耶穌會士都到路邊恭迎御駕。陛下也很親切問候他們，還說他們一定很累。

大隊人馬繼續朝北京走去。山景變得愈來愈漂亮，也沒北方那麼險惡。路邊甚至還長有野葡萄和野梨。這裡的路比較好走，因爲這裡是皇帝打獵常走的一條路。隊伍在十月六日回到北京，皇帝在十一日回來。十月九日，耶穌會士奉皇帝之命，聚集在利瑪竇、湯若望、南懷仁幾人的墓前，再舉行一次儀式，這次，皇帝的聖旨差人用滿文再唸一遍。

這樣的冒險很難得，有幸一瞥宮中輝煌很刺激，蒐集到的資料科學院也一定很高興，但是，徐日昇和張誠只逮到一兩次機會勉強和率大軍遠征的幾位大人談一談宗教，看見他們在活佛面前五體投地也只能咬牙切齒莫可奈何。耶穌會士離鄉背井，遠渡重洋，歷盡千辛萬苦到遠地來的目的，是拯救靈魂。贏得清廷的寵信，是傳教大業安全暨持續的保障。但成果好像來得好慢。在北京是有幾位位高權重的改宗信徒，有幾位還是滿洲皇族成員和佟家的人。據說上海一帶的信徒有八萬人之譜。上海是利瑪竇帶領大批信徒皈依的第一處地方。其他天主教徒大幅成長的地方，規模就小得多，但活力卻很可能強得要命；如福建省的福安由馬尼拉遙控的道明會在經營，就有許多信得極狂熱的信徒，他們的子孫即使走過十八世紀教難頻仍的風雨歲月，信仰始終堅定如初。不過，傳教的活動談不上適可而止，他們又實在太外國了，雖然清廷的政策相當仁慈，但他們太容易因外國人的身份而遭猜忌，很可能還沒學會語言、還沒同化去和當地人溝通，就壯志未酬身亡。傳教士老是搖頭，這些信徒怎麼都學不會拉丁文，許多人還覺得中國字根本不合教士嚴謹的生活使用，只是，教會後來的想法還是漸漸轉彎，朝培養本土傳教士的路走。

因此，一六八八年八月一日，三位華人——劉蘊德、萬其淵、吳歷——在澳門一處教堂裡，跪在羅文藻主教（1616-91，中國首任主教，第一位中國籍主教）面前祝聖，成爲耶穌會士。羅文藻本人就不是個平凡角色；他在馬尼拉的道明會就學、祝聖，但不怎麼急著加入道明會抨擊利瑪竇調適說的陣營。萬其淵則出身杭州教會；杭州從晚明起就有頗爲堅實的基督信徒社群。劉蘊德進入傳教士的活動領域，是在北京欽天監當官的時候，還有洋名 Blaise Verbiest。吳歷則是耶穌會士夢寐以求的最好信徒，以詩畫同在創意、鑑賞都最超拔的菁英圈裡備受讚賞；他是推動清初倫理、學術追求蓬勃發展的一員。他覺得基督信仰和他追求的儒道有異曲同工之妙，可以相輔相成；這跟耶穌會士從利瑪竇開始的說法一樣。

吳歷生於一六三二年，一六四四年明亡之前因年紀太小來不及參加科考，因此身上沒有正式戴上遺民不事二主的枷鎖。清初循科考求仕進的路比較狹窄，反正他真正的興趣也是在詩畫，一六六〇年代已經和當時最有名的大師時有往還了。一六七〇年代，吳歷打入一批文人圈子，這批文人對宋詩特別有興趣，喜歡它鮮明刻劃尋常瑣事，對歷史題材的詩詞、戲劇也特別有共鳴，他們都是走過明末清初亂世的人。吳歷交遊的人裡，也有地方上鑽研儒家經典和教誨的學者。但社會和諧、世界大同的烏托邦理想，和現下污濁的塵世距離未免太大；朝代治亂興亡的老套故事，誤解和欺瞞也實在太多。這樣的人要的是「一主」，可以讓他追隨、禮拜，這樣的人要的是了解世界起源和本質的新道路。

許多走在這道路上的人，從儒家拐到了佛教，或從佛教拐進儒家，再要不就是祭出某支中國的民間信仰和英雄崇拜。吳歷則和一小撮人一起在一六七九年做出驚人之舉，轉進一支顯然是外國人在信的宗教。他一開始曾想跟柏應理（Philip Couplet, S. J., 1624—92，《西文四書解》作者）到歐洲，但到了澳門卻留在那裡，在一六八二年進澳門的耶穌會當見習修士。他這時期寫的詩，鮮明記下了他敏銳的觀察和描述的能力：奴隸區的小白房子，中國漁船晚上返航，奴隸在教會的節慶裡隨吉他唱歌跳舞。吳歷努力要和歐洲同修溝通，有時還得各用各的文字筆談。他在詩裡也說他對基督信仰了解得愈來愈深。有一首詩一開始是中國詩的俗套寫法，同情漁人過的艱苦生活，然後說近來基督信仰已傳入他住的城市，有些漁人朋友已經換了工作：「朋儕改業去漁人」。最後筆鋒驀地一轉，自然主義的色彩直追宋詩的絕妙佳作，因爲這時漁夫突然了

悟，遵守教會齋戒的信徒說不定才是買他魚的好主顧。❷

耶穌會士曾冒險朝中國文化靠攏，有些批評他們的人還認定耶穌會教出來的基督信徒，怎樣都也只是「地下教徒」(crypto-Christian)，根本不懂上帝之子受難而後復生演的是哪一幕驚天動地的劇碼，上帝之子又賜與每一位罪人怎樣的救贖。只是，看看吳歷詩裡的基督信仰，這樣的指責就無立足之地了：

我本性即與天道接近，吟完新詩總能專心致志。
死之前，誰相信天國的喜樂；死後，方才憬悟地獄之火是眞。
浮生功名如鵝爪留痕在雪上；這副肉身一生碌碌，如同馬蹄下的塵土。
更有甚者，光陰逝去催人如斯；且謹愼渡過河中淺灘，朝向本源而去。❸

說不定這和他一六八八年八月一日祝聖的事有關；他也寫他第一次主持彌撒：

重盥手，復轉身。請禱偕同衆罪人。
乾乾洗滌無須剩。
纔不負，耶穌憫。
元何十字畫頻頻。聖死因他釘。

耶穌會士不惜一切要改變中國。許多中國人敬重他們，有些中國人皈依他們。中國的曆法專家看出耶穌會士技高一籌，甘心沿用他們的算法。許多中國畫家也把西方的透視法和明暗法學了去用，只是都不是最有抱負、最自負的一群。不過，西洋傳教士所帶來的宗教和文化衝擊，程度和幅度還是相當有限、局部。吳歷皈依，並沒有帶動起多大的入教熱潮。利瑪竇是湊巧碰上中國文化特別開通，對固有思想有很深質疑的時代。但到了一六八八年，中國文人心裡的爭扎，大部份都已化解，而且沒靠一丁點兒洋教幫忙。中國文化一直在變，一直在反省，但沒有對新奇貪得無厭的追求，沒有「古今」的原則之爭，而且一直這樣到一九〇〇年左右。追求新知、探尋異鄉的渴望，他們也不是沒有，但不像十七世紀歐洲文化那麼普遍，那麼癡迷。中國雖然有很龐大的出版業，但出版的東西絕少勾劃得出世界全面的景象，能將外來行商、教士所出身的遙遠地方和中國連起來。但在一六八八年的歐洲出版業，倒是有一股中國熱在一七〇〇年左右熱到鼎沸，迄至十八世紀歷久不衰；尤其是法國。像伏爾泰和其他啓蒙時代的大師掀起的反基督宗教論戰，就頗爲諷刺，因爲耶穌會士寫的中國書在這上面居功厥偉。

一六八七年中，歐洲知識界因爲巴黎出版了一本新書，而有了進入中國儒家學說核心的門路；《西文四書解》是一部漂亮的對開本，總共有五百多頁。一六八八年，法國的《學人期刊》❹登了一篇很長的摘要；《歷史全書目》(*Bibliotheque Universalle et Historique*) 登了幾篇評論，

《博學通報》登了一篇布律那（Jean de la Brune）寫的法文摘要，〈孔子道德觀：中國之哲學〉（La Morale de Confucius, Philosophe de la Chine），在在將這本重要的書推送進歐洲的知識界。這部巨著將四書完整譯成法文；中國人認爲四書記的是孔子和他及門弟子的教誨，演爲後世新儒家學說的核心。《西文四書解》也附了孔子的生平簡介。中國三千多年的歷代年表，就佔了一百多頁。《西文四書解》於呈獻法王路易十四的題文後，還附了一百多頁的「前言」，說寫這本書的目的「不在供歐洲人娛樂、探奇」，而在供傳教士參考。這一招有點狡滑；這本書其實是要在歐洲宮廷和知識菁英圈裡，爲耶穌會的傳教工作作公關、戴光環，爲他們在中國的傳教路數作辯白。但這本譯書也眞的集合了眾人八十年的工夫，滙聚了一整個世代教士的心血；他們非得了解這幾本中國知識份子生活、信念的核心不可，這樣才有辦法吸引他們走向基督；他們的心得自然也會傳授給後繼的新人，這些後輩當然也可能爲譯文作修訂。

《西文四書解》的〈前言〉是一篇重要的宣言，說明耶穌會從利瑪竇起是以怎樣的角色去看待儒家的文化傳統。〈前言〉裡說四書裡有幾段文字，好像認爲「天」是有意識的，會照顧世人，會在人心裡注入道德良心。還有一小部份的段落，提到「上帝」，看來也很像在暗指「唯一的神」。但宋朝的新儒學者寫評註時，則推演出一套有機的理學觀。這路線，原本也是中國文化很早就有的一支強勢傳統，主張「上帝」不過是「天」的同義詞；而「天」，指的則是宇宙運行的秩序，自行運轉，不需要超自然的神祇去建立這秩序或作膜拜的對象。晚明對宋朝理學的批評給了利瑪竇不少啓示，因此強調這些文句閃著中國古代上帝認識論的微光。他也認爲宋儒刻意有系統壓下古書裡的證據；他認爲中國古人直到孔子身後，都還知道有上帝，也禮拜眞正的上帝。古代的這份知識之所以失落，最大的原因，他說是因爲公元一世紀佛教傳入中國。現在他帶來的教理，可以去掉儒家學者大肆批評的佛教污染，補充孔子修身、致明明德、敬天畏神的熱切追求。

提出這樣的說法實在冒險，因爲，以外國人的身份對中國博學多聞的菁英解釋中國經籍的眞正意思，有些中國文人可覺得是奇恥大辱，有些中國文人則覺得匪夷所思，再有一小部份中國文人就來了個大躍進：改信基督。像《西文四書解》的〈前言〉也看得出來這點；文章裡說在中國「純正誠樸的黃金時代」，聖王便禮拜上帝——或說是敬拜有自主力、慈悲心的「天」——還揭發「現代人的評註」——說的就是宋儒——對這些經文作了無謂的扭曲。但書裡的翻譯本身，就有不少地方像是硬拗，要把經文弄成基督信仰的先聲。例如「明德」這詞就出現了好幾次，指一個人具有深厚的道德潛質，可以靠「啓明」而將之發揮出來。但耶穌會士的翻譯有一段譯作「理性本質」，另一段則將之說成上天賜與的美德，覺得這和基督信仰裡靈魂不朽的觀念有不謀而合的地方。結果，中國人從個人和宇宙的有機關係所體察到的道德潛質，就此湮沒，而蓋在「理性本質」的概念裡，這概念的基礎非常狹隘，只建立在靈魂和人類理性本質的抽象討論，以致反而隨便就可以被人從基督信仰犧牲、救贖的偉大情節裡一刀砍下，拿去支持啓蒙哲學家排斥基督宗教的正統思想。

歐洲讀者從一六〇〇年前後問世的中國報導，就已經對中國的傳統智慧略知一二，對中國的繁榮、人口眾多、政治清明，有很深的印象，但對那裡的人和事，倒一直沒有具體的感受。明朝亡後，情形幡然一變，因爲有傳教士以親身見聞寫下「韃靼征服記」在世面上流通。但是，中國文明殞落如羅馬帝國的第一印象，未幾就變了，征服者的鐵騎縱使無情，明人忠勇的抵抗縱使無力，新的嚴明秩序還是很快代之而起。這類作品大部份以敍事體來寫，重點集中在統治者和其他一個個演員身上。道白和動作慷慨激昂，但沒有異國的風味；這些演員演的戲，在十七世紀的歐洲司空見慣。有些文章還把滿洲人寫成英勇的戰士，爲中國帶來「昏聵的中國人」所沒辦法維持的秩序；這看法固然有清初的政治現實或中國士大夫政治的理想爲本，但分明也是歐洲人對自己社會統御和美德的看法。耶穌會士奧爾良（Pierre Joseph d'Orléans, S.J.），一六八八年在法國出版的《韃靼二度征服中國》，就是這類文體的佳例；清廷在耶穌會士眼裡的圖像，在書裡描繪得特別豐富。奧爾良也用張誠兩度跟康熙皇帝出關親征所寫的筆記，刻劃皇帝對這位外國教士特別寵信，還跟他學觀星。

另有一本書，在拓展歐洲中國知識的功勞要更突出。安文思（Gabriel de Magalhaens, 1610—77）寫的《新中國史》（*New History of China*），英文本和法文本同時於一六八八年出版，葡萄牙文的原本則一直沒人找到。安文思可能在一六七五年寫成此書，時年六十多歲，在中國住了三十五年。他先是在今印度果阿（Goa）和澳門的耶穌會學校教書，一六四〇年抵達美麗的文化城杭州，就在著名的西湖邊上。但很快又被派到四川去幫利類思（Luigi Buglio, 1606—82）的忙，費盡千辛萬苦溯長江而上之後，正好跟利類思一起陷入驚心動魄的大冒險，先被惡魔似的叛軍抓去，後遭多疑的滿洲征服者俘虜。安文思在一六四八年終於落腳北京，此後除了去過澳門一次，終身未再離開，一六七七年逝世。而他人在北京卻和湯若望、南懷仁不同：他不求宮中寵信。

安文思的書裡有許多地方，都跟耶穌會士講中國歷史、哲學好發的議論一樣；但他的書比較特別的是有穿行大中國、北京的流動感，也著意處理中國的矛盾。他對大運河和水閘門的描述特別出色，可能是他到澳門去時親眼觀察所得：笨重的大運糧船要往運河的高處走，得靠好幾百人拉動大絞車把船拉上去。他在寫北京時，對皇宮的描寫也很生動；帶著讀者和他一起散步，先從南邊現在叫作天安門的地方開始，細數走過每一道大門進入每一處宮院會看見什麼。有人跟他說晚明的皇宮還要更漂亮，「但你看它依然可以滿足所有的想像，展現帝國的氣派。」他把「御門聽政」的儀式講得很完整，京裡的文武百官齊集在宮裡最大的廣場，向遠遠坐在龍椅陰影裡的皇帝行跪拜大禮。我們跟他走時，若數一數這條想像步道沿紫禁城的中軸線穿過了多少處宮院，就知道他從紫禁城的北門冒出來時，總共走過十五處宮院，然後再走過一條大街，穿過另一道三重門，就到了一塊沒鋪石板的大空地。空地旁有皇帝的馬廄，皇帝要來騎馬時得在地上澆水，免得塵土飛揚。再過下一道門就是一座漂亮的園子，有五座假山，是由紫禁城西挖掘人工湖的土所堆起來的。這園子和假山，現在北京還看得到。「假山上遍植樹木，直種到頂，對稱排列，極其工整。每座樹都框著圓形或方形的基座，還打上幾個洞，讓兎子有洞可鑽。這些假山到處是野兎。園子裡還養了許多鹿、山羊、鳥，皇帝常到這裡來遊憩觀賞。」而凡爾賽宮的主子，路易十四，雖然不是個讀書人，但我總覺得他應該多少讀過這段或聽過這段，也一定很羡慕。

安文思在書裡也寫出那時中國政治極驚人的一面，凡爾賽宮那位主子若看了一定也心有戚戚：

要當上總督或巡撫，在派任定下來前，一定得花上二萬、三萬、四萬，有時要到六、七萬貫的銀兩。由於皇帝半毛錢也收不到，因此也絕不可能知道有這類貪汚的事。只有內閣大學士、還有六部尚書等人，才有辦法私下買賣督撫或地方官的官位。但反過來，爲了滿足自己的貪慾，兼拿回升官花掉的錢，他們當官後自然又會向各省的督、撫索賄，督、撫再又向州縣的地方官把錢要回來，而州縣的地方官——這時說不定是從上到下一起——就再向可憐的老百姓伸手要錢補他們自己的荷包了。所以，中國有俗諺說皇帝派官來管老百姓，跟放猛虎餓狗出柙一樣。總而言之，沒一位總督、沒一位巡撫或這類官員，三年任滿不撈回個六、七十萬甚至百萬貫的。

康熙皇帝心裡當然知道一人求官爲的是要致富。他一定也很清楚求官的人在京裡活動的門路。安文思書裡刻劃的系統化賣官情事，在那時的中國史書裡只找得到一點證據，但安文思可是花很多時間聽中國京城老百姓的心聲啊。他自己的中國經驗，或許該說是他對自己同修爭逐宮中寵信的作法頗爲不滿，促使他相信身邊社會最惡劣的情事都是眞的。若吳歷證明耶穌會帶領皈依的中國人有眞正的基督信徒，那安文思就證明了耶穌會的神父，也有懂得尊重中國文化、讚佩宮殿堂皇，但又不是個眼花瞭亂的中國迷。而這邂逅的兩邊，都不怕模糊或複雜。也就是因此，從他們那裡，我們對現代世界的早期現象才不斷有東西可以學。

第十二章　金澤，江戶，長崎

元祿元年十一月一日，即一六八八年十一月末，日本，行人在金澤市乾淨、整齊的街上，偶爾會遇上扮成痲瘋病人的乞丐搭訕要錢。待看清楚乞丐並非眞的像痲瘋病人缺手指頭、少耳朵，也想起來今夕何夕，行人就多半會給乞丐一點錢，換得乞丐送的護身符，擋掉如此惡疾。

日本曆給每個人都訂了節：新年、女兒節、男孩節、七夕祭、盂蘭盆會。日本社會既然依職業、階級作縝密、徹底的劃分，各行各業自然也各有各的節日。鐵匠的節日在十月八日。商人的節在這之後十二天，這天家家商店會給店面作特別的打扮，貨品打特別的折扣，還送老主顧小禮物。乞丐是另一類階級，有自己的乞丐頭子，政府也承認他的地位。他們在一六八八年就因街頭出現不少乞丐不屬於他們的組織，而頗爲惱怒。其實日本的丐幫還有兩批，乞丐節假扮痲瘋病人的乞丐，是大丐幫外的另一支小丐幫，獨立得氣死人。他們叫「物吉」，在城裡自成一區住著。他們除了行乞外，也做草鞋和木屐賣，照顧眞的痲瘋病人。曆書上一有好日子，他們就聚在有錢人家外面，人家給他們吃食和錢，他們就衝著人家猛灌吉祥話，不給就罵人。

像「物吉」這樣公開搬演社會默許但小心控制的撒潑使壞、衝突雖然爲假恐怖實則爲眞，其實便是日本社會宣洩情緒慣見的儀式。有這樣的出口，在日本個人角色的規矩訂得極嚴，感情表露控制得很緊的社會，日子才比較容易過得下去。金澤在許多方面便是日本十七世紀世態的寫照。一六八八年時，金澤約有十萬居民，位居世上二十大城市之列。但也和日本大部份的城市一樣，歷史不長，一五四〇年代才開始有小聚落。城裡最高的建築物是前田大名家的古堡，最古老的石牆也不過百年歷史。

十七世紀孕生的新日本，爲許多史家舉以爲一九九〇年代高度開化、高度生產、高度組織的現代日本的嫡系祖先。而這新日本之濫觴，無疑可以追溯到大名從一五五〇年代起，爲建立軍事力量、政治控制、經濟活動的統一組織而下的工夫。幾位勢力特強的大名（封建藩主）四方作合縱連橫，企圖集結起聯盟組織，建立自己的霸權統治全日本。最後終於達到目的的人，是一六〇〇年代的德川家康（1543—1616）。德川家自此以「將軍」一名統治日本，名義上由天皇派任，但天皇也只是溫馴的儀式角色；這樣一直到一八六八年。和將軍結盟的大名，都由將軍分封國內大片有省份大小的土地，有時連被將軍打敗的敵人也受封土地。領主在自己的領地內享有內政自主權，領地也不必向德川家納稅。至於領主對將軍的忠心，一來有德川家和忠心盟友的軍事優勢作保險，二來則有大名家把家人留在將軍所在的江戶當人質作保證。江戶便是現在的東京，本身也是十七世紀新出現的城市產物。大名自己也要隔年就到江戶住上一年。前田家從來沒想過要稱霸，但以靈活的應變力靠向最有可爲的逐鹿人選，而厚植實力。德川家因而連番賜給他們重賞，而讓他們成爲大領主，領地僅次於德川家。他們則安心坐擁富庶地區，對任何一位要爭逐霸主寶座的人，善用他們舉足輕重的影響力，但又沒有眞正的關鍵力量。他們的領地在江戶群山對面，還有其他幾處大城，都在本州西岸附近。

大名從一五〇〇年代末起，就痛下工夫建立政治制度，加強他們對領地境內人民和資源的控制。居民、土地、稅賦皆載籍造冊。武士和平民原本是可以流動的，現在固定成世襲的身份，平民也不可以攜帶武器。武士是最難控制的階級，因此加上嚴格的規矩，還必須搬進城堡和領主住在一起，靠大名領地收入提撥的俸祿生活。日本武士有徵收稅賦、擁有土地這兩項職能，但沒有利益衝突，這在現代世界早期握有武器的菁英份子裡是絕無僅有的情況，因爲他們沒有獨立的經濟基礎可以挑戰領主。所以，現代日本紀律嚴謹、忠心耿耿的上班族還會以迷戀、崇拜的眼光看待武士，自不意外。

商人和匠人可以從大名那裡獲賜市場的獨佔權，還有土地供他們開作坊、設倉庫，尤其是攸關戰事的行業，希望這樣他們在自己的領地安居，不要跑到敵人那裡。不打仗的行業，像土地開發、農業改良，由於可以提高大名的稅收，因此也可以獲得大名獎掖。在一六〇〇年前後的動亂時期，這類措施爲的都是增強大名的戰力，到了一六三〇年代，穩定下來的新秩序也已經開始教人憂心了，這時每位大名就開始要盡量加強防衛力。德川將軍創立的和平年代一直沒斷、還愈來愈穩，大名對領地徹底控制的慾望，大名不斷爭逐財富和權力的習慣，也就愈埋愈深。留家人在江戶作人質的制度，對大名的財務是很大的消耗，更逼著大名要廣闢財源。這時，紀律嚴明的武士幫領主維持秩序、提高管理效能，就跟他們以前替領主殺敵一樣有用。

結果就是在一六八八年時，日本鄉間房舍林立，各色繁榮的標幟如雨後春筍冒出。規模愈來愈大的城市，大名派任的官員把每一塊住宅區劃分得好好的，把每一個人都放進互助式保安組織（mutual security group）裡框住，每一塊住宅區還都設有更夫，晚上也有門禁；貿易和手工業發展蓬勃。但最特別的一點還是當時世界戰亂頻仍、治安不佳，金澤和日本的其他城市卻由一批聽各種逞兇鬥狠故事長大，不時還要用世上最精良的武器磨練武術的這麼一幫人，治理成一六八八年全世界裡最安全的地方。日本人已經有七十多年沒有公開打仗了。

再提一點也很特別的：前述那兩支丐幫，都是世襲的賤民。日本社會還有其他專作「卑賤」行業的人，像開鞣皮作坊的。但他們講的是同一種語言，隸屬同一支民族和文化。日本從一六四〇年起幾乎就與世隔絕。江戶、京都、大阪，是偶爾看得見荷蘭或高麗使節的身影。但金澤不可能，金澤可能是一六八八年世上看不見外國人的城市裡最大的一個。好幾十年都沒見過了，而且，以後還是見不到；這樣還要再一百七十年。

在江戶維持秩序比在金澤要難得多。江戶是新興的城市。一五九〇年代，德川家康和當時最強大的軍頭豐臣秀吉（1536/37—98）聯手，拿下了今天叫作東京灣一帶的富庶平原；便選了個地點，要蓋新城堡，城堡可以俯瞰下方的小漁村，漁村叫作「江戶」。待德川家康於日本的權力十分鞏固了後，便選定江戶作他「幕府」的所在；幕府就是日本最高的軍事獨裁者——將軍——的大本營。將軍名義上由天皇派任，日本的天皇是從天照大神一脈相承下來的；住在古都京都，備受德川家禮遇、支持，但沒有實權。德川家歷代的將軍爲所有的大名和大名所屬的武士，訂立一般的行爲準則，偶爾也派探子或官員到大名的領地去打探情況，但通常放大名自由去訂他們領地裡的政策和管理。不過，每一位大名都得看將軍臉色過活，將軍有權隨時調動他們的領地，甚至將大名除籍。但除名的麻煩在忠心事主的武士一沒有了主子，就成了「浪人」，很容易淪爲盜匪，或去搞顚覆、鬧叛亂。

一六八八年時，德川家鞏固霸權的動作在一陣子沒動靜後又開始了。幕府已經建立起龐大的武士官僚組織，替將軍管理直轄的大片領地，兼密切監視其他領地。將軍箝制大名的最重要手段，就是規定大名必須把家人留在江戶裡不准離開，大名本人也必須隔年在江戶住上一年。江戶城的外觀就反映了它複雜的權力結構。城中央是佔地極廣的江戶城（一八六八年起改作天皇的皇宮），將軍家就住在厚實的石牆和重重壕溝裡面。附近有重要大名的居所，都是很早便和德川家結盟，在幕府裡居高位的大名。之後一區是地位次等的德川家臣叫「御家人」、「旗本」住的地方，比較簡樸。再裡面就是「外樣」大名住的地方，這些大名和德川家早期的關係沒那麼近，再要不就是曾經反抗過德川家。外樣大名絕沒有門路到幕府裡當官。大名在江戶的住所也算是他們的領地，一進門牆之內，就可以依自己的法律來管自己的地方，不必去管德川家立的法。江戶城裡的佛寺和神社佔地都很廣，裡面有許多住家和商店；佛寺和神社也都有不小的自治權。平民區一樣有城牆和城門分隔。一座座高大的木製城門，到現在都還是寺廟和其他建築古蹟很鮮明的特徵，也可以說是那時代社會快速發展、審美幽微奧妙、政府權力控制徹底的最重要的象徵。

一六八八年，江戶是世上有數的大城之一，人口超過九十萬。平民是人口裡最大的族群，由兩位「町奉行」管理。兩人隔月輪値，聽命於城裡的長官做事，接受人民陳情，聽取訟案。另一人則躲在緊閉的門後，忙他上個月的案子。「町奉行」手下有一小批捕快和走卒，數目不到三百人。城裡還有非武士身分的地方長老，階級嚴明，從三位世襲的「城代」到「組頭」到底層的百姓。百姓以鄰近的五家成一「五人組」，平日與「組頭」保持聯繫，並共同負責監督組中成員的行爲。每一住宅區，不管是平民還是武士，都必須有人負責巡守，預防犯罪與失火。每一區的門房（gatehouse）和防衛所（guardhouse）都由各區自行管理。江戶總共有九百多間這樣的防衛所。北京有戶籍制度，後文會談到的阿姆斯特丹和伊斯坦堡也有巡夜的人；但一六八八年，世上還沒一處地方像江戶一樣有那麼完整、周密的管理措施。

江戶的統治者要城裡的男女老幼各就各位，分清楚等級，作完整紀錄。但江戶一直在擴張，一直在變。一家家店面蠶食街道。季節性的臨時倉庫變成永遠不動。不合管理的建築物除了危及治安，對全城幾乎全由木造也益增失火的危險。一六五七年就有大火燒掉江戶大部份地區，燒燬江戶城堡中央的建築；依官方估計，還燒掉了一百六十棟大名居所、三百五十棟神社和寺廟、七百五十間旗本和御家人的住所，五萬間商家和作坊。爲了減少再發生這類大火，官方新闢了幾處住宅區，疏散現有住宅區的擁擠人口，將一些燒燬的地區劃爲防火區，不准重建。有一道防火線就是江戶橋，這是十七世紀初塡出來的地，直到一六五七年都是很繁榮的商業區。（江戶橋臨水的木材場，想必燒得特別旺。）居民獲准重建部份江戶橋，但必須派駐守衛和更夫，不准居民進入防火區。這就是很沈重的財務負擔了，因此，居民還是想辦法把防火區的小塊地方租給季節性的攤販作補貼；像賣松枝、竹子的小販，這是日本新年愛用的裝飾。而沒多久就跟著出現了茶室、舊書攤、算命師，其他還有許多。但他們只准擺擺小攤子，不可以蓋住所，這樣才能在失火或將軍要過河時趕快拆掉搬走。一六八八年，附近已經開起了貨運行和魚貨行，也向官府要求開放防火區臨河的好地點使用。江戶橋再都市化的腳步，到了十八世紀會跑得更快。

江戶是消費大城，但和古都京都還有鄰近的貿易大城大阪比起來，不算是工藝精品的中心。

105

台北市南京東路四段25號11樓

大塊文化出版股份有限公司　收

廣告回信
台灣北區郵政管理局登記證
北台字第10227號

地址：　　市/縣　　鄉/鎮/市/區　　路/街　　段　　巷　　弄　　號　　樓

姓名：

(請寫郵遞區號)

from vision to fiction

大塊 LOCUS 文化

謝謝您購買這本書！

如果您願意，請您詳細填寫本卡各欄，寄回大塊文化（免附回郵）即可不定期收到大塊NEWS的最新出版資訊及優惠專案。

姓名：＿＿＿＿＿＿＿ 身分證字號：＿＿＿＿＿＿＿＿ 性別：□男 □女

出生日期：＿＿＿年＿＿＿月＿＿＿日 聯絡電話：＿＿＿＿＿＿＿＿＿＿

住址：＿＿＿＿＿＿＿＿＿＿＿＿＿＿＿＿＿＿＿＿＿＿＿＿＿＿＿＿＿

E-mail：＿＿＿＿＿＿＿＿＿＿＿＿＿＿＿＿＿＿＿＿＿＿＿＿＿＿＿＿

學歷：1.□高中及高中以下 2.□專科與大學 3.□研究所以上

職業：1.□學生 2.□資訊業 3.□工 4.□商 5.□服務業 6.□軍警公教
7.□自由業及專業 8.□其他

您所購買的書名：＿＿＿＿＿＿＿＿＿＿＿＿＿＿＿＿＿＿＿＿＿＿＿＿

從何處得知本書：1.□書店 2.□網路 3.□大塊NEWS 4.□報紙廣告5.□雜誌
6.□新聞報導 7.□他人推薦 8.□廣播節目 9.□其他

您以何種方式購書：1.逛書店購書 □連鎖書店 □一般書店 2.□網路購書
3.□郵局劃撥 4.□其他

您覺得本書的價格：1.□偏低 2.□合理 3.□偏高

您對本書的評價：(請填代號 1.非常滿意 2.滿意 3.普通 4.不滿意 5.非常不滿意)

書名＿＿＿＿ 內容＿＿＿ 封面設計＿＿＿ 版面編排＿＿＿ 紙張質感＿＿＿

讀完本書後您覺得：

1.□非常喜歡 2.□喜歡 3.□普通 4.□不喜歡 5.□非常不喜歡

對我們的建議：＿＿＿＿＿＿＿＿＿＿＿＿＿＿＿＿＿＿＿＿＿＿＿＿＿＿

＿＿＿＿＿＿＿＿＿＿＿＿＿＿＿＿＿＿＿＿＿＿＿＿＿＿＿＿＿＿＿＿＿

＿＿＿＿＿＿＿＿＿＿＿＿＿＿＿＿＿＿＿＿＿＿＿＿＿＿＿＿＿＿＿＿＿

文學和文化潮流也都是從京都和大阪發源，然後流向江戶變成庸俗版。結果，江戶尋歡作樂的產業，江戶人以炫耀式消費建立社會地位的流俗，靡費絕不下於倫敦和巴黎。

大名都愛花大筆銀兩在領地裡，看能劇以精緻、幽微的儀式刺破人性的情境。大名也愛蓋漂亮的庭園，像德川光圀（1628—1700）蓋的那座著名的「後樂園」，德川光圀是水戶藩大名，德川家階級最高的御三家之一，愛讀儒家經書。他設計這座庭園，曾得一位中國流亡日本的博學明朝遺民朱舜水幫助；朱舜水還同時引進中國經籍完整的治學體系，供德川光圀研讀、出版。這樣一位人物出現在日本，似是告訴一些日本人：中國忠心的正義之士就算在中國待不住，日本人可還是頂禮有加。

這些對執著、精緻、附庸風雅的人，都是寶地。但江戶就是武士太多——有德川家的御家人和旗本、大名的藩士——手上的時間太多，識字的平民也太多，個個還都有新挖到的財庫。（最有錢就屬木材商人）。城裡多的是聲色犬馬的地方，訴求也廣得多。江戶有一區可以合法從娼，叫吉原，按理這地方武士是不准去的。但每個人還不是擠進窄窄的街道，找價錢便宜的姑娘大送秋波；街頭流傳氣質高雅、深居簡出的美貌藝妓被達官貴人、富商闊佬包養的故事。市面上買得到印得很精美的黑白二色版畫，畫的是各式狎歡的景象，無奇不有；活靈活現的人體流動線條，襯在背景傢俱、服飾的幾何圖樣上。這些畫叫「春畫」，和日本傳統信仰裡的陽具／生殖崇拜有關。有些人是說這樣的畫有性教育的啓蒙功能。但它敗興的效果搞不好跟助興一樣大；因爲這樣的畫完全打破了日本版畫線條優雅的傳統，畫的不過是一根昂首矗立的毛茸茸工具，對準一樣毛茸茸的誇張裂縫要插進去。

江戶城內至少有三處歌舞伎屋；流傳後世的歌舞伎排名冊，最早的一份是一六八七年。歌舞伎的表演跟能劇一樣華麗，但劇情比較緊湊。雖然劇情說的都是日本史的偉大故事，但無法動搖台上墮落、色情的調調於萬一；或許他們才不想去動。先前十七世紀扮歌舞伎的女子就都有淫亂的名聲。在禁止女性演出之後，女角就都改由年輕男子反串，許多還引來權貴同性迷戀。一六八〇年代，江戶的歌舞伎常拿當時的政治事件入戲，名字改掉，但影射的人物一目瞭然，大爲轟動。還有幾齣戲演的是年輕男女礙於階級，相偕殉情自殺；階級的尊卑之防當時已見雛形。

江戶另一樣可以和歌舞伎分庭抗禮的藝術，是人偶淨琉璃。近松門左衛門（1653—1725）那時雖然聲勢未到鼎盛，但也已經是很有勢力的風靡劇作家，同時爲歌舞伎和人偶戲寫劇本，有些傳世的傑作就是爲人偶戲寫的。日本的人偶約三呎高，設計得很漂亮，身體的關節會動。操作的人不藏起來；因此，人偶假作戲的感覺、鮮豔華麗的戲服、舉手投足所揮灑的圖案，就都是看人偶戲的經驗要件。一旁唸戲文作道白的人才是人偶戲表演的主力。當時最紅的人偶戲製作人，是山本土佐掾；路線比較文雅的人常批評他的戲情節不連貫，道白平板無味，又常愛穿插妓院場景。

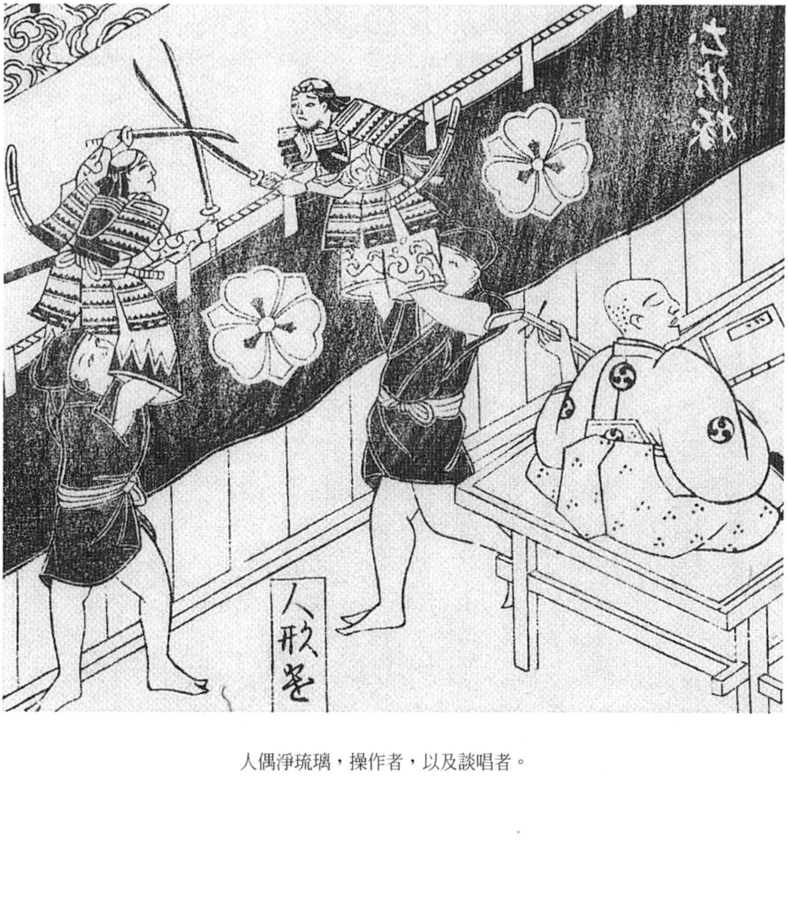

人偶淨琉璃，操作者，以及談唱者。

一六八八年坐鎮江戶的將軍，是德川綱吉（1649—1709），人稱「狗將軍」，市井流傳許多故事說他怎樣一道一道敕令拼命下，禁止人民虐待小狗暨其他動物，違反禁令者一概處以酷刑。據稱他這是受佛教僧侶不得殺生教誨的影響，也因爲他生在狗年，自覺對狗有保護的義務。江戶的人在一六八八年絕對知道他們的主子特別關心「愛護動物」。有一部幕府文獻裡收的一六八七年敕令，就有九道跟這有關，一六八八年有一道。但後來傳說他行徑怪異的八卦，大部份就和他幕府裡的高官不滿他將親信安插在政府裡才出現的。

德川綱吉保護動物的念頭，一六八六年好像就已經有了；那時他立新規矩，令全城裡的狗和狗主要登記戶籍。一六八七年還有幾道敕令，就這政策再作補強。其他敕令則禁止主人棄養病馬，或任病馬四處遊走。有一道敕令還把一位大名流放，因爲他的廚子淹死了幾隻小貓。雖然這些敕令「愛護動物」的心意不可抹煞，但這類敕令也有在江戶這樣的大城裡維護公共秩序和安全的意思。江戶有許多狗常掙脫鎖鍊，侵入單薄的和式房子、商店，驚擾平民百姓；有許多還是大型狗，專門訓練作狩獵或守衛之用。病馬則是在街上亂走，對公共衛生和安全顯然都有不良影響。

此外，這些敕令也都是德川綱吉因爲要馴服武士、教化武士才提出來的。德川綱吉是歷代將軍裡第一位對武術、戰技沒多大興趣的人；反而喜歡讀儒家經書，一六九〇年代還開了幾堂課講《易經》。一六八四年，德川綱吉出兵鎮壓江戶城內鬧事的御家人和浪人幫派，兩年後再次鎮壓平民幫派。「保護動物」便是他想推動的溫和、文明禮教。虐待動物的人，通常也會虐待人類。武士現在知道他們連動物都不可以虐待，何況是人。

德川綱吉這些政策一直推動到他一七〇九年去世爲止。研究日本德川歷史的學者，常不太容易把狗將軍的古怪行徑和他那時代其他的面貌連起來。一六八八年這年，是「元祿」元年，史家常以之爲日本城市化、消費型文化之始，日本追求和平藝術之始。但和平、繁華、訓令愛護動物的說教，也僅止於此。一七〇一年，江戶城裡有位大名揮劍砍向一位無禮的幕府官員；遭將軍判令切腹自殺。兩年後，他所屬的四十七位武士在淪爲浪人後，攻入該名挑釁官員於江戶的寓所，殺了他，後來也遭將軍判令切腹自殺。這四十七位忠心浪人的故事，在民間廣爲流傳，在幾百年的和平時代爲武士道的精神留住一絲命脈。

一六八八年，日本南部九州島西岸北端，位在一塊狹長海灣裡的長崎，已經陷在日本怪異的對外關係旋渦裡有一百多年了。從一五四〇年代起，葡萄牙商人就已經在這裡探尋貿易機會，沒多久沙勿略（Saint Francis Xavier, 1506—52；將天主教引入日本的西班牙教士）就來了；發現日本這地方看重榮譽，有專心致志的武士精神，既有耶穌會士的條件，也有西班牙小貴族的氣概。一五〇〇年代末期，日本陷於政治、文化的風暴；利益競爭激烈的藩主，都急著吸引葡萄牙人來他們的港口貿易，而他們發現只要熱忱歡迎耶穌會士，就比較容易招徠葡萄牙人。

此後日本上下不論什麼階級，都有一些人因此發現，西洋傳教士所傳播的教義正好可以解答他們那時代的道德、智識亂象。到了一五八〇年，日本已經有超過十萬人皈依基督宗教。那一年，有位大名還把長崎賜給耶穌會作封建的藩屬。但不到七年，勢力大盛的豐臣秀吉就開始擔心基督宗教是不是會變成葡萄牙、西班牙勢力攻進日本的先頭部隊，而想將他們全部驅逐出去。從一六一二年起，德川將軍下令禁止傳教，禁止日本人信基督的敕令就此一道比一道嚴格。一六二二和二三年，江戶和長崎就處決了近一百名傳教士和信徒，大部份是送上十字架。日本其他基督信徒選擇出亡；有到澳門替他們蓋聖保祿大教堂（Church of São Paulo）的正立面的，有到馬尼拉惹得西班牙人有點擔心的，也有到暹羅的大城當國王的禁衛軍的，甚至有住到巴達維亞去的。但日本也有許多基督信徒儘管橫逆暴虐當前，依然信仰如初。到了一六三〇年代，長崎周遭的情勢已到最後關頭。附近的島原有信基督的農民起義，遭到鎮壓。這時，將軍幕府認定葡萄牙一定和傳教士有斬不斷的關係，便將葡萄牙人全部驅逐出境，還將葡萄牙派去向他求情的一支特使隊全殺光。

荷蘭人一直在九州偏北的平戶作生意，這時也全被趕到長崎，關在「出島」，這是專門爲了要關他們而建的人造島。中國人的貿易也被限制在長崎一地，但沒管得那麼緊。日本作對外貿易的商船，有些就是日本基督信徒在開的，也常和國外的基督信徒聯絡，一六三〇年代本來就管得愈來愈緊，到現在完全禁止。日本自動退出對外貿易的影響極大；一六八八年亞洲的海運若有日本積極參與，情況一定大不相同。

長崎就此成爲那時日本政治菁英對外最重要的窗口。這批日本菁英都覺得，日本和外人有所牽扯一定會有危險，而且這樣的意識還強得不得了。長崎是由德川幕府直接統治的不在其他大名的領地裡。幕府曾經拒絕明朝抗清政權（鄭成功）幾次要求派兵抵抗清人的請求，一有中國船來，也一定嚴加審訊船長，以掌握中國的情勢發展。有幾位中國人定居日本，變成雙語、雙文化的通譯。長崎就有兩座很漂亮的中國佛寺。中國水手也會上岸尋歡，特別愛找沒纏足的漂亮女子。荷蘭人每年都派特使到江戶向將軍進貢，但大部份還是給關在出島，那座爲他們蓋的人工島上。妓女就得專程到島上去侍候他們。也有通譯學會他們的語言。日本留下了幾幅生動的荷蘭畫像，畫下他們穿的怪衣服、頭髮的怪顏色、粗魯的舉止，還有身邊那一小隊亞洲奴隸。

把葡萄牙人趕出去，把荷蘭人、中國人關在長崎後的幾十年，幕府將軍還在擔心基督信徒或其他從海上來的威脅是否再起。幕府將軍也必須想辦法控制日本金、銀、銅等礦產因出口而引發的產量變化。一六七〇年代，他們知道光是控制某一樣礦產出口於事無補，便改採全面嚴格管制大宗出口的策略，價格全由長崎官方制訂。一六八八年的世界，找不到還有哪裡的政治體系像日本對出口貿易作如此徹底的監督、有效的管制。日本於內雖是一批和平相處、組織良好、但互相競爭的迷你國集合體，但對外就是高度統一的單一政治體；日本在現代世界一直都是這樣，不論是和平還是戰時。

施琅一六八三年拿下台灣後，清廷便在一六八五年初立法，重開福建和廣東沿海的海上貿易；正好趕上商船可以在春季順風往日本駛去。到了那年年底，已經有八十五艘船到了日本；這是前幾十年每年總數的三倍。這番盛況，就教日本人又想起了他們以前為什麼怕和外界聯絡的一條條理由。像有艘葡萄牙船從澳門來，載了十五名遇上船難的日本人。葡萄牙人一到，就遭嚴加看管，很快就被趕走，還接到命令：永遠不准回來。有艘中國船夾帶了一本中國書，裡面居然有關於天主教的話；帶那本書的中國人就遭處死，船和貨物全遭焚燬。拿下台灣的清廷派了兩位官員到長崎，可能是要找還沒投降的餘孽吧。幕府馬上派特使到長崎去詢問這兩位，還下令他們離境，外加警告清廷不要再派人到日本來。荷蘭人注意到日本人很擔心，大批商船搞不好會被清廷拿來當奇襲日本的掩護。

一六八五年，因中國從日本的入口貿易成長，幕府將軍和長崎官府便把國家安全的顧慮暫時壓下，而以直接干涉來管制貿易量，還下令荷蘭的內銷貿易額每年只能有二十萬兩銀子，中國的貿易額只能有六十萬兩。一六八六年一月，日本官府下令停在長崎港裡的船一律要在農曆新年前離開。外國船是走了，但沒走遠，想避開禁令搞走私。有些日本人走私被抓處死。有些奉命離開的船在新年過後又回來了，而獲准依一六八六年的限額作生意。一六八六年春、夏兩季，總共有一百一十二艘中國商船到了長崎，其中運量比較小的船，獲准全船的貨都可以出清；

但運量比較大的船，一般都有十萬兩銀子的貨，就最多可以賣二萬五千兩銀子的貨了。因此，依日本的規定，外國人還是可以載大批船貨到長崎作合法的買賣，然後撤到外海，用走私把剩下的出清。

外國人湧向日本作生意的急流繼續擴大，一六八七年總共來了一百三十六艘船，一六八八年則是嚇死人的一百九十二艘船。走私依然猖獗，被抓就處死的法令也都還在。一六八八年八月九日，長崎官府宣布，停在港口裡的一百六十五艘中國商船，只有一百二十艘可以開艙賣東西，全體賣的總額不可以超過六十萬兩銀子。其餘的貨就必須艙門原封不動馬上離開，之後才來的貨想必也是。九月，長崎官府又宣布，此後每年只有七十艘中國商船可以進港貿易，每一區港口還作分配：江南十艘，寧波十二艘，福州十三艘，廣州六艘，諸如此類。此外，日本官府特別蓋了一處圍起來的集合住宅區，專門給中國人住，有點像荷蘭人住的出島，但從現存的鳥瞰圖來看，和長崎其他地區隔得沒有那麼嚴密。住宅區蓋好後，中國人便在一六八九年遷入。中國人不准出他們那一區到長崎市去，他們帶來的貨也都必須拿走放在別的地方。這些措施當然是在嚴格執行一六八五年立下的限額，但這也是日本官府碰上那麼多外國商船、水手湧入，對他們的安全（或至少安寧）形成威脅時所採取的對策。入口限額顯然也在平衡金、銀礦產之外的內、外銷數額，日本官府阻止貴重金屬外銷的措施也很有成效。打壓走私的工作進行了好幾年。但唯一有效的作法，就是鼓勵日本人發展「替代進口貨」的產業，尤其是絲織品。中國貨的貿易限額，到十八世紀的時候還要更低。

第十三章　井原西鶴與松尾芭蕉

井原西鶴寫的《日本永代藏》（《日本致富寶鑒》），出版於一六八八年，一開始寫的是：

蒼天無言，大地在無言的統御裡富庶繁榮。世人也感動蒼天之德；只是，多數世人均屬虛僞。世人似是生來沒有靈魂；一己的素質，必須完全假手於外求。帶著空洞降生到現代的人世，帶著善惡混雜的一身，卻必須走誠正的航道，穿行浮世人生，邁向成功的光輝——這就只有待我們族類裡的完人來完成了；這樣的事功，超乎凡人秉性所能。

但世人終其一生最先想的不外掙口飯吃。在這件事上，每一個人都必須到「節儉天女」的廟前俯首致意（不僅神社的和尚要這樣，連武士、農夫、商人、匠人，甚至佛僧都要），我們一定要耕耘金銀之田，雖然神明不准。父母賜我們生命，但金銀才能保住我們的生命。

井原西鶴在這本書的第一章，接下去又講了一則故事，有座廟，信徒拜完後可以借個三、五塊甚至十塊的銅錢，求好運；這些信徒個個來年都會加倍奉還。有天，有個樣子看來普通的人，要借一千塊銅錢。還沒待吃驚的和尚回過神來，想想這筆錢收得回來嗎，那人就一溜煙兒走了。那人把銅錢借給一百個漁民，收回時總是向他們要利息，還仔細記下他欠廟方的複利。過了十三年，他還給廟方八百一十九萬二千個銅錢。井原西鶴總結說，「未曾從父親那裡繼承錢財，完全徒手致富，累積五百貫以上財產的人，就叫『分限』(man of substance)。若他財富超過一千貫，就叫作『長者』(millionaire)。光靠利息，這些錢就可以增加爲千千萬萬，齊聲合唱金銀之歌，禮讚主人富貴千百萬年。」

井原西鶴的《日本永代藏》有許多這類靠智慧、勤儉、精明而致富的故事。像有個人從不放過一絲一毫賺錢的門路，到鄰居家弔唁回來，半途照樣停下來採藥草，跌倒也要撿塊打火的石頭。有個寡婦揹了先生一大筆債，靠她能賺的那一丁點兒錢根本還不起，就製作了三千個木牌，邀鄉親每人以四個銅錢換一張牌，用這種「抽獎」的方式爲自己籌足了錢還債開始新生活。結果一個農家女抽中標了「房子」的木牌，只花了幾塊銅錢就給自己買了棟房子。

井原西鶴這本書有三十章，每一章都有幾則這類小故事。有幾章的小故事有很清楚的關聯，其餘的結構就較鬆散，說不定只是一堆字或名字連起來便是了。由這裡，可以看出井原西鶴早年寫俳句連歌的影響還在。俳句是一種結構非常鬆散的詩體，前一句詩的意象或用語，用在下一句可能大相逕庭。井原西鶴生前以俳句行字流暢，文學或當世的典故層疊綿密聞名。當時有幾位批評他的人，說他的俳句風格是「荷蘭體」；「荷蘭」是那時候的人拿來形容異國情調、繁複縟麗的辭兒，近似有些西方人說的「巴洛克」。

「井原西鶴」是平山藤五（1642-93）的筆名，早年繼承經商家裡的大筆財產。雖然深諳日本商場之道，但應該沒怎麼用心在家族的事業，因爲他的作品產量極大。俳句傳統是以詩會的方式來寫，由一人先起頭一句，然後一個個接下去用前一句的用語或意象作應和或扭轉，而可以像爵士樂即興演出一樣一直連下去。井原西鶴出版的第一部作品是部詩集，從他和一百五十位詩友在十二天的詩會作的上萬首詩裡，挑了三百首輯印成書。再而後，他和其他幾位詩人便開始挑戰傳統，改由自己寫俳句連歌。一六八三年井原西鶴還創了一項紀錄，好像至今無人能比：他在一天一夜的時間裡，寫出二萬三千五百首俳句。

然而，到了一六八三年，井原西鶴已經將他源源不絕的創作力轉向新式的散文體，以先前日本作家不太去寫的經驗爲題材，爲商人、城市裡的武士這類人數愈來愈多的讀者寫東西，可能也包括一些蠻有錢的識字農民。雖然他不必賣書來塡飯碗，但他寫作設定的目標都是會出錢買書的人，而不只是貴族文友或鑑賞家。雖然日本文學從十世紀的《源氏物語》開始就不會太扭揑造作，但井原西鶴筆下的商業世界和縱情聲色，還是爲日本文學樹立了平舖直敘、清冷恬淡的新標準。他第一部散文集《好色一代男》，於一六八二年出版，講的就是一男子「自願任令情慾蹂躪，年方五十四狎戲過的女子已三千七百四十二人，男子七百二十五人。」許多人覺得他最好的作品是《好色五人女》，這幾位放浪形骸的女子，只有一位避開了處死、自殺、或出家的命運，另一位則對神佛顯現的警象大聲頂嘴：「不用你來操心我們。拿命換這偷情的快樂，高興都還來不及呢！」不過，其他選集，包括他一六八八年出版的《武家義理物語》（*Tales of Samurai Duty*），講的就是武士以死效忠、一心一意復仇的新舊故事，但沒有以前作家筆下的讚揚和稱許。在他筆下，爲藩主效忠而死的武士，不過是在做他們不得不做的事，誰教他們生於武士之家。商人從不浪費一分鐘、一毛錢，也是一樣。他筆下那些患了性愛強迫症的人，想必也是如此；任由情慾推著跑，沒有一點性格或感情的深度，對自己身下貪歡的軀體，也沒有一點人的關懷。

而這好像是因爲德川時代的日本新興起高度分化的社會秩序；這位才華驚人的作家在這樣的社會裡，以敏銳的眼光透視人性空洞，以致看見的再也不是日本文學從《源氏物語》以降一路傳承的那一脈古老視野。源氏一派的武家兼文人兼貴族，不論膽識或情慾始終染著一層佛家看待人世、愛戀率皆無常的色彩。所以，井原西鶴筆下代之而起的是形形色色、個性鮮明的人物，不管愚智、幸或不幸，只知道搬演命運橫加在他們身上的責任和執迷。

井原西鶴在《日本永代藏》的末尾寫道：「人世可怕。絕不要隨便借錢給別人，嫁女兒時也絕不要把事情交給媒人去隨他高興辦。就算你再小心，虧錢的機會也無所不在。……現世的錢比往常要多得多，不管盈虧，數額也都比以前大得多。在現在，作生意絕對比以前要刺激。

所以，賺錢請不要隨便。」另一段裡他描寫了窮人進當舖的苦況：男子當了雨傘冒雨離去，女子當了家裡煮飯的鍋，另一女子當了襯裙，任男子色瞇瞇看穿身上她薄薄的衣裙。然而，即使落魄至此依然天無絕人之路；有位窮人在江戶找不到工作，呆坐在「日本橋」上看過往行人。豪奢的大名家不時在建房子、改房子，每天有大批木匠帶著學徒下工，高高興興從橋上走過，還從袋子裡灑下一地木屑。這位主人翁看了便開始撿木屑、賣木屑，後來開了家筷子工廠，生意興隆，最後成了大木材商，有豪宅、倉庫和大片林地。

雖然井原西鶴的發財、破產故事大部份在城市裡，但別忘了，日本都市化也只從他之前幾代開始；鄉村生活離他還有他們讀者，也絕對不像我們現在的都市人這麼遙遠。他就在鄉村找到了兩則勤儉致富的好例子。一則說的是貧苦農人每年新年都會灑烤豆子求好運。有一年他決定改改方法，把烤豆子種在地裡；結果奇蹟出現，種的豆子活了。他便拿長出來的豆子再種豆子，這樣一直種下去，最後終於有了不錯的收入。這則故事一開始的奇蹟有佛家的味道；佛家不論古代或晚近，都找得到許多故事在講世人種下美德、慈悲的因，終結神蹟的果。而這位農人現在就拿他一部份的收入在大路邊做了具石燈籠，為夜行的旅人照明。「這燈籠就叫『豆子燈』，到現在都還在亮。……天下無一事不與時俱進，我們的志向再大，也終有實現的一天。」

井原西鶴為這部俗世、譏誚味道較重的故事集所選的壓卷故事，是說京都附近有一戶農家，祖父、父親、兒子、媳婦一家住在一起，和樂融融，富庶安康。「他們懂得知足常樂，禮拜眾神，敬畏菩薩，他們的心，自然美德滿溢。」待祖父活到八十八歲的時候，許多人都要他替他們砍竹子作量穀的秤；這是活到這歲數的貴人才有的習俗。商人用這秤來賣東西都會賺大錢。有位富翁就用他砍的竹秤替他三個兒子分銀兩。在這個故事的結尾，井原西鶴說：「錢就在不知什麼地方，由你去找，而且一找到就很多。每次我聽到這樣的故事，就寫進我的『大福帳』（即帳本）裡。爲了讓後世讀得到這本書，從中獲益，我把這大本子放在一處庫藏裡，供家家戶戶永世富足。這部書現在就藏在那裡，安穩如日本的和平。」

松尾宗房（1644-94）俳號「芭蕉」，一六八八年大部份的時間都在路上造訪日本名山大川，追隨他心目中每一位大藝術家的腳步，與四季天人合一。但他有時也承認，名勝未必處處都能給他新的靈感。他那時雖然已經是很有名的詩人，但他最出名的詩，也是日本最有名的俳句，還要再兩年才問世：

蛙躍古池，水之音。

愛聊天，四十四歲，健康不是很好，多年來一直跟著一位禪僧學打坐。佛家最基本的教誨就是諸行無常，慾望、執著、對塵世的留戀只會帶來痛苦，教人在這痛苦的俗世裡不斷輪迴。

但人還是可以逐步掙脫迷妄、執著，日漸看透萬物的本相，終至完全掙脫轉世投胎的輪迴。禪宗是從公元六五〇年起在中國、高麗、日本發展出來的修行法門。跟禪師學打坐，是要藉這門要求非常嚴格的技巧，昇華至頓悟的境界，恍然看透實即是虛。

打坐，遍遊名山大川，都是芭蕉通往頓悟的路。藝術家本來就一部份是先知，一部份是沙蠻；太顧慮安危和逸樂不可能有所參透。旅行的危險和未卜的前程，不過反映人生的無常和變幻。著名的勝景，常層疊罩著古代名僧來遊時附加的意象。再平常的景象，也可能引發佛理或藝術的頓悟。蛙跳濺起的水聲，就可能在芭蕉禪坐時因虛靜而引發驀然的了悟。他喜歡芭蕉樹，一來是因爲芭蕉的樹幹沒有用處；這隱隱指的是《莊子》。《莊子》是公元前三世紀的中國古籍，極受禪僧喜愛。《莊子‧逍遙遊》裡提到沒有用處的蚪曲老樹，比喻「沒用」的人反而得享天年，看破無所可「用」的用。即使是栗子樹，也可以帶他從「西」架在「木」上，聯想到西方的極樂世界，想到淨居其中的諸佛菩薩。

芭蕉四處旅遊，常碰上困難和危險。但一六八八年的佛誕日（陰曆四月八日），他倒是沐浴在古城奈良的文化光輝裡。奈良在公元七一〇至七八三年是日本的都城，那時正是日本狂熱吸收佛家思想和中國政治制度的時候。芭蕉喜歡奈良優美的古寺，皇宮重重的城牆與櫻花樹。古刹林間漫步的小鹿，至今依然是熱門的景點，但看在佛僧眼裡，卻會想起印度聖地瓦拉那西(Benares) 的鹿野苑；佛祖第一次公開說法就是在鹿野苑；他要弟子跟隨「中道」，不執著於現世的無常，也不作印度聖人的苦修和禁慾。芭蕉對那古樹、對那溫馴的草食類動物的反應，就是佛、唯美的追求和人三者之間並沒有分別。他一六八八年旅行時寫過這首俳句：

浴佛之日，正巧誕生結緣的小鹿啊。

一六八八年秋，芭蕉決定去看更科村附近姥捨（或作「姨捨」）山上的滿月初升。他說這山便是古代村人將老母親送去丟棄的地方。往村子裡去的木曾路，會穿過好幾座高山。佛祖告訴世人萬事無常，人生即苦；體弱多病的老詩人走這段危險的山路，到一處景色絕美卻有恐怖聯想的地方去看月圓月缺，眞是佛家的得意弟子。

芭蕉和朋友走到一處地方，遇見一位老和尙蹣跚獨行，身上還揹了一大袋東西。「同行的人同情他，從老和尙肩上把東西卸下來，和我馬上的其他行李放在一起。這樣一來，我就得坐在一大堆東西上了。我頭上，一山高過一山，我左邊，巨崖陡降千尺，直墜入湍急的溪流，中間不留一小塊平地。所以，坐在堆得高高的馬鞍上，每次馬一扭身子我的心就糾在一起。」

芭蕉最後終於不騎馬，改用走的，雖然還是害怕，走得蹎蹎躓躓，「但看僕人一爬上馬背，好像根本沒想到危險。常打瞌睡，隨時都像是會一頭栽進懸崖下。每次看他打瞌睡，我就怕得魂飛魄散。但再回頭一想，卻發現我們每人其實就像這位僕人，風雨天裡跋涉在暗礁處處的人世，完全看不出哪裡藏著危險。佛陀若在上面看著我們，一定深爲掛慮世人的命運，像我掛慮這位僕人一樣。」

芭蕉在姥捨山上寫了這首詩：

顫巍巍搖晃，露溼於女郎花。
秋風襲身，甚於蘿蔔之辛辣。
木曾之橡實啊，浮世人的禮物。
送別之情無限，木曾之秋意濃。

第四篇

歐洲宮廷的世界

凡爾賽宮，倫敦，阿姆斯特丹

一六八八年，歐洲政治意識比較強的人都把注意力放在金碧輝煌的法國宮廷，這是國富力強、野心勃勃的法國政治中樞。但也沒忽略倫敦這處首都，其國勢、財力雖然漸盛，但須嚴防宗教和王族的紛擾將國家扯得四分五裂。再來會放在阿姆斯特丹，這是歐洲的商業中樞，雖是城市、行省組成的省聯中樞，但因錯綜複雜的牽制、束縛，以致幾乎無力做出重大決定。若將掃瞄歐洲政治的視野擴大，就會再想起有複合式中樞的神聖羅馬帝國，還在行中古選侯制的波蘭，謹小愼微、墨守成規的西班牙；其他還有許多。若從世上其他地方來看這裡——像是印度、中國、俄羅斯、鄂圖曼帝國——就會覺得這樣的差別其實沒什麼；歐洲的政治世界，沒有像北京、亞格拉（Agra，十六世紀初到十七世紀中蒙兀兒帝國的首都）或伊斯坦堡這樣的王權中樞，才是他們覺得最特出的地方。中古的神聖羅馬帝國皇帝雖曾想要一統歐洲，但勢力從沒越過日耳曼和義大利，和他們在巴爾幹半島和鄂圖曼帝國相抗的邊疆。如今，維也納連這些地方也遇上了強勁的對手。

在這類多元國家的體系裡，每個單位掙扎求生的競爭都很激烈，因而也逼得適應力比較強的國家改以新的對策去激發效忠、財富、人力的動員。這就使歐洲在一六八八年變成歐洲新式政治活動的大熔爐，像集權的官僚組織；甚至可以說是全球新式政治活動的大熔爐，如享有實權的代議政治。那時，一般人都還認爲君主有權力決定自己的國家要信哪一門宗教。統治者和被統治者恣意利用信仰，煽動教派對立爲敵，導致有些人徹底反正統基督宗教，有些人遁入基督宗教深層的內心活動。資源和人力也出現了前所未見的動員新法，如荷屬東印度公司和耶穌會就在將歐洲勢力朝外推送，將歐洲人的身影送到全世界幾無遺漏。

歐洲政治的大棋盤從來不怕沒有危機可用。一六八八年的危機，包括科隆選出一位主教當君主；倫敦誕生一位小王儲；法國大軍蠢動；一支強大的荷蘭艦隊從英吉利海峽開拔，登陸後入侵英格蘭。到了一六八八年尾，棋盤上的布局又是另一番景象。窄窄的英吉利海峽將對陣的兩大死敵分隔兩地。這幕布局，一直要從一六八八年尾延續到一八一五年拿破崙殞落才會有變。

第十四章　太陽王的宮闈

「馬利堡嗎？陛下，馬利堡？」盛裝的仕女個個低低曲膝爲禮，輕聲細語，恭迎太陽王穿行豪華的大廳。有好多事全看他的眼光落在誰身上。他喜歡有美女簇擁隨行到附近的馬利堡（Château of Marly）休閒度假時，更是如此。以前，他的眼睛常在仕女身上逡巡，搜索未來情婦的身影。但那天，凡爾賽宮還另有一人的身影。衣著簡樸，在人群間穿梭，和他隔著一段距離；因爲，她未封后，但是國王的正室。這位曼特農夫人❶在宮中很有份量。國王愛她，讚她，爲了她獨沽一味。

一六八八年，凡爾賽宮建成未久，大片建築群還在向外延伸。花園另一頭的古雅特里阿農宮（Grand Trianon）就在該年完工。從入口的豪華大花園，到鏡廳、到特里阿農高大的列柱迴廊，一路有許多景致，都像巴洛克式歌劇佈景的超級放大版。也眞還是如此。義大利文藝復興時期由一個個諸侯精心擘劃出來的統治文化和概念，已經越過阿爾卑斯山到了北麓這邊。如今，演技和治術間的距離已經不大。君王，這位牽一髮而動全身的要角，對自己的一言一行都必須仔細拿捏分寸才是。

路易十四是當時戲劇治國術的頂尖高手，凡爾賽宮則是他的大舞台。到了一六八八年時，路易十四已經窮二十多年之力，剷除法國貴族獨立的基礎。他要他們個個看主子臉色行事。所以，現在他們再也沒辦法窩在自己的城堡或地方的首府裡孵他們擴權或謀反的大計，而必須在凡爾賽宮不甚舒服的廂房住上好幾個月；聽到什麼閒話就要掂掂份量，看見國王公開露面都要緊跟在後，注意他跟誰說話，他讓誰挨著他站，他讓誰拿蠟燭送他上床，他讓誰遞長袍給剛起床的他。

路易十四一生學的都是：生爲皇帝就要演得像個皇帝。他生於一六三八年，正逢法國動盪的亂世。到了一六五一年，更是亂到了極點；居然有巴黎暴民攻進羅浮宮要看小皇帝一眼。路易十四的母后無奈答應，由他假裝睡覺，讓她想辦法把暴民請出去。所以，他長大後最恨巴黎，最恨失序。因此，凡爾賽宮還有他其他小皇宮，一概建在巴黎外面；他本人也極少踏入羅浮宮一步。他沒受過多少正規教育，但有他首任首相馬薩林樞機主教❷，以出色的身教，傳授他治國之術及宮廷生活的藝術。馬薩林還可能娶了他母親。一六六一年馬薩林去世，路易十四馬上宣布他要自兼首相，將決策大權盡攬在自己手中。沒多久，他就在跟臣子說「朕即國家」了。在他之前，已有幾位法國國王用太陽光明燦爛、化育眾生的比喻套在一國之尊的身上——倒不是位居宇宙中心的那個太陽，那時這觀念還不算正統。路易十四動不動就拿這比喻出來用，還特別強調；曾在宮廷的芭蕾舞會爲自己量身訂做金光閃閃的角色，主演太陽或阿波羅太陽神。然而，路易十四一生在宮裡講究儀節、尋歡作樂的表相，蓋著他日日要花數小時細看公文、和大臣開會的勤政裡子。一六六四年，他身邊已經有了一位注重細節和管理的理想心腹，柯爾貝❸，作他的左右手。柯爾貝以驚人的幹才，率麾下精簡的人力和地方特派員，不僅挖出貴族諸多不法的需索和免稅的詐欺，還大手筆裁掉冗贅的單位，省下皇室財庫的支出，減輕皇室負債的重擔，加強徵稅的效率和徵信。到了一六七一年，路易十四王室的歲入淨額已經多了至少一倍。法國當時於其他許多方面，同都瀰漫這股講究秩序、層級、集權的氣氛。中央政府對巴黎及其他幾座大城控制得比較有效率了，法院和地方議會的權力也遭削減，出版的管理辦法定出明確的規範。這時，貴族就算要再於地方建立反制的力量，機會也少得多。這時的貴族，若再想要取得國王直接抓在手裡的優渥職位，再想爲子孫於國王日益壯大的軍隊裡謀個爵位，就必須放掉他們地方上的權力據點，改把大部份時間花在國王的皇宮裡下工夫。

若年輕時的路易十四和柯爾貝的治國理想，是在建立井然有序、富庶強盛的法蘭西；那麼，他們在一六七一年時應該可以輕鬆一點，開始欣賞自己一手打造的成品，就政策再作些微調。只是，他們比十七世紀其他君主更不在乎平民大眾的福祉和安全。繁榮、秩序，於他們不過是當國王的手段而已。他們要自己的壯盛、威武、優勢、霸業，凌駕在其他君主之上。西班牙就首當其衝；因為，波旁王朝和哈布斯堡王朝有常年較勁的宿怨，再加上西班牙和法國三邊為鄰（庇里牛斯山、法蘭德斯、佛朗什孔泰［Franche-Comte］），以致西班牙就成了路易十四一朝最早的死敵。當時的人都覺得，體弱多病的西班牙王卡洛斯二世（Carlos II）應該不久人世，而他一絕了後，路易十四就可以因他娶了位西班牙皇后，名正言順要到西班牙在義大利和法國邊界佔去的一塊地；連西班牙在美洲的龐大帝國說不定也可以要到手呢。因此，路易十四發揮巧妙的外交手腕，以賄賂、金援攪動時人仇視哈布斯堡王朝的心理，織起了一張錯綜複雜的聯盟網。

只是，法國勢力朝西屬尼德蘭（Spanish Netherlands，約當現在的比利時）伸去，也搞得荷蘭人開始提高警覺。路易十四只好再將手縮回。只是，這一幫小生意人、死老百姓居然敢挫他的銳氣，教他深感受辱。至於柯爾貝恨的，則是海上貿易的霸權還是抓在荷蘭人的手裡搶不走。因此，路易十四用他新增的王室收入，培植了一批全歐洲最強大的精銳勁旅，在一六七二年攻向荷蘭，幾乎就要拿下荷蘭；最後是靠荷蘭人打開堤防閘門，才擋下路易十四的大軍。奧倫治的威廉三世上台後，也開始合縱連橫，以對抗路易十四為他終身的職志。大規模作戰的財務壓力，壓得柯爾貝不得不加稅，不得不再開始借貸，做些他以前下了很大工夫要剷除的事。路易十四自然也得自制一點，暫停他向西屬尼德蘭推進的野心，而改走慢一點的路。他向他治下俯首貼耳的法庭提起訴訟，要求判決法國於部份鄰國的領土擁有主權；這樣他就可以依法佔領。但路易十四還是在一六八一年強佔了史特拉斯堡（Strasbourg），根本不管法庭說可不可以。他雖然沒做什麼可以引發宣戰的大動作，但持續施壓，還是漸漸逼得日耳曼和其他君主轉向，組了支反法大聯盟。一六八八年七月，統治科隆（Köln）的大主教去世，法國和哈布斯堡王朝兩邊馬上都用很大的工夫，要左右繼任者的選情。法國支持的候選人贏得多數票，但未及對手主張的三分之二。這路易十四便指揮大軍朝科隆開拔，鄰邦的日耳曼諸侯馬上加強備戰，也重建威廉三世和他們的老合作關係。法軍圍困萊茵河畔的軍事重地菲利普斯堡（Philippsburg），佔領幾處日耳曼城市。法軍就在這萊茵區示範了一場軍事調度的出色演練。皇太子親自督軍壓陣，沃邦❹這位歐洲頂尖的碉堡工程師也在隊伍裡襄助；菲利普斯堡便在法軍的重重包圍下，於十月二十九日陷落。

那時，太陽王還另有一件歐洲危機放不下心。從一六六〇年起到現在，斯圖亞特王朝已經推翻了「弒君派」❺，重拾英國王位。法國也一直在攏絡英國王室，不時給與金援。因爲，那邊的宗教、政治觀點，和法國似乎不謀而合。如今，他耐心下的工夫看似有了豐碩的成果。有位公開的天主教徒，詹姆斯二世，當上了英格蘭國王。只是，法國宮中不太了解英格蘭民間反天主教的情緒有多深，也不知道英格蘭的政治還有其他緊張情勢教詹姆士的治權搖搖欲墜。若再說奧倫治的威廉會想辦法要荷蘭人同意發動進攻，登陸英格蘭，以瑪麗王后之名拿下英格蘭王位？那就離譜又離譜了吧！荷蘭人才不會拿自己的軍隊冒險去攻英格蘭；路易十四的大軍可正才衝著法蘭德斯橫掃而來啊！但一六八八年後期，路易十四就是跑錯了方向，他往東北的萊茵河去了，而不是北方的法蘭德斯。眼看法軍綁在那邊動彈不得，奧倫治的威廉便趁勢攻向英格蘭。到了年尾，威廉已經打贏了這場仗，以他反法聯盟盟主的地位，奪下英格蘭和尼德蘭。至於路易十四，則準備再深入日耳曼。一六八九年，路易十四以他弟媳有權繼承一部份領地爲由，揮軍攻向日耳曼的巴拉汀（Palatinate，今萊茵河中游一帶），大肆燒殺擄掠，連俯瞰海德堡（Heidelberg）的城堡都被他們毀了。但這時，反路易十四的大聯盟也已就位，法國就此和大半個歐洲打仗，一直打到一七一五年。

與此同時，路易十四爭逐霸權、榮耀的野心，也搞得他幾乎要和教皇國徹底決裂。他們兩邊的歧見主要倒不在教義上。法國教會走的是廣義的「高盧優先」❻路線，主張法國教會在法國的任命權和歲入權優於教皇國。但教皇國只同意讓出一部份權利。不過，在一六八八年，眞正的危機還是在「豁免權」（franchise）的問題上，也就是派駐羅馬的境外使節是否享有治外法權。歐洲王國大部份都自動節制自己的司法，或甚至放棄。但路易十四就是不肯，還派了一位職業軍人率領千名士兵，到羅馬拿下了法國大使館，加強軍事防禦。一六八七年末期，教皇對法國大使下了破門令（逐出教會）。一六八八年秋，路易十四派軍佔領亞維農（Avignon），這是教皇圈在南法的一塊很小的領地。只是，這麻煩最後還是因爲打死不退的教皇英諾森十一世❼，在一六八九年死了，才沒讓兩方眞的徹底決裂。

一六八八年，凡爾賽宮內的生活景象，以丹古（Dangeau）侯爵寇西揚（Pilippe de Courcillon）寫的日記爲最好的素材。一六八八年，丹古侯爵年正半百。他和當時許多年輕貴族一樣，年輕時有到國外打仗的經驗。他去的是西班牙，很快就受封爲新設的陸軍兵團團長。但他的才華，其實還是在宮廷裡當廷臣比較好，而不是在戰場上當將領。西班牙裔的皇太后安妮，還有路易十四一樣出身西班牙的王后瑪麗・泰瑞莎（Marie Thérèse），都愛找他用母語講話。宮裡的廷臣夜夜愛打小牌賭金條，丹古正是箇中高手；據說他就靠這本領打出了巨富。他不搞政治，路易十四鎮日讀通報、下決策而開的那些會，他也插不上腳。但從他那邊說出了許多宮中的日常景象。

這本書裡一六八八年的世界出的許多事，都傳到了凡爾賽的廷臣耳裡：伊斯坦堡的暴亂，威尼斯和鄂圖曼打的仗，莫洛西尼（參第二十一章）一邊打仗一邊選上了威尼斯總督，有大批白銀隨船運到了卡地茲，連牙買加的奧柏瑪公爵（參第十六章）死了的事他們也聽說了。廷臣也愛拿宮裡收到的禮來挑毛病，說什麼這暹羅國王送給法國國王的禮不怎麼豪華啊；法國和教廷間的衝突也有不少討論。到了秋天的時候，每個人就都追著菲利普斯堡圍城的最新消息走，也談了不少皇太子有多出色、哪些貴族又怎樣等等。十一、十二月時，荷蘭和英格蘭傳來的消息，先是混亂、矛盾，再是驚愕、難過，最後就害人如喪考妣了。丹古回憶錄裡記的事，法國境外的歐洲事務其實還比法國境內的宮外生活要多。

他隨筆作的雜記，以宮廷裡的活動爲多。國王幾乎天天和弟弟出去打獵或練槍。晚上常有音樂會或戲劇演出；玩牌是家常便飯。國王平常都在，每天花很多時間和大臣開會，讀官方通報，但也不忘他的皇家功課——批評這位、批評那位，喜歡這位、討厭那位——嬉笑怒罵、玩世不恭一番。他隨時隨地都很精明警醒，儀表和舉止從不失態。新進宮的人，常要花點時間才不會被他嚇到。丹古在一六八八年的三月和四月，記的有國王新添的華麗新衣，紅、藍的底鑲金、銀的邊，這是準備在皇家獵狐宴時穿的。有誰進宮，有誰跟著國王到哪裡去，丹古一概記得詳詳細細；都是大事欸。國王的任命和賞賜也一樣。法國宮廷裡的「錢脈」，也從丹古筆下金碧輝煌的娛樂、儀式裡透了出來。每一任命，每一賞賜，誰死掉、誰繼承，都有價碼由丹古一一記下。所以，一六八八年三月三十日，「蒙固先生，鐵甲兵團團長，即將迎娶于德里寇小姐。爲了表示祝福，他可以從陛下那裡領到一千埃居❽的年金，從小姐那裡領到二千埃居；此外，這位小姐還有二萬二千埃居的銀幣；她姨媽，苗桑夫人，也答應死後留給她四萬斤❾的銀兩。」四月八日，「國王爲海軍艦隊隊長維勒加了一千埃居的年金。衛隊隊長凱亞維獲任達克斯總督一職，接普耶恩先生過世的遺缺。他接這總督，至少可以多領一千埃居，而且，那地方就在他出身的地區。」諸如此類。

丹古日記裡陪國王出遊的名單，有個人名幾乎次次都會出現：曼特農侯爵夫人。她之得以打入國王的圈子，是因國王的前任情婦，孟德斯潘侯爵夫人（Montespan）引介她入宮當王子、公主的家教。而她之得以擄獲路易十四的心，是因爲路易十四跟許多步入中年的情場浪子一樣，開始想定下來認眞過日子。他在一六八三年皇后瑪麗・泰瑞莎去世未滿六個禮拜，就再娶曼特農爲妻。由於曼特農的出身不夠高，無法冊立爲后。就連兩人結褵一事也密而不宣，只是廣爲流傳。路易十四的宗教信仰，除了深信自己是天命之主外，其實不怎麼虔誠。他和教皇長期唱反調，政治學的師傅馬薩林還是政治「信徒」視若寇讎的傢伙。但曼特農夫人卻是位虔誠的天主教徒。路易十四就在她的調教下，跟著開始固定上教堂望彌撒了；其他該做的宗教功課也一概行禮如儀。曼特農夫人對老公如何處理政事不會明白插手。但大家都知道，她老公從來不敢不聽她的意見，而常會以恭敬、親愛的口吻，跟她說：「不知沈穩如您老意下如何？」丹古一六八八年還在日記裡寫過，義大利喜劇演員接獲警告，以後對白裡不可以出現雙關語。

路易十四在一六八〇年代做的幾件很有名、但也可能是惡名的事，有人怪在曼特農侯爵夫人頭上。像路易十四在一六八五年下令〈南特詔書〉⑩作廢就是一樁。新教徒就此未能再見容於法國，進而引發數千名預格諾派信徒出亡荷蘭、英格蘭，甚至遠走南非。只是，雖然曼特農夫人想必會很高興法國的宗教終於「統一」，但她絕對沒那能耐去弄出一樣早在路易十四拜倒她石榴裙下之前就已經籌謬很久的政策。一六八八年，「包容」的理念還遠遠落在知識圈清談的邊陲，連荷蘭君主那麼開明的人，都還認爲他有責任查禁抨擊基督宗教基本教義的出版品。天主教徒和新教徒在法國政治分據敵對兩方，在社會也形成壁壘分明的兩大集團，這樣的歷史並不算短；期間出過不少暴力事件，以致雙方的宿仇難解。而路易十四又愛把他子民裡有特權的集團，像新教徒因〈南特詔書〉而有的那些，看作是對他治權的侵犯，破壞他國家的統一。那時，天主教徒和新教徒兩邊都有熱心的社會賢達，想找出基督信徒重整的模式。而依天主教徒的看法，當然就表示新教徒必須重回羅馬天主教的懷抱，就算略作修正也無妨。但這類規劃，看來都只像是神聖羅馬帝國的哈布斯堡王朝在幕後策動，跟要法國人完全臣屬於教皇一樣，法國人一點興趣也沒有。結果是雖然有人秉持崇高的理想，努力帶領法國的新教徒改信天主教，但這中間最主要的動力，跟路易十四要的外交政策、跟路易十四逐步蠶食萊茵河岸領土一樣，都有政治目的，也都一樣諷刺。法國政府發了幾十道詔令，禁止預格諾派信徒做這、做那，凡是〈南特詔書〉未明文准許的事，一概不行，連接生也在內。政府還特別撥款付錢給改信天主教的人。暴民滋事，強加罪名迫害新教牧師，到最後，連皇家軍隊都跑到頑抗不從的新教徒家中坐鎮；法文裡的 dragonnade（龍騎鎮壓）⓫就是這樣來的，英文裡的 dragoon（用暴力使別人屈從）也一樣。大批新教徒因此低頭認輸改信天主教；至少表面如此吧。其餘則逃往國外。

到了一六八五年，路易十四朝中聽的都是改信皈依的動人故事，沒一點恐怖、脅迫的情事。他自然就此認定宗教統一的大業幾已完成；這時，撤銷以前給的特權不過是形式罷了。只是，未必盡然。由於俗家的新教徒現在不得離境，許多人便循海、陸兩道偷渡出去。他們的財富和工商技能當然也隨身帶走，轉投入其他新教徒國家，去促進人家的繁榮。他們帶走的還有許多可怕的迫害事蹟，加強了新教徒貴族、菁英反抗法國霸權的決心，而在太陽王金碧輝煌的王朝投下一大塊烏雲。只是，在一六八八年的史料裡，不太找得到法國迫害新教徒的記載。那時，新教徒不是名義上改信天主教就是逃到國外，再要不就是躲得遠遠去了。

太陽王插手的事裡，倒有一件眞的該由曼特農夫人負責。這件事，對他圍城獵狐的男性雄風或凡爾賽宮金光閃閃的錢脈，雖不是直接的挑戰，卻像在整個貴族階級身上加了一道謙恭、虔敬的緊箍咒。「聖西爾皇家女校」是一所寄宿學校，收容了二百五十位清寒貴族之女，尤其是曾爲國王殉難、傷殘的貴族子女優先。入學的女童年紀在七歲到十二歲間，身穿棕色的樸素制服，有蕾絲作花飾，頭戴白色的蕾絲扁帽，加了緞帶花：最小的是紅緞帶，再來是綠緞帶、黃緞帶，最大的是藍緞帶。校內的老師不必是修女，每人負責帶一群女孩兒，像一家人一樣，由老師帶領做讀書、寫作、禮拜等功課，外加一大堆針線活兒。曼特農夫人對教育極富熱忱：她小時過得恓恓惶惶，及長，又耗了不少大好的青春歲月在國王生的那幾個小混蛋身上。她說服國王出資成立聖西爾後，就可以實現她對女性教育的夢想：這過的應該是快樂、虔敬的學習生活，但不是修道院的那種，而且美貌、丰姿一樣不得偏廢。雖然有學生畢業後眞的出家當修女，但大多數當的是賢妻良母，浸淫在最愉快、最嚴肅的沙龍閒話裡。一六八八年春的嘉年華會⑫，校內的女孩兒便把聖經、高乃伊⑬著作裡的場景搬上舞台自娛。到了該年將盡之時，院裡更忙著排演，爲曼特農夫人的一次光輝時刻作準備：一六八九年一月二十六日，聖西爾的女孩兒要在曼特農夫人、太陽王御前，演出拉辛傑出的新作《艾斯黛》(*Esther*)，重演《聖經》裡貧寒、虔誠、貞潔的少女攀上高枝、榮登君側的故事。

但那時，曼特農夫人已經覺得聖西爾有不少事很教她憂心。學校離凡爾賽宮太近；宮裡的廷臣到院裡來玩，成了流行的消遣。校內的老師、學生對此青睞當然興奮有加。一六八八年十二月十日，路易十四突然開除了女校的年輕校長；這位校長好像對宮中青睞特別著迷。曼特農夫人覺得這學校要在修道院瑣碎、拘束的規矩和不夠淑女的聰慧、豪放間找出一條中庸之道，實在很難。所以，後來，還是修道院這邊贏了。到了一六九○年代，校內的老師規定一概必須是出家的修女。

曼特農夫人虔誠的基督信仰，在男性掌控的跋扈世界雖是不錯的彌補或糾正，但不算威脅。只是，女性禮拜上帝未必個個如此。一六八八年，珍妮·居伊昂 (Jeanne-Marie Bouvier de la Motte Guyon, 1648—1717) 這位怪胎，就給曼特農夫人好多頭痛時間，太陽王起碼也頭痛過幾次。珍妮·居伊昂早在少女時代就愛在內心不時默默祈禱。及長，丈夫和丈母娘在十二年的婚姻裡，對她橫加重重的虐待，更逼得她潛入內心的世界，以身受的苦難爲一己揹負的「十字架」。丈夫死後，她才得以全心奉獻於內心的祈禱，也用不多的家產，在日內瓦一帶濟助新教改信天主教的信徒。走過性靈徹底枯槁的歲月，居伊昂此時轉進了「空信」⓮的階段，超脫一切靈異和狂熱的表露。她開始寫作，從她筆端流洩出來的文字連她自己也不敢置信。除了偶爾生生病，但爲她奉爲個人特有的「十字架」外，她還回歸到童稚的純眞，禮拜聖嬰耶穌。許多見過她的人，對她擺出來的冥契（mysticism）加聖母崇拜的信仰（雖然她自己並不是個好母親），刻意做出來的童稚溫馴，都覺得不甚自在。有幾位主教對她談吐寓意之深刻雖然很有興趣，但總希望她能更進一步。一六八六年她到巴黎去時，才剛出版了她最有名的著作，《簡易祈禱之道》。由衷的祈禱不需要形式，不需要言語；像「我的天父」這寥寥幾個字，就是每個人隨時隨地可以作的祈禱。居伊昂夫人在巴黎的信徒圈掀起了一陣熱潮，但沒多久，不少人就開始覺得擔憂：她的教誨，太像西班牙耶穌會士莫里諾斯⓯了。莫里諾斯一六八五年於羅馬被捕。她這教義和教會其他說法的差異在外人看來或許微不足道，但問題在於：她這主張等於是說個人可以越過教會作中介。但直接上達於上帝的天聽，於教會的威望恐怕有所危害。由於相關人士全都和羅馬教會維持「一體」的關係，也希望和羅馬教會維持「一體」，因此，這件爭議並未擴散到尋常百姓，而和英格蘭天主教、英國國教、清教三方的纏鬥不同。但這爭議還是反映出一樣根本的問題：國王挾旗下主教致力整頓宗教秩序的決心，和居伊昂這類基督信徒向內心索求個人獨到信仰的無盡驅力，有了衝突。而當然，有女子居然膽敢拿上帝來寫文章，也教許多人很不痛快。

一六八七年，坊間對《簡易祈禱之道》開始公開抨擊，終至於一六八九年將這本書送上「禁書目錄」。先是有位居伊昂夫人時常就教的神父遭到逮捕。一六八八年一月二十九日，居伊昂夫人自己也被捕，關進「聖母降臨修女院」。她在院裡既無人同情，也未得善待，但她一樣將此命運視爲她所必須揹負的十字架，逆來順受。但支持她的人還是想辦法找上了曼特農夫人。曼特農夫人幾經調查，深爲居伊昂夫人的虔誠感動，也不相信她對正統教會或社會秩序會有任何危害。因此，一六八八年九月十二日，居伊昂夫人獲釋。只是「虛寂論」⑯的爭議和法國天主教會裡的其他爭議一樣，還要再唇槍舌劍吵上幾年的時間。

丹

古侯爵在日記裡還寫過，路易十四從一六八八年的一月起，就曾多次率領小隊人馬從凡爾賽宮的豪華園林出巡到特里阿農去。特里阿農原有一棟小巧精緻的皇宮，頂蓋瓷瓦。後遭剷平。路易十四到那裡，便是要視察新建皇宮的進度。工程已近尾聲。這棟更大、更莊嚴的特里阿農宮，至今依然矗立人間。特里阿農宮最著稱的是它褐底映現粉紅石紋的大理石長柱；嚴謹的古典樣式，將恣意流動的暖色石紋襯托得極美，也和庭院、迴廊舖的黑白鑽石型地面相互輝映。天氣好的時候，是散步的好去處，也是太陽王活動的絕佳舞台佈景。路易十四和他的隨員偶爾還在特里阿農宮用餐，所用的餐點同樣出自路易十四的御廚，而且必須從很遠的地方運來。眞不知他是否吃過熱食。直到十一月十三日，丹古侯爵才寫下皇宮「已經竣工，裝修完成」。十二月三日，一支義大利的喜劇班子在路易十四暨所有大臣面前演出，所有的雙關語想必一概翦除。十二月十八日，巴黎歌劇院來的樂手、舞者也演了一齣歌劇。十二月二十七日，演的是芭蕾舞。那時，法國宮中已經知道英王詹姆斯二世的王后和襁褓裡的幼子，已經逃出英格蘭安抵法國，詹姆斯二世則在逃出英格蘭途中被攔了下來。一六八八年十二月三十、三十一日暨一六八九年的一月一日，路易十四一朝全忙著辦一場又一場繁複的儀式，要為三位教士、二十四位俗家貴族舉行「聖靈騎士團」的晉爵典禮；僅見的瑕疵，就是有兩位公爵為了誰先誰後吵了一架。

第十五章　禍起蕭牆，光榮革命

英格蘭在一六八八年末兩個月所推出的戲碼，或可形容爲兩位國王主演的一齣曲折的巴洛克式即興劇，一首貴族合譜的複調音樂，幾幕入侵的軍隊、暴動的市民作大合唱，外加印刷工業以配樂助興。十月十日，奧倫治威廉（William of Orange）發佈檄文，說明他發動進攻的原因。奧倫治威廉詳列詹姆斯二世一朝的「罪行、濫權」，以其對英格蘭既有的新教信仰構成重大的威脅，而且，該由詹姆斯朝中的「邪惡大臣」負起全責，因此，呼籲召開自由選舉的國會；批裍中的威爾斯親王爲「僭主」，但表明無意奪取岳父的王位。檄文印了六萬份，循多條管道立即朝英格蘭境內發送。十月底，奧倫治威廉已經在鹿特丹附近的布里爾（Den Brill），集結數量龐大的艦隊和至少二萬一千人的軍力。荷蘭的精銳勁旅全都在內；這批人和路易十四的軍隊常年作戰，磨練出了一身膽識。另外，大砲、軍需、馬匹不計其數。陣容之壯盛，十七世紀遠征軍罕見。

艦隊趁十月三十日風和日麗盛大出海，蔚爲一片壯闊的勝景，未幾卻碰上狂風暴雨。砲管一一鬆脫在艙底滾來滾去；拴在艙底的四千匹駿馬，有四百至一千隻因此送命，不是在釘死的艙口蓋下悶死，就是在拴馬的艙壁上撞死。艦隊返航，回到荷蘭港口，火速修復，於十一月十二日再度啓航。航向何處不甚清楚。威廉有些重要盟友在英格蘭東北部一帶。從那裡登陸，看來不錯。但選別的地方登陸，奇襲的震撼效果更大。東北部的人應該有辦法護住自己的地方吧。十一月十三日，艦隊樹起了面面旌旗，全速開過多佛海峽（Strait of Dover），兩邊的峭壁懸崖聚滿了圍觀的群眾。「新教之風」既然推著威廉的艦隊快速前進，就也將英格蘭的艦隊擋在港口內無法出海。他們就算出海，艦隊司令追剿來軍的速度也很慢；可能是在調整他的政治風帆吧。

眼看順勢的東風就要把艦隊吹到得文郡（Devon）東岸良港外的海域，送進守備完善的普利茅斯（Plymouth）港去；這時，風向突然一轉，攻來的大軍在突岩灣（Tor Bay）下錨。這時有位漁夫，叫彼得・瓦爾維爾（Peter Varwell），接了身型矮小的威廉上岸到他湫隘的小屋裡住了一宿。這是大陸曆（Continental Calendar）的十一月十五日；依英格蘭還在用的古曆，則是十一月五日，英格蘭人過的「法克斯節」[1]。

上岸的第一天熱鬧非常；鼓聲震天，旗海飄揚。地方上的酒館老闆樂得闔不攏嘴。幾天後，威廉的大軍在進駐的第一座城，牛頓阿波（Newton Abbot），宣讀了威廉的檄文。只是，當時威廉大軍每天做的，不過是頂著陰冷的晚秋霪雨，在得文郡狹窄、泥濘的小徑上艱苦跋涉前進。

十一月九日，威廉的軍隊終於排得出來正常的行軍隊形，打鼓、揚旗，大步邁向艾希特（Exeter）教堂城。威廉下令教堂不准再爲威爾斯親王祈禱。大軍在城裡購置衣物、軍需，爲威廉擄獲廣大的民心。而威廉也頗有決心，嚴格約束手下的部隊。記載裡有幾起士兵因爲偷雞而問吊的事。十一月十五日，威廉在艾希特作公開談話，首次使用「朕」這個字。十一月二十日，威廉再度開拔；只是天候惡劣，病倒了一堆人。但也有佳音傳來。西部貴族裡的要員已經靠向威廉這邊。威廉在東北部的盟友也已拿下了約克（York）、諾丁罕（Nottingham）、新堡（Newcastle）等郡。十一月二十四日，詹姆斯王的心腹愛將，約翰・邱吉爾（John Churchill, 1650—1722），連同格拉夫頓（Grafton）公爵，出現在艾克敏斯特（Axminster）的威廉御前。威廉引用《聖經》裡大衛王說過的話——「你們若是和平前來幫助我，我心就與你們相契」（歷代志上，第十二章第十七節）——相詢於來者；邱吉爾便引用另一段《舊約》回應：「大衛阿，我們是歸於你的，耶西的兒子啊，我們是幫助你的，願你平安，願幫助你的也都平安，因爲你的神幫助你。」（歷代志上，第十二章第十八節）

十一月二十六日，威廉偷得一日之閒，先跑去獵鹿；再加印一些檄文，又在艾希特作了一次公開演講，然後走過一處小村。威廉大軍長驅直入的全程，只和英軍交鋒過兩次。其中一次，便是他的先頭部隊在這裡和敵方遇上了。交手的結果，是雙方各損失十五名人力。十二月四日早上，威廉行經索斯柏里（Salisbury），在威爾頓莊（Wilton House）略事停留。這是潘布魯克

(Pembroke) 伯爵的莊園，威廉停下來，是要看看范戴克❷畫的名畫。莊園極其壯麗，是大建築師瓊斯❸侄子的手筆，正適合潘布魯克家族以此爲據點，發揮皇親國戚的地利之便，弄權近兩百年，爭逐鼎盛的豪華生活，獎掖藝文創作。當地有傳說，指莎士比亞曾率劇團在當地作《第十二夜》(*Twelfth Night*) 和《皆大歡喜》(*As You Like It*) 兩劇的首演。潘布魯克家的范戴克畫，最好的一幅，是四世伯爵和家人的肖像。他是詹姆斯一世的王室內務總管。潘布魯克家後來的幾位伯爵，就有些復辟時代 (Restoration，一六六〇年英王查理二世復位) 大地主貴族放浪形骸的樣子了。七世伯爵還犯下了殺人重罪，囚禁於倫敦塔，負債累累，害得威爾頓莊裡有許多東西不得不在他一六八三年死後賣掉還債。他的弟弟，繼任的第八世伯爵，就學富五車了，大力支持洛克，曾參加一六八八至八九年的大辯論 (參第二十章)，在威廉、瑪麗朝中歷任高官，振興家業，創辦著名的威爾頓皇家地毯工廠❹，購藏眾多善本書和藝術精品。

威廉在威爾頓莊一幅幅珍貴的名畫和一間間對稱式舞台佈置的房間裡，若看見一幅小一點的正方形范戴克畫作 (若這幅畫正好在場，而不是掛在伯爵的倫敦寓所；而且，他也看得到的話)，想必會對畫裡三個查理一世 (1600—49) 的小孩多看幾眼。左邊那位，就是後來的查理二世，在畫裡已經大得可以穿特小號的成人衣服了。右邊是瑪麗公主，長大後就嫁給奧倫治威廉二世當王后，生下面前這位威廉三世；她穿的也是特小號的成年貴婦裝。中間那位，套著嬰兒穿的長袍子，後來就成了詹姆斯二世，也就是威廉的岳父，兼他此次長征，刻意縱走英格蘭直攻而來的目標。

後來，威廉那天還以威風凜凜的全套凱旋架式進入索斯柏里。不過就在十天前，詹姆斯二世的前腳才從那裡剛走呢。威廉的軍隊一路暢行無阻，途中只小停了一會兒，看看「巨石陣」(Stonehenge)，讚歎幾聲，討論一下這些石柱各種奇奇怪怪的源起。十二月六日，威廉抵達亨格福（Hungerfort）；八日，接見詹姆斯王派來謀和的特使。時間站在他這邊。英王詹姆斯二世的處境十分危殆。全國的貴族、鄉紳，一個個全倒向威廉。若能磋商出協議來，詹姆斯二世或許還可能挾大眾對王室的敬意以自重。因此，威廉的對策，就是無論如何不和岳父見面，不和岳父協議。

英國一六八八年的「光榮革命」，後世的解讀言人人殊。這場革命之所以「光榮」，是因爲全程幾乎不沾血腥，因爲這場革命打開了一條坦途，供現今世人珍惜的各式憲政制度得以問世。一六八九年發布的〈權利宣言〉(Declaration of Rights)，建立民選國會爲國家賦稅、立法基礎的最高權力機構，同時明訂國王權力的限度。這些新芽，此後數百年不僅在英國式議會政治的倫敦、渥太華、新德里等地灌溉耕耘，也在巴黎、布拉格、東京等語言不同、傳承不一的議會政治，以及美國非（單一）國會制的政治體系裡勃然發蔚。

但光榮革命若說是一場家族內訌也不爲過。因爲，奧倫治威廉是把岳父從國王的寶座上給轟了下來。先前已經提過，這場革命是歐洲國際政治的一大轉捩點。英、法兩國長達百年的衝突就此具體成型。這場革命，也是英格蘭政治劇變、百年波瀾的頂點。一六八八年時，英格蘭的男女老少常以紀念該世紀出現過的偉人、大事，作個人政治或宗教輸誠的表白：像「福克斯節」，便是紀念一六〇五年天主教徒企圖炸毀國會的怪陰謀遭人揭發。保皇黨、天主教徒、新教徒，也隆重紀念英王查理一世於一六四九年問斬的日子。許多宿願未償的激進份子，更常緬懷一六四〇年代爭取自由大夢的時光。連克倫威爾（Oliver Cromwell, 1599—1658）也都有好幾個紀念日。

十七世紀英格蘭的政治動盪，雖因社會、文化劇變而起，但以宗教、政治的型態更爲重要，英格蘭的大批男女老少就因這型態而自己決定他們要效忠哪個國王和教會。新教徒不靠統一的教會組織的威權來作行止的指導。英國國教（聖公會）雖也屬於新教，但有嚴明的階層組織隸屬國家管轄。由於有些人覺得英國國教因襲天主教的污染太過嚴重，因此，有像清教徒那樣從內部下淨化工夫，也有分離派（Separationist）徹底否定政治權可以強迫人民隸屬某一教派。但不論哪一派，依他們的信仰，都必須自己決定這些事，各人的救贖也全看各人作了怎樣的決定。但信仰的爭論，向來沒辦法不滲入政治的領域；也因此，國王和國會到底有什麼權力爲英國國教制訂政策？只要這點略去不論，英格蘭幾乎人人同意王室有必要擁有實權，但國會也有歷史悠久的權力傳統，特別是賦稅方面的表決權，而且，還愈來愈見伸張、擴大。英格蘭人生而自由、享有權利的觀念，更教這些問題成爲每一位識字、有點政治常識的人肩上不得不扛的責任。而保王派（monarchist）還在法國國王開例之後，提出了新的主張，認爲國王有天賦的神權，以致在辯論上火上加油。從國會殿堂、鄉鎮公所到倫敦的小咖啡館，都湧現大批論辯、駁斥的聲浪，還有漫天的印刷傳單。那時的英格蘭人只要識字，就得面對政治、宗教的艱難抉擇，看是要加入哪一批會眾、哪一處會社、甚至哪一群暴民；就算是獨處一隅，也要決定是要讀哪一份傳單、報紙或宣道小冊。

這齣戲的第一幕劇情大轉折出現在一六二九年；斯圖亞特王朝的國王查理一世由於不肯讓清教徒主導的國會干涉他在英國國教裡推動反清教的統一計劃，而解散國會，遂行獨裁統治，直到一六四〇年。那時，由於國王和國會都認爲國家的最終權力是握在自己手上，立場也都突然趨於強硬，以致爆發內戰❺。到了一六四六年，查理一世已經淪爲國會軍力的階下囚。但反抗獨裁王權的廣大陣線也在這時四分五裂。宗教信仰的強大驅力，加上千禧年❻的預言作祟，推著一部份清教徒橫將清教的標準加在社會每一份子身上；但另一部份人則大作其眾生一切平等、專制一概掃除的清秋大夢。以致許多反王派因清教徒對傳統習俗和社會關係的壓迫、攻擊，而和他們拉開距離。原有廣大群眾基礎的革命後遭專制精英挾持，這是現代世界才有的現象。而這場革命，便是這現象的第一件重要事例；而且跟許多情況一樣，還有強大的軍力作核心。查理一世於一六四九年遭國會控制的軍隊問斬，頭顱在駭然無聲的人群面前高掛示眾。軍方三番兩次整肅國會，最後拱出克倫威爾作新「共和」(Commonwealth)的「護國公」(lord protector)。克倫威爾是位有智慧、有幹才的政客，身處政治基礎不大、合法權力有限的軍頭獨裁政治裡，一心要擴大宗教包容的廣度。克倫威爾一六五八年死了以後，軍方和國會雖然幾經角力，但遲早還是磨合出了合適的組成，而於舉國騰歡聲中迎回查理二世，繼任他父王的遺位。查理二世的復辟時代，就以徹底逆轉清教徒的道德壓迫而留名青史。查理二世本人還以身作則，到處留情獵豔，生活踵事增華。顯而易見，他過的日子一心以法王路易十四的宮廷爲取法的對象，也比較傾心於羅馬天主教會。英國國教正統派的異議份子因之蒙受了諸多法令的剝削。

一六四〇年代內戰的一場場戰爭，鄉鎮、城堡的圍攻屠殺，一戶戶四散流離、喪夫去子的人家，在克倫威爾治下一一在陰鬱的壓迫下垂頭認命。接著，復辟帶來了大逆轉，社會阢隉不安，莊園、家產有被沒收的也有要回來的，政治的積怨和宿仇一樣一一在清算。但說也古怪，共和、復辟這兩段時期，還是一步步爲一六八八年奠下了基礎，供英格蘭崛起，挾空前的榮景，在歐洲的國際政治佔下一席之地，份量還比該世紀之初要重要得多。這時的社會精英，基礎擴大，已經習慣參與國家政策的制訂。宗教的歧見，國王、國會的權限爭議，在這期間熱度不減。地主不斷下工夫要提高農地的生產力。損人利己的重商政策，特別是去損荷蘭這競爭對手的利益以促進國內的對外貿易，在克倫威爾時代即已開始，到了查理二世，蕭規曹隨不輟。復辟時代之墮落雖然聲名狼藉，於經濟卻不無小補。因爲，國內的王公貴族率子弟痛快花錢，不僅收入全部出清，還大舉借貸，全花在豪華莊園和倫敦的享樂。倫敦成了現代（modern）伊始的大熔爐，有一座座咖啡館供眾人發表政治看法、敲定生意往來；有一幕幕戲劇、藝文演出，放浪形骸但活潑有勁；有一份份小報、傳單、海報不停出刊，傳播小道流言、記載社會百態。

而站在新、舊秩序中間位置的這位查理二世，則是史上少數能爲墮落塗上美名的君主之一。他身體力行的豪奢、獵艷，風行草偃，成爲諸多貴族率子弟大力效法的楷模。查理的弟弟，約克公爵詹姆斯，倒是位公開的天主教徒。查理二世自己雖然比較偏向天主教，也常從法王路易十四那裡獲得金援，政策也多少會偏心一點天主教徒。但查理一世知道，他的子民可是像瘋狗一樣死命反天主教的。因此，他直到死前才眞正皈依天主教。他父王生前爲了留住王位而作的讓步，在他治下依然有效；英國王室已經朝君主立憲政體暨國會節制王權，走了不短的距離，再也無法回頭。只是，就算查理二世手腕耍得精明又狠辣，依然遮不住英格蘭上下深深的裂痕。

這一道道裂痕，在一六七八年因「天主教陰謀」（Popish Plot）的奇想敗露，而突然迸現出來。據稱，這陰謀計劃要暗殺查理二世，屠殺新教徒，然後扶（約克公爵）詹姆斯即帝位，由耶穌會組成教會會議，監督政事。反王勢力在一六七九年贏得國會大選，但在有人提出法案要排除詹姆斯的王位繼承權時，查理一世便不再向國會裡的極端派讓步，因而斷然解散國會。這項排除法案眞的是項創舉，國會居然主動干涉王位的繼承事務。「反詹姆斯派」（Exclusionist）迅速集結起來，在下議院獲選爲多數派，但暴民歇斯底里的盲動，天主教神父因莫須有罪名橫遭處決，民間對王室常存根深柢固的敬意，在在激發反對勢力隨之高漲。反王勢力往往便是「反詹姆斯派」，他們控制了下議院後，就在這時期開始被人叫作「輝格黨」（Whigs）。保王派則叫「托利黨」（Tories）。促成一六八八年光榮革命的對壘，已然成型。只是如今，查理二世解散國會，由他獨裁統治英國，直到一六八五年逝世爲止。由於民生普遍富裕，他訂的終生稅還可以支持政府的運作順暢。他的軍力不多。外加法王路易十四也對他施以大量金援。因此，一六八二年，查理二世開始運用他廣泛的權力，改造地方自治政府的生態，排除政敵，鞏固保王派於地方的勢力，確保未來國會選舉一定選出保王的議員。輝格黨則是內訌嚴重。他們的根本問題，在他們內部也只有一小撮激進派的人在反王權。也因此，若他們反對王弟詹姆斯繼位，那他們是要支持誰來繼位呢？蒙茅斯公爵（Duke of Monmouth, 1649—85）詹姆斯是查理二世的私生子，雖然人緣不錯，但不是位老練、可靠的領袖。一六八三年，一些輝格黨的激進派牽連到一樁密謀，要在萊莊（Rye House）刺殺查理二世暨約克公爵，幾位黨徒遭到處決，王室氣燄因之更盛。

一六八五年二月，王弟詹姆斯繼任查理二世之位的時候，地位看來相當鞏固。新選出來的國會撥給他的終生年金和他哥哥一樣。蘇格蘭雖曾興亂，蒙茅斯公爵也率眾舉事，但都很快平息。只是，詹姆斯二世沒有他哥哥老謀深算、迂迴漸進的手腕，一點也不隱藏他信天主教的事，甚至公開表示有朝一日，希望他所有的子民都可以回歸「唯一的眞道教會」。他朝這方向走的第一步，就是想把〈審查法〉❼這道門檻給廢除。這法案擋下了天主教徒出任官職、軍職的路。他想派幾位天主教徒出任軍官，卻被國會委婉打消，惹得他大爲不快。他其實很感激托利黨人對王室忠誠不二的情感，也覺得大部份托利黨人虔誠信奉的英國國教不過是拘泥儀式的專制組織而已，和羅馬的天主教會沒多大差別；但他就實在搞不懂，他們的國教信仰怎麼會和反天主教的頑強立場攪和在一起。詹姆斯二世想爲天主教徒爭取信仰包容、出仕任職的機會，屢遭國會和英國國教主教打壓。但他跨出英國國教和新教徒建立友誼的工夫，倒沒全然白費。新教徒在英國法律受限的情況和天主教徒差不多。他對法國打壓新教徒手段之激烈，就表達過強烈的不滿。

但英國國會裡的托利黨人，對詹姆斯二世全面寬容的態度，不滿就更強了；他連一些相當極端的教派像貴格派（Quakers）都一體包容呢。此外，雖然大家都知道國王是有權就特例「中止」某項法令之執行，但國王是否有權將國會沒有廢止的法令全面中止？則頗有疑問。雖然詹姆斯二世譴責法國打壓新教徒的作法，但還是有許多子民覺得這國王好像在學法王路易十四搞集權；這國王信的本來就是專制、集權的宗教，不這樣你想他還會怎樣！不止，詹姆斯二世還在用國會撥給他的豐厚年金擴編他的常備軍，軍力大部份還就部署在倫敦附近的亨斯洛希斯（Hounslow Heath）。像詹姆斯二世這類直腸直肚、冥頑不靈的武夫，當然會覺得自己建一支靠得住的軍隊絕對有道理；地方的民兵連蒙茅斯的雜牌軍都對付不了呢。但他有許多子民，就覺得駐紮在亨斯洛希斯的國王大軍，有好多都是愛爾蘭籍的天主教徒；怎麼看，都很像鎮壓法國新教徒的龍騎兵！但那時就是沒幾個人想到：不管用怎樣的武力，要強行推銷只有百分之一人口在信的宗教，怎麼可能！

詹姆斯二世若有辦法弄出乖乖聽話的國會，廢除〈檢查法〉，或許就可以明白弄到他要的東西。一六七〇年代末，輝格黨裡的「反詹姆斯派」一手操縱地方政治，藉散漫的地方自治政府和郡縣選舉，選出了定向於特定信仰的國會多數。以致查理二世和詹姆斯二世只能利用王權重組地方政治生態，爲自己選出一屆聽話的國會多數。如今，一六八七年末，詹姆斯二世開始對一些可望從地方議會轉進國會殿堂的托利黨人，要求表態支持廢除〈檢查法〉。有許多人原本是自動與他結盟的，現在因不滿詹姆斯二世施壓，就開始轉向。到了一六八八年春、夏之際，詹姆斯二世的作法還是一樣。

十七世紀，死亡的陰影從來未曾離人太遠。詹姆斯二世若死後沒留下兒子立爲王儲，那他女兒瑪麗，也就是奧倫治威廉的妻子，就可以繼承王位。威廉在歐洲對抗法國擴張霸權的聯盟，居樞紐的地位，因此常獲反天主教的新教徒支持。荷蘭便是激進輝格黨人、預格諾派的大庇護所。詹姆斯二世懷疑女婿暗中支持蒙茅斯公爵舉事；威廉雖從荷蘭調派英格蘭籍、蘇格蘭籍的兵團各三支跨海馳援，也只撫平了部份疑慮。這些兵力駐紮荷蘭，多少有永久駐防的性質。一六八七年，威廉斷然拒絕支持詹姆斯二世要爲英格蘭、蘇格蘭天主教徒爭取寬容的政策。詹姆斯二世再娶義大利莫德納（Modena）的瑪麗公主，雖非一無所出，但還是沒生出兒子來。因此，一六八七年傳出王后可能有孕，便是極其重要的政治情報。王后若生出個兒子，受洗爲天主教徒，便絕對可以保證英國的天主教徒可以牢牢掌握王位的無限權力暨神祕的光暈幾十年不放。詹姆斯二世和瑪麗王后偕他們信天主教的廷臣，個個屏息以待。而新教徒一樣在等待，只是憂懼之至，開始尋求極端的替代方案。

一六八八年四月二十七日，詹姆斯二世重申他一六八七年頒布的〈宗教寬容令〉(Declaration of Indulgence)，暫停〈檢查法〉的法律效力，而且下令要他治下的教堂牧師廣爲宣讀。五月十八日，一批主教代表面謁詹姆斯二世，明白告訴國王他們不會聽令行事，因爲國王無權這樣中止國家的法令。詹姆斯二世怒不可遏，但還是等了三個禮拜，才在六月七日抓了七位主教送進倫敦塔。

一六八八年時，全球不是只有歐洲有大城市；但就只有信基督的歐洲和鄂圖曼帝國的大首都伊斯坦堡，視大城市爲中樞的舞台，不論政治或是宗教的一舉一動，都有牽一髮而動全身的效應；演的戲，全攸關人類的命運。希臘人在市民廣場的辯論，羅馬人舉行的凱旋式，中古民眾走向大教堂的遊行行列，在在塑造城市的聚焦力。統治者怕城市暴民，但也有所求於城市暴民，時常動員城市暴民。一六八〇年代的倫敦群眾都是熱切的新教徒，會對「教皇派」[8]及其教堂發動暴力攻擊。但一六八八年大部份的時候，這類攻擊倒是少得奇怪。他們是改以另一種方式，而且是很動人的方式，傳達他們對七位主教被捕的心聲。六月八日，日記名家伊夫林寫道，七位主教「不肯具保出庭（因爲不肯公開宣讀〈良心自由令〉（Declaration for Liberty of Conscience）），而從樞密院解送到倫敦塔；這是因爲他們怕具保會危及同儕。而民眾對他們的關心，教人動容。無以計數的民眾圍在倫敦塔的碼頭邊，在主教陸續走下駁船時，跪地祈求他們祝福，爲他們祝禱。」六月十日，伊夫林聽見倫敦塔砲聲連連，各教堂鐘聲齊鳴，慶祝威爾斯親王誕生。六月十五日，幾位主教到西敏寺出庭，作第一階段審訊，「從王座法庭到水邊，有成排的人跪在地上迎接幾位主教來去，祈求他們祝福。當晚烽火四起，鐘聲頻傳，宮裡覺得大爲不祥。」

就在民眾連番發起動人的抗議活動，表達他們對國王政策的不滿，王后也生下了一位健康的男嬰。但就差不多在這同一時候，開始有謠言流傳，說王后生子純屬虛構，孩子根本就是別人的，由人藏在暖腳爐裡偷運到宮中的產房。有許多人把他們對世襲王室絕對的忠誠看得比什麼都重要，但天主教可能長期統治英國的威脅必須排除卻也一樣重要。因此，這樣的謠言來得還正是時候。而這位呆頭呆腦的武夫國王聽不進子民激烈反天主教的聲音，卻希望子民可以在這樣的私事上相信他的誠信；因此對這流言就覺得既困惑又生氣。不止如此，他還犯了個大錯，讓最重要的新教徒人證離開倫敦，包括他的小女兒安妮公主在內，以致無法召人作小王子誕生的見證。

已有異心的貴族，和奧倫治威廉間的聯絡管道始終都很暢通。四月，威廉告訴三位去見他的重要訪客，只要收到重要人士的正式請求，他就會進攻英格蘭。到了七月底，威廉眞的接到了這樣的請求，由七位顯貴具名，其中有一位是主教、兩位是伯爵。他聽說還有許多人會支持他出師討伐，只是沒辦法把名字簽在文書上面，連用代號也不敢。現在，就看威廉是否能取得荷蘭官方的許可，調動軍隊。

從九月初起，英王詹姆斯二世就很清楚，他的女婿奧倫治威廉正整軍待發，要攻過來了。吃驚，沮喪，覺得被騙，詹姆斯的人整個洩了氣。他和主教講話的口氣變得和緩許多，但沒有改弦易轍的明確表示。八月時，他才剛覺得他在地方施壓的結果終於可以放心，因此發出國會改選令，明令於十一月二十七日召開。但現在，他先是宣布天主教徒沒有資格參選，後來乾脆撤回改選令，到處調集兵馬;從蘇格蘭調來了四千名兵力，從愛爾蘭調來五千名兵力。但愛爾蘭的兵力卻又絕大部份是天主教徒，結果搞得倫敦民心反天主教的歇斯底里症又往上升了一級。威廉的大軍於十一月五日登陸，消息傳到了倫敦後，詹姆斯二世馬上下令，要他最精銳的幾支軍團朝西開拔，拿下索斯柏里平原上的據點。十一月十一日，克勒肯維爾（Clerkenwell）聖若望（St. Johns）的一所小天主教堂遭人攻擊。十一月十二日，倫敦暴民用石頭砸爛了國王印刷廠的辦公室;可見他們先時代一步知道媒體於政治的角色。詹姆斯以幾樣措施恢復社會秩序，到了他覺得倫敦應該不會在他背後造他的反後，便於十一月十七日至十九日到索斯柏里去。威廉的大軍正在行軍，詹姆斯二世此時若率軍往前多走一點，和他們正面交鋒，勝算其實頗大。但詹姆斯二世的司令官建議他撤退。西邊悄無聲息，頗爲不祥呢；不管貴族、平民，都沒人要向自己的國王通報威廉大軍的動向。詹姆斯二世因爲壓力太大，搞得每天大流鼻血。他聽了建議，同意撤退。邱吉爾勳爵，一位他最信任的廷臣暨司令官，在這時騎馬朝西投奔威廉去了。丹麥的喬治親王，也就是安妮公主的丈夫，也一樣。但最慘酷的打擊，是安妮公主跟她最要好的朋友莎拉，也就是邱吉爾勳爵的妻子，也溜出倫敦去找自己的丈夫和威廉。

十一月二十七日，詹姆斯二世召集貴族開會，宣布他決定召開國會，革除當官的天主教徒，派遣特使去和威廉談判。威廉要求進一步協商的條件很苛，但詹姆斯二世很可能接受，只不巧詹姆斯收到回音時，皇宮外反天主教的暴動鬧得正兇。這有一部份是因爲有一份由威廉署名的反天主教「第三敕令」(Third Declaration)，在市面上流傳。這是份假敕令，但鼓動暴民作亂確實有效。詹姆斯二世這時身邊只剩一小撮天主教徒的廷臣，他把瑪麗王后和小王子送到法國，然後在十一月十一日連夜燒掉召開新國會的敕令，偷溜出宮，想逃出國。途中他還把國璽給扔進了泰晤士河。

國王出亡的消息，帶動暴民反天主的情緒更加高漲。林肯法學院廣場(Lincoln's Inn Fields)新蓋的天主堂遭人打劫，教堂裡的設施燒個精光。國王印刷廠裡的書也被人搶出來燒了。西班牙大使的住所一樣被搶，佛羅倫斯大使館和教皇大使的宅邸也都遭重創。王室禮拜堂碰上暴民劫掠，士兵趕到將暴民趕走時，暴民正在拆禮拜堂裡的風琴和裝潢。隆冬夜空泛起的紅光，教人想起一六六六年的倫敦大火。翌日，倫敦城裡謠言漫天飛舞，沒多久就播散到全國大部份地區，都在說愛爾蘭士兵到處抓新教徒割他們的喉嚨。沒有天主教徒逃得過暴民施虐，但這「愛爾蘭之亂」，好像是這波暴動尾聲的起音。

於此同時，貴族、臣子，還有倫敦市的議會開始開會，在這看來已經沒有國王的國家裡多少維持點政府的樣子。這首要之務，是維持倫敦市的秩序和法律：「值此暴亂已達無法可管的地步，吾輩王國之貴族集合幾位樞密院要員，於此命令汝等善盡一切力量平息前述暴亂，驅散暴民；若屬必要，也可動用武力，朝民眾發射槍彈。」貴族也決定派特使去見威廉，但還沒有要他到倫敦來的意思；他們同時也在尋找詹姆斯二世，想要他回來。他們的打算是要詹姆斯二世和威廉達成協議，召開自由選舉的國會。但倫敦市議會卻跑得更快，自己派了一支特使去邀威廉到倫敦來。但這時，詹姆斯二世還沒逃到法國就被人認了出來。十二月十六日，詹姆斯二世被送回倫敦，在民眾歡呼聲中，很快重開他的朝廷。民心害怕失序，對握有統治權的君主又有根深柢固的敬意，這算是站在他這邊的。但其他的牌就全在威廉的手上；而威廉自己也很清楚這點。

十二月十七日，威廉下令他的荷蘭藍衛軍（Blue Guards）朝倫敦開拔，拿下通往聖詹姆斯宮的要道。那晚，藍衛軍在滂沱大雨裡拿著點燃的火柴待命，隨時準備點火開砲；他們的司令官則去安排詹姆斯二世的衛隊和平撤離。威廉派的三位特使在午夜過後抵達聖詹姆斯宮。詹姆斯二世被人叫醒，得知威廉建議他最好立即退到倫敦之外。詹姆斯二世聽話照辦，由荷蘭藍衛隊護送離開。威廉在當天稍後抵達聖詹姆斯宮，也有不少民眾歡迎。詹姆斯二世被送到一棟正朝著麥德威河（Medway）口的房子安身。看守他的警衛故意怠班，十二月二十三日一大清早，詹姆斯溜出去逃到了法國。

威廉贏了。詹姆斯二世棄國他去，爲他和妻子清出了登基之路。這條件到底爲何，不甚清楚。詹姆斯是棄位？還是遜位？沒有國王下詔召開國會，沒有國璽蓋在詔令上面，國會要怎麼開？十二月二十六日，威廉召集貴族和國會裡支持他的議員，開了次非正式的會。明訂會議的議程，但也徵詢與會人士的意見。一六六〇年的復辟倒是爲他們開了必要的先例。他們就依威廉的詔書，選出一批議員召開會議，依國會模式開起會來。

一六八九年一月二十二日，國會開議。激進的輝格黨人，也就是十年前反詹姆斯派的後人，準備要乾脆宣布威廉爲王。但還有許多人受不了國王居然是「選」出來的，而想要依繼承權也給瑪麗一個角色。因此，這頂王冠就變成兩人一起戴。有位貴族就跟另一貴族說：「我把這天看作是英格蘭王權敗亡的一天；因爲我們居然在選國王。只是我們也絕對需要有個政府；而我實在看不出來不這樣還能怎樣。我們可不能把自己交給暴民。」

國會也通過了〈權利宣言〉，和王冠一起呈獻給威廉和瑪麗。這項宣言重申「古老權利和自由」不變，包括自由選舉和常設國會，也對王室擅自擴張的權力作了限制。這份宣言在一六八九年尾成爲明訂的法律，叫作〈權利法案〉(Bill of Rights)。威廉宣布他即王位絕不談條件，但在二月十三日，威廉和瑪麗即位大典一開始的時候，還是宣讀了〈權利宣言〉。所以，這再清楚不過：威廉和瑪麗是經他們子民選出來的代表同意，依他們子民所提出來的條件才即位的。

威廉這位國王當得不甚得民心；人民對他鐵腕統治的憤恨，可能更加強了英國人限制國王權力、伸張人民「古老權利」的決心。英格蘭在他治下成爲歐洲稅賦次高的國家，就在荷蘭之後；貨物稅、關稅之苛刻，也大部份學自荷蘭。一六八九年和一六九〇年，荷蘭軍隊持續駐紮在英國境內，引起過幾起民怨。英國將軍力和海軍，大舉投入對抗法國的戰爭，也未贏得廣大的支持。但約翰・邱吉爾，後來晉封爲馬柏羅 (Marlborough) 公爵，在歐陸倒是打了幾場漂亮的勝仗。打仗的軍費，是由英格蘭公共投資的公債還有英格蘭銀行、英屬東印度公司這類半官方機構掖助。錢和權，是走得愈來愈近了。

詹姆斯二世出亡的時候，除了想保命之外，若心裡還有其他打算，也只有求國內混亂來幫忙。他燒掉國會敕令，把國璽扔進河裡，好像就是要教正規的法令程序停擺。但混亂沒有來；不過，詹姆斯二世倒眞是要捲土重來。一六八九年三月，他在法國支援之下，乘船到了愛爾蘭。法國人的興趣，主要在打開第二道戰線，絆住威廉的軍隊不讓投入歐陸的戰場。詹姆斯二世自己，則把愛爾蘭看作是重返蘇格蘭、英格蘭的跳板。德立（Derry）那裡的新教徒，不肯承認他的統治權，正式的圍城戰於焉開始。後來於七月獲威廉派軍解圍。這倫敦德立郡（Londonderry）的解圍一役，鄂爾斯特（Ulster，位於愛爾蘭北部）的新教徒到現在年年都還在慶祝。一六九〇年七月一日，威廉和詹姆斯二世終於隔著波因河（Boyne River）擺出兩軍對陣的戰線，正面交鋒。那天，威廉打贏了，詹姆斯二世重返英格蘭的希望就此完全破滅，也決定了愛爾蘭的未來。這些，跟〈權利宣言〉的高貴傳承，一直流傳到我們今天。

第十六章 四海的回響

一六八八年英格蘭出現的重大變局，在世上凡有英格蘭人集結之處，無不出現共振的回響。北美洲的森林邊緣，加勒比海的個個小島，甚至西非、印度的海港都有。世界各地的英格蘭人，個個密切注意愈聚愈大的風暴密雲，擔心這動亂於他們自己的小小爭執不知會有何影響；這些，到最後都還是會連到倫敦那裡去的。他們有些人在倫敦就設有自己的代理人。

在倫敦許多人的眼裡，北美、印度洋出的事，跟去搶西班牙在加勒比海區的財富、權力比起來，小事一樁。那一帶的奴隸買賣可是大有賺頭，島上的糖產也愈來愈多。牙買加是英格蘭在加勒比海新拿下的據點之一，也是他們到那時為止最大、最富「錢」途的據點。一六八八年光榮革命的反響飄過大西洋，居然也在最不可能引起共振的地方激起了共振；這和一位不凡的省長有關：克里斯多福・孟克（Christopher Monck），奧柏瑪公爵（Duke of Albermarle）。

喬治・孟克與克里斯多福・孟克父子，也就是第一世、第二世奧柏瑪公爵兩人身上，可以看見幹才和心計在英國革命的大旋渦裡能闖出什麼名堂，貴族世家的攀升之路，在豪奢、放蕩、政壇吉凶不定的夾擊下，又有多脆弱。像當爸爸的喬治，曾是查理一世麾下的驍將，後來遭國會軍囚禁，同意到蘇格蘭或愛爾蘭幫他們帶兵，但絕不打以前保王黨的同志。他在蘇格蘭靜靜度過克倫威爾掌政的年代。後來趁一六六〇年的亂事（查理二世復辟），率軍朝倫敦開拔；一開始沒表明意向，但適時巧妙倒向查理二世，而蒙查理二世授與公爵爵位及皇家大片土地。一六八九至七〇年間，兒子克里斯多福娶進新堡公爵的孫女兒，未幾小公爵的父親相繼去世。小公爵暨夫人很快便掙脫父親生前爲他們設下的重重束縛，開始看他們繼承來的大筆財富可以怎樣揮霍。公爵是蒙茅斯公爵詹姆斯喝酒、嫖妓、打架的狐群狗黨，這位蒙茅斯公爵是國王查理二世的非婚生兒子。有天，他們兩個在「一處不名譽地點」和人打架，不知是哪個把一個教區執事給打死了，但馬上蒙國王赦免。

小奧柏瑪公爵後來當上「嘉德騎士」❶，年紀一到，便在上議會佔了個位子，不論查理二世一朝有什麼峰迴路轉的變化，他始終力挺國王到底。但他對政治、政策其實沒什麼興趣，於宗教、讀書的興趣就更低了。看自己的侍從和其他貴族的侍從打獵、賽馬、賭博、比拳擊、踢足球，才是他最喜歡的消遣。爲了供他在倫敦狂歡盡興，也爲了讓他在款待其他貴族時擺得出時興的排場，他花了二十五萬英鎊購置一棟豪宅❷，這棟豪宅後來就叫作「奧柏瑪王府」(Albemarle House)。他在這府邸和鄉間的莊園款待過許多王公貴族，還有摩洛哥蘇丹的大使、奧倫治威廉，暨國王查理二世本人。他生前是王國境內的巨富之一，收入至少一萬五千英鎊，但他招待別人吃喝玩樂的花費實在太大。像他這種社會階級的人，光是一晚有時就可以賭輸掉五千英鎊。

公爵和夫人沒有養活下來的孩子。兩人以飛快的速度拼命揮霍財富，以致在一六八二年不得不賣掉奧柏瑪王府。公爵夫人的身心健康自此一蹶不振，長陷憂鬱、焦慮，有時還失去理智。公爵則是酒喝得更兇以致傷肝。詹姆斯二世繼位後，他在朝中的地位不如以往。他對查理二世訂的政策始終堅定支持，包括詹姆斯繼承大統的權利。但他也堅定支持英國國教。因此，在詹姆斯二世授命一位天主教徒統領王室大軍時，奧柏瑪就不願再爲詹姆斯二世效命了。

一六八六年春，詹姆斯二世宮中的「食客」，聽說奧柏瑪公爵接受派令，要到牙買加當總督，都覺得不可思議。像他這種身價的人，到那麼遠的地方去當個無足輕重的小官兒有什麼好的？有些人覺得這派令就等於流放，要把不順著國王計劃走的人送走。得文郡的人更是這麼想，他是那裡的動爵，有許多人還很崇敬他。不過，奧柏瑪公爵離開幾年說不定對他還是件好事，因爲他到底是反對詹姆斯二世的人，說不定還有危險。此外，到殖民地當總督也不是沒好處，有賄賂可以收，有貿易可以操縱，還有土地可以賜給自己寵信的人；只是當然沒法兒和奧柏瑪在英格蘭大片領地的收入相比。

但奧柏瑪公爵到牙買加去，另還有目的，而且是比較刺激的目的。幾年來，他一直和新英格蘭的威廉·費普斯（William Phips）船長有聯絡，相當確定他知道有艘西班牙運銀的大帆船沈沒在希斯潘諾拉島北邊的海裡，船上有大批財寶可挖。第一次的挖寶計劃沒有成功。一六八六年，奧柏瑪公爵弄到了一點沈船所在的新消息，招來一批新的金主，也弄來一張蓋了王室關防的專利特許狀，給他打撈沈船的合夥權利。費普斯就帶著兩艘船和幾位潛水伕出發了；潛水伕是他有次帶船到印度洋時帶回來的。他們在一六八七年六月回到英格蘭，帶回來的財寶價值超過六十萬鎊。奧柏瑪分到約九萬鎊。這只不過是他往後在「西班牙海」[3]打撈沈船寶物的漫長歷史中的小收穫而已。一六八六年，打撈結果還不清楚時，奧柏瑪當然怎樣都有理由要到西印度群島跑一趟，親自監督打撈作業，行使他的專利權。待他終於在一六八七年九月從英格蘭出海，看情形也好像是可以再多撈些寶藏回來。加勒比海的每處港口，都有人在講寶藏的事，這不就更有理由去一趟捍衛他的權利。只是，最後，他好像也沒有從沈船裡多弄些寶藏或收入回來。

奧柏瑪在十二月十九日抵達牙買加的羅亞爾港。他把夫人也帶了來——依她的身心狀態，在這熱帶的風土、飲食兼半海盜型殖民地裡，不太可能好轉；但奧柏瑪也不可能把她留在英格蘭給他惹更多的麻煩——還有他新聘的私人醫生，漢斯・史隆[4]。史隆跟當時的流行一樣，是個「博物史」迷，尤其喜歡蒐集世界偏遠地方的知識和東西。他在牙買加待的那幾個月，全用在保住他任性貴族病人的命，兼治治其他各色階級、人種病人的病，還蒐集熱帶植物、動物標本，容易壞的標本就找人替他畫下來。這些，就成了他這部圖版鏤刻精細優美的傑作，《瑪德拉、巴貝多、聶維斯、聖克里斯多福、牙買加諸島遊記》(*A Voyage to the Islands Madera, Barbados,*

Nieves, S. Christopher, and Jamaica）的底稿；出版於一七〇七年。他的畢生收藏，後來成爲大英博物館藏品的骨幹。

奧柏瑪公爵從來不是好學之士，只是畢生都在權力中心的周圍打轉，所以是個深諳政治儀式和手腕的專家。他那小殖民地裡的政治生態，是尤伊達谷普萊斯（參第三章）這類莊園主人，皇家非洲公司，合夥的商業投資客，這幾方人馬利益的衝突和角力。莊園主人要的是穩定的奴隸貨源，適中的價格；大公司要的是用最好的價格把他們輸入的貨品賣出去，一般是指西班牙大陸上的價格。像摩根爵士（參第三章），也就是那位專門追海盜的有名老海盜，就都站在莊園主這邊。奧柏瑪抵達牙買加時，面對的就是殖民地的議會把持在公司派的人手裡，理事會則把摩根排除在會議之外。他這次來奉上面指示，必須把摩根弄回理事會，同時處理莊園主人的民怨。他二月十六日在議會開幕時作的演講，好短、好溫和，但也很快就表明：希望議會善盡職守，通過他提的幾項法案，改善奴隸的待遇，調整西班牙里耳（銀幣）的幣值，以利莊園農戶營生。但議會什麼也不做，他就師法查理二世：解散議會，下令改選議員，然後下海運作，想弄出個符合他偏好的議會來。他是弄出了一個比較好操縱的議會，通過他提的議案，讓摩根重回理事會。（史隆醫生在書裡爲上百位他在牙買加治過病的人寫注腳，形容摩根爵士皮膚蠟黃，有個凸出來的大肚皮和紊亂的消化系統，不肯改掉夜半恣意狂歡、酗酒的毛病。）這裡和英格蘭一樣，搞選舉也得到處和選民吃飯、喝酒。到了競選近尾聲時，公爵得了嚴重的痛風，肝臟的老毛病復發，差一點就要了他的命。

他的病才剛要好轉，八月有天，威爾斯親王誕生的消息傳到了牙買加。但還沒待大家開始慶祝，摩根就死了；身後備極哀榮。後來，在颶風季正盛的時候，慶祝的活動終於冒著九月天的酷熱、豪雨和震耳欲聾的雷聲開始。現在沒有史料爲我們描述活動的盛況，但一定喊了不知多少聲「萬歲！」發了不知多少槍子彈，酒更是不知敬了多少杯！所以，公爵倒了下來。但他也沒就這樣死了，還在十月一日寫了一封商業文書似的信，由一支議會的代表團帶著一起上英格蘭。公爵在十月六日才死。

英王詹姆斯二世在他統治的最後一個月裡，把奧柏瑪公爵生前在牙買加議會運作通過的新法案全部一筆勾銷。在牙買加則有史隆醫生爲公爵的遺體敷油。他和公爵的幾位朋友，出面保護新寡的公爵夫人，替她擋下一些認定她有大批家產而垂涎三尺的傢伙，同時在一六八九年春，護送她和夫婿的遺體回英格蘭去。公爵夫人這時好像離現實更遠了。一六九二年她再嫁，嫁的是位貪圖富貴的傢伙，穿成中國皇帝的樣子追求她。這人沒幾年也死了。公爵夫人則死於一七三四年，享年八十歲。

清教徒和浪蕩貴族一樣在海外感受到了他們回響的共振。英克里斯・梅瑟❺，波士頓北方教會

(North Church)的牧師，哈佛學院（Harvard College）的院長，以在講壇上，在書桌前，或跪下向上帝傾訴他的苦痛、他的卑微，才覺得最自在。但他一六八八年大部份時間，先是在自己的土地上東逃西躲，然後向信天主教的國王百般示好，只是，這些於他，卻好像不覺得失落了自我，或背離了他眞正的使命。

梅瑟的清教基督信仰，核心的謎暨核心的戲碼，是全能的上帝和卑微的世人訂了「誓約」(Covenant)。唯有在世人過虔敬的生活，體認自己全然卑微，願意匍匐在正義的上帝面前，到最後相信自己雖然卑微但上帝依然揀選自己作救贖的人，才得維持這份誓約。上帝和世人立的誓約，關係的不僅是個人的救贖，也關係到一支「選民」。這支選民，或因個人背離上帝而打破人和上帝的誓約，或因未能保存「神選」（Elect）的純正教會爲其選民的核心，也就是選民的救贖餘眾，而打破誓約。而選民在人世當然必須以人世的方式自衛，抵抗不信神的侵襲，就像以色列的王國在它打破誓約萬劫不復之前做的一樣。

英克理斯・梅瑟是理查・梅瑟（Richard Mather, 1596—1669）之子；理查・梅瑟是在麻薩諸塞灣定居的第一代清教徒領袖。英克理斯既然成長於牧師家庭，又很早就顯露出過人的智慧，因此步上傳教之途自不意外。但他也有過不短的時間性靈常陷懷疑，直到「我把自己交給耶穌基督。……這時，我迷惑的靈魂才立即有了安詳和內在的平靜」。在這勤奮勞動的邊疆社會裡，沒幾個人可以像梅瑟一樣花那麼多時間、那麼多日子讀書、祈禱；他一輩子都是這樣。但一個人若沒深刻體驗過自己的卑微，體驗過上帝救贖的恩典，而且是鮮明、具體的體驗，可以公開向會眾描述，是絕無可能完全成爲教會裡的一員的；會眾裡的每一個人都必須有過這樣的經歷，才能爲教會接納。一般的清教徒對自己暨鄰人的性靈狀態，檢視之勤、之嚴格，不下於禪僧或耶穌會見習修士的導師。他們每一個人都必須確定自己是「神選」的一份子；要不然，上帝和人之間的誓約就會失去。但他們又沒辦法時時刻刻都很確定；因此，英克理斯・梅瑟和許多人便少有不自疑的時候，而慣常陷於痛苦的思索，想「我背負的這身罪孽：驕傲、激情、怠惰、自私、色慾、世俗之念、不信、虛僞」。清教徒過的並不是離群索居的靜思生活，他們一樣會感謝暨感動上帝賜與豐收、賜與家庭，或有感於耶穌爲拯救卑微的罪人而生、而死，以致感傷難以自已。英克理斯・梅瑟對團契行的聖禮，幾乎次次都會感動得熱淚盈眶。他常寫道，在他禱告的時候，總是能感受到上帝的力量和慈悲，而生「奇妙的消融之感」。他父親寫的第一本書，書名就叫作《融化人心的勸誡暨眞誠的慰安》(*A Heart-Melting Exhortation, Together with a Cordial Consolation*)。

英克理斯・梅瑟也和許多人一樣，對一六八三年即從倫敦派駐到麻薩諸塞的總督安卓斯 (Andros) 和他帶的新官府很不對盤。愛德華・蘭道夫 (Edward Randolf)，殖民地官府裡的一名要員指控他寫了一封信煽動暴亂。但梅瑟堅稱那封信是假的，還說假造這封信的人就是蘭道夫。蘭道夫便告他毀謗，但一六八八年一月三十日官司遭到撤銷，法庭還要蘭道夫付開庭費。

一六八七年四月，英王詹姆斯二世發布一道〈宗教寬容令〉，廢除出任官職的宗教條件，以及禁止作非國教崇拜的法令，天主教和其他反國教的教派都包括在內。英克理斯・梅瑟說這是「復興的消息」，許多新英格蘭居民都和他一樣樂觀。波士頓一帶的牧師聽他的建議，發了封信向國王致謝，然後又決議要梅瑟親赴倫敦一趟，除了當面致謝，也乘機投訴一下大家對蘭道夫還有麻薩諸塞官府的不滿。一六八八年三月十三日，「今天，我覺得性靈特別消融，因而確信上帝此行會隨我到英格蘭去，讓我在那裡爲祂、爲祂的子民做些事功。」三月二十二日，他在教堂作了次辭行佈道，引用〈出埃及記〉三十三章十五節的經文：「(摩西說，)你若不親自和我同去，就不要把我有從這裡領上去。」

由於蘭道夫不想讓他去成，因此想辦法要以毀謗的罪名抓他。所以，梅瑟是在三月三十日晚上，戴上假髮、罩上白色大氅偷偷溜出家門。後來，他聽說有蘭道夫的手下認出了他，卻全身乏力沒辦法抓他。他靜靜躲在查爾斯鎮（Charlestown）的一棟房子裡，四月四日才坐上一艘雙桅帆船，轉往另一艘開向英格蘭的船。在他走後，他的妻子反覆齋戒，不停祈禱他此行不負使命，解除上帝選民於新英格蘭所陷之重圍。

四月十七日至十九日，梅瑟搭的船遭冰山圍困，「有座冰山之大，跟新英格蘭林恩郡（Lynn）的巨蛋岩（Egg Rock）差不多，高度則還要超過。矗立在我們目前，有許多海島棲息在冰山上面。」船到了英國康瓦爾郡外海，上來了幾位「粗魯不文」的漁人，而且一直要到梅瑟給了他們四個半「王冠幣」（crown，英國舊幣制裡的五先令銀幣），才肯替他們領路。

梅瑟在一六八八年五月二十五日抵達倫敦，從其他反英國國教的人士那裡取得上好的指點。他們看出詹姆斯二世的政策有可乘之機。小彭威廉（William Penn, 1644—1718）即是其一。他覺得詹姆斯朝裡的天主教徒都很客氣，國王的告解教士彼得神父也是。「我常想《聖經》裡的這句，『手能拿蛇，若喝了什麼毒物，也必不受害，手按病人，病人就必好了。』❻……但這些蛇大失本性，根本沒意思要傷害我，反而對我很好。」五月三十日，梅瑟在白廈宮❼的長廊（Long Gallery）晉見國王，將他從新英格蘭帶來的致謝函覆誦予國王垂聽。國王告訴梅瑟，他有意尋求國會通過「良心自由大憲章」。翌日，梅瑟奉准進入「國王私寓」（King's Closet）——就是國王的自用寓所，面陳於國王：「陛下於新英格蘭的子民，純因信仰而遭迫害。今蒙陛下拯救於水火，脫離未來迫害之恐懼，眾人無不欣喜若狂，謹向陛下誓以效忠赤誠。彼等千百之眾，皆盼我向陛下謹述此誓。」接下來，梅瑟便向國王報告，新英格蘭人因不肯以《聖經》爲誓，頻遭罰鍰、下獄，皇家官府也有諸多虐民情事。後來，他又再晉見國王三次；最後一次，即十月十六日的時候，國王親口告訴他：「所有權、自由權，暨朕之學院（哈佛學院），率皆隸屬於英國。」梅瑟後來回憶，這段期間，「有好多天，……我一人獨坐倫敦斗室，不僅爲我的家人祈禱，祈禱上帝在適當時候送我回家人身邊，這是我一再的祈求。我也祈禱自由、繁榮暨清明的政治可以重返新英格蘭。」

一六八九年二月十七日，「我一人在斗室祈禱，欣然覺得身心俱化，不禁熱淚盈眶，脫口說出，上帝已經拯救新英格蘭。事功已成。上帝已為我做成此一事功。我的上帝，新英格蘭的上帝，聽到了祈禱，將祈禱應允予他的子民。」那時，他在倫敦已經費了很大的力氣去結交「議事國會」❽的權貴，最後連威廉、瑪麗兩人也都見到了。待他一六九二年終於乘船回麻薩諸塞時，他已經為麻薩諸塞灣要到了新的特許狀，政府兼併哈佛學院的條款也在特許狀內。

値此遠景壯闊、志業恢宏的年代，新教徒為美洲擘劃新起點的計劃還有一樁，也在一六八八年出現在詹姆斯二世御前。賓夕凡尼亞的小彭威廉的事蹟，以及小彭威廉在詹姆斯二世〈寬容令〉中策士暨盟友的角色，在在和梅瑟的焦慮不安形成一大對比。在英格蘭人眼中，小彭威廉信的貴格教派暨儀式，比梅瑟嚴格的喀爾文信仰可要更激進、更不必包容。但小彭威廉身處朝廷「蛇窟」，涉足大內錯綜複雜的政治角力，就比梅瑟要自在得多。小彭威廉不論出身、閱歷、財富、權勢，天生就是個大內高手。一六八八年他幾乎天天進宮，和國王密談有時長達好幾個小時。貴格教信徒不論見誰都不脫帽為禮，連國王也不例外。小彭威廉解決這問題的方法，好像就是根本不戴帽子進宮。他有一輛漂亮的馬車，有一棟大宅邸；許多和宮裡有牽連的人，常到他住處拜望這位顯然深得國王寵信的人物。

至於大小兩位彭威廉，一父一子，也相互輝映如奧柏瑪公爵父子之巴洛克對位曲式：爸爸在軍隊以船艦指揮而非戰功攫掌大權，兒子知道如何穿衣、花錢，但愛讀書、祈禱，而非鬧犬鬥熊，雖然將自己的健康暨家族的財產都敗光了，卻成爲當世最富創造力的宗教暨社會領袖。老彭威廉官拜艦隊司令，爲克倫威爾和查理二世打敗荷蘭人，立下輝煌的戰功；克倫威爾時期，還曾率遠征軍要拿下希斯潘諾拉島未果，卻拿下了牙買加——和奧柏瑪公爵父子的故事再成一對照。一六六〇他再率領一支分遣艦隊，到荷蘭迎接查理回英格蘭登基爲查理二世。小彭威廉雖然天生反骨，但從沒放掉他貴族的脾性和發號施令的習慣，巧妙利用他艦隊司令彭威廉之子的身份，周旋於查理二世、約克公爵詹姆斯（即後來的詹姆斯二世）身邊；詹姆斯的興趣和權力，就以海軍最大。

艦隊司令老彭威廉從克倫威爾和查理二世那裡，獲賜愛爾蘭大片土地。小彭威廉就是在愛爾蘭第一次接觸到「公誼會」(Society of Friends)，也就是貴格會核心裡的一小撮人；有的是漂泊天涯的性靈導師，還有一小撮是戒愼恐懼的宗教狂。這些人是一六四〇年代英格蘭狂放的宗教情懷所孕育之最特別、最恆久的產物。他們汲取基督宗教精神最深處的精髓，開啓個人誠正、社會和平、世界公義的理想；信仰之活潑、飄忽，就算現在也如一六八八。他們從不奉行哪一種宗教權威或禮法；聚會時，一群人靜靜圍坐，就待有人蒙「心光」(Inner Light) 感動開口講話。他們服裝簡素，絕不參與戰事，不管是作禮拜或晉見長官上級一概不脫帽爲禮，作禮拜時，女性可以發言，也可以講道，對人一定以「君」(thee, thou) 相稱。不宣誓，認爲召喚上帝作世人誓言的見證實乃大不敬也。貴格會早期的信徒大部份都還有點教育水準和社會階級，但對長篇大論及神學奧義沒有什麼興趣，常因聖靈感動而驟然打斷禮拜或站到街頭講道，甚至策馬進城大叫：「罪人苦矣！」只是，隨便打斷禮拜、街頭傳教引起騷動、不肯宣誓，常害他們坐牢。這樣的人裡，居然冒出來一位權勢極盛的艦隊司令之子，還眞是匪夷所思。

小彭威廉一六六七年在愛爾蘭首次參加貴格會的聚會，一對某人的發言心有戚戚便起立靜靜示意。有次還擺出貴族的架式，趕走跑來騷擾貴格會信徒的一個小兵，結果被捕，獲釋，轟出父親家門，跑到倫敦，又因寫傳單攻擊其他有點歷史的教派，甚至說三位一體的教義根本沒必要，而又被捕。一六七〇年，小彭威廉因爲在街頭講道重又被捕，但打了一場很有名的官司，當庭把笨法官耍得團團轉、氣得要死，最後由陪審團裁判無罪開釋。一六七〇年代，小彭威廉兩度赴荷蘭和日耳曼，找和他有一樣信仰的宗教團體接觸，也一直在寫神學的辯證傳單，滿紙謾罵、縟飾之言。他這時期所寫的作品大部份是短短的小冊，集結成目錄後，總數高達一百五十七篇。

在一六七〇年代教派紛起、反天主教的騷動氣候裡，貴格會在朝廷和英國國教眼裡，算是所有新教裡最偏激、最叛逆的一支，因此所承受的敵意和壓迫愈來愈強。老彭威廉在一六七〇年過世，但朝廷裡認得小彭威廉這號人物，對他父親的敬意也多少還在，因此對他講的話也還聽得進去一點。就算如此，他對他英格蘭處境危殆的兄弟姊妹，還是使不上多少力去幫他們解危。一六七五年時，已經有一些貴格會信徒在北美德拉瓦河（Delaware River）一帶定居下來；小彭威廉這時便心念一動，想在美國要塊地，讓貴格會信徒有個安身之地。查理二世和詹姆斯二世都覺得這主意不錯；一來可以當作積欠老彭威廉薪水的補償，二來可以顯示他們對麻煩人物照樣心胸寬大、慷慨仁慈。若殖民地開發起來，這些人可有些就會住到離倫敦很遠的地方去啦。而他們的慷慨還眞嚇人一跳，給的那塊地有四萬五千平方英哩。到了威廉上台的時候，他也不反對把那塊地叫作「賓夕凡尼亞」（Pennsylvania），因爲看來像是紀念已故的老彭威廉嘛。朝廷發的特許狀，給小彭威廉的權力不像（愛爾蘭籍）巴爾的摩勳爵（Lord Baltimore）在南邊的馬里蘭那麼大，但還可以讓他隨心所欲做他要做的事。雖然他賣地的價錢不高，但還是讓他賣到九千多英鎊，約當現在的一百萬美元。這他高興都來不及了，因爲他的品味和生活格調可一點也沒有貴格會的簡樸，所以正債台高築。但後來，開發殖民地的花費加上決策失當，還是把他從這塊地賺來的錢全吃光了。小彭威廉雖然才氣縱橫，但不包括經商。

但比較重要的是小彭威廉沒多久就把他這塊殖民地叫作他的「神聖實驗」，可供貴格會將他們追求和平、反對階級的理想具體實踐。這麼奇妙的組合——神聖的傳統加實驗的開明——會從貴格會虔誠的信仰、激進的個人主義裡萌芽茁壯，沒什麼好奇怪的。小彭威廉寫的第一份政府組織草案，就准許居民選出議會代表，選民還有權明白要求代表在議會裡要怎麼投票。最後定案的「政府組織法」(Frame of Government)，還是爲議會訂出了涵蓋條件很廣的選民，只是，選民沒辦法指揮代表投票，議會也得和小一點的政務委員會分享權力。

小彭威廉自己在一六八二年出海，航向賓夕凡尼亞。看見自己的殖民地欣欣向榮，也很高興氣候宜人，物產富饒。這些感觸，由他以他一貫的熱情和天生公關高手的特長，一一記在他寫的《致自由貿易商協會》(*Letter to the Committee of the Free Society of Traders*) 這封信裡，於一六八三年出版。信裡對農作、動物、土產植物的描述已經教人稱奇，但他對德拉瓦印地安人的描述更是特別；他和他們開過幾次會，想和他們訂幾條親善、平等的條款：「他們的人一般長得都很高，修長，體格健碩，比例不凡，走起路來虎虎生風，機伶矯捷，大部份下巴還抬得很高；……他們的語言很高尚，但範圍不大，頗像希伯來文……但他們的慷慨就高人一等，最好的一定給朋友。送他們好槍、大衣、或其他什麼東西，一定傳來傳去，不轉送過二十個人不會停手；心地快活，感情強烈，但不長久……他們從來不奢求什麼，也沒多少東西。」小彭威廉也描述了他們開會時的發言和程序。爲了把他們套進聖經裡的人類故事，他還懷疑他們是不是「以色列失落十族」[9]的後代。

一六八四年，小彭威廉好像因爲和巴爾的摩勳爵有土地糾紛，必須出庭打官司，因此回到英格蘭。由於他在宮裡活動起來很有辦法，關係又好，因此爭執落幕時，大部份都對他有利。查理二世一六八五年死時，許多人對繼位的是位公開的天主教徒頗爲沮喪。但小彭威廉對英格蘭宗教寬容必會擴大，倒是相當樂觀。「恕我直言，我們面對的不是麻木不仁的君王，而是位了解我們軟弱的君王。他比任何人更有資格評判我們的訴求，因爲他也曾有過同樣的訴求。有君主若此，同享此一訴求，解吾人於倒懸尙待何人？」也就是說，詹姆斯二世信奉的也是社會斥逐的宗教，因此，應該會有同病相憐的感情。此外，小彭威廉這時在宮中的影響也空前強大，因爲詹姆斯二世在當海軍大臣時，和老彭威廉走得特別近。小彭威廉敬重詹姆斯二世，因爲他不隱藏他的信仰，不像他裝模作樣的哥哥。詹姆斯二世敬重小彭威廉，因他言談直率。兩人對自己的信仰都很認眞，對政治的虛僞和欺瞞也很不耐。

小彭威廉一連寫了好幾冊小冊，督促詹姆斯二世推行大規模的宗教寬容令。一六八六年，詹姆斯派他去勸奧倫治威廉支持宗教寬容擴大的政策，但沒成功。一六八七年，詹姆斯二世決定頒布〈宗教寬容令〉，小彭威廉在中間參了一腳。他還另寫了一份小冊，督促國會批准此令。他在乎的是寬容的原則，國會和王權分際模稜的問題他不太去管。他知道有些天主教徒還有奇想，想將英格蘭帶回羅馬天主教的懷抱。但他不覺得國王也這樣子想。他認爲國王和英格蘭天主教徒堅守寬容的政策，對他們才有長遠的利益，因爲他們到底只佔全國人口的百分之一不到。他和他的國王似乎都沒完全掌握到英格蘭民心對天主教深惡痛絕的根源何在，法國迫害預格諾派信徒又如何在這情緒火上加油。大部份的史家都有點困惑、失望：小彭威廉這位非凡人物居然會「上當」，詹姆斯二世顯然沒有誠意，小彭威廉卻受他擺布！但近來對光榮革命不怎麼光彩的評價，卻推著一些人去想：小彭威廉說不定很清楚自己在做什麼，若英格蘭民眾當年忍得下天主教徒當國王，用宗教自由的保障把他圈住，那他們在一六八九年是很可能眞的可以要到更廣的寬容，天主教徒和貴格會就都可以同蒙其惠。

小彭威廉一六八八一整年，除了在想辦法擋下死硬派天主教徒提出的那些要命措施之外，也還忙著處理賓夕凡尼亞的麻煩事，他派了位副手在那裡坐鎮，但這副手不得民心。另外，他也和伊里（Ely，英國劍橋一帶）主教通信，討論一些貴格會信徒在那一帶碰上的麻煩；收幾位愛爾蘭的英格蘭籍地主寫的陳情書，罵他和「教皇派」眉來眼去。而光榮革命一來，小彭威廉也大難臨頭；數次遭控以叛國罪，躲了幾年避風頭。一六九九到一七〇一年，他重返賓夕凡尼亞居住，晚年則回英格蘭。他的「神聖實驗」變得愈來愈像凡俗之地，凡俗的問題也愈來愈多，墾殖戶和印地安人也有了衝突。但他這塊地方，貴格會的傳統，以及他努力經營的開明、民主的政治文化，從來未曾完全淪喪。

第十七章 百年的自由

阿姆斯特丹在一六八八年是歐洲有數的大城之一。年輕士紳要闖蕩江湖，多半會在這裡歇過腳程。開往四面八方的各色船艦，還有行駛荷蘭運河的駁船，也以這裡爲匯口。城裡洋溢的活力，良好的規劃，既富庶，又亮麗；就是幾乎看不到寬闊的通衢大道、通透的庭園深景，沒有富麗堂皇的舞台供帝王搬演儀式、姿態等等巴洛克偏愛的風貌。旅客在艾河（Ij River）邊的碼頭上岸，可以徒步或坐船，沿著規劃周詳的連串半圓形運河而下；運河是十六世紀末、十七世紀初阿姆斯特丹都市發展計劃的要件，至今依然是歐洲最出色、最獨特的都市風景。運河兩旁成列高聳的漂亮房子，許多在挑高的簷口裝了懸吊設備；高樓層的箱籠、傢俱就可以直接吊進吊出。旅客應該也會去看看東印度公司的大樓還有倉庫，飄著歐洲最大香料貿易商的香氣。一座又一座小救濟院的院子。熱鬧的猶太人區。那座華麗的巴洛克風葡萄牙猶太（西法拉）❶會堂更是惹眼。上好的烏木座椅，一頭是講壇，另一頭是「托拉經櫃」❷——西法拉猶太人才有的作法——在高處窗口灑下的光影裡，瀰漫神祕的靜謐和聖潔。這城市既然有喀爾文派的好戰牧師，操縱了不少民意，時常公開叫囂，羅馬天主教徒和性交易自然少公開露面為妙。也因此，旅客要到後來才會知道，有棟大房子裡藏著一處天主教堂，從不聲張，但廣為人知。或注意到有喝醉的水手、學徒、農夫，會在某家小酒館或歌舞廳裡拋開性的禁忌，但也可能丟了荷包。旅客對城裡的乾淨、秩序，許多街道甚至夜不閉戶，可能也會有很深的印象。這大部份要歸功於市民有守望相助隊定時巡邏，還有街邊的油燈幫忙。這街燈總共有兩千多盞，一六七〇年起啓用，是世上最早的街燈。（一六八八年時，已有幾處歐洲城市也有了街燈，大哲學家萊布尼茲還計劃要把這引進維也納。）雖然不管在哪處城市聞的都是馬和夜壺的騷味，但在這裡，還是可能會皺一下鼻子——若有西北風送來鯨油提煉廠的味道的話。

旅客可能遲早還是會被人帶到市立的「道德教化所」去看看，或說是貧民習藝所吧。一般人花點小錢，就可以參觀一下所裡做的是怎樣的善行，甚至可以略覺自己高人一等，聊以自慰。所裡關的是遊民、乞丐、鬧事的傢伙，希望他們可以在這裡學到規矩過活、有所生產。他們在所裡得上課聽訓或講道，聽的多半是〈新約〉四福音書和〈舊約〉裡的其他寓言和訓誡。他們習藝、做事也有收入，當然不多。只是，所裡的男學員學的手藝（女性另有習藝所），大部份不需要技巧，到了所外也不太派得上用場。市議會給教化所專屬權，地方染坊要用的染料木粉全由他們供應。染料木可以生產紅色染料，製程是兩人一組，各抓著約三呎長的大銼刀一頭把柄，來回用銼刀把木頭磨成粉末，一天做上好幾小時。因此，教化所也有個諢名叫「銼刀所」。裡面管理的規矩極嚴，不可以打架、罵人，也不可以講都市下流社會愛講的粗口。不肯改的人會遭鞭打，一般是用鞣製的「牛鞭」來打。許多遊客也提過，教化所爲了達成教化的目的還有更嚴重的罰則：在水槽或地窖裡灌水，若不一直打水出去水就會滿。大壞蛋就會關在裡面要他不停打水，不打水就等著淹死。

「水刑房」可能只是傳說；但依一些相當可靠的資料來看，這點子在荷蘭不管是心態還是現實條件，都不會是無稽。阿姆斯特丹全城就架在木樁上面，高度正好在水線上，甚至有在水線下的。荷蘭大部份地方在以前還有現在，都在水平面以下。打從中古時代的晚期起，這一帶靠築堤、排水，地貌漸漸在變，可以居住、耕作的地區漸漸增加。一刻不能停的抽水工作，不是由人力或獸力來做，而是由風車代勞。海埔新生地（築堤圍出來的地）只要規劃不良或管理不善，可能不出一個小時就會泡水。堤岸雖然擋得住一般的情況，但碰上百年難得一見的暴風雨或洪水就完了。若再到了捍衛自由的最後犧牲關頭，荷蘭人照樣會打開堤防閘門，引水淹沒耕地來擋下進犯的敵軍。一六七二年他們就這樣來了一次，擋的是路易十四。堤防、渠道的設計和管理都需要有周詳的規劃；與海爭地也必須投下資本；每塊海埔新生地更是必須時時調節水量，無時不得鬆懈。這些在在爲荷蘭造就出守秩序、有紀律的鄉村社會，以及特殊的資本主義，不僅不會威脅鄉村的繁榮，甚至還爲農民創造耕地。縱橫交錯的運河、溪流，就是荷蘭這國家最好的交通網，比十七世紀任何國家的道路網都要好。

所以囉，水刑房裡那死不悔改的傢伙，不過是在學荷蘭人該怎麼當才對：不打水就淹死！學他在這工作勤奮、秩序好得難找、又繁榮富庶的國家裡該盡些什麼本份！學這國家的一切成就有多脆弱！他們聽的教誨，也全是朝這方向走，督促他們以喀爾文派的精神時刻畏懼公義的上帝，過祈禱、讀經、勤奮的生活。

到這裡來的旅客也可能搞不懂荷蘭人的政治。他應該知道一點選舉式君主制甚至共和制，但荷蘭的君主在哪裡？荷蘭人和其他歐洲國家交換使節的政府，叫「尼德蘭省聯」，但好像又沒聯得很緊。主政者威廉三世奧倫治親王（沒多久就要改當統治英格蘭、蘇格蘭、愛爾蘭的威廉三世），還根本不是選出來的君主，而是位軍事將領暨行政首長，由各省代表聯合會正式派令。他到阿姆斯特丹來的身份也不是君主，而是個尊貴的協商代表，來跟行寡頭政治的統治者打交道。因此，他若擺出君主的架式來阿姆斯特丹，可能反而引起疑懼。旅客若拿得到通行證進運河邊的幾棟大房子一瞧的話，就會聽見裡面有形形色色的政見，趣味得很。有人說尼德蘭的「省聯」是主權獨立的行省所組成的長久聯盟。有人則認爲阿姆斯特丹和其他城市才有獨立的主權；他們參加的省級議會不可以強迫他們去做違反他們原則或利益的事。阿姆斯特丹繳的稅佔省聯總稅額的一半還要多，省聯在政治議題上也常以阿姆斯特丹馬首是瞻。省聯的中央政府——若可以說是中央政府的話，是在海牙；威廉親王的官府也在海牙。阿姆斯特丹的生命線在河邊的大批船隻、東印度公司，以及其他進出繁忙的倉庫。就靠這些，全世界的奢侈品才薈萃於阿姆斯特丹，造就它全歐奢侈品之都的身價。證券交易所一個個人衣冠楚楚，在拱廊裡避開阿姆斯特丹常下的雨，拿阿姆斯特丹和其他省政府所發行的債券、東印度和西印度公司的股票等證券做買賣。股票市場對政治利空、利多的消息反應很快；這在一六八八年的夏、秋兩季，因歐洲政治動盪不明而更顯劇烈。

旅客若有荷蘭地陪，可能會帶他去看圖書館的成排書籍和小冊，講的盡是荷蘭的政治原理和組織。但旅客也會發現許多都是用荷蘭文寫的；但那時沒幾個外國人會荷蘭文。只是和東道主講起話來倒沒障礙，因爲他們個個法文說寫都很流暢。阿姆斯特丹的大戶人家就在運河邊的漂亮房子裡，靠貿易、鄉間買地、投資疏浚工程、債券利息，以及爲市府官員打點事情的合法、非法外快，累積起大量財富。個個學養豐富，會多國語言，多半唸過大學；這些人有許多因天性也因信念，都很有包容的精神，也以他們的包容傳統以及奮鬥百年才爭取到的「眞自由」爲榮。包容和自由，於貿易也是一大利多。不論信的什麼教，阿姆斯特丹的人都願意和他作生意。不論是什麼人，也幾乎全可以在阿姆斯特丹定居下來，爲他們的繁榮盡一己之力：猶太教徒、浸信會（Baptist，十七世紀才成立的一支新教）、路德會（Lutheran，成立於十六世紀前半葉，是新教最大的一支，又名信義會），連天主教徒，只要願意壓低身段一樣無妨。但這不表示這些很有思想的人，都不信教或有宗教冷感症。他們還是會覺得不自在或太卑微，不配蒙上帝賜與如此繁華；要不就提醒自己，洪水或外敵，甚至上帝對不信神的民族所施以的懲罰，都可以一舉將他們消滅。當然，死亡的陰影也從來未曾遠去。即使在治安良好的城裡有棟舒適的房子也一樣。喀爾文派的牧師老在呼籲，社會和個人的生活必須作「進一步的改革」，呼籲要常禱告，讀經，恪守安息日的規矩，禮拜天不可以工作、玩樂；諸如此類。這些呼籲，在政治情勢緊張或不穩的時候就更容易聽到，也更容易獲得各行各業的回應；像一六八八這一年。

一六八八年，尼德蘭省聯最後一次以歐洲強權的身份，站在第一線上參與國際事務，入侵英格蘭。回顧過去，他們以自己一百多年享有的自由爲榮。這時間約當是從一五七九年他們正式成立政治聯盟開始；不過促成阿姆斯特丹在一五七八年追求獨立的「大變局」，說不定也是重要的起點。荷蘭的政體是從各省獨力叛變裡孕育出來的；一座座市鎮、一個個省連番起義，反抗西班牙哈布斯堡王朝科以的重稅和箝制。哈布斯堡王朝那時握有現在尼德蘭和比利時全境的統治權。省聯的組織就是從他們爭取自由的聯盟所變來的。他們的團結和熱忱，在他們和新教徒對抗羅馬天主教的奮鬥合流後更見高昂。雖然他們從來沒有完全認同過新教徒，但羅馬天主教是西班牙頑強捍衛的宗教。省級的荷蘭聯邦有奧倫治親王一系傑出的軍事暨政治統御，從沈默威廉（William the Silent, 1533–84，即威廉一世）開始，幾代都是，但任的都是「執政」（stadholder），也就是獲授權的執政首長，由省級的「荷蘭聯邦」（States of Holland）和其他六省派任；也必須向他們還有他們的總決策機構「聯合政府」負責。每一省在聯合政府裡都有一票。荷蘭聯邦在那時是各省裡權力最大的一個，只討論他們的「委任理事」已經同意的事項。「委任理事」是他們一支常設的委員會。討論過後，再將事項提交市民議會討論。另外六省的政體大同裡有許多小特異。省聯不論哪裡，眞正的權力中樞——有些人甚至說是主權——都在鎭議會。鎭議會一般是少數獨裁的形式，有點像現代公司或大學的董事會。議會要加入新血，只從符合條件的某一階層人家裡挑選；至於是否讓外人加入，全看他們高興。一般人沒有投票權，但常用示威或暴動要挾，表達他們的意見，非常時期更是如此。從一五七〇、八〇年代的大叛變起，到一六一八、一六七二、一六八八年的大動亂，再到省聯於法國大革命期間瓦解，荷蘭的政治一直有獨特的地方色彩；重大的衝突，都是在幾十處市鎭和幾十種達官貴人、商人平民的排列組合裡敲定；而這些人，從小就認得彼此。

荷蘭當年必須打敗歐洲最精銳的勁旅：西班牙大軍，才有辦法捍衛他們的自由。兩位執政，莫里斯和佛德瑞克・亨利[3]，正好是第一流的軍事將才和謀士。市鎭菁英握有的財富和幹才，咯爾文牧師的慷慨激昂，執政軍事集權的戰績，在戰時正好成爲彼此的奧援暨補強。但在西班牙一六〇九年和他以前的子民簽下停火協定後，荷蘭內部的壓力就浮上了檯面。喀爾文的好戰派和另一派主張教會擴大寬容而由政府加強掌控的人，出現了教義鬥爭，而且和那時英格蘭也有的爭執幾乎如出一轍；進而還和莫里斯親王與市鎮、行省地方人士的政體爭議合流。莫里斯獲喀爾文教派和幾處市鎮支持而告獲勝；導致荷蘭的大律師奧登巴內費爾❹，於一六一九年遭處決。西班牙停火協定於一六二一年屆滿後，莫里斯和他的異母弟弟佛德瑞克・亨利，想辦法在各市鎮間找到夠多盟友，打贏了這場仗。佛德瑞克・亨利在一六四七年戰事將近終了時去世。他的兒子威廉二世❺不同意議和，也不願裁減兵力。但他才剛用他在市鎮裡的結盟關係以及動武的威脅，奠立起獨大的地位，卻在一六五〇年猝逝；他的獨子，也就是後來的威廉三世，於這年十二月誕生。

此後幾年在富庶的阿姆斯特丹人心目中，便是他們「眞自由」的輝煌年代。外沒有大軍壓境，內沒有成年執政；市鎮和行省全都可以各行其是。一六七二年，路易十四率大軍踩碎了這塊夢中樂土。要塞和兵力百廢待舉。連打開堤防引水灌進新生地的速度也很慢。省聯大部份的地區就此遭法軍佔領。許多市鎮因之出現了大規模但非暴力的示威，抗議統治團體怎麼讓政事淪落至此。「眞自由」政權的頭號領導人，韋特（Johan de Witt），在海牙碰上暴民時遭粉身碎骨而死。威廉三世奉命出任執政，馬上運用他手上的特權和治權，以及民間因國難當頭而站在他這邊的優勢，對舊政府市鎮議會裡橫行的黨派作大整肅。但他到底不是君王，每座市鎮民情都有不同，因此進度十分緩慢。有些人寫文章提醒他——可能是多少看了英吉利海峽對岸的英格蘭在一六七〇年代的情況吧——說他若逼得太緊，很可能會弄出兩邊永遠頑抗對立的政黨來。一六七八年還有一六八四年，阿姆斯特丹兩度在和法國議和的條約上凱旋而歸，但這兩次的條文威廉都不同意。一六八四年，他改變他衝突不斷的作風，對市鎮議會擺出合作的姿態，沒有徵得阿姆斯特丹市的合作，絕不採行重大措施。威廉從這些衝突裡學到謹慎，學到注意人際來往的複雜關係，加上他有鋼鐵的意志，要組成一支新教徒聯盟和路易十四對抗，終於將他推上一六八八年倫敦大勝的高峰。於此同時，阿姆斯特丹也出現了幾位立場較爲溫和的重要人物，魏森（Nicolaas Witsen）便是其中一位。

十七世紀荷蘭社會顯貴的群像一一從我們面前流過時，只見一個個衣冠楚楚、精明幹練的人和我們四目交投，但很難跨過這幾世紀的時間眞正去了解他們。他們也沒幾個會像查理二世時期的年輕公爵胡鬧到那地步。荷蘭的政治會搞分化對立，把危機弄到像英格蘭那樣，外加出些史上難忘又危險的人物，在史上只是偶一爲之罷了。他們多重層級的分散式主權和集體決策的模式，只會約束當事人多聽彼此的聲音，小心朝共識走去。

尼可拉斯・魏森便是這批政治、文化菁英裡非常傑出的一員。他有眞才實學，而且學貫古今，是阿姆斯特丹踏著複雜的小步舞曲，出人意表在一六八八年支持威廉親王冒險往英國一行的關鍵角色。魏森家族從一五七八年起，也就是獨立尼德蘭的奠基時代，就一直是阿姆斯特丹的統治菁英，一路走過政壇的動盪變化。他父親柯內里斯（Cornelis）在范德赫斯特❻畫的一幅出色群像《國民兵的晚餐》裡，是特別強調的主角。阿姆斯特丹一六五〇年和威廉二世決裂，柯內里斯就是要角；他在一六五三年還是阿姆斯特丹的市長（burgemeester）。尼可拉斯．魏森出生於一六四一年，一六五〇年代陪他父親到英格蘭出差，見過克倫威爾。克倫威爾還把查理一世砍頭時用的枕頭和斧頭拿給他們看。魏森的古典教育非常紮實，後來進萊登（Leiden）大學唸書，跟葛里厄斯（Jacobus Golius, 1596—1667）上過課；葛里厄斯是阿拉伯文教授，也是研究非歐洲語言的先驅，研究的語言包括中文。魏森在一六六四年拿到法學博士學位，然後到莫斯科的荷蘭大使館當職員。什麼人都見過，連尼康宗主教也見過。之後，開始蒐集俄羅斯和亞洲的資料，而成為這些領域於西歐首屈一指的專家。一六九三年，他計劃要出版一本大對開本書，《韃靼北部和東部》，資料和圖版極其豐富。彼得沙皇到荷蘭去時，驚見魏森對他的國家了解居然如此之深。

魏森跟時下的富家公子一樣，常去巴黎和羅馬，在牛津讀過不長一陣子的書，一六七〇年選擇回祖居的城市，展開他服務人群的漫長生涯。一六七一年，他出版了一本很重要的書，《古今造船術》，在書裡描述古代的造船術，展現他飽讀希臘、拉丁文獻的功力。但他跳過中古時代沒講，而就他那時候的造船術作了翔實的說明。他的政治事業在一六七二年的動亂之後晉升得很快。一六七四年時，他第一次獲選爲委任理事。一六七六年，他依威廉三世的建議，在「聯合政府」裡任軍方的代表。威廉和阿姆斯特丹兩造間步步爲營的緩慢和解，他看來是插了一腳。他在黑倫格拉契特（Neerengracht）邊建了一棟華宅；黑倫格拉契特是阿姆斯特丹運河要道。一六八二年，他第一次獲任阿姆斯特丹四位「市長」之一。他了解威廉急於加強軍力，力抗路易十四從南邊北上蠶食的心意。但也擔心這中間會有危險：英格蘭的情勢動盪不安，又有可能和路易十四結盟。威廉知道他說的有理，但覺得法國的威脅比較嚴重。至於其他市鎮的立場，就跟平常一樣複雜而模糊。魏森也出力協調各方，幫助蜂擁逃進荷蘭的預格諾派難民。大批難民湧入，益增法國專制政權對歐洲新教威脅的風雨飄搖。

魏森寫的信不太好讀，體例很正式，到處是禮貌用語。提到許多談話因爲太敏感而無法在信裡覆述，提到該怎樣和權貴溝通而不致教各當事人失了顏面。他寫的信，都是旁敲側擊、迴避衝突、朝困難決定緩步漸進的傑作。好像在跟自己說：只要不斷寫下去，人人保持聯絡，就可以做出成績來。我們全在同一條船上。威廉三世要再找到誰來替他在一六八〇年代執政和阿姆斯特丹脆弱的和解進程裡扮演這樣的角色呢？難哪！

一六八八年，魏森做的事：和莫斯科兩位沙皇派來的特使有過俗套的討論；協助監督納登（Naarden）鎮周圍的要塞和水利系統工程；安排幾位荷蘭囚犯從阿爾及耳獲釋的贖金；談妥到海牙出任阿姆斯特丹市委任理事的條件，但因妻子生病而延後回阿姆斯特丹的時間。這期間，阿姆斯特丹終於支持威廉三世進軍英格蘭；事前有過棘手的溝通和磋商，這中間魏森著力很深。

一六八八年十月二十七日，省聯各地民眾都以齋戒和祈禱，慶祝威廉親王進軍英格蘭勝利。在哈倫（Haarlem），歸正會（Reformed）、法國喀爾文教派、抗辯宗（Remonstrant）、路德會、門諾會（Monnoite）的教堂都有祈禱。阿姆斯特丹壯麗的葡萄牙猶太會堂還特別向以色列的神祈禱：「……祝福、護衛、支持、拯救、增強，提升到勝利金碧輝煌的高峰，高貴、威武的荷蘭聯邦暨西夫里士蘭（West-Friesland），崇高、威武的省聯政府，奧倫治親王殿下，執政暨諸省海陸總指揮官，暨所有盟友，阿姆斯特丹市高貴、傑出市長暨行政長官。」

阿姆斯特丹的西法拉地猶太人，也有十足的理由支持威廉進軍。雖然死硬派的喀爾文教派強烈反對包容西法拉地猶太人，但奧倫治王府倒蠻偏向他們的；因爲他們除了是國際貿易的要角、軍費的大金主，還另有大用，是奧倫治威廉和西班牙、葡萄牙暗通款曲的後門。西法拉地猶太人在阿姆斯特丹有很活潑的社群，開了許多學校、俱樂部，有些還讓人可以在裡面作股票交易，一待好幾個小時。他們以西班牙文爲主力，創造出文體極爲繁複的文學；雖然西班牙文是迫害他們最有組織、最不變通的人在用的語言。他們行文愛用巴洛克巧喻，講究體例和格律，和修女胡安娜沒大差別。這類文學在一六八八年有出色的範例問世，維加（Joseph Penso de la Vega）寫的《迷中謎》於該年出版，可能是史上第一本談股票市場投機術的書。書裡以一位哲學家、一位生意人、一位股票商三人對話的體例寫成；而由掮客負責作大部份的說明。他說從股市獲利有三大法門：一是像貴族王公緊抱著股票不放，坐享股息過日子；再來是像生意人想辦法抓走勢、搶買賣、搞選擇權等等；再要不就要像「掮客」，替別人作買賣，從中賺取佣金。股票商說抱股票最好的標的，就是荷屬東印度公司的股票，每股現值是它一六〇二年原始股價的六倍，所得的股利是原始價格的百分之一千四百八十二又三分之一。但還是有許多人覺得股市根本沒辦法講道理。當然囉，股市有時看起來眞的很像比薩斜塔，不管你從哪個方向看，都覺得它會朝那個方向倒下去。但他接下來繼續說，股市還是有明智投資的幾條路數可循，而且也爲讀者解釋股市到底是怎麼運作的。

說怪也怪得眞妙，巴洛克的風格和感性，居然也可以拿來用在這篇拆解現代資本主義初期複雜關係的拓荒之作。十七世紀英格蘭盛行拿政治力是否應該約束經濟活動寫小冊子打筆仗。他們對經濟措施作的道德評估，都集中在經濟自私、不公的一面。若是比較務實的看法，則偏向經濟隱含的利益。資本主義從一開始，就一直在製造這樣的爭論，直到最近不都還在吵衍生產品、避險基金（hedge fund）、達康股票上市的利弊麼。沒人喜歡投機客的。因此，像這樣以社會圈外人的身份，用迫害自己族人的異族語言，套上優雅、縟麗的文體，爲投機之用大矣講好話，還會有更合適的嗎？另有一點値得一提，《迷中謎》出版在一六八八年的八月或九月，正値阿姆斯特丹股市乍聞傳言，威廉對英格蘭即將有驚人的冒險之舉，以致倒栽蔥直瀉而下。而這本書也督促大眾要去抱東印度、西印度兩家大公司的股票，不要驚慌，長期持有。

而省聯各類勢力、決策盤根錯節的網路，是怎麼集合起來支持威廉進攻英格蘭的呢？荷蘭政府曾靠幾次重要的海上戰役，將勢力伸向領土之外，特別是在巴爾幹半島。荷蘭也在半個地球外的地方，借荷屬東印度公司之力，創造出極其強盛的軍事商業強權。連西班牙最精銳的部隊打進他們那裡，也被他們在自己的國境裡硬擋了下來。但荷蘭從沒做過這次這種海陸聯合大作戰；這不管在什麼年代都是最危險的打法。但這次，還是一樣，又是路易十四自己跑過頭，而成爲成敗的關鍵。法國願意在關稅上讓步，騙得阿姆斯特丹和其他貿易市在一六七八年和他們媾和。荷蘭商人在法國港口作買賣因之增多，法國的外銷品也以出口到荷蘭爲大宗。一六八七年時，路易十四先是禁止荷蘭鯡魚進口，只有法國鹽醃的除外。然後又撤銷一六七八年同意的關稅特權。一六八八年，荷蘭有幾座市鎭要求對法國貿易採取報復措施，也愈來愈願意支持威廉去打英格蘭。威廉則忙著協調各方，雇用大批外國傭兵，總計一萬四千名日耳曼和六千名瑞典傭兵，在他率領精銳部隊進攻英格蘭的時候協防省聯邊境。這協議就需要各省同意了。阿姆斯特丹的領袖大部份還是希望路易十四可以自動退兵，避開正面衝突。但一六八八年，太陽王大事、小事一概半步也不退；而且還被荷蘭的威脅氣得下令拘留法國港口的荷蘭船隻。九月二十九日，荷蘭聯邦通過一項祕密決議案，對威廉進攻英格蘭給與完全支持。

十一月，威廉的艦隊穿過英吉利海峽，乘風破浪迎向它怪異的勝利；此時，阿姆斯特丹的教會教務裁決會議，要求幾位市長，「值此祖國及教會蒙難，烏雲當頭之際」，以更強硬的措施取締賣淫，禮拜天關閉小酒館，查禁歌舞院。這些烏雲後來散去，但省聯的情勢卻沒好轉。他們以重稅負擔對法長期抗戰的大部份軍費。威廉以荷蘭執政兼英格蘭國王的雙重身份，住到倫敦去專心鞏固他的王位，但仍想辦法遙控荷蘭的政治，直到他一七〇二年去世爲止。之後，反奧倫治家族的市鎮、行省領袖開始重振勢力，荷蘭也決定不再指派新執政。尼德蘭省聯在十八世紀的歐洲戰事一般都採中立。荷蘭的布料暨其他工業逐漸衰退，商業投資也從金融服務慢慢轉向轉口貿易。到了法國大革命時，荷蘭似已深陷政治暨經濟頹勢。看來，洪水的問題變得沒那麼嚴重後，他們就忘了打水。

第五篇

文字的世界

歐洲的文風和思想

一六八八年的歐洲，和先前千百年的歐洲暨當世其他「他方之大」最大不同之處，在那時的商業活動和思想文化。倫敦、巴黎、阿姆斯特丹都有每日出刊的報紙廣爲流通。月刊登載書評、科學報告以及時事評論，供中歐、西歐的知識份子閱讀。當時月刊最出色的一份，叫《博學通報》（*Acta Eruditorum*），在萊比錫出版。由這份《博學通報》可以知道當時歐洲的知識份子一方面後望古人，汲取他們的古典暨基督宗教傳統，一方面前瞻來者，望向科學和政治廣袤無際、蒙昧不明的世界。一六八八年《博學通報》評論過的一百七十一本書，有一份現成的簡表，列出其中七十二本談的是神學（有一小部份應該叫「哲學」）、教會史暨基督宗教傳統的其他事物；四十四本談的是科學和醫學，有些依然大量引用希臘、拉丁的古文獻，也有許多和實驗、數學有關；十本談當世政治問題；只有七本談語言和文學；十九本談歐洲史的問題；十九本談基督宗教歐洲外的世界的地方風土。書評裡評的書，有一本講咖啡、茶、巧克力的醫療效用；一本是《西文四書解》（*Confucius Sinarum Philosophus*）；也有一本是牛頓寫的《數學原理》，一六八七年出版，文內譽爲「拯救自然現象脫離祕教陰影，重見數學原理的光明」。

這一百七十一本書，有一百一十一本是用拉丁文寫的，四十三本法文，五本義大利文，七本英文，六本德文。評論的文章全都用拉丁文寫就，當時拉丁文還是德語世界的學術用語。（但請注意，這份由德語城市出版的刊物，所評的德文書很少。）在英格蘭或法國找些例子研究學者讀書的內容，比重或許不同，但許多嚴肅的作品還是習慣用拉丁文寫。法文那時不論在哪裡，都是現代學術語言的霸主；法國散文的風格，也是靈秀、優雅、人文等各式文字表達首要的依歸，管你寫的人不信神還是虔誠，勢利眼還是驚世駭俗。英文當時當然已經獨樹一幟，確立了它詩歌、戲劇、散文載體的身份，但《博學通報》的例子還是提醒我們，英文在歐陸絕不如法文流行。義大利文則在走下坡，只有用唱的例外。荷蘭文從沒走出過他們的國界，許多人這時還覺得荷蘭文的文學活力已經日漸流失。

《博學通報》的例子都偏向抽象思考和威權傳統。沒辦法說明多少當時人讀什麼作消遣，或看些什麼戲、什麼展覽。若在一六八八年的文字世界裡擴大涉獵的範圍，就會發現他們的娛樂也在挑戰舊威權，力道還不輸博學之士。有位女士便以自身的經驗和不平寫出生動的小說，抨擊非洲人在美洲遭到奴役。當時歐洲的城市和商業，足可養活作家以鮮明的個人筆調鬻文爲生，像井原西鶴一樣。至於抽象思考的世界，神學依然是投注的重心，但已經有俗世的科學、哲學立起了里程碑：像洛克有關知識論、政治權的哲學，牛頓教人歎爲觀止的重大成就。但那時還是有一位偉大的學者，希望調和新、舊兩方，廣納人類知識百川於他的思想體系。所以，要爲歐洲文字世界的注腳作結尾，絕佳選擇莫過乎偉大的萊布尼茲一生構想的計劃受到的挫折、完成的作品，以及他未完的事功。

第十八章　文字共和國

伏爾泰（Voltaire, 1694—1778）在他寫的歷史巨冊《路易十四的年代》裡，曾說在路易十四當朝的漫長年代，「有處文字共和國悄然升起……無視於戰爭暨宗教的異同。所有的學科，所有的藝術，皆因此同蒙互助之利，學院因之而在共和國裡建立……每一領域裡眞正的學者，都將這心靈大社會裡的聯繫拉得更緊密，朝四面八方散播，四面八方率皆獨立。這份投契於今依在，是野心、政治在世上傳播邪惡之際，人心得以索求的慰安之一。」

從一四〇〇年代起，有點學問的歐洲人就已經偶爾會用「文字共和國」一詞，來指稱藝文暨知識界的男性（少有女性）彼此通信所織成的人脈網——也因此，英文和法文裡的「文字共和國」有雙重意義——而他們彼此也以學識、著作而非出身，在圈子裡爲自己贏得一席之地。在許多王公貴族、朝中廷臣看文字就不順眼的世界裡，這共和國一點威脅也沒有。但有天情勢突然一變；一六八四到八七年間，有人出版了一份月刊式的十二開小冊，叫《文字共和國新聞》

(*Nouvelles de la Republique des Lettres*)。這份刊物作商業發行相當成功，靠西歐當時擴展快速的郵政系統，送達歐洲各國讀者手中。《文字共和國新聞》，和《博學通報》還有早先其他的學術期刊不同；它所設定的讀者品味是有閒、有興趣了解思想但非專業學者的人。上面所載最新哲學、神學論辯的報導——對十七世紀讀者不算太重；那時誰也免不了會碰到這些議題的，跟現代許多頭痛讀者一樣——還常摻進評論者的旁白甚至小笑話，潤色一番。評論者的筆調不作保留，多半直言他評的這書有哪些論證不足之處，或呼籲所有信基督宗教的國家應該謹守宗教寬容和信仰自由的原則。而這類看法還不是用私人文書在傳播，而是用最新的生產暨分銷管道。「文字共和國」就這樣政治味愈來愈重，對不想寬容的王公貴族也變成比較大的挑戰了。

這件了不起的工程，基地設在荷蘭的鹿特丹，歐洲宗教自由暨自由企業的中心。主編兼主筆，是位法國流亡在外的新教徒，皮耶・培爾（Pierre Bayle）。伏爾泰和其他法國啓蒙思想的奠基人，都尊培爾爲披荊斬棘的先驅，不僅是那時顚覆氣味已濃的文字共和國國父之一，也是他們抨擊集權專制、傳統基督宗教所必須乞靈的知識和論證源頭。但培爾可不願當這些抨擊的老祖宗。他雖然心痛法國新教徒遭到迫害，也猛烈批評法國政府的迫害，但他依然深信人民有順從君王的義務不移。由於他徹底信守經文派的喀爾文信仰，才造就他強烈的道德感，覺得他那時的哲學和神學都有僞說，必須一一破解。

培爾生於一六四七年，是位新教牧師之子。家貧、喀爾文信仰、宗教少數派深陷重圍，是他青年時代的心靈基調。而他注定要當牧師也沒什麼好懷疑的。但在一六六九和七〇年時，他突然轉向天主教，進土魯斯（Toulouse）的耶穌會學院唸書。十七個月後，重返老家暨父親教會的懷抱。看情形好像是從小被人灌輸以教皇是「反基督」的觀念，一旦聽到有人以理性的態度闡釋天主教徒神學，就教他大爲傾倒。但眞進了天主教的環境，卻又被天主教的聖像和儀式給嚇得跑出來。而天主教和希臘、羅馬的異教信仰，在他思想成熟後就被說成是墮落、外化的宗教，不僅帶著人遠離眞正的信仰，也遠離人性的理智才能產生的理念和道德準則。培爾原本就酷愛掉書袋，又極渴求思想界的新知，因此終生勤作筆記不懈，恍若生怕證據一有不足就會害他貿然說出錯誤的結論。最後，他發現他的使命就在將他的閱讀、思考心得公諸於世，供處境和他一樣卑微、偏僻的人取用。

他一度叛離新教，對他父親是很大的打擊。待他後來又從天主教跑掉，就弄得他處境更加危殆。法國的法律會包容生來就信新教的人，但背離「正信」的人可不在內。一六七五年，他出任色當（Sedan）新教學院的哲學教授，但他對法國新教處境日益危殆的體會，顯然比其他同事要符合實際一點。因此，他一直在找門路要往國外避難。一六八一年，他接受鹿特丹新設的法語新教研究學院之聘去教書。法國政府對新教徒的敵意愈來愈強，以致有愈來愈多的新教徒跟著他的腳步也外移了。這些人裡，有些覺得身邊敵意愈來愈強有末世天啓的意思，表示反基督即將降臨人世。而一六八〇年尾出現的彗星，在他們更是末日審判即將到來的另一表徵。審判日一來，他們可能就需要對俗世的威權有所反抗或叛變了。培爾本人則比較小心，還是以秩序爲重。雖然他自己對數學或科學觀察不甚在行，但還是比較信服證據，不願盲從於宗教的狂熱信仰。因此，他不接受彗星末世論的看法，反而和自命先知的人朝反方向走去，而以自然主義的觀點去解釋自然現象，認爲君主應該包容子民信仰的各支基督教派，而子民也應該遵從君主的意志。他寫的《談彗星函》，後來改名爲《看彗星的各式想法》，在他移居鹿特丹前就已經有了稿子，後於一六八二至八四年間出版，在法國內外都流傳很廣，是他寫作的一大突破，表示他的作品有了廣大的讀者。

從一六八四年三月到八七年二月，培爾總共印行三十六期《文字共和國新聞》，每一期約一百小頁。所登的資料和文章，好像大部份都是他自己讀、自己寫，工作相當繁重，因此有不錯的收入。他在第一期的序裡，說他希望將重點放在團結世人，而非分化世人。「這是文字共和國的菁英共有的特質。」他報導的書，有許多是拉丁古籍和古代教父（Church Father，公元一至五世紀的基督宗教著名作家）著作的版本，或談時事的文章，旁及一些瑣碎的事，從正弦表到支持莫里哀（Molière）喜劇的道德價值都有，伊斯坦堡、中國來的報導也登過。

培爾在鹿特丹正逢天時地利人和，可以讓他做這樣的泛歐出版事業。當時的印刷術和分銷網都已經相當發達。荷蘭官方也容得下形形色色的想法出版。培爾若人還在路易十四的法國，絕沒辦法出版《文字共和國新聞》。培爾曾說，天主教徒在他作品裡絕找不到可以非議的地方；

但這刊物不偏不倚、堅守證據，加上新教徒對主編忠誠不二，都引起憂懼。《文字共和國新聞》在法國有許多讀者，但有時得走迂迴的管道才送得到他們手中，許多書商還寧可跟它撇清關係。一六八五年，〈南特詔書〉撤銷，《文字共和國新聞》就正式遭禁。培爾在法國的兄弟被抓去拷問，最後死在牢裡。（他父親該年也過世，正好趕在〈南特詔書〉撤銷，官方對兒子作品有意見再害他倒楣之前。）培爾爲教友、爲父親傷心，更自責於兄弟之死，膽子開始變大，主張任何意見都應該包容，連否定基督宗教基本教義的說法也應該包容。法國傳來的可怕消息，逼得他在一六八六和八七兩年寫了《基督所說：「勉強人進來」之哲學評論：依論證推理，證明世上最可恨者莫過乎暴力脅迫皈依》出版。在這篇文章裡，他推理論證的力量和道德、宗教的情懷，有了最圓融的結合。這句話是耶穌在迦拿（Cana）參加一場婚禮時說的，聖奧古斯汀用這句話來支持暴力傳教有理。培爾雖然極爲崇慕奧古斯汀的哲學，但完全不接受這一路的論述。他認爲基督信仰一旦訴諸脅迫，就失去了靈性和個性；而這靈性和個性，正是基督宗教有別於異教徒盲從自小浸淫的社會儀禮之處；因此，以暴力脅迫皈依的人，才是眞正褻瀆基督信仰的人。古代學問、習俗的力量，就在人的信仰和儀禮可以不同。迫害當前，卻固守宗教的信念不放，「只因爲，我們的本性在亞當犯罪後，還殘存了一點善。」宗教的眞理，除非化作內在的信念，否則即如無物。「待人一找到了自己，上帝便放心要他小心去找尋眞理，相信自己所找到的眞理，愛他所找到的眞理，依他所找到的眞理去規範他的生活。……每人都有權利以眞誠、以正信，去向上帝賜與他的靈光尋求指引；依靈光指引，信守他覺得最合理、最符合上帝意旨的理念。」洛克雖然也有類似的說法，但培爾的說法，建立在他個人對基督信仰更深的奉獻，而以動人的方式，朝居伊昂夫人和的靈性觀和貴格會的「心光」靠攏。培爾看來也打開了一條路，供後來的啓蒙時代追求理性，甚至讓康德（Immanuel Kant, 1724—1804）深邃的道德暨精神「至善論」(perfectionism) 得以出現。

由於壓力過鉅、用腦過度、工作過勞，培爾的健康在一六八七年初急遽衰退，常因高燒和劇烈的頭痛而臥床不起。這年二月號的《文字共和國新聞》，出版時內文並不完整，後來的幾期則改由他人接手。培爾於大學的教席和私塾的子弟也都放棄。一六八八年初，他雖然能再開始做些講學，但健康依然很差。這時，他很可能見過洛克；那時洛克也住在鹿特丹。但沒證據可以說兩位主張寬容的理論大師彼此有任何的影響。

培爾此後一直未曾回到以前每月出刊的緊張工作。他對他一六八七至八九年的養病暨偷閒，好像利用得還不錯，爲《文字共和國新聞》構想了一些宏大的計劃，提供給他們許多信實的資料和可行的方案。到了一六九〇年尾，他已經全力投身他的大計劃：編一本《歷史暨批判辭典》。他後半輩子就全在做這計劃。他的目標在做出一套完全可靠的古今作家暨文獻大全，「作其他著作的基石，……暨《文字共和國新聞》的保險。」而跟他做《文字共和國新聞》時一樣，他照常偷渡一堆批評進去，將古今的教條、迷信和褊狹凌厲抨擊一番；不過多半是塞在少人注意的作者或題材裡。這一部《歷史暨批判辭典》，後來成爲啓蒙時代每一位思想家乞靈的源頭，也是後世大部頭百科全書的範本。伏爾泰還有許多人，都承認自己受惠於這位閱讀狂、寫作狂太多；他一心一意要後世再也無人像他在父親的牧師宿舍裡一樣，苦於沒有信實、最新的資料可用。

培爾流亡在外的時候，雖以法文寫作而在許多國家都有衆多讀者，但他最在乎的，絕對是敵視他、不要他回去的祖國。而法國在一六八八這年，則是任何人若還算得上是個文化菁英的話，就一定要在古、今的大論戰裡選邊站。許多文學和藝術形式也被徵召入伍，加入戰局。卡列爾（François de Callières）在他一六八八年出版的《新宣戰之古今論戰詩史》裡，就加進一幅精緻的版畫，畫成兵法圖的樣子；荷馬率領的希臘詩人大軍，和拉丁詩人、古雄辯家集結在一條河邊，另一邊則是法國、義大利、西班牙的詩人暨現代雄辯家，雙方隔水叫陣。

一六八八年，查爾斯・佩羅（Charles Perrault, 1628—1703）出版了他那部名作《古今之比》的第一部，盡脫一六八〇年的現代派作家也免不了的格律和浮誇——爛拉丁文的遺毒——推助靈巧、輕鬆、對話體的散文發展成型，而爲法國啓蒙時代樹立起最顯著的標記。《古今之比》和其他幾本這類文體的突破之作，都是以對話體寫就，絕非巧合；這樣的文體會逼得作家必須注意筆尖常留日常對話的興味。而書裡的主人翁在凡爾賽宮的豪華花園裡一邊散步一邊辯論，一樣不是巧合。許多人都覺得這景象代表的是現代派和法國君主政體優越的一面。

《古今之比》有三位主角。一是法院院長，這是位古典派的死忠守護神；再一位是紳士，很好相處，富於機智；第三位是修道院長，也是佩羅的化身，捍衛現代派，妙語如珠，也說得又長又富思考的深度。紳士拿世界的歷史和人的生老病死相比，指世界現在已走到了老年的衰途，修道院長則用同一比喻反駁，說這也可以表示人類不停在累積知識。他說，現代這時代，還一直在發明新機器，像織襪機用的框架就是新近才發明的東西。但待修道院長要申論現代的每一樣藝術皆優於古代，就沒那麼容易了。雕塑最難，繪畫比較簡單，因爲現代人還在發明新技法，探索各式寫實的新妙境。建築師也一直在改良古典的比例，所以羅浮宮的正立面構造之美，超過古代的每一棟建築。

佩羅一六八八年出的《古今之比》（後來又出了多部），結尾是三位好友同聲禮讚凡爾賽宮雕塑、噴泉之美，連法院院長也是；修道院長還把「三泉」區特別讚美一番，讚美那裡的噴泉、芳草、林木設計之精巧，人工氣完全化於無形，獨留渾然天成的美景。只是，他在書裡申辯現代派精雕細琢的潤飾和格律，凌駕前世之上；但現在看來，卻像是十八世紀反格律、反秩序的大叛變先聲。

可能有人會說，佩羅在一六八八年出書捍衛現代派的時候，這場仗已經過了攻堅期，法國菁英階層裡最善辯的人，都已經朝他這邊靠攏。而佩羅的出身，或可說明何以會有此變。他父親是位很發達的律師，也是路易十四集權時代貢獻最大兼獲利最大的那一類人。他父親對幾個兒子的教育不省一毛錢。他們的古典文學都學得很好，但也拿《伊尼亞德》（*Aeneid*）之類的古籍寫打油詩，嘲弄一番，有時作文課還因笑得太凶而上不下去。他們幾個兄弟裡，一位當律師，一位當上政府的金融專家，再一位成了激烈反耶穌會的楊森會神學家。比佩羅大十五歲的哥哥克勞德・佩羅（Claude Perrault），則是醫生、建築師、生物學家。在當金融的那位暴起暴落之後，就靠克勞德爲首相柯爾貝監督土木工程來保住家產，也因而在克勞德腦子裡塑造出這樣的信念：過去沒有哪一時代，可以和路易十四時代的光輝、精緻相提並論。

佩羅兩兄弟都是法蘭西科學院的創始會員。這科學院是柯爾貝另一件建立形象的工程，同時也在動員社會新知爲王權服務。哥哥克勞德對解剖、實驗的興趣比他那時代的醫生都要濃，就負責在科學院裡解剖動物，土產、外來都有，以擴大院裡的生物學知識。克勞德・佩羅寫過，解剖這工作「是一群特別人物在做的事：須有一雙見人所未見的眼睛，還有一雙靈巧過人的手，找得到他所看見的；一切以眼見爲憑，未見者絕難說服他逕下妄論；追求新發現的慾望小於翔盡檢視已經發現者；雖觀察錯誤，但確信錯誤一樣覺得滿足，還不下於得出新奇的大發現；在他們的精神裡，對確證的愛凌駕一切之上。」很難再找得到有比這更優雅的說法，可以描述公眾型、集體式、可造假的研究於擴展人類知識的理想應該是如何的了。

解剖可不是腸胃不好的人做得來的。解剖一頭死於肺部、腸胃疾病的熊，味道之臭，得灑好幾品脫的白蘭地在熊屍身上。從一六六八到一六七六年，科學院已經解剖過三十多具標本。他們拿活的變色龍先作觀察，後再解剖，糾正了不少皮里尼❶等古典時代作者的錯誤說法。一六七一到七六年，克勞德·佩羅將這些研究成果集結成書，出版為兩巨冊《動物博物史回憶錄》，附有精美的版畫插圖，畫出動物的外觀，和內臟、四肢構造的解剖圖。他這工作一直做到一六八〇年代；到一六八八年時，補遺的出版工作也已經做了很多。

克勞德·佩羅除了領導這項重要科學計劃的早期作業，也為柯爾貝進行另一樣大工程，翻譯維楚維厄斯的書❷；這是最偉大的拉丁文建築學著作。克勞德·佩羅原本讀醫，需要學很多希臘文和拉丁文，因此有辦法順利處理維楚維厄斯的古怪語彙和枝辭蔓語。克勞德·佩羅的翻譯也附有圖版，畫出維楚維厄斯的理念和分類，精細一如《動物博物史回憶錄》裡的動物構造解剖圖。之後，他再出版了維楚維厄斯的濃縮本，加進一些他自己對建築首次發表的看法。他寫道：建築之美，有些部份是天然或說是「實證」的，內含於作品本身，但大部份還是人為的創造。我們欣賞的是建築師創作之清晰、渾融。我們對古人作品的欣賞，也應該偏向我們可以凌駕也眞的超越過的地方：像古人的創意，古人將理念作清晰、整飭的推演，甚至他們和偉大帝王的關係。那時，克勞德·佩羅已經將他這些想法完整寫在《古法之五大柱式》書（一六八三年出版），也有大好機會去實踐他的想法。雖然細節仍有爭論，但羅浮宮的東立面在一六七〇至一六八〇年間作多次改建時，克勞德・佩羅應該有很大的貢獻。他對科學、建築的愛，對帝王的榮耀和學術的愛，合起來，讓他設計出了巴黎天文台；一六八三年完工，屹立至今。

克勞德・佩羅要在聖安東區（Faubourg St. Antoine）蓋凱旋門的計劃經批准後，才在第一階段的工程期，兩位兄弟的庇護人柯爾貝就在一六八三年死了。工程馬上停了下來，後來也從未復工。克勞德・佩羅繼續做他的解剖，爲《動物博物史回憶錄》的補遺準備材料。一六八八年秋，他在解剖一隻駱駝時染上了病，於十月九日去世。已經做好的解剖圖版，直到一七三三年才出版。

查爾斯・佩羅則在一六九七年出版了他最有名的作品，《鵝媽媽故事集》，彷彿他還是不時從古典的嚴謹格律裡偷溜出去，晃到美麗的林子裡，去聽不識字的單純心靈聽得到的聲音。

文字共和國純粹是歐洲的產物，而且中樞不只在倫敦、巴黎、荷蘭的大城市。也在維也納，柯洛內里就在維也納做他的地圖。也在萊比錫，《博學通報》就在那裡出版。有些偶爾在文字共和國裡插一腳的人，還是遠在遙不可及的地方寫他們的作品的：安汶、巴達維亞、北京。但那時最教人稱奇的一位博學之士——我們現在看來可能還是驚奇——是一座小巧城堡的堡主，城堡就在今天南斯拉夫沙瓦河谷（Sava River）的南坡，約當威尼斯和維也納的中途點。

波根斯柏克（Borgensperk）男爵瓦爾瓦索[3]，一六八八年都在爲他的巨作，四大冊的《卡尼奧拉公國的榮光》（*Die Ehre des Herzogtums Krain*）（卡尼奧拉在今斯洛維尼亞西部），辛苦準備圖版、作校對。那年，他也出了一本拉丁文的《卡林西亞大公國地形圖》。前一年底的時候，他已經知道即將獲選爲倫敦皇家學會會員，這學會可是文字共和國科學省裡影響力最大的一個中心。他也寄了一份家鄉那座很有名、很神祕的丘克尼卡（Cerknica）湖的詳細資料，給皇家學會。不過，到了一六八八年底的時候，他還沒接到通知，不知道自己是否眞的獲選，也不知道他那份湖的報告已有摘要登在《哲學匯報》（*Philosophical Transactions*）上面。沙瓦河谷和倫敦地理上的距離不算多遠，但通訊也不是一直都很可靠。

哈布斯堡王朝統治卡尼奧拉也有好幾百年了。德文和拉丁文是瓦爾瓦索用的語言，也是其他菁英份子正式通訊用的語言。一般平民則大部份講斯洛維尼亞話；瓦爾瓦索的母語是斯洛維尼亞話，應該也八九不離十。那地方的首府，也就是瓦爾瓦索世界的都市中心，是留布利安納（Ljublijana），日耳曼人叫作來巴哈（Laibach），於今是斯洛維尼亞獨立後的首都。沙瓦河源自於朱利安阿爾卑斯山（Julian Alps）上一塊高山湖泊的瀑布，在貝爾格勒流入多瑙河。本書後文會提到有位年輕的土耳其人，一六八八年在沙瓦河邊的一處監獄裡過了幾個月的悲慘日子。瓦爾瓦索把他的波根斯柏克堡，寫成是大地主的夢想世界，有緩降肥沃的坡田和優質的櫻桃園，堡內堡外都有泉水潺緩，從山谷可以遠眺北方阿爾卑斯山頂的積雪。從留布利安納騎馬可能需要一天的時間才走得到，但他在波根斯柏克萬事俱全：有化學儀器供他作實驗，有幾千本書供他閱讀，有間作坊供他作銅雕。

卡尼奧拉是片景致美麗但多變的鄉野。有適合開墾、闢路的良土，尤其是在河谷地帶，但在谷地間是森林遍布的矮丘；在剛進入現代的那時期，冬季在雪地裡跋涉特別艱苦。此外，岩床大部份是石灰岩。水會順著石灰岩或橫或直的縫隙，侵蝕出洞穴和地下河。這類洞穴的頂部也會塌陷，形成奇形怪狀的峭壁、尖塔、閉鎖的落水洞和山谷。地理學家叫這「喀斯特地形」(karst)，喀斯特是卡尼奧拉的一區。在這破碎的地表上面，散落一個個孤立的小塊田野；在這類田野裡形成的封閉小農村，特別容易孕育特異的風俗。信仰和方言每隔幾哩就變上一回。溪流會突然沒入落水洞而消失不見，也會突然從山邊湧現。洞穴裡掛滿了鐘乳石和石筍，益增這裡地底有神祕力量的信仰。

瓦爾瓦索是十六世紀從義大利移居這裡的移民後代，那時有許多人移民至此，同時引入採礦、工藝、經商的技巧。瓦爾瓦索的祖父，從一位遠親或同樣也姓瓦爾瓦索的雇主那裡，獲賜一座小型的城堡。瓦爾瓦索生於一六四一年，享盡了鄉間菁英階級所有的好處：在留布利安納的耶穌會學校接受良好的教育，從軍打過土耳其人，在西歐四處旅遊長達八年，甚至到過北非。一六七二年娶妻，買下波根斯柏克堡和其他產業。他在旅行期間看過幾本書，臚列歷史、世家貴族、著名建築或某地自然美景等資料。這類書在日耳曼境內更是流行，是在地人以地方為榮的表示。但他發現沒人聽過卡尼奧拉這地方。（現在的斯洛維尼亞也有同樣的問題。）

他待在家裡的時間，夠妻子懷孕就好（他們結婚十五年生了九個孩子），其餘的時間大部份就在卡尼奧拉和鄰近地區四處旅行，畫下城堡和修院，蒐集市鎮、貴族的資料，破解地形地貌的怪樣。他愛蒐集古董和怪東西，也搞化學實驗和煉金術。他出的第一本書，是拉丁文的《卡林西亞大公國地形圖》，附了二百二十三幀銅版。由於在留布利安納找不到銅版的製版店，因此他自己在波根斯柏克開作坊，這是這大公國的第一所銅版作坊。他也出版其他地形圖集，出版了一本插圖很怪的奧維德（Ovid）《變形記》（*Metamorphoses*），還有一本《人類之死劇場》，刻劃罪犯各種恐怖的死狀。

但瓦爾瓦索一生的志業，還是在向世人介紹他鍾愛的家鄉，爲家鄉的歷史、人物、自然美景留下完整的紀錄。他在一六八〇年時，已經印了一份啓事，請民眾提供地方風土、家族、城堡的資料。但一般人最不願意把城堡的詳細資料送給陌生人。但他靠四處旅行，蒐集到的東西愈來愈多。還雇了幾位畫工和雕工幫忙。到了一六八七年時，他已經在準備《卡尼奧拉公國的榮光》的出版事宜。他曾向紐倫堡（Nürnberg）的學者伊拉斯謨斯·法蘭西斯柯（Erasmus Fraciscus）替他看稿，把他的德文改得更規律、更好。到了一六八八年時，印好的散頁稿已經送到波根斯柏克，而手稿和插圖也繼續往紐倫堡送。待書在一六八九年印好裝訂成冊，成書是一套四冊漂亮的對開本，總共有三千三百五十二頁，五百二十八張插圖。對那一區古來的歷史作百科全書式的介紹，包括各支民族和語言、皈依基督宗教、天主教對新教徒長久終至勝利的鬥爭、每一支貴族世家，連族徽也附在內；每一座市鎮、修院、城堡都有插圖，每一條河流、水泉、洞窟也都一覽無遺。

從他的皇皇巨著及一六八七、八八兩年寫的信和紀錄，可以知道，瓦爾瓦索常思索老歐洲的巫術、魔鬼契約、地底的妖異力量這類事情，同時又和新歐洲的一大中樞有魚雁往返：倫敦的皇家學會；這些事在新歐洲較不常見。他在這皇皇巨著裡，就有一小部份是寫卡尼奧拉人的迷信和巫術信仰，說：「找塊沒蛇的地，都比找塊沒迷信居民的地要容易。」他特別感歎耶誕節和復活節的基督宗教慶典，還殘存那麼多的迷信。卡尼奧拉的農民在耶誕夜，一定要放一塊大木頭到火爐裡去，同時把他們餐宴吃的東西，每道菜都放一塊或一匙在上面，邀爐裡的火和他們共享；瓦爾瓦索說，這顯然是異教灶神祭祀的遺緒。

散見在他書裡東一條、西一條巫術和魔鬼施法的討論，瓦爾瓦索都會從歷史的遺緒去找解釋，或爲魔法現象找自然的成因。紐倫堡的法蘭西斯柯，就是替瓦爾瓦索編書偶爾會插幾句嘴的那位，就不太想解釋這些，也怕魔鬼、怕魔鬼施法。瓦爾瓦索書裡的第十一章，看來應該是專寫卡尼奧拉的城市、市集、城堡，但替他編書的這位，卻突然插進一大段話，駁斥「是書主要作者大人」所說的事純屬無稽。結果是又出現了五十多張對開的書頁，都在爭辯巫術、魔鬼施法的理論。這些書頁在第三冊，可能是瓦爾瓦索一六八八年初自己寫的，後來又加進一段，描述他該年親身經歷過的一件事。

瓦爾瓦索和法蘭西斯柯兩人都同意，魔鬼契約有多種「明示」、「暗藏」的類型。但瓦爾瓦索覺得這暗藏的契約很討厭。若小孩子不小心踩到一顆施了魔法的石頭，或因無知而覆述女巫的咒語和動作，那怎麼辦？這不懂事的小孩難道就此陷在魔鬼的暗藏契約裡不得翻身？法蘭西斯柯則答曰，當事人若不知道，暗藏的契約就沒效力。在另一段有關係的段落裡，瓦爾瓦索認爲魔鬼是沒辦法拿有德性的人怎麼樣的。魔鬼或許會拿一樣有自然效力的東西給人，像他在法國里昂（Lyons）聽到的「修絲法」（silk-finishing），用這方法的人若不知道這方法是怎麼來的，就一點也不會掉進暗藏式魔鬼契約的陷阱。兩人就基督宗教古老的恐懼，對時代比基督宗教還要古老的黑暗超自然力量所作的冗長辯論，就這樣轉向了主觀信仰和意向的問題，而跟信仰大相逕庭的洛克、培爾、彭威廉的論辯，相當類似。

這不是說瓦爾瓦索不相信魔鬼會施法：一六八八年三月八日，他正在讀他先前爲這題材準備的資料時，突然覺得頭頂上有重擊襲來，後來又再來一記。他擔心屋頂會垮下來，但又好像覺得自己在玩「地獄之火」。後來，在他唸了幾則祈禱文和祭文後，威脅便告解除。他唸的最後一句是：「你傷不了我頭頂上的一根頭髮。」

卡尼奧拉有座丘克尼卡湖，從古典時代的地理學家斯特雷波[4]開始，就不時有旅人或博物學者提到這塊湖。這湖有時不過是塊寬闊的大草原。但平原上的洞口有時又會突然會冒出大水，挾帶大批魚群而來。幾個月後，湖水又會慢慢流失盡淨。瓦爾瓦索在那裡花了許多個月的時間，或徒步或坐船，到處考察那塊湖和附近的地區。他當然不是第一個看出來：這塊地的水來、水去，都應該都和地下河有關；喀斯特地形區多的是地下河。而他知道英格蘭籍的旅行家愛德華・布朗（Edward Brown）寫過這湖，促使他在一六八五年十二月第一次給倫敦的皇家學會寫信。一六八六年雙方有幾封信往返，瓦爾瓦索將他鑄造大型銅像的新方法寫成一份很長的報告，寄到倫敦去。文章普獲認可。一六八七年，瓦爾瓦索知道皇家學會八月開會時，準備提名他爲會員。一六八七年十二月，他寄了一份很仔細的丘克尼卡湖的探勘報告過去。他認爲高山之上一定有一塊地底水庫，注滿了融雪化成的水，滲入地下通道再流到湖底的水庫；而湖底的水庫只有一道出口，流量有限。融雪的高峰期，水庫會注滿了水，水便從水庫頂部的水道湧出來，流到湖床上。融雪的水流一減少，湖下面的水庫水位降低，就把湖面的水又抽回去。一六八七年十二月十四日，瓦爾瓦索的丘克尼卡湖報告的第一部份，由哈雷在皇家學會會員面前發表，哈雷還依瓦爾瓦索的想像，用盆子和管子做了個很精巧的模型；看來有用。瓦爾瓦索的報告登上了皇家學會的《哲學匯報》，後來又登在《博學通報》上。就在一六八七年十二月的學會大會裡，瓦爾瓦索正式獲選爲學會會員。一六八八年下半年，瓦爾瓦索寫信給皇家學會，問他前一年寄到倫敦的報告是否送達。看來他根本不知道自己丘克尼卡湖的報告普獲好評，也已經正式當選會員。《卡尼奧拉公國的榮光》在一六八九年出版。但瓦爾瓦索這時也已破產，說不定健康也不行了。一六九〇年，他賣掉他的書和印刷機；一六九二年，再不得不賣掉心愛的波根斯柏克。瓦爾瓦索於一六九三年逝世。

瓦爾瓦索於丘克尼卡湖的研究，還附有一張鳥瞰式的精細圖版和他猜想的複雜地下水道網。但以自然力去解釋大地之下的力量，並未完全成功。在鳥瞰圖的左上方，畫的是附近的一座山，上面有女巫飛過。瓦爾瓦索在他那大部頭書裡的別的地方，也說過他有幾次冒險進洞穴裡去。他很清楚摸黑在洞裡一腳踩空摔進大落水洞有多危險。有一幅插圖，就把他害怕和矛盾的心情表達得傳神之至。畫裡鐘乳石和石筍的樣子，進過這類洞的人應該都覺得眼熟，但在瓦爾瓦索做的銅版裡，卻一根根像戴了魔鬼面具、像怪物或人身的醜怪部位。前景裡的那兩個人，有一位正指著這些醜怪東西，可能就是瓦爾瓦索自己，在看一幕地底世界的景象；雖然他很希望用自然力的角度來看，但仍然喚起了恐懼和厭惡。

瓦爾瓦索在洞穴裡

第十九章　艾芙拉・班恩

一六八八年，艾芙拉・班恩[1]發表了一首詩：

獻給美麗的克蕾琳妲，燕好於我，
想像超出女子

姣好美麗的少女！若這稱呼
太弱，陰柔於高貴更甚的妳不符，
那就另起一名，求和事實熨貼，
且就讓我叫妳：絕色傾城的少年。
後者證明我輕柔的抱怨有理，

同時減輕我傴促的壓抑；
不至羞紅我作少年的爭逐，
雖有如此美女在目。
妳以銷魂的倩影帶給我們痛苦，
慧黠的寧芙把我們騙給牧羊的老粗。
遺憾妳竟發配到我們這一性，
我們雖然鍾愛，卻淸白乾淨：
因爲我們於你絕不敢使壞；
縱然使壞——也是妳倩影作怪。
有人採摘最美的花朵，卻信
有蛇深藏在馥郁的綠葉之陰。
妳乃絕色之另一類屬，
溫柔的克蘿莉思加愛嬌的亞歷西斯；
一待妳身上陽剛的部份，催促
妳以少女的形體撩撥我們，
我們最崇高的愛戀，就眞要

將愛延伸予赫米斯，阿芙黛蒂知交。❷

詩裡的用語簡潔，但風格巴洛克。班恩玩赫米斯和阿芙黛蒂的意象；班恩暗示她硬是可以追求男孩子氣的少女，尷尬和風險還絕對小於男子；詩裡情慾張力之眞切，不下於女性之於男性。這些，在在將我們帶進人類情慾迷障的深處，不下於一六八八年的任何文章。（井原西鶴寫得比較直，但也粗得多；胡安娜則深藏不露，難以捉摸。）

她還有其他正當摻雜不法、隱藏又公然搬演的巴洛克雜燴，在她一六八八年出版的另兩部小說裡也歷歷在目，還外加很有趣的風格突變。兩部小說一開始都用淺白的文字，宣示她講的絕對是信而有徵的事實，後來卻又變成長篇的奇情小說，而且是從別人那裡聽來的。小說裡峰迴路轉的離奇變化，強烈之至的情緒表達，都像在斥令巴洛克歌劇的場景和詠嘆調速作改變。《浪蕩美人心》（*The Fair Jilt*）寫的是一位蛇蠍美人，滿肚子詭計和貪慾，強追一位英俊的年輕神父，投懷送抱被拒就大喊「強暴」，害人家差一點上了絞刑台。她又勾搭一位年輕男僕，投以愛的誓言，直到人家爲了讓她拿到妹妹那份家產，對她妹妹下毒未逞爲止。後來，她又說服丈夫去殺妹妹。但班恩從書一開始，就把這角色寫成恐女症（misogyny）女人禍水裡最可怕的禍水，形容她「天生多情卻最難專情」，一眼就會愛上所見男子身上最強烈的特質，但又害怕婚姻，因爲，「她知道她心裡藏著什麼力量，受不了拘禁在一個男人身上。……」看她寫《浪蕩美人心》，不禁懷疑班恩取材的來源除了她早年跑到安特衛普（Antwerp）去當超級爛間諜的經歷外，應該也包括她自己的情慾、挫折，以及她對社會僞善、幽囚女性的恨。

班恩在一六八〇年代已經過了二十多年寡居的生活，沒有固定收入，在倫敦多采多姿又放蕩不羈的戲劇界闖蕩。她愛上的男人不是已婚，就是條件有點問題，而她可能也根本不想定下來，把自己交到一個男人的掌握裡，不管他可以給她多安逸的生活。因此她以鬻文爲生。這她很在行，也爲復辟時代通俗劇的粗聲粗氣大合唱，加進了女性獨有的聲部。她的詩，〈大失所望〉（Disappointment），寫於一六八〇年前，寫的是不舉或早洩的修訂版；這樣的主題是可以一路上溯到羅馬詩人奧維德（Ovid, 43 B.C.—A.D.18）的。而她寫的版本就是女性篇，形容女性碰上這事的困惑、羞赧、輕蔑、丟臉，最後，從她沒了用處的情郎身邊逃走。

班恩寫的《奧奴諾可》，另作《皇家奴隸》（*The Royal Slave*），也出版於一六八八年，用自傳體來寫海外遠地發生的事；這是一六八八年很流行的體例。故事取材自班恩年輕時在南美北岸蘇利南（Surinam）住過一陣子的經歷；但內容大部份應該都屬虛構。這位作者表明她寫的故事一定要「以單純的面目問世，由其本身的優點暨天然的魅力向世人推介；須有事實支持，會作偏離但不以橫加虛構來達成目的」。故事說的是一群非洲奴隸意圖逃離蘇利南的農莊，領袖事發被捕、慘遭酷刑處決。描寫蘇利南場景的文字，風格平實，人、事、地和動植物都有具體的細節。但白人的殘酷和奴隸領袖的節操，就以駭異渲染的色調來描寫了。

奇情的特色，在她這本小書的前半部更是濃厚；班恩在這部份敍述故事的主人翁是怎麼被俘爲奴賣到美洲來的。奥奴諾可原是他族裡的親王和大將，黝黑，長著羅馬鼻，薄唇，還有律己很嚴的斯多噶道德。他美麗的未婚妻伊莫茵妲（Imoinda），被老邁的國王召進後宮；這可是沒人膽敢不依的事。伊莫茵妲的絕望，奥奴諾可的憤怒，以及劇情忽現轉折讓他們終於可以完成終身大事，卻遭人出賣，被賣爲奴，便純粹是巴洛克的戲碼了。奥奴諾可喝令的口氣，就像一位反抗命運的英雄唱出了詠嘆調：「不論何人膽敢無禮靠近此屋，須知，吾乃奥奴諾可親王，來者一進屋內必死無疑。全部退後，切記此乃愛之聖地，今晚乃我之夜晚；明晚才屬國王。」

而在最後一幕巴洛克式轉折裡，奥奴諾可和伊莫茵妲雖然分別漂洋過海，但還是重逢，在蘇利南的農莊裡結婚。其他奴隸還有白人，都看得出來奥奴諾可有蓋不住的貴族丰采。白人叫他凱撒（Caesar），給他許多特權。只是，現在的凱撒雖然境遇不錯，伊莫茵妲也懷了孕，但還是要帶奴隸大舉逃亡；準備往海邊去，誓死自衛，直到找到船回非洲去。（先前提過巴西和牙買加的奴隸在這時期都是往內陸逃，在偏遠的山區組織起來自衛；蘇利南這時就算不是這樣，後來應該也是。）凱撒這時說的話，也可以套上音樂來唱：「何以至此？親愛的朋友，受苦的同胞？我們何以淪落至此，成爲陌生民族的奴隸？他們可曾以高尚之姿征服我們？他們可曾以光榮的戰爭擊敗我們？我們可曾因戰爭的緣故方才爲奴？若是如此，高貴之心不致憤怒，戰士之魂不致激動。非也，我們乃像猿猴遭人買賣，淪爲婦人、愚人、懦夫的玩偶，支持的是惡棍、叛徒，背叛自己國家，四處強暴、搶劫、殺人、偷竊、作惡。……各位啊，我說各位，眞甘心在這些人手裡挨鞭子嗎？」大批奴隸齊聲回答：「不願！不願！不願！凱撒言如大將，言如國王！」

殖民地的雜牌「民兵」追上了逃亡的奴隸後，非洲人就更困惑了；倒不是因爲他們優勢的武力，而是因爲白人亂無章法，還揮鞭抽向奴隸的眼睛。最後，只有一位英勇的朋友站在凱撒還有已近分娩的伊莫茵妲這邊，掄弓射傷幾位白人。凱撒因受騙而投降後，要白人快快殺了他，因爲，不把抽他鞭子的人殺了他無法安息。不過，他的朋友在他被判吊刑後，依然庇護他，而他報仇雪恨的心更加昂揚，「想像他殺過農莊屍橫遍野，以之自娛。」但他和伊莫茵妲兩人已經商量好了，伊莫茵妲要先死，免得落入白人手裡任他們蹂躪報復。所以，奧奴諾可會先殺了伊莫茵妲。

> 凡此期間所能傾訴的愛，傾訴完畢；凡此期間的一切猶豫躊躇，化解於無形；現在，奧奴諾可心愛的年輕美麗祭品，躺在她獻祭的人面前。而他，手已下定決心，心已碎成片片，痛下致命一擊。先割破她喉嚨，然後割下她的頭，臉上還帶著笑，和嬌軀一分爲二，那嬌軀正懷著最溫柔的愛的果實。一待完成，他用樹葉和花朵做了張床，將妻子的身軀輕柔放上，然後用大地的鋪蓋蓋起，獨留她的嬌顏在外供他憑弔。待他驚覺她人已死，絕無挽回

的餘地，再也不會以她的雙眸，以她的輕柔話語給他祝福；他心裡的哀傷滿溢，匯爲怒火，他胡亂撲抓，他呼號嘶喊，像林間的怪獸呼喚伊莫茵妲之名。千百次他將殺死伊莫茵妲的命運之刀，指向自己的胸口，決心立即隨她而去，但復仇的熾念在他的魂魄裡燒得猛烈，千百倍於先前，擋下了他的手。……

凱撒躺在伊莫茵妲林間的棺架旁，哀悼、痛苦達八天之久。雖然因之虛弱不堪，來抓他的英國人還是有一個被他殺了。他至死不肯低頭。

他後來學會抽菸。在他確知自己必死無疑的時候，他要求他們給他一根點火的菸斗。他們照做，然後行刑手上來，先砍掉他兩條腿，扔進火裡。之後，用一柄臭氣難聞的刀割下他的雙耳，他的鼻子，扔進火裡燒了。他還在抽菸，好像什麼事也沒有。之後，他們砍掉他一隻手臂，他還是挺住，繼續抽菸。但再砍下他另一隻手臂時，他的頭就低了下來，菸斗隨之掉落，他放靈魂走了，沒有一聲呻吟，沒有一句斥罵。……這位英雄就這樣死了，他的命運應該有更好的結局，他的禮讚也應該由智慧超凡遠甚於我的人來寫就。我只希望我這禿筆之名，尚足以教他的英名流傳千古；還有那勇敢、美麗、堅貞的伊莫茵妲。

一六八八年，艾芙拉・班恩可能已經年近半百，健康也不太好。雖然她沒跟一般人一樣信

教，但她的政治和審美傾向倒是倒向詹姆斯二世和他的天主教朝廷。班恩死於一六八九年。一六九五年，蘇瑟恩❸將《奥奴諾可》搬上舞台，由普賽爾譜寫配樂。班恩寫的故事，在十八世紀許多反蓄奴的人，以及現在許多致力打破習俗羈束、男性掌控而爲婦女爭取解放的人，都很重要。伍爾芙（Virginia Woolf）就曾寫道：「全世界的婦女都應該到艾芙拉·班恩墓前灑下花雨；因爲，是她爲婦女爭取到爲自己講話的權利。」

第二十章　牛頓，洛克，萊布尼茲

十八世紀信奉科學、理性新紀元的人，也就是我們談過的那現代派（參第十八章）後人，都奉牛頓爲這新紀元最偉大的人物。他們在他的作品裡看見哥白尼（1473—1543）、伽利略（1564—1642）等多人當年揚棄教條和迷信，改以觀察、理性建立宇宙觀，因而引發的一連串漫長戰役，終於在牛頓的時代眞正贏得了勝利。孕育牛頓跨足光學、力學、數學、天文等眾領域，而都還能有重大成就的那個活潑異常的科學世界，其實被現代學者刻劃得比較複雜。就算如此，我們還是應該肅立致敬；人類心智的力量薈萃於斯，終至凝聚出一則則定理——光是數學這科，牛頓就佔了一大部份——到現在依然是我們自然知識的基礎。牛頓最大的成就，是集大成而拈出「萬有引力」的定律。他在這問題走的是數學推理的路，不跟那時一般人用常識作觀察，認爲物體間要有影響一定得有直接的接觸；他偏要岔出去，朝「超距作用」(action at a distance) 的觀念走去，但自己又一直不太放心，也拿不出合於常理的直觀式解釋。只是，歷經數十年激烈的辯論，科學界最後還是跟著牛頓走就是了。

一六八八在牛頓一生是很特別的一年。他一下做這計劃一下停掉，有人稍微批評一下就回報以偏執狂的反應，這樣幾十年下來，牛頓終於在一六八七年完成一件很重要的工作，而可以印行發表。這本書不僅重要，還是史上區區幾本眞正扭轉世人對世界看法的書之一：《自然哲學的數學原理》（*Philosophiae Naturalis Principia Mathematica*）。這本書劃時代的意義，一出版就有評論人明白標舉出來。但這時，英格蘭的政治危機，也已經在把他從他原本不沾政治的孤獨裡拖出來，送進後半輩子公眾人物的生活。

牛頓一六四二年生於林肯郡（Lincolnshire）一戶沒有書香的富裕人家。父親在他出生前就死了，他三歲時母親再嫁，把他留給娘家照顧，直到七年後繼父也死了才又重聚。幼年和母親分離的痛苦經驗，可能便是他後來情緒不穩的主因之一。他母親家，特別是他當牧師的舅舅，很重視這位聰明絕頂也怪得可以的小孩子是不是有最紮實的教育；這點，在他在農莊裡老是心不在焉搞得天下大亂之後，就更重要了。他自己做了許多日晷。而他這人是不管走到哪裡，對太陽的移動和陰影的位置都很注意，判斷得也很準，而且一輩子都這樣。一六六一年他進劍橋大學讀書。學校裡不怎麼教科學或數學。他自己買書讀，學的還比課堂裡教的多。一六六九年，他已有一份手稿四處流傳，寫的是他發明的微積分原理，因而被劍橋聘爲盧卡斯講座（Lucasian）數學教授。一六七二年，他已經入選皇家學會會員，在該會的《哲學匯報》上登了一篇文章，指白色的光應該是多種不同顏色組合成的，可以用稜鏡將之分解。但因物理學先鋒虎克[1]對他有小小的意見，結果牛頓大怒，就此和其他科學家幾乎斷絕往來，躲到煉金術的研究裡去。

接下來幾年，牛頓就都在抄煉金術論文兼作注腳。他覺得古今各學術傳統應該都有助於將潛藏未見的眞理挖掘出來；他做事喜歡專心在一個領域裡面跑，都有點偏執狂的樣子了。牛頓對煉金術有興趣，不僅是因爲想找出「卑金屬」[2]轉化成金的謎，更在尋找破解物體相吸之道的門路。而從煉金術裡光和太陽的符號來看，就更不由得教他猜那最原始、最純粹的禮拜，也就是所羅門神廟、古埃及、古希臘神廟裡做的禮拜，在祭壇中央都以火焰代表太陽，是不是在「象徵宇宙的體系」？

這樣的猜想，推著牛頓繼續追尋可以作量化分析的潛藏事理。他十年前就已經提出行星軌道的基本原理；虎克現在也在提他自己隱約的感覺，而和牛頓是同一方向。後來，牛頓改用嚴整的數學繼續探尋下去，竟遭虎克指控剽竊，以致這一宿怨有陣子差點害他那本巨著的出版計劃出軌。後來在一六八四年，牛頓遇見一位慷慨大度的同儕，獲益良多：哈雷（Edmond Halley）當時正在忙著給一六八二年的一顆彗星軌道找解釋，那顆彗星到現在還是叫「哈雷彗星」。他去拜訪牛頓。牛頓跟他說，他用他算軌道的數學原理，求出了橢圓軌道的導數（微商 derivation）。哈雷很驚訝，他要的正是這。哈雷便鼓勵牛頓將他的算法寫下來，而他也在三個月後收到一篇短文，〈論運動〉（On Motion）。牛頓繼續推展他求出來的結果，修正結果，常專心到忘了吃飯。

他也發現他的想法要推展完整，「比我原想的要難得多。」最後他提出三大基本定律：慣性定律；物體運動的變化和所加的力量有對比的關係；每一作用都有方向相反但大小相等的反作用力。他那時已經有幾篇講「萬有引力」的文章寫好很久了，但現在他才將幾篇文章精密整合起來。不止，他還把他的軌道算法用在彗星上面。

一六八六年，哈雷手上的稿子已經夠了，可以向皇家學會推薦出版。學會一開始同意，後來又堅持要哈雷出印刷費；而哈雷可不是有錢人。再後來虎克指控牛頓剽竊他的作品，牛頓氣得要撤回稿子裡的關鍵部份，但由哈雷費力安撫下來。牛頓現在有一部完整的作品，有人負責出版，還有一位最忠心的朋友；再也沒什麼可以擋他的路。哈雷繼續努力，花了好長的時間解決難纏數學圖裡的細節，作校對。最後終於在一六八七年七月五日跟牛頓說，書已經印好，送他二十本。而牛頓走在劍橋的街上，據說也曾有學生說：「喂，就是他寫了那本沒人懂、連他自己也不懂的書。」

評論者倒是懂。哈雷爲《哲學匯報》寫了一篇評論，說，「這位舉世無匹的作者……以此論文爲人類腦力的極限作了絕佳的示範；他指出自然哲學的原理到底是什麼，進而從中導出結果，似乎已經將他的論證全都說完，沒留多少給後繼的人。」一六八八年初，《博學通報》也登了一篇很長、語多讚美的節錄，法國學術期刊《學人期刊》也說這本書是「人類想得出來的最完美力學」，只是還是費力反駁超距作用這基本觀念。

那時，牛頓也已捲入他任教的大學和詹姆斯二世間的糾紛。一六八七年，英王詹姆斯二世下令要劍橋授與一位本篤會修士「文科碩士」，這位修士顯然有插手校務的意思。學校不依，三月，牛頓的《數學原理》差不多完工了，就站出來加入帶頭反對的行列。四月，劍橋擬了一份聲明，牛頓是主筆，由八人代表送到冠蓋雲集、威儀赫赫的「教牧委員會」(Ecclesiastical Commis-ion)，表達校方不願授與本篤會修士文科碩士學位的看法，而且說也奇怪，居然沒事脫身，只被訓了一頓。牛頓一六八八年是怎麼過的，現在不太找得到資料。他那時正在告他的租戶沒好好照料他繼承的農莊，就是他小時候老是搞得天下大亂的那座。一六八八年一月他寫了一封信，詳細說明他在一六八七年三月、四月到農莊一探究竟時發現的情況。但一六八八年，他大體應該是盡量壓低姿態，靜待政治風暴過去，讀讀別人對他作品的評論。

一六八九年，牛頓和另一人代表劍橋大學到「議事國會」去了一趟。他見過洛克，還有多位重要人物。一六九〇年，他被提名爲皇家鑄幣局 (Royal Mint) 局長。他這職位做得很盡心，抓過幾位做僞幣的送上絞刑架。他後來終於把他很早就已寫好的光學論文出版，膺選皇家學會會長，繼續修他的《數學原理》，還和萊布尼茲爲了誰先發明微積分而吵得不可開交。

約翰·洛克的一六八八年就全待在荷蘭[3]，大部份時候住在好友班傑明·佛利 (Benjamin Furly)

鹿特丹造船港（Shipwrights' Harbor）的家裡。佛利是位富有的貴格會商人，從一六六〇年起就住在鹿特丹；那時的復辟政權搞得英格蘭變成他們那教派無法安居樂業的地方。一六八八年有一段時間，佛利在代一位再洗禮派[4]的牧師向威廉親王陳情；這位牧師先是被喀爾文派的牧師趕出故鄉，現在又可能再被人從哈倫附近的城裡驅逐出去。洛克從一六八三年就已逃出英格蘭，佛利家是他的避風港，讓他可以身處在和他一樣愛好自由，也有點愛讀書、愛探究世界的人當中。但最重要的還是洛克這位年紀已大的單身學者，在佛利家找到了家的感覺。洛克到外地去時寫給佛利的信，都是閒話家常的口氣，也一定問候佛利太太和他們最小的兒子阿倫（Arent），一六八五年才生的。孩子的名子其實是荷蘭文，雖然洛克幾乎從沒用荷蘭文寫過東西，但在提到這小男孩時，會夾雜些語詞來用：「你跟托傑（Toetje，即 Arent 的荷語）說，我說他若不乖我就不給他帶東西，等我回來我只跟（阿倫的哥哥）楊傑（Jantje，即 Jan 的荷語）好，不跟他好。」

洛克向來把他收到的信或文章全保留下來；現代蒐集的洛克書信集，光是一六八八年就有一百零五封。有洛克自己寫的，有別人寫給洛克的，還有幾封和好朋友往還的信，由他加註。許多信都把洛克寫的《論人類理性》（*Essay concerning Human Understanding*）讚美了一番。有讚美手稿的，那時正在幾位贊助人和交情特殊的朋友間流傳；也有讚美剛出版的法文節錄版的。洛克和他的朋友都知道，這部長篇巨著一定會爲他奠下聲名；只是怎麼也沒想到這部書也會決定了此後西方幾百年的思想走向。洛克從笛卡兒質疑人類概念的本質、人類的概念是否可靠，霍布斯（Thomas Hobbes, 1588—1679）初步朝人類知識的因果關係走的幾步爲出發點，樹立起經驗論的基本原理，就人類經驗的起源提出整合的敍述；而這作品，現在就算我們知道有什麼地方是可以批評的，讀來依然覺得合理。洛克以知識起源於感知（perception）和內省（introspection），對之作詳細剖析，駁斥任何支持「固有理念」（innate idea，天賦觀念）的理論。他對人的推理會被語言帶偏的現象，有很敏銳的感應，也對人是如何獲得知識有很深的興趣。因這份興趣，他特別愛觀察嬰兒和小孩，也思考感覺的生理學。像沒辦法用經驗來解說的「實體」（substance）這類觀念，他就反對將之物化。就這點來看，《論人類理性》於那時形如對古代的宗教正統派，以及上帝存在有事證可稽的想法，投下重擊；洛克自己對這點也心知肚明。自此而後，雖然洛克始終相信宗教信仰有其道德之必要，上帝存在也有可能證明爲眞，但他一步步走，還是走向了他和正統派守護者的一場激烈大論戰。

洛克一六八八年流亡荷蘭期間，不時掛念他另一部還沒出版的作品，而且還不想要別人讀到那部作品。這部作品藏在一位他信任的親戚那裡，他寫信給那親戚時，都用 De Morbo Gallico（法國病）這暗號來指這部作品；玩笑還開得眞妙！「法國病」是梅毒的隱語，依洛克喜歡研究醫學的背景，想必讀過這方面的書。當時洛克和許多人都覺得君主集權就是「法國病」。而這份稿子，就是洛克認爲人民有權反抗暴政、推翻暴政的爆炸性論文：《政府論二篇》（*Two Treatises on Government*），一六八九年出版。內容大部份在一六八〇年前後就已寫好，後來洛克再就一六八九年的情勢多加了一點東西。論文一開始，針對當時盛極一時的君主集權理論作了番很長的抨擊，之後就推演他著名的理論，主張人類天生享有平等、自主的權利，人類「依自己的意願……爲自己塑造政治社會」。而不論是自然的狀態或社會的狀態，在出現有人攻擊別人或尋求集權時，就可能陷入戰爭狀態。「在自然狀態裡的人，若拿走該狀態裡任何人的自由，勢必等於有意或有計劃要拿走其他一切，因爲自由是一切的基礎。而在社會狀態裡的人，若拿走該社會或國家裡的人所擁有的自由，勢必也等於是有計劃要拿走他們其他的一切；因此，自可視爲戰爭狀態。」在社會的狀態裡，私有財產是合理的，因爲凡於土地或物料曾經施與個人勞力的人，都有權擁有他勞力所生產出來的東西。保護財產，是公民社會的主要目標之一。因此，違反憲法和社會律法的人，才是眞正的叛徒，才應該以叛徒視之。洛克這部名作論述之推演，先是爲了證明對抗查理二世的集權政策有理，後來爲了支持英格蘭境內眞的出現了的反查理二世的事，而再作修訂，隱含的意思比洛克平和的追求和謹愼的脾氣都要激烈許多，而成爲美國革命思想和現代許多民主思想的基石。這部作品在一六八九年匿名出版，雖然洛克便是作者未幾即告流傳開來，但洛克還是直到身後才在遺囑裡承認這點。

洛克和一位英格蘭鄉紳愛德華・克拉克（Edward Clarke）寫的信，則透露出他面貌的其他部份。克拉克的妻子瑪麗是洛克的親戚。沒有土地，沒有妻室，還流亡海外，洛克把他成家、當地主的未竟需求，全投射在克拉克一家人身上。他寄樹苗給他們種，長成的大樹有幾株到一九〇〇年後都還在。一六八八年初，他送了幾隻很好的（荷蘭北部）菲士蘭（Friesian）綿羊給他們家作品種改良。一六八六年起，洛克一直在寫長信給克拉克，指點他怎麼教養兒子。這些思慮周密的信函，後來集結成《教育思考雜感》（*Some Thoughts concerning Education*），洛克因之也成爲教育心理學、現代經驗論暨自由主義的鼻祖。

一六八八年二月六日，洛克寫信給克拉克：「現在，我要跟你說的事，是我希望你兒子可以學一門營生，一樣手藝。你可能覺得我好像忘了他是你的長子，應該繼承家業；先前寫信給你談他的教育時，好像一直要他當紳士似的；學手藝看來和這一點也不合。這我承認；但我也沒忘記他的出身，他有地產，我知道怎樣的教育最適合他。」孩子該學畫嗎？不要吧，若他沒那天份，對他沒好處。「爛畫是世上最慘的東西。」園藝和木工可能好一點，尤其是這兩樣對鄉紳都有直接的用處，可以自己動手做，也可以監督僕人做。「這樣的手藝可以用來空閒時做，供辛苦勞動的部位休養生息，同時還有所生產；除了當下作娛樂和消遣外，也可能做出些可以獲利的東西。」最後，他決定，對這孩子最好的營生是去學當珠寶商。在荷蘭或國外哪個國家跟國珠寶商學個一兩年，就可以學會這門精密的工夫，既可以過不錯的日子，又可以靠手藝和「高素質」的人來往，同時還可以在國外住上一陣子，不必有平常旅行的瑣碎和累贅。但不管做哪一行，重點是要給這孩子，還有其他孩子的教育和生活，多樣的活動機會；因爲「小孩子最討厭沒事幹。因此，最要注意的就是要讓他們忙事情的天性，一直可以用在對他們有用的事上。」

洛克和另一人的信件往還，透露的寂寞人性就深沈多了。黛瑪莉・寇德華斯（Damaris Cudworth），也就是瑪山夫人（Lady Masham），一六八八年四月七日從她在艾塞克斯（Essex）奧茲莊（Oats）的家裡寫信給洛克，談她對《人類理性論》法文節錄版的看法。她對洛克反對任何一類「固有觀念」的理論特別有意見。她覺得洛克的看法和他所抨擊的看法固然有差別，但洛克把這差別看得太大了。主張固有觀念的人，並不認爲「固有觀念就像曆書上的天文符號，明明白白寫在那裡；她只是潛藏在靈魂裡的一種活潑的智慧，一待有什麼暗示就跑出來，形成比較清晰、比較大的想法；那情況很像是睡著的音樂家，不太夢見音樂或將體內的音樂表現於外，直到有天突然被叫醒，想要唱歌，聽見別人哼幾句就馬上把全曲給唱了出來。」

以音樂作比喻，視靈魂爲女性，主張某一派固有觀念的說法，都像某一路數的人才會有的；而走這一路數的人，叫自己「柏拉圖派」。黛瑪莉・寇德華斯是劍橋柏拉圖派[5]學者勞夫・寇德華斯的女兒，所學顯然大部份是從她父親那邊來的。一六八二年她和洛克初見面時，她二十四歲，洛克五十歲。她愛上了洛克，但洛克一開始對她只有友情。到了洛克拘謹的感情終於升溫，她也已經失望太久，傷害太深，不想回應了。到一六八三年夏，洛克出亡荷蘭時，他們可能還是沒能把感情的事完全理清楚。兩人寫的信，就一直在深情、謹慎裡夾雜大量學術的討論。但那年代的女子每個都早早就嫁人的；因此，不可能要她一直這樣等下去。一六八五年，她嫁了瑪山爵士（Sir Francis Masham），是個有九個孩子的鰥夫。後來她寫的信，就有許多是在講她在鄉下忙碌又沈悶的生活。她一六八八年四月寫的信，一開頭沒幾句就說：「你絕對可以相信我根本不照這裡的規矩來，我才不把時間全用在廚房和奶棚哩。」

洛克在一六八九年一月回到英格蘭，回去時頗有衣錦榮歸的派頭，兼光榮革命思想教父的權勢。倫敦的煙霾和霧對他的肺不好，沒多久他就開始躲到黛瑪莉和他先生在艾塞克斯鄉下的房子去了。從一六九一年起，他更長居在那裡。一七〇四年洛克去逝時，榻旁有黛瑪莉相伴。

萊

布尼茲，哲學家，數學家，法學家，歷史學家，鼎力支持基督教會大一統，採礦、鑄幣、稅制也都是專家，還給布倫茲威克-盧內堡（Brunswick-Lüneburg）公爵當參議，但他一六八八年全年，人都不在爵爺領地的首府漢諾威（Hannover），而是坐著自己的豪華大馬車，領著後面滿載箱籠的載貨馬車（看來一半應該都是書），到處蒐集布倫茲威克-盧內堡公爵家的族譜資料；後來促成公爵於一六九二年晉升爲神聖羅馬帝國的選侯。他四處跑，在教堂、修院、貴族家的圖書室、私人收藏的資料室看老檔案，自然也順道讓他滿足一下多方的興趣，看標本收藏、找專家談採礦和錢幣，也不斷和天主教、路德會、喀爾文派裡支持他不厭其煩彌合歐洲信仰裂痕的學者會談、通信。這位路德會學者在巴伐利亞（Bavaria）鄉間，看見聖週（復活節前一週）的遊行行列裡有人揹十字架挨鞭子，看得是驚奇不已。

萊布尼茲五月到達維也納，很快便取得准許，讓他進皇家圖書館找了許多更重要的族譜資料；也和天主教維也納-諾斯亞特教區（Vienna-Neustadt）的羅亞主教（Cristóbal de Rojas y Spinola）重建起眞摯的友情；主教和他一樣在積極促進教會統一。他給布倫茲威克-盧內堡派駐皇帝朝中的特使給了些指導，寫了幾件政策建議書，準備呈交給皇帝。他也在看是不是有辦法留在那裡謀個一官半職，像當皇家參議、皇家歷史學家、檔案局長，或成立皇家歷史學會當會長；他和幾位學界朋友對這學會已經有詳細的腹案。最後在十月底的時候，他公開晉見了神聖羅馬帝國的皇帝李奧波德一世（Leopold）：「如今終償多年宿願，面謁陛下表達卑職赤誠。」

萊布尼茲呈獻給皇帝的幾項建議，最不尋常的一項就是要賜首都大放光明。萊布尼茲的朋友約翰・克拉夫特（Johann Daniel Crafft），之前已經取得宮中同意，可以爲維也納街邊設置油燈照明的計劃開始蒐集物料，但還不清楚哪裡可以弄到燃油，而且不用花大把鈔票或害其他燃油用戶沒有油用。但現在皇帝新拿下了匈牙利的一些地供他支配。若把幾塊地分給克拉夫特和同事使用，就可以讓他們種油菜榨油，獨享維也納街燈大業的市場利益。他們也可以種些罕見的蔬菜和其他有用的作物。

萊布尼茲最知名的成就是推演出他獨創的形而上系統（單子論），提出純一的精神實體論，也是微積分的發明人。一六八〇年代中期，他在這兩領域都做出了重大突破，出版論文闡述微積分的原理，一六八六年寫成的〈論形而上學〉，是他成熟哲學的重要先聲。萊布尼茲現在視哲學爲詮釋人性意義的臆測，可以廣納宗教、道德、政治的傳統和信念，嚴謹一如數學、物理、天文。萊布尼茲融合「自主」和「和諧」而形成的形而上學，也反映了他和其他學者不斷交換意見的結果，他背負過的政治責任，他搞的振興經濟計劃，他戮力追求的基督宗教統一大業更是如此。他認爲實體既是精神性的，也是物質性的，還有它的自由意志。他覺得每一樣實體都會對上帝的自主和意志力作有限度的反映；這類力量，以人類不朽的靈魂所擁有的最大，沒有生命的東西最少。他在一六八六年的一封信裡，把他這時期的想法歸納得比他那一篇〈論形而下學〉的任何部份都要好：「我相信每一個實體，都以其樣式在表達整體宇宙，其後續狀態便是前行狀態的結果（雖然多半彼此獨立），恍若只有它和上帝存在於世上。但由於所有的實體都是至高的存有一直在持續創造的產物，表達的是同一宇宙、同一現象，因此，彼此全然相契，以致我們可以說一物對另一物有作用，是因爲該物將另一物變化的成因或理由，表達得比較明確，頗像船在行駛時，我們不會說整片大海都在動，而說是船在動。」萊布尼茲雖然繼承了理性主義形而上學和基督神學的晦澀之謎，但因爲強調每一樣實體的自主性，在時間裡有延續性，最重要的是每一樣實體都映現或表達出彼此，因而還是錘煉出他獨有的識見。這和他深摯主張人之多樣，堅信每一個體都是彼此暨唯一「眞理」的映像，是深爲契合的；映像的觀點，在他的哲學通訊及他爲統一基督宗教而下的工夫裡，都有清楚的表現。

一六八八年，萊布尼茲雖然還沒眞正跳出去，但正在準備做他大躍進的最後一跳：所有的世人一定可以彼此了解。他一六七〇年代初期，從歐洲傳教士送回歐洲的著作裡，知道一些中國的事，很有興趣。他早期的中國知識，大部份由其他日耳曼學者篩透給他的；這些學者自己也沒去過中國，汲取中國的知識固然是想了解中國，但也在找一把開啓全世界語言／邏輯的鑰匙（萊布尼茲年輕的時候也很熱衷此道），而且，這意圖比起掌握中國眞正的面目，只會多不會少。一六八七年十二月，萊布尼茲在法蘭克福的祖納（Zunner）書店看見一本新書，《西文四書解》，那年剛出版。現在不清楚他買了那本書沒有，他那輛載貨馬車的箱籠裡說不定有一本。他曾指出，中國傳統紀年最早的時間和《聖經》創世紀裡的諾亞大洪水差不多，這點頗教人困擾。他還拿孔子學說裡的道德和文學價值作了番評論：「他慣用直喩。例如他說要等到冬天才知道哪些樹是長青樹；在承平的時代大家看起來都一樣，這要到了危難和混亂當頭的時候，才看得出來哪一個人是有德性、有價值的。」他想辦法認識了幾位曾到中國傳教的耶穌會士，和派赴中國的傳教士通信，還夢想有天能和中國人來場「啓迪智慧的大交流」。

先是天主教、新教、不信教、教條，現在連儒家思想在這位大人物的眼裡都成了理性的一面，都是上帝的映像。只要有正確的了解，連同那些改良錢幣、街燈、窮人負擔得起的稅賦甚至歷史等等，都能爲開化的君主所用，促進和諧和繁榮。他一六八七年初讀翻譯的孔子學說而感受到的根本價值，在他一六七五年寫的〈哲學告白〉裡，已經化作他自己理想的核心了：「因此，愛上帝的人必然以歷史爲饜足，致力於改善未來；惟其朝這方向前進，才能抵達苦修哲學家所追尋之精神平靜，抵達冥契神學家所追尋之順服上帝。」

我想當年若有人跟萊布尼茲說，他一六八八年過的日子跟孔子還很像，他應該很高興：周遊列國，尋訪明君，爲天下人謀福利，廣和知交作熱切的論辯，探究歷史，雖然信教但略保持點距離。而把他放進這本書裡，他應該也會蠻高興的；因爲，他就像他說的實體一樣，是我們追索的世界諸多面目裡的一面映像：大清王朝，鄂圖曼帝國，科學雖有大突破但技術還算傳統，植根於歷史但熱切求和解、求世俗的進步，許多大思想家還沒有獨立自存的基礎和保障，歐洲君主政治綿延久遠卻突然動盪，眾生發聲之獨特、經歷之特異，三百年後，依然能讓我們追索。

第六篇

伊斯蘭及其所屬的世界

「快來禮拜呀！快來禮拜呀！……眞主至大，眞主至大！萬物非主，唯有阿拉是眞主。」第一道曙光乍現，叫拜塔就傳來呼聲，呼喚穆斯林作他們每天五番拜的第一拜。先是香料群島，然後民答那峨，再隨曙光往西移動，穿過爪哇、蘇門答臘、馬來半島到印度次大陸。朝北，從北京開始，另一股叫拜的聲浪再起，流向西安，吐魯番，漫過絲路的綠洲，匯入波斯南部的聲流。巴格達，大馬士革，開羅，伊斯坦堡！清眞寺禮拜的呼喚從四面八方飄來，在稀薄的大氣裡盪漾詭異的人聲，這是伊斯蘭才有的聲音，像基督教堂的鐘聲。但一飄到了地中海以北便戛然而止；鄂圖曼帝國的軍營在此沿多瑙河一線和基督信徒對壘。地中海之南，則暢行流洩到了摩洛哥，也到了撒哈拉沙漠南部廷巴克圖宏偉的清眞寺、學校，暨塞內加爾河一線直通大西洋的各貿易中心。

世界各地的穆斯林，全部面向麥加祈禱。世界各地的穆斯林，只承認僅此唯一的先知《古蘭經》。世界各地的穆斯林，都希望此生至少能上麥加朝聖一次。伊斯蘭的根，深植在一個特定地點所發生的活動；深植在一個人所得的啓示。而他所得的啓示，是爲全體世人而準備；伊斯蘭最早的擴張，靠的雖然是征戰殺伐，但後來傳播到中國、東南亞及撒哈拉沙漠之南，就不是戰士的功勳，而是商旅外移定居，以身教、言教在地方居民間散播伊斯蘭信仰。一六八八年，伊斯蘭的世界，於政治是握在以前人說的「火藥帝國」手裡：鄂圖曼以安納托利亞爲中心，從阿爾及利亞往北到波士尼亞，往南到葉門；在波斯有薩發維王朝（Safavid, 1502—1736，以什葉派爲國教），在印度有蒙兀兒王朝。那時鄂圖曼陷在他們和信基督宗教的歐洲的長年戰亂裡不得脫身，還正節節敗退；而和波斯的戰爭則卡在膠著的僵局裡進退不得。蒙兀兒王朝朝印度南部侵逼的征伐，已近尾聲，這時必須處理人民以印度教佔多數，且人數龐大，因之而生各種棘手的文化暨政治難題。而印度教徒還不是他們唯一要擔心的非伊斯蘭民族而已；歐洲人在印度洋的活動還更複雜。

各國元首間的往來，行商和朝聖者跋涉的路途，伊斯坦堡族群薈萃的熱鬧，麥加朝聖期間尤其紛雜的盛況，帶著穆斯林在舊世界織出一張覆蓋遼闊的網，在一六八八年，是世上最重要的一張聯絡網；如今依然。

第二十一章　蘇丹的世界

「全能的眞主！創造天地的眞主！統率全世人的眞主！眞主施與的審判無法理解！眞主何以詛咒其僕人死於非命？未及盡嚐年輕生命的滋味？至少也不要剝奪眞主的慈悲和恩惠，赦免我罪，讓我死時不致失去正道。」十七歲的奧斯曼・阿加（Osman Agha）無聲祈求他的眞主；他兩手綁在身後，匈牙利人一把已經出鞘的劍就橫在他的眼前。他就這樣在一六八八年夏季的一天，跪在多瑙河畔一艘海盜船旁。此時，他突然放聲高喊：「我作證萬物非主，唯有阿拉是眞主！我作證穆罕默德是主的使者；我作證穆罕默德是主的使者，主的先知！」

阿加寫的《不信者的囚徒》（*Gavurlarin Esiri*），是鄂圖曼時代流傳後世的寥寥幾部自傳之一。作者在中年自述年輕時的冒險，以生動幾近乎電影的手法回憶往事：有人說了些什麼，走過的路是什麼樣子，住過的房子又是什麼樣子。現在是沒辦法求證他故事裡的細節，但大輪廓倒是放得進現在已知的歷史裡去。所以，我們就跟著他走過匈牙利燠熱的平原，克羅埃西亞的森林，感覺他身邊因權力轉移而生的混亂動盪，驚心動魄不下於十七世紀後期任何大事。

阿加生於一六七一年前後，是坦美什瓦（Temesvar）地方將領的的兒子。坦美什瓦，就是現在羅馬尼亞西部的提密索拉（Timisoara）；那時的位置在鄂圖曼帝國北方邊境附近。那時黑海四周全在鄂圖曼帝國治下；安納托利亞全境、希臘、肥沃月彎全境，也都是他們的領土；勢力範圍遠達葉門、衣索匹亞高地邊緣、阿爾及耳，還有一六六九年才剛從威尼斯人手裡拿下的克里特島。鄂圖曼帝國以軍事活力加上賢明的中央集權政治，是在百年前創造出一段黃金時代，那時雖已經過去，但還是一六八八年世上有數的強權之一。前一世紀，神聖羅馬帝國的哈布斯堡王朝崛起，組織之精良遠甚於歐洲東南部的任何基督宗教國家，同時不斷汲取歐洲戰技和兵法演進的活水源頭，因而成爲新興的一大威脅，教土耳其的政治人物頗爲憂心。鄂圖曼帝國在阿加小時候看來還算挺得住，邊疆的國防沒有多少問題。信基督的農民也都乖乖耕地，乖乖付稅給土耳其地主；他的世界看起來一切安穩。但在一六八三年時，鄂圖曼君主自以爲匈牙利反哈布斯堡的陣線出現了缺口，便發動一場大戰，是差一點拿下了維也納，但後來還是被波蘭國王索比耶斯基主導但七零八落的雜牌聯軍給趕了出來。鄂圖曼輸了，潰不成軍。緊追不捨的敵軍掃過多瑙河疆界，轟得到處亂七八糟，也殺開一條血路，讓基督信徒在一六八五年拿下布達（Buda，就是現在的布達佩斯），一六八八年拿下貝爾格勒，而且燒殺擄掠，荼毒破壞。鄂圖曼在那時已經偶爾徵用馬隊流寇，彌補正規騎兵隊的不足。現在，這批流寇不僅在兩邊的工作機會大增，在權力眞空地帶的劫掠機會也大增。阿加年輕時就買了匹馬，在這「亂世」跟著他們在家鄉一帶行過幾次搶，打過幾次仗，然後因父親朋友的勸，十四或十五歲時在騎兵隊裡弄到了一張低階軍官的派任令。

一六八八年六月，阿加和他帶的騎兵隊奉命把駐軍的軍餉送到附近的里波瓦（Lipova）。一路順風達成任務之後，他們決定在里波瓦多待一天，因爲有一批剛採收的新鮮櫻桃正好上市。待哈布斯堡的大軍將里波瓦團團圍住，他們還在城裡沒走；射進城裡的臼炮四處引燃大火；歷經四天土耳其軍猛烈的抵抗，傷亡慘重，哈布斯堡大軍終於入城。阿加淪爲戰俘，被分給一位中尉，中尉向他要錢。他說沒錢，中尉就把他全身衣服剝光，甚至檢查他的生殖器看是不是有藏錢。中尉同意讓他付六十金幣贖身，然後讓他回坦美什瓦拿他自己還有另一人的贖金回來換人；那人被扣在奧地利人那裡當人質。

阿加信守諾言，只在家裡待了四天，就啓程和另外四位和他一樣回家拿錢的人，回頭去找他們的奧地利主子付錢贖身。到了多瑙河時，他們看見河上有船，便派阿加去向他們買糧。但那船上的人是海盜，知道阿加是戰俘，身上還帶了贖金，便決定做了他。他們把他帶上岸，不想要血弄髒他們的船。阿加就是在這時候作了祈禱；而海盜這時也沒有殺他，反而帶著他去捉其他的人。阿加就在這時趁隙逃跑，跳進河裡。海盜認爲他一定淹死了，便轉身走人。阿加迷了路，沒穿衣服，在荒山野地裡餓得要死，這時便再度祭出祈禱的法寶，祈禱也一樣有了回音：

他找到了同伴，找到了奧地利主人，瞧見海盜船停在岸邊，向奧地利人通報，奧地利人在他幫助下逮了幾個海盜。阿加就這樣拿回了他的錢。

阿加太誠實，太好騙，付了贖金還聽奧地利人的話，跟奧地利主子往南到克羅埃西亞去；他的奧地利主子答應到了那裡，會給他一份「良民證」，讓他可以通過沙瓦河回鄂圖曼帝國的境內去。但到了那裡，眼看鄂圖曼的大軍就在河的對岸，阿加卻又聽信他們的話，不走。結果，這下子他眞的成了俘虜，關在一座穀倉裡，奧地利人則出發打仗去了。阿加這才知道，他的主子把他賣給一位威尼斯來的奴隸販子。他靠一位同情他的教士幫忙，逃過被送往威尼斯賈列船的命運，但還是沒辦法獲釋。他隨軍往他們冬季營區行軍的時候，很可憐隊中生病的士兵；一個個拉肚子的士兵不時慌忙從馬車上衝下來，解決了後再爬回去。阿加也發現，冬天軍中伙夫出爐的麵包老是嚴重不足。由於他是唯一知道怎麼做不發酵麵包、怎麼用灰燼烤麵包的人，很快便靠他烤麵包給其他俘虜和守衛吃，改善他自己的處境。但有天他病倒了，發高燒不省人事，看守他的警衛斷定他這下子應該完了，就把他扔進戶外的酷寒。幸好附近一堆堆肥的熱氣保住了他的命，高熱退去，他恢復了神智，爬到附近的屋子。裡面住的幾戶克羅埃西亞農民可憐他，他就在他們的公用廚房裡待了三天，由農婦用湯匙餵他吃濃稠的豆羹；這是他們的主食。他就此慢慢恢復元氣；但還是沒辦法回鄂圖曼的領地去。接下來八、九年，他就一直在奧地利格拉茲（Graz）一處城堡裡替人工作，最後到了維也納。他在回憶錄裡描述他走過的城市，酒館裡的打架鬧事，在維也納豪宅裡幫傭的生活，跟主人到巴伐利亞、義大利去的過程，還有他怎麼力抗幾位波士尼亞村姑、一位內務女侍、一位年輕鐵匠投懷送抱的誘惑；他們聽說過土耳其人的特殊癖好。他侍候的伯爵夫人也說他若願意改信基督，絕對給他好日子過，但遭他堅定拒絕。他要一直等到一六九九年，鄂圖曼帝國和神聖羅馬帝國簽了〈卡洛維茲和約〉（Peace of Carlowitz），才有辦法啓程回鄉。他回到他坦美什瓦的老崗位，以長年和奧地利人打交道的經驗，他對日耳曼人的了解，還有不錯的洞察力和智慧，受雇在敏感的邊境外交裡當通譯，後來還轉往伊斯坦堡，替哈布斯堡大使做事。這些年間，鄂圖曼帝國打的仗雖不是連戰連敗，但還是一塊塊丟地。這時勢之逆轉才剛現苗頭，阿加就已經見識過了；就在他一六八三年後行的那些搶、打的那些仗，在多瑙河沿岸的混亂和劫掠，在他一六八八年炎夏裡奇蹟生還的經驗。

若有基督信徒在一六八八年循海路到伊斯坦堡觀光的話，很可能會看得他七葷八素。不管他是從地中海的哪一邊來的，準都聽過土耳其人、摩爾人（Moors）有多殘酷、信教有多狂熱。船走在海上，船員也時刻嚴密注意是否有穆斯林海盜船的帆影出現。他應該也聽過基督傳教人士慷慨陳辭，要十字軍東征再起，解救聖地於穆斯林的枷鎖。好啦，現在船不就正在駛向土耳其鬼子的京城！基督宗教最怕的強敵！

但它美得實在不可方物啊！待他坐的船一轉進深入陸地、拱衛嚴密的岬灣，「黃金角」(Halic)，閱歷比他多的同行旅客就將壯麗的「托普卡碧宮」(Topkapi Palace) 外牆指給他看；宮牆在南面岬角的樹叢裡半隱半現。還有大清真寺的圓頂，蘇里曼〔素萊曼〕寺 (Süleyman) 的圓頂，征服者麥何密二世❶建的法提寺 (Fatih) 圓頂，其他還有幾十座；托普卡碧宮附近是聖索菲亞寺 (Aya Sofia Mosque)，就是以前拜占庭時代的聖索菲亞 (Higia Sophia) 大教堂，牆面的馬賽克早已換成灰泥，寫上枝纏葉繞的《古蘭經》文。房子許多都是木造或木樑土牆，漆成粉紅、金黃、淡藍的繽紛色彩。城裡沒幾條通衢大道，但也不至於到處壅塞一片；有許多樹木、花園；可供蹓達、騎馬的地方也不少。佔地很廣，是歐洲最大的城市，人口說不定有七十萬。

從黃金角北端的卡拉達 (Galata) 上岸，也就是伊斯坦堡市區的正對面，這位旅客可能就覺得賓至如歸了。這一帶是拉丁基督信徒區。有幾座天主教堂，一座還是一六八六燒掉後由法國大使出面向官方交涉才獲重建；也有許多小酒館。旅客在這裡偶爾也會撞見土耳其人來這裡辦事、出公差，或純參觀，還特別愛看栽在水溝裡的醉鬼，這可是非穆斯林才有的墮落。不論在卡拉達或大城裡任何地方，這位旅客以他歐洲人對膚色、長相特別注意的眼睛，一定會發現人群裡人種之紛雜、口音之紛歧，不是一般市集所常見的。金髮碧眼的人也看得到，不是從高加索或俄國邊境抓來的奴隸，就是早年一些被抽奴隸稅的白人少年留下來的種；這奴隸稅先前已經泰半廢棄。市井間常說宮裡非洲大太監的事。這位旅客若是法國人，跟他們國王一樣看重政治秩序，那他一定不懂伊斯坦堡怎麼會有這樣的治安和秩序；這裡有那麼多種族和宗教欸：拉丁基督信徒、希臘人、亞美尼亞人、猶太人，雖然穆斯林佔多數，但所奉行的教義和儀式絕不僅只一樣。但他們就是可以，而且，原因就深植在伊斯蘭教，在亞洲海上或陸上貿易中心歷史悠久的傳統。官方設有層層分級的法官，爲穆斯林多數族裔執行伊斯蘭法；但一般允許境內的每一支民族信自己的教，也讓每一社群的長老大體依自己的律法和習俗管理社群的事。伊斯坦堡的猶太人、希臘人、亞美尼亞人、拉丁基督信徒，都有自己的議會和社區，不過，分區居住倒不是執行得很嚴格。拉丁基督信徒和東正教徒各有各的主教，猶太教徒有他們的大拉比(Grand Rabbi)。伊斯蘭承認猶太的先知，也接受耶穌爲先知，但堅持穆罕默德是眞主派來的最後一位先知，《古蘭經》是眞主最後的話語，但承認猶太教徒和基督信徒爲「有經書的子民」(People of the Book)。

旅客若在岸邊一萬五千名舟伕裡雇一位划船載他過黃金角到市中心去，會看見大清眞寺周邊都是有特定用途的公共建築：像醫院、客棧、附宿舍的學校。若有本地人當導遊，就會知道雖然他們沒有統一的「教會」組織坐擁龐大的財富，但許多這類慈善事業，許多城裡的下水道和噴水池，都是由源源不斷的捐獻所撐起來的；虔誠的信徒以捐獻，善盡他們虔誠穆斯林的基本責任❷。大部份人以腳走路，有錢人騎馬，馬車只有在送婦女去公共澡堂才用。離開卡拉達後，就絕看不到小酒館，也少見醉鬼公開亮相；倒有許多咖啡館讓男人有地方交際。咖啡館是穆斯林城市生活一景，在那時已經有兩百多年的歷史；倫敦、巴黎、阿姆斯特丹的人，則是幾十年前才剛開始喝咖啡。每一區都有公共澡堂，是拉丁基督城市所沒有的另一樣獨特、開化的特色。這位旅客若想見識一下他們的澡堂，可要有點膽子，或在當地有點關係，才好當著他們的面露出沒有行過割禮的身子。

店鋪、小販到處都是。大中央市集裡貨品依種類分區設置，其豐富、繁多教人嘖舌。秩序維持得很好，每一類貨品都有公訂的價格和品質標準。賣熟羊頭的人，一定要保證羊頭新鮮、熟透、沒毛。賣奴隸的人不可以脫奴隸的衣服，奴隸買賣一成交後就不可以霸住奴隸不放。市集裡有守衛巡邏；不同行會、軍種、各行各業的人，都可以從他們的穿著和頭巾看出來。若晚上想出門一定要提燈，否則會被晚上的守衛逮捕。晚上出門不提燈，被逮後的處罰常是罰做勞役，像替公共澡堂扛柴火，做到破曉的晨禮爲止；準會搞得你渾身髒亂，正好供大家取笑。這些晚上的守衛外加其他一些人，是每一區特別選出來替大家注意火燭的；火災是這座以木造建築爲主的城市很大的危險。每戶人家得準備一副梯子和一桶水。一六八五年和一六八七年就有過大火；在一六八七年末和一六八八年初的動亂裡，大火的次數就更頻繁了，也都是故意放的。

蘇丹的宮廷設在托普卡碧，宮裡設有多道門禁，管理森嚴，給人拒於千里之外的感覺，但他們的政治結構其實又簡單、又看得到。帝國的行政首長叫「維齊爾」(vizier，即宰相)，每逢禮拜三巡視市集，審核每一類貨物該訂的公道價。然後率其他要員開一個禮拜一次的國務會議。禮拜五，穆斯林的禮拜日，蘇丹親率文武百官出宮，浩浩盪盪走到附近的一座大清眞寺去祈禱。他們就這樣透過各行會和各社群的領袖，透過執掌伊斯蘭律法和習慣法的法官，透過每個禮拜公開露面的高官，讓大眾普遍覺得若眞有民怨待解，他都找得到主管機關替他處理。連他對司法判決不滿，也一樣可以一路上訴到蘇丹那裡；這是伊斯蘭政治文化非常重視的一點。每位穆斯林在祈禱，在讀《古蘭經》或其他教誨時，都是人人平等的。不同教團的「托缽僧」（dervish，蘇菲主義的苦行僧）終身奉獻於祈禱和信仰的落實，以一身簡素的棕色長袍和頭上的高帽子特別惹人注目。「迴旋舞托缽僧」❸以瘋狂旋轉的舞蹈起乩著稱，在城裡有四座大型講座和多間小講堂。其他創新的教團也各有信徒追隨，尤以士兵和商人爲多，但激烈捍衛傳統教義、禮法也大有人在。

鄂圖曼的菁英階層愛在他們城外的雅致別墅、花園裡悠閒度日，博斯普魯斯海峽沿線一帶尤多。隔著博斯普魯斯海峽正對著伊斯坦堡的于斯屈達（Uskudar），是安納托利亞及東方各貿易路線的集散中心，有許多清眞寺、學校、商隊旅館，供旅人居住的客棧，供貨品暫放的倉棧。每天送進城裡供大批居民食用的穀物、牛羊，數量多得嚇人。大部份的糧食是從希臘、埃及、黑海一帶循海路運來。希臘人、猶太人、亞美尼亞人在這些大宗貿易裡都佔有重要的地位。十七世紀後期還可能以亞美尼亞人的地位愈來愈重要。

鄂圖曼土耳其人是在一二〇〇年代從中亞進入安納托利亞的；那時因蒙古征伐的動亂而大舉外逃的遊牧和貿易民族，也跟著他們移入這一帶，武力有時就聽拜占庭皇帝支配。一三〇〇年代，他們在巴爾幹半島的勢力已經非常強大。雖然塞爾維亞人絕對不會忘記他們一三八九年在科索伏（Kosovo）慘敗一役，但他們和保加利亞人有時倒還覺得，承認鄂圖曼人的宗主權好像無礙於他們保存固有的社會。鄂圖曼人後來步步朝他們以前的宗主國的都城：君士坦丁堡進逼，一四五三年時終於拿下該城。（之後，他們有時還是用君士坦丁堡的舊名，但更常用的是比較短的「伊斯坦堡」。）鄂圖曼人在伊斯坦堡建立起嚴峻的秩序，學的是拜占庭人的作法；因此也可以上溯爲羅馬人的作法——從官僚組織到公共澡堂都是——但又保存諸多中亞的傳統，還有伊斯蘭的紀律和嚴謹的道德。外國人的後代一樣可以出任高官，和土耳其人沒有差別。鄂圖曼和許多中亞的征服者一樣，會從他們征服的民族裡抽奴隸稅。這些奴隸不僅替他們扛起大部份的粗重工作，還能貢獻寶貴的技術，在主人家攫掌大權。像柯普律呂（Köprülü）這家族，十七世紀後期的宰相便多半是他們家的人在當；而他們就是阿爾巴尼亞奴隸的後代：這一制度最後的產物。土生土長的土耳其人對外國奴隸的子孫居然主宰起自己國家的政事，深感不平也可想而知，因此極力提攜自己的人才，一旦就任也力求表現。

十七世紀後期，鄂圖曼寫政治的人都哀嘆他們那時代時局不靖、政事不明，常回顧蘇里曼蘇丹的朝政，以之爲鄂圖曼的黃金年代。蘇里曼於一五二〇年至一五六六年執政。那時，鄂圖曼征伐的大軍踏遍了地中海南岸，深入紅海，遠達東南歐內陸；連波斯人的強大軍力他們也擋了下來。那時，蘇丹每年夏天都會從都城出發，率領軍容壯盛、組織嚴密的軍隊，御駕親征一番。那時，首都還有帝國各地到處都在蓋清眞寺、蓋學校。所有的制度運作得都很順暢，每人都知道自己的身份，每人都盡自己的本份。但若回過頭去看看，不禁懷疑若眞有這樣的盛世，或這盛世眞的那麼早就消逝，而十七世紀對他們也眞有麻煩——是有麻煩沒錯——這支全靠征戰、軍事組織起家的政權，一旦必須學習安於穩定、繁榮，難道眞的免得了這些「麻煩」？

對鄂圖曼還有現代早期的其他大帝國而言，統一、和平的成就帶來的是矛盾的結果。貿易發達，人口增加，人民移入大城，物價上升。這時，靠蘇丹所賜領地過活的地方官，像阿加的父親，就發現入不敷出了。中央政府需要大批受薪的職業「新式軍人」，來保護、控制伊斯坦堡和其他新興大城。這批軍人，歐洲人叫作「加尼薩里軍」(Janissary)。加尼薩里軍的存續，靠的是有人雇用，一旦退伍或在首都派系鬥爭裡落敗，很容易就會點起地方叛變的大火。地方上的達官貴族因經濟成長而發現另有大財源可用，就不太會願意讓都城再將他們抓回牢籠。農人備受人口成長的壓力，苛捐雜稅的侵逼，不滿有「稅農」和政府簽約繳交定額稅金給政府即可將其他收入據爲己有，以致逼上梁山搞叛變的也愈來愈多。加尼薩里軍就算不到地方去惹麻煩，也會留在首都開店作生意，磨練他們威脅朝廷的本領，花時間聽有創見或有異議的穆斯林師表講道。一六八七年，依政府統計，伊斯坦堡的加尼薩里軍總計有三萬八千一百三十一人。

穆罕默德·柯普律呂（Mehmet Köprülü）是鄂圖曼帝國一六五六年至一六七一年間的宰相，任內致力重建紀律，增加國庫收入。一待軍方的紀律和效能略有提振之後，鄂圖曼帝國便在一六六九年派兵去拿下威尼斯手中的克里特島。穆罕默德·柯普律呂的宰相職，由他一個兒子繼任，然後再由他的一個女婿卡拉·穆斯塔法（Kara Mustafa）繼任。穆斯塔法以爲聯合神聖羅馬帝國境內的匈牙利反對勢力，可以對抗哈布斯堡王朝，因而發動大軍遠征，於一六八三年圍困維也納，但最後還是被趕了回來。到了多瑙河平原的沒人管地帶，鄂圖曼帝國就在阿加歷險故事所述的無政府混亂裡，手忙脚亂在想辦法控制情勢。只是領薪水的士兵收到召集令居然也不出現。待重編召集名冊，他們又不肯個別入列，因爲「像奴隷一樣」。至於官府向首都的富家穆斯林多徵點稅的措施，結果也沒好多少。

情勢每下愈況。一位宰相因此而遭罷黜。但繼任的人一出現在匈牙利守軍面前，就因人家不假辭色而落荒逃回貝爾格勒。士兵自己選出一位代表去向蘇丹申訴，蘇丹因爲需要他們替他趕走貝爾格勒附近步步進逼的基督信徒軍隊，就馬上讓步。蘇丹氣勢已落，士兵心裡有數，便朝首都集結。蘇丹繼續讓步，先把宰相給宰了，再連宰相的副手也殺掉。但這時叛變的首腦開始把目標對準蘇丹，指責他治國無方，只知浪費時間打獵、玩後宮佳麗。一六八七年十一月八日，一批高官和宗教領袖在聖索菲亞寺裡開會，宣布蘇丹麥何密無力治國，將他罷黜，關進皇宮的偏僻一隅。繼任的是蘇里曼四世；由於他們覺得他比較沒那麼愛打仗，沒什麼名望，又完全沒有治國經驗，因此獲選爲蘇丹。叛軍獲賜大批財寶，領袖也獲任要職。伊斯坦堡就此淪爲燒殺擄掠的地獄，愈來愈多平民加入暴民行列。到了一六八八年二月，混亂達於頂點。駐防首都的加尼薩里軍因爲法紀、治安攸關他們的職業和商業利益，出面平亂；但加尼薩里軍的將領刀傷叛軍領袖，結果當場遭叛軍碎屍萬段。女性被叛亂的暴民從家中拖出。幾位和柯普律呂家有關係的女性還慘遭毀容，雙手和鼻子削掉，衣衫盡褪，被人拖在街上遊街示眾。

一六八八年三月一日，蘇丹蘇里曼集結大官和宗教領袖，在清真寺裡開會，呼籲他們協助他恢復秩序，和他一起上前線抵抗多瑙河邊境的基督信徒。菁英階層和加尼薩里軍集結到他身邊，終於重建秩序。但直到三月十五日，法國大使的信差出發送訊到凡爾賽宮去時，伊斯坦堡還是有大火燒起。一六八九年，另一位柯普律呂家的人受命出任宰相，繼續家族未竟的大業，掃除兵冊裡的冗員，整頓財務和行政。有些人覺得鄂圖曼帝國從這時候到一七三〇年，還是享有幾十年迴光返照的繁榮和秩序。若真是如此，這一部份原因或許在有太多人被一六八八年初那幾個禮拜的動亂給嚇倒了，知道世上還有比昏庸的蘇丹和貪得無厭的官員要更慘的事。

一六八八年，沒有一個國家的邊防會比鄂圖曼帝國要更艱難。百年前最難戍守的地方，有一段是和他們什葉派波斯鄰接的東邊邊境；兩個中央集權帝國的衝突因教義敵對而火上加油。一六八八年，波斯還是很富庶、很發達的國家，是世界絲織品的大產地，也不太喜歡和西方鄰國起衝突。鄂圖曼帝國在十六世紀曾想反制葡萄牙朝印度洋伸過去的勢力，因而將自己的勢力伸向紅海口，偶爾派支艦隊到印度洋走走。這樣一來的副產品，是控制了（阿拉伯半島西南角）葉門大部份的城市和貿易路線達數十年。但葉門這地方有強悍的高山部族盤據高山峻嶺，有攻不進去的村子；從羅馬帝國到二十世紀中葉納瑟（Gamel Abdel Nasser, 1918—70，於一九五六至七〇年任埃及總統）治下的埃及，不管誰有意思要征服他們，一概遭他們頑強抵抗。鄂圖曼帝國自也不在話下；他們在一六八八年也只打下了幾處孤立被圍的哨站。再來就是沿黑海北岸從波蘭一直伸到匈牙利的大片平原；鄂圖曼在那裡碰上的是刁鑽的基督信徒，對波蘭和俄國的統治者常懷怨恨堅定不移。但他們啊，可教鄂圖曼統治者大鬆一口氣，因爲他們彼此的恨，跟他們對土耳其人的恨一樣深重。多瑙河南邊和西邊的山區，則是一批最奇怪的雜牌民族，幾乎人人講同樣的語言，但當中有虔誠的穆斯林，也有恨土耳其的塞爾維亞人和克羅埃西亞人。

鄂圖曼繼承的是中亞的騎兵傳統，知道或自以爲知道怎樣調度軍力維持邊防。他們每年夏天都要打一次仗，往往還由蘇丹御駕親征，這便是他們維持政治秩序的「母題」。政府補貼人民到麥加朝聖的長列隊伍，不論看起來或走起來也都像支遠征軍。但鄂圖曼拿下君士坦丁堡和地中海東岸，還是爲他們奠下了海權的勢力。而他們的海上霸業也相當傑出；建有船隊和賈列艦隊，由頂尖的司令官帶領，更曾海陸聯合作戰攻下埃及、地中海南岸，一路打到阿爾及利亞和希臘。一五七一年在雷潘托（Lepanto）遭西班牙和哈布斯堡聯軍大敗的著名敗蹟，是重大的挫敗，但後來還是重振聲威，在一六六九年拿下了克里特島。十七世紀晚期，他們有組織的海上力量不常伸到克里特島以西的地方，但他們支持的穆斯林要塞，在西邊則是可以遠達阿爾及利亞一帶，而在那一面拉出一道險惡的穆斯林—基督信徒戰線，衝突不斷。不管基督信徒還是穆斯林的船走在地中海上，都必須時刻盯著遠處的水平線，看是否有另一邊的船靠過來。基督信徒被穆斯林逮了去，就得當奴隸；這以阿爾及利亞聲名最爲狼藉。穆斯林被基督信徒抓了去，也可能流落到威尼斯的「奴隸碼頭」；那地方離威尼斯總督府不遠。若有親戚有錢、有政治勢力、或有好運氣，是有可能贖身擺脫奴隸的命運；若否，男性的話，就有許多人得上賈列船當划槳手了。布勞岱爾（Fernand Braudel），二十世紀鑽研地中海史的大歷史學家，就說這是「沒日沒夜的口角」。

而一六八八年，兩邊的口角在（希臘）伯羅奔尼撒半島變成全面開火。基督信徒在維也納打勝了後，威尼斯便想將戰事拉到海上來打土耳其人了。但不太找得到盟友。他們由陸路沿亞得里亞海岸揮軍深入，加上在海岸多處登陸，也沒多大成效。一六八七年，先前在克里特島力抗土耳其人未成但已建立威名的莫洛西尼（Francesco Morosini），奉命率領一支龐大的賈列船戰艦作大規模遠征。威尼斯那時雇了一批日耳曼軍隊，也有法國、日耳曼的貴族冒險家和幾位能幹將領襄助。威尼斯以其統帥和後勤補給的效率，搭配威尼斯兵工廠大量生產的武器和賈列船，在地中海東部一直是敵人聞風喪膽的武力，這樣有幾百年之久。但如今，大西洋的強權興起，阿姆斯特丹和倫敦取代威尼斯成爲亞洲貨物在歐洲的總集散地，威尼斯也就漸漸被擠到邊兒上去了。

威尼斯的遠征軍在一六八七年九月二十一日抵達雅典的港口皮里亞斯（Piraeus）。鄂圖曼挖好了要塞，準備在衛城（Acropolis）作自衛，但任由威尼斯大軍朝雅典城長驅直入。威尼斯人聽說土耳其人用巴特農神殿（Parthenon）作彈藥庫，也把婦孺藏在裡面，準備拿神殿厚實的外牆和屋頂作保護；就把臼炮推上了陣。九月二十六日，好幾發臼炮射中神殿，引發大爆炸，撼動全城。至少死了兩百人。大火延燒數天，逼得鄂圖曼要塞棄械投降。但威尼斯人拿下這座大城是要如何？離港口有好幾哩遠欸！鄂圖曼是有一部份的援兵在交鋒時懼戰逃跑，但下一批說不定訓練會比較精良。從皮里亞斯到城內的路上已經出現打劫的事，教人憂心；伯羅奔尼撒也有疫癘的消息傳來。威尼斯在雅典待了一季冬天，過得很慘。一六八八年春，他們便計劃撤退，但要把全城的雅典人也帶走，這樣土耳其人回來也只要回一座鬼城而已。他們花了幾個月的時間才弄到夠多的船，但這「空」城計執行到什麼地步則不清楚。

鄂圖曼在伯羅奔尼撒的諸多要塞，在一六八七年威尼斯艦隊現身朝雅典來時，大部份都聞風投降。但斯巴達古城附近的米斯特拉（Mistra）則沒有。待那裡的鄂圖曼士兵終於要談投降的條件時，威尼斯人回他們說他們拖太久了，現在除非付一筆很高、很高的贖金，否則，他們全都得上賈列船划船去。但雅典那邊打的仗捅了進來，把威尼斯人的注意力拉了過去；直到一六八八年一月，他們才再回頭來要解決米斯特拉。待威尼斯人發現關在碉堡裡的人沒把武器全交出來，莫洛西尼就覺得這下子他有理由把投降的條件訂得更苛。所有的婦孺和年過五十的男子全都要抓到雅典，去換回落在鄂圖曼手裡的基督信徒。但這換俘行動直到威尼斯人退走都沒做。抓走的小孩分配給各船爲奴，婦女和老人就扔在皮里亞斯杳無人煙的荒岸上。

選任的威尼斯總督裘士迪尼亞諾（Marc Antonio Giustiniano），一六八八年初死了。莫洛西尼獲選繼任。他戴上新職的禮帽、穿上新職的朝服，坐在他司令艦的特別艙裡，接受百官祝賀。但他這次遠征一事無成。唯一流傳後世的，便是他毀了巴特農神殿，處理米斯特拉居民的手法慘無人道，連許多威尼斯人自己也看不過去。

鄂圖曼帝國的勢力得以伸向阿爾及利亞，是在十六世紀初期靠穆斯林海盜船打下來的；那時鄂圖曼帝國軍事的主力，正全放在東、北兩邊的陸地邊疆上面，無法脫身。之後鄂圖曼的地方官府漸漸在阿爾及耳成形，蘇丹派來了地方首長，還有一支爲數不少的加尼薩里軍駐守；這批加尼薩里軍大部份是從黎凡特（Levant，地中海東部希臘至埃及一線的沿岸地區）徵調來的。他們的主要工作，便是在地中海南岸以及穿越撒哈拉沙漠的商旅路徑上作貿易，兼搶一搶基督信徒的船，搶來的財貨就是戰利品，搶來的人可以弄回家當奴隸或當賈列船的划槳手；還有，贖金。歐洲強權便和他們訂條約，付錢給阿爾及耳作他們那一國船的買路錢，交換搶劫的豁免權。這樣的事是由大獨立商行在打理的，他們慣常和鄂圖曼總督還有加尼薩里軍保持一點距離。一六七一年，阿爾及耳因加尼薩里軍鬧派系鬥爭和叛亂，動亂不斷，大商人就倒戈相向，把總督架空，另選一位退出江湖、很受敬重的海盜頭子作「大君」（dey），意思是「前輩老英雄」。

一六八〇年代，法國在歐洲的基督宗教國家裡帶頭想辦法，要降低阿爾及耳官府對他們船隻的威脅。他們和阿爾及耳訂立契約，但條款又有許多自己都不遵守。特別是他們不肯依約把四體健全的穆斯林俘虜送回或交換，只扔回來一些老弱殘兵。法國人還用他們那時慣有的傲慢和霸道，故意挑起戰端。一六八二和一六八三年，法國的船砲轟阿爾及耳，炸死數百人，毀掉數百棟房屋。臼炮加有爆炸力的拋射彈，效果奇佳。有位地方領袖，歐洲人叫他作「梅索莫托」(Mezzo Morto)，義大利文的意思是「半死不活」，那時落在法國人手裡當人質。法國人派他上岸談交易，結果他自己推翻老「大君」，殺了老大君權勢很盛的女婿，再規劃自己當選大君。然後他跟法國人說，阿爾及耳自己也有加農砲可用，法國人再這樣炸下去，他就要把法國領事、幾位居中撮合換俘的教士還有其他法國居民，一個個裝進砲管裡射出去。法國人既沒有武力也沒有補給作登陸，只好揚帆走了，扔下阿爾及耳好幾年沒理。但協商一直沒有進展，一六八七年阿爾及耳再度宣戰。

一六八八年六月十三至十六日，一支龐大的法國戰艦開到了阿爾及耳外海。法國人明白表示他們不是來協商的；一個禮拜以後，開始砲轟。法國領事和其他四位法國人，就被裝進加農砲裡射了出去。法國人再殺三個人質，用木筏漂送上岸。二十五日，又有五個法國人被加農砲射了出去。翌日，三具穆斯林的屍體漂上了岸。八月初，因爲歐洲政治情勢吃緊，法國艦隊奉命回航。連凡爾賽宮裡的廷臣都寫說這阿爾及耳人「倔強得緊」。英格蘭人，還有其他希望和北非港口有和平貿易、理性溝通的人，則覺得他們的努力至少因此倒退二十年。

第二十二章 麥加

一六八八年的大朝聖潮，在十月五日至七日匯聚到了高潮。朝聖的信徒從世界各地有伊斯蘭教生根的地方，洶湧而來。伊斯蘭教雖是攜帶型宗教，但有一個強力的聚焦處所。麥加，位在一座亂石滿地的低丘，只有侵逼的酷熱和阿拉伯半島的荒涼爲襯；非穆斯林不管怎麼看，都不覺得這裡有什麼魅力，有什麼特別。但穆斯林一踏上這裡，就激動落淚；因爲，他們完成了他們信仰最重要的使命之一❶，完成了他們終身的夢想。

先知穆罕默德（Muhammad, 570—632 C.E.）原是商人。麥加在他生前就已經是一處貿易城暨朝聖地；城裡的居民有許多是基督信徒和猶太教徒；他們對世上其他地區有怎樣的緊張情勢和變化也非茫然無知。伊斯蘭信徒奉行穆罕默德的教義，以之爲「順從」猶太教徒和基督信徒之神「上帝」最純粹、最完全的方式（Islam 的阿拉伯文原意即爲「順從」）。麥加因亞伯拉罕依眞主指示在麥加做的事❷，而成爲聖地；但後來對於穆斯林會有至高無上的意義，則是因爲

《古蘭經》裡記載：麥加是眞主最後一次向世人啓示眞道的地方。它附近有處山洞，就是天使加百列❸向穆罕默德口傳《古蘭經》的地方。伊斯蘭向外傳播的時候，雖有可能融入其他宗教文化，但追求信仰和儀式純粹的動機始終不滅，以致不太採用非伊斯蘭的智慧或知識。而這股動機最大的來源，就是到麥加去「朝聖」(Hajj)；穆斯林到了麥加，才能面對他最純淨、最精粹的伊斯蘭信仰；至於非穆斯林，請勿擅入。

朝聖的信徒要在麥加外圍先作準備，穿人人一式的「戒衣」：一件白布裹腰，另一襲白布披肩，頭和身體的其他部位露出來曝曬在陽光的烈焰下。女性朝聖者的服裝包得比較緊，但一樣嚴格、整齊。伊斯蘭教的精神民主，在這裡就有動人的表露：不管是國王、富商，還是存了一輩子錢就爲了來這一遭的小種地人，全穿得一模一樣。朝聖的信徒以此進入「禁戒」(ihram)，禁絕性行爲及奢侈享受；也個個雇用嚮導，免得走錯地方行錯禮。進入麥加後，得作淨身，然後進入「和平門」，在中央「聖寺」(al-Masjid al-Haram)外緣停下來，這也就是清眞寺裡的中庭區；在這裡，一個朝聖者面朝近立方體的樸素「卡巴」❹站好。許多人也叫卡巴「眞主之居」(Beit Allah)。他們面朝卡巴舉起手，激動落淚。卡巴是亞伯拉罕所建。亞伯拉罕的兒子曾爲他搬石頭。他們現在依嚮導指示在做的儀式，就是天使加百列教給亞伯拉罕的：繞卡巴走七圈，跪拜兩次。

到麥加的路並不好走。有些人帶了大包小包的東西，想在朝聖儀式結束後變賣作回鄉的旅費。大部份的人是跟著大商隊一起走的，由鄂圖曼政府管理、補貼，分開羅和大馬士革兩路。這些人有許多從一六八八年七月一日到三十日（伊斯蘭曆的九月），就在兩路商隊要出發的城裡過「齋戒月」（Ramadan），醞釀朝聖的情緒。穆罕默德就是在齋月裡，於麥加附近的一處洞穴，獲大天使加百列賜與「眞主的話」：《古蘭經》。穆斯林過齋月，從日出到日落都必須禁食，大部份的時間用在禱告、讀經、行善（納「天課」），日落才和親友相聚進餐。禁食和日夜活動顚倒，雖然害人頭重腳輕，但也應該會有淨化一新的感覺。

齋月結束後十五到二十天，大馬士革和開羅的商隊就要上路了。商隊的組織模仿軍隊，有蘇丹派任的司令官——以高官爲多，有時由大馬士革或開羅省長自己上陣——數百名士兵護衛，有時還跟著幾尊加農砲。這樣的朝聖團對鄂圖曼政府的財務是很大的負擔：要補貼麥加官方，要付士兵軍餉，要幫達官貴人出錢雇駱駝，一路上還有別的開支，像可能要付錢給當地的貝都因人當傭兵，或起碼要買安全過境的保障。但國家出資作朝聖，也是鄂圖曼帝國每年一次向世人宣示他們於聖地的宗主權。司令官會沿路巡視大城小鎭和寺廟，下達維護的指示，甚至還可能罷黜謝里夫[5]另立他人；謝里夫是先知穆罕默德家的後人，於聖地備受敬重。每支商隊帶的除了精銳勁旅、浩大的聲勢和音樂，還有一匹漂亮駱駝載著一頂「瑪哈瑪勒」（Mahmal），這是一頂華麗的轎子，裡面供著一本精美的《古蘭經》抄本，和一張華毯要蓋在麥地那（Medina）先知穆罕默德的墓上。據聞這也是鄂圖曼官方伸張他們於麥加宗主權的表示。

聚集在大馬士革的朝聖者，不僅有從敍利亞來的，也有從伊斯坦堡、從安納托利亞各地、從中亞的城鎮、大草原來的，說不定還有從中國、伊拉克零星來的散客；甚至伊朗都可能有什葉派信徒前來，這就是最不容易的一批人了。鄂圖曼境內的什葉派信徒，聚居在現在波斯灣一帶；鄂圖曼官方爲了打壓伊朗人和鄂圖曼境內什葉派的接觸，不肯讓伊朗人走比較直接的朝聖路線。而大部份人向掮客租駱駝，由價錢就開始領教到這穆斯林的博愛精神，碰上長途旅行時其實也很有限。旅客若不想付高價而坐自己的駱駝，那一路上就不時會有麻煩，坐的駱駝也一定最後才輪牠到水洞去喝水。由於隊伍壯盛，可能有二萬人之譜，因此，維持良好秩序、彼此多盯著點，絕對必要。隊伍從有人煙的耕作區進入沙漠和現在約旦一帶後，就人人不敢熟睡，時刻提防是否有賊；白天前進的時候，也留意地平線是否有貝都因強盜掀起的沙塵。鄂圖曼官府雖然設了連串碉堡，每處碉堡也都有水井和水槽。但大馬士革輪派到要塞裡的那一小撮可憐兮兮的兵，說是守軍，還不如說是掮客；一來代貝都因打理買路錢，一來用天價賣糧食、補給給朝聖客，敲上一筆。

多虧當年有幾位歐洲人留下了目擊實錄，我們現在對開羅朝聖隊的了解，要比大馬士革多一點。其中一位是皮慈（Joseph Pitts），英格蘭人，在地中海被俘爲奴，後於阿爾及耳改信伊斯蘭教，在一六八五或八六年隨主人一起去朝聖。在開羅和亞歷山卓港會合的朝聖者，都是從馬格里布（Maghreb，埃及以西之北非地帶）——即突尼斯、阿爾及利亞、摩洛哥——還有巴爾幹半島走海路來的，人數起碼跟大馬士革一樣多。除了隊中的「瑪哈瑪勒」外，這支隊伍還另有一樣殊榮：每年要帶八大塊精工細織的絨布，繡了《古蘭經》句，作卡巴石上「罩幕」（kiswa）換新之用。朝聖隊先在開羅城外一塊大水池裡讓駱駝喝水；水池是尼羅河洪氾留下來的。然後出發，大部份選晚上趕路，避開白天的酷熱。到了蘇伊士（Suez）時，一部份朝聖客會改搭船到（今沙烏地阿拉伯的）吉達港（Jidda），這是往麥加的港口；護送「瑪哈瑪」、「罩幕」的官方代表團也在內。上船後，一路風向變幻莫測，到處都是珊瑚礁，濕熱的大氣還窒悶之至。因此，另一條路還有不少人喜歡：騎幾天駱駝穿越西奈半島往南走。

朝聖的路徑還有其他幾條，沒那麼重要，但多了不少選擇。有一條是從葉門山區往北走到阿拉伯半島中部。非洲的信徒就沿撒哈拉沙漠南緣北上，或從尼日盆地上來，甚至有遠從塞內加爾來的，到了紅海邊的蘇亞金（Suakin，今蘇丹境內），就改搭船到吉達港。從印度洋來的人已經在那裡等了好幾個月；他們的船必須在三月就離港出發，才趕得上季風。他們可能先在葉門歇腳，作點生意。這幾個月等的時間，就拿來參觀麥地那的穆罕默德墓地及其他聖地，賣他們帶過來的貨。一待朝聖的快樂日子過完，他們就得盡快往南趕路，免得趕不上那年送他們回家的風。穆斯林曆用的是陰曆，有十二個月，因此，節慶的日子，換成陽曆就不固定。印度洋來的旅客有時在儀式結束之後，會有時間多勾留一陣子，讓他們在大市集上出清布匹、香料等貨物，賺錢回去。但在一六八八年，他們一定先把貨賣給了地方的中間商；這利潤就以他們賺得最多。

朝聖隊一批批抵達，離大日子愈來愈近了，興奮的情緒也跟著逐漸沸騰。朝聖客都會個別或集體雇用嚮導作陪，帶他們去該去的地方，做該做的事。朝聖者快要到大清眞寺的大門時，先要在淨身區淨身，然後把鞋子留在那裡；這鞋子一整天都有人看守。之後走進「和平門」；「和平門」就正對著「聖寺」；聖寺是大清眞寺神聖不可侵犯的中庭。大中庭裡的每一座小建築，都有無比重要的意義：像「亞伯拉罕立足地」❻，「滲滲泉」（Zamzam）的石列柱，「沙花」（al-Safa）和「麥華」（al-Marwa）兩處。但信徒的注意力都鎖在那塊近立方體的卡巴上；卡巴的頂面蓋著華麗的布毯。城裡到處是一群群湧動的朝聖客，到處有人在禱告，「沙花」和「麥華」之間有人在「奔跑」（sa'ai，朝聖的儀式之一），並在滲滲泉邊取水淨身，但最重要的還是繞著卡巴走（Tawwaf，繞天房，要走七圈），想辦法找空隙鑽進人群裡，朝角落裡的那塊黑石（al-Hajar al-Aswad）靠近獻上一吻；或朝一邊牆上高六呎的門擠去，運氣好的話可以爬上那裡的小梯擠進內室，俯伏臥地朝卡巴祈禱。波士尼亞來的農民，馬來半島來的商人，高加索裔的金髮碧眼奴隸，尼日河來的黑人戰士：不論誰穿的都一樣，也泰半淚流滿面，不時跑來跑去！場面之激動、混亂，在在說明人心追尋眞主的急切。

有些傳說指即亞當才是第一個建卡巴的人，從他房子取來的黑石，在大洪水（諾亞方舟）的時候神奇保留在附近的山上。但所有的傳說都說亞伯拉罕建過卡巴（興建或重建）；他爲了躲避妻子撒拉（Sarah）和兒子以撒（Issac）的妒恨，帶著（妾）夏甲，和小兒子以實瑪利搬到麥加❼。亞伯拉罕和穆罕默德這兩位先知很像一體之兩面，兩人都在大部份人屬「多神信仰」（Mushrik）的世界，奮力要肅清混淆的信仰。這些有多神信仰的人，雖然信奉眞主，但也把其他的神和眞主混爲一談。他們兩人都訓誨世人要回到純粹的一神信仰：「萬物非主，唯有阿拉是眞主。」眞主命亞伯拉罕建卡巴或重建卡巴，命他繞卡巴行走作敬拜，命他召喚世人齊集於此。「亞伯拉罕立足地」的圓頂下，有塊石頭就保存了他的腳印。只是眞主在給穆罕默德下達朝聖儀式的指示時，認爲這些大家都已知道，只需要多作一點完整的解釋和澄清就好；所以，眞主的指示略顯零碎、隱晦，部份原因或即在此。卡巴那間平凡無奇的小房間，有那麼多人枯等再久也願意，就爲了擠進房裡唸禮拜文；這房間本來就有神殿的氣氛，以前曾供奉過形形色色的偶像，後來才遭徹底清除，沒有了名字，沒有了樣子。

亞伯拉罕把夏甲和小兒子留在山野；小男孩要喝水，他母親在兩處間來回跑，明明聽見了怪聲音但就是找不到水。信徒在「沙花」和「麥華」間來回跑，就是紀念她當時之焦急絕望。就在這時，孩子自己朝土裡一挖，找到了水；這也就是「滲滲泉」。朝聖者喝下這水，想一想泡過這滲滲泉水的屍衣買起來不知有多貴，當然也要帶一兩瓶回家。他們可以在那裡洗澡，但必須注意下半身一定先要在普通的水裡洗過才行。皮慈寫過，有人因爲喝了很多滲滲泉水而遭「滌淨」，臉皮冒出疹子，「他們說這是精神墮落已經滌淨。」口渴、解渴，是渴慕眞主、尋找眞主的比喻；淨身，是洗淨罪惡的表示：這些，不論猶太教徒、基督信徒、或讀〈舊約〉、〈新約〉的哪一種人，都應該覺得熟悉；因爲，這樣的人個個都是「有經書的子民」。

朝聖者在朝聖期間可能會把繞著卡巴跑之類的儀式重覆好幾次。皮慈回英格蘭後，想起他們的虔誠都還感動，記得他聽過好幾個人的故事：原本作惡多端、邪靡放蕩的人，朝聖後整個人脫胎換骨，終身只穿「托缽僧」袍，讀經、禱告不懈，像西班牙流氓一夕出家當聖方濟苦修僧。但皮慈自己倒一直維持若即若離的態度，即使人到了麥加也一樣。他說麥加有一大群「先知的鴿子」；每人都跟他說那些鴿子從不會從卡巴上空飛過。但他看了看，看見鴿子還是常在卡巴上空亂飛。

「聖寺」的儀式過後，有些朝聖者可能會暫時把「禁戒」扔開不管；但等到在麥加外舉行朝聖的重頭戲時，就又再重回「禁戒」。一六八八年十月五日，朝聖月的第八天，他們的嚮導領他們往北走到米那村（Mina）。第二天到阿拉法特山（Hill of Arafat）腳的平原。這裡才是朝聖的壓軸。數千名朝聖者跟著嚮導擠進聖區。這天，是眞主對悔改的罪人施恩的日子。朝聖者在那裡不停祈禱，直到日落方休，淚如雨下祈求眞主赦免他們一切罪愆和過錯。皮慈記得：「那景象之震撼直如萬箭穿心；你看他們好幾千人穿著謙卑、禁戒的衣服，光著頭，淚流滿面，聽他們痛苦的呻吟呼號，熱切祈求赦免他們的罪惡，懇切保證改過自新。」

入夜後，朝聖者離開阿拉法特山，接下來三天都待在米那。亞伯拉罕揮劍砍向兒子要將之獻祭時，眞主就是在這裡劈裂巨石擋開亞伯拉罕的劍——在穆斯林的傳說裡，差一點變成祭品的是以實瑪利，而不是《聖經》裡的以撒。朝聖者在這裡每天要朝一列柱子裡的一根扔七塊石頭，象徵攻擊魔鬼和魔鬼的爪牙。每位朝聖者都要宰一隻羊作犧牲，割一些肉煮食，其餘捐給窮人。朝聖者現在都可以冠上「哈吉」的稱呼，終身享有這稱呼的光榮和尊貴。接下來就是慶祝的宴會，放爆竹、開槍。這些新的「哈吉」，回麥加要再膜拜一次。而麥加這時也變成了一座大市場，一個個新哈吉都在叫賣東西，好籌措回家的旅費。白銀也因地中海區來的人出手買香料、咖啡和印度織品，而在市場上不停換手。

新哈吉終於要離開麥加時，是一個個倒著走出「聖寺」的，不把背朝向卡巴，也不停流淚祈禱。在「亞伯拉罕立足地」也是這樣；依一則傳說，亞伯拉罕有次身形長大如最高之山，召喚四方大地，把他的手指塞在耳裡，分朝四個方向大喊，「啊衆人啊！到古老居所朝聖，已寫下主命的事功，你們就回應你們的眞主吧！」

印度洋來的朝聖船沒趕上他們回程的風；我們不知道有多少人回得去，但我猜應該有些朝聖者在吉達或葉門的港口多羈留了六個月。朝聖團在該年近年尾時，回到開羅和大馬士革，這批新的哈吉，就從那裡繼續他們漫漫的回鄉之路，回他們阿爾及耳、伊斯法罕、北京的家。

第二十三章　印度教徒，穆斯林

十二世紀已至，奧朗則布稱王；
吾人已見審判末日跡象。
奧朗則布統治，正統領袖稱義。
外顯慈悲仁愛，實則內藏輕賤。
奧朗則布立規，一以官員爲念。
只給吾人信封，內文擅據己有。
低等人偕錢莊戶弄權大內，
貴族家只見魯鈍武夫。
奧朗則布治下，賄賂橫行天下；
寒微出仕總督，伊斯蘭法官冠上賊名。

年輕聖人子弟丟失社會尊榮；
賣身女搖身變爲皇后。
以前貴爲王公，如今侍候寒微。
Khayasts，武士，婆羅門於行伍利益甚豐；
穿腰布的以鐵製武器成爲疏遠的隨從。
北印度的皮革匠、鞣皮匠、賤民，
洗衣工、賣油郎、園丁——全都坐上了統治的寶座。
暴君必遭天譴！
這一世不信神；下一世進地獄。

這首詩的作者是位「蘇菲」，住在印度西部內陸的畢扎普（Bijapur）；「蘇菲」是清修派的穆斯林。伊斯蘭曆❶一一〇〇年，在西曆是從一六八八年十二月二十五日開始；憑這一點，就可以爲這首詩定下繫年。印度教和伊斯蘭在北印度對峙衝突，已有千年。這兩邊乍看之下，實在找不到融合的立足點；伊斯蘭主張絕對一神，打倒一切偶像，正好對沖到印度教歆歟盛哉的多神信仰和多采多姿的偶像膜拜。「融合」最終要面對的還是基本的信仰；但宗教組織和平民百姓的習俗也無法排除。

印度教在這之前千年最重要的發展，是「帕克提」（bhakti，守貞專奉）的主張崛起。這一驅力——不管在社會還是在信仰——打破了印度教獨尊婆羅門主宰禮拜事宜的繁複理性冥契論和教儀。「帕克提」的信仰主張普通人應該將信仰的熱忱齊一投向「毘濕奴」（Vishnu）和濕婆（Shiva）的化身。信徒可以華麗的舞蹈、頌歌表達信仰，而頌歌的詩句也不用梵文，而是用各地各自的方言。「帕提克」的教派興起後，在畢札普和大河谷地以南的印度中、西部區域文化裡特別重要。「帕克提」的信徒對他的神信奉之專一、之熱切，直追穆斯林對眞主的順從，雖然二者的內涵有天壤之別。

從穆斯林的角度來看，「融合」是蘇菲這支伊斯蘭教冥契派的傑作。蘇菲教團認爲他們才是「正道」，唯有他們才眞正推演出侍奉眞主和世俗之道徹底決裂的結論。他們的教義重點在《古蘭經》裡的幾段經文，特別是穆罕默德升天的神祕體驗(夜行登宵)，外加其他宗教經書裡的奧義。蘇菲的教義著重在追求個人與神合一的冥契體驗，因此對其他穆斯林只知道每天行禮如儀作五番拜、謹守伊斯蘭律法，頗爲不屑。蘇菲的教義在十四世紀傳入印度，時值穆斯林移民和軍隊開始從北部河谷外移，在畢札普建立權力中心。一些蘇菲的宗師到阿拉伯世界或波斯進修回來，還有蘇菲在穆斯林君主那裡博得寵信，都爲蘇菲開出新的傳播路線。蘇菲開始用地方上的達克尼（Dakhni）方言寫教理、頌歌、詩篇，帶領信徒循序漸進走向神的道路；進而推演成穆斯林的「帕克提運動」，吸引許多印度教徒慢慢吸收他們的教誨，終至改宗伊斯蘭。而這一教團宗師走的路線強調他們和神的契合，強調他們是弟子和神的媒介，加上他們最虔誠的弟子有許多是女性，終至漸漸走到了伊斯蘭正統信仰的邊緣，甚至走了出去。他們的墓地成爲膜拜、朝聖的聖地，他們的精神力量、他們的信徒、他們從君主那裡獲賜的土地，也父死子繼傳了下去。

信徒在畢札普蘇菲宗師的墓地膜拜的盛況，至今依然。但當年在十七世紀，曾因處境愈來愈艱困而幾乎陷入大難。那時畢札普的君主轉向正統的伊斯蘭信仰，視印度教人民爲敵，威逼偏離正軌的穆斯林。當時新興起的一支政治勢力，馬拉塔（Maratha）家族，因爲反對蒙兀兒政權愈來愈偏向伊斯蘭，而愈來愈不安份。一六七〇年代起，畢札普即陷入無政府狀態，地方各色人等有辦法奪權就一定奪權。一六八六年，畢札普的首府落入蒙兀兒皇帝奧朗則布手裡，奧朗則布是位好戰的正統派穆斯林。到了一六八八年，饑荒和疫癘橫掃印度西部。這種種，加上那一年又正逢百年的整數，合該刺激文內這位蘇菲無名詩人，其他許多人當然也一樣。

印度是宗教、文化、種族紛雜之地。但在史上依然數次以驚人的政治耐力暨彈性，廣納衆多民族於單一政府治下，往往還能攜手共享和平。這類出色的承平年代裡，蒙兀兒王朝佔有一席之地。蒙兀兒王朝是從西北方（今之阿富汗）南侵印度的穆斯林，於十六世紀初期創立的政權。他們的伊斯蘭信仰，精緻的波斯宮廷文化，甚至高䠷的身材、偏白的膚色，在在讓他們在治下的大部份黎民面前顯得鶴立雞群。不過，印度教徒和穆斯林還是可以因效忠蒙兀兒皇帝而爬上統帥或高官的職位。但蒙兀兒王朝略帶總匯色彩的包容型宮廷文化，本是王朝秩序的顯現暨基礎，在十七世紀後期卻開始分崩離析。一六五八年大君賈汗（Shah Jahan，賈汗王）死後，奧朗則布歷經腥風血雨的內戰打敗三位兄弟，繼任爲王。由於他的信仰比家族裡的許多人都要更偏向伊斯蘭正統派，因此，內戰時曾以捍衛伊斯蘭的名號去打自己的一位兄弟，因爲他這位兄弟公開說伊斯蘭和印度教實乃同源。待他一旦攫掌大權，便開始肅清宮裡不合伊斯蘭傳統的一切，禁止喝酒、抽鴉片，甚至不准慶祝波斯新年。從一六六九年起，他還下令毀掉幾座重要的印度教廟宇，收回印度高官名下獲賜的土地，開始對非穆斯林徵收歧視性稅賦像人頭稅（jizya）。而這些，都不是乖戾的暴君隨興之舉，而是從前朝即已露出端倪的回歸伊斯蘭正統趨勢。奧朗則布威嚇非穆斯林、褻瀆異教廟宇的措施，就有麾下穆斯林官兵大力配合。

民間因之而起的抗暴情緒，在奧朗則布剛上台時就已經掩蓋不住。他強迫錫克族（Sikh）或拉傑普（Rajput）儲君要當穆斯林，手法笨拙，就曾激起民間興亂，雖未擴散，但始終未能完全平定。他每逢禮拜五騎馬出宮到德里作禮拜時，曾有印度教徒將他團團圍住，抗議皇帝新增的稅。馬拉塔宗族由席瓦濟（Shivaji）領導，在南印度山區建立起自治的印度教政權，根源也在一六五八到五九年間。席瓦濟的父親生前，即已將先前穆斯林治下的地方印度教貴族勢力略作了整合。一六九五年，席瓦濟將一位褻瀆印度教聖地的穆斯林將軍刺殺身亡。他的種姓階級不高，不屬於可以出任印度君主的軍人。但在一六七四年，他找到了一位很有謀略的婆羅門，宣布他家有武士血統。這位婆羅門還爲席瓦濟舉行複雜的儀式，在席瓦濟身上澆了多種聖水，宣布他乃印度教眞正的君主，然後讓他攜弓帶箭坐上「因陀羅」(Indra，印度神祇，好戰)的馬車。

席瓦濟和後面繼任的人，繼續編織他們吸引印度教信徒的號召，抵禦穆斯林的壓迫，捍衛聖牛和國家。他們也推演出一種兵法，和蒙兀兒大異其趣，蒙兀兒終至無力壓制。蒙兀兒人打仗，像奧朗則布一六八七至八八年間上台打的那場仗，愛擺出森羅棋布的威嚇陣式，緩緩前行；有一長列的補給隊、優越的火炮、出色的騎兵勁旅，圍城所需的設備也一應俱全，以備萬一，有時還外加皇帝御駕親征的旗海和白色的大帳篷。這打的是很花錢的仗，唯有拿下別人的地，有新的稅可以徵、有新的地可以賜給將軍和官員，才付得起這軍費的。反之，馬拉塔靠突擊戰起家，向來是輕騎從他們山腳下的碉堡呼嘯而出，嚇得地方官乖乖讓他們搶東西、向他們納貢，然後揚長而去。到了十八世紀，他們終於建立起政府組織，可以踩著蒙兀兒帝國的殘屍打遍天下，但他們始終沒丟掉驍勇善戰、輕騎迅捷的特色。所經之處無不破壞殆盡。席瓦濟於一六八○年去逝，兒子桑布哈吉(Sambhaji)的將才可能不如父親，但馬拉塔的勢力還是不斷增強。蒙兀兒雖然還是打了不少勝仗，但每次都發現他們一定會從別的地方再冒出來，還同樣生龍活虎。

奧朗則布一六八八年初幾天，都待在海德拉巴德附近，這裡是戈爾孔達（Golconda）的首都。後來在一月二十五日，皇家的大隊人馬和軍隊朝西開拔。海德拉巴德是座金碧輝煌、秩序井然、四四方方的穆斯林城市，市內有無數漂亮的清眞寺、學校、善堂。達官貴人雖然未必個個是穆斯林，但許多居民是穆斯林，往往還是源出自波斯、阿富汗等遠地的家族，在穆斯林勢力和文化朝南方入侵印度時，先後隨之南下。但城郊四周的鄉野，則是印度教徒的複雜天地，講的話是泰盧固語（Telugu），這不是印歐語系的語言；人則是善戰的武士兼勤奮的農人，數百年以來耐心耕耘，終於征服這片土壤貧瘠、光禿花崗岩遍地的窮山惡水。

奧朗則布得以駐蹕海德拉巴德，表示穆斯林勢力逐步籠罩全印度的漫長歷程終於有了結果。海德拉巴德外的大碉堡，在一六八七年十月二日被奧朗則布的大軍拿下；那時那碉堡由穆斯林戍守已經三百多年了。不過，穆斯林在印度社會還不算穩固的控制權，在那時候尚有待穆斯林君主對周遭社會作大讓步，才有辦法得出穩定的政治、社會秩序。這些征服者在北印度的平原比較自在；那裡的人講印歐語系的語言，那裡的印度教徒和穆斯林也有好幾百年的來往經驗。這戈爾孔達，膚色不同，長相不同，講的還是泰盧固語；格格不入、乖戾執拗跟他們窄河谷地、低花崗山的窮山惡水一樣。山區到處是易守難攻的地形供戈爾孔達作要塞，或建城牆堅固的小農莊。花崗岩是蓋廟、雕大神像的上好材料，尤其是濕婆這主神，有第三隻眼透出殺機，舞動創造天地、毀滅萬物的力量。印度教徒和穆斯林幾乎不進對方的寺廟裡看究竟。穆斯林君主只承認世上有一至高無上、無形無像的眞主，而把各式各樣人身、動物的具像表現，看作是對造物主權柄莫大的僭越；這樣的人對印度教活潑繽紛的想像力，男男女女的神祇有的有好多手、有的有動物的頭，一定氣得七竅生煙。另外，許多濕婆廟裡拜的萬神之神，還是一具很大的石「性徵」（lingam）：濕婆神勃起的生殖器，任人膜拜、灑聖水、塗奶油；這是他們化育、生殖力的象徵，但在穆斯林獨尊一位眞主、講究「貞潔性觀念」❷的腦袋裡看來，這信仰離他們說有多遠就有多遠。

戈爾孔達的穆斯林君主沒印度教武將的合作，統治的寶座坐不下去。因此，大讓步勢所難免。而派印度教族長作官，應該也可以講講條件，讓他多弄到大筆稅收，雖然理論上本來就該給君主的。所以，他們沒有對非穆斯林徵收人頭稅，皇家還常賞賜大片土地讓印度教建寺廟、維護寺廟。講泰盧固話的武將則回報以傳統的驍騎、忠勇精神，爲穆斯林君主效命。但當然了，這體制的重負就全壓在種姓階級低的農民身上，教他們必須頂著熱帶的大太陽泡在水稻田裡耕作，農閒時期還要採石頭、修水塘和灌溉渠道。

就算有這樣的讓步和調整，但在一六八八年前的幾十年的時間，還是沒辦法爲戈爾孔達王國的每一處地方建立起穩固的政局。一六三五年，蒙兀兒大軍曾征服過它一陣子，然後撤退，留一位總督監督他們每年繳納大批貢品到北部的朝廷去。一六五六年，蒙兀兒再次打劫海德拉巴德，但後來接受他們維持納貢關係的保證。一六七〇年代，戈爾孔達王朝的大權落入一位權勢極盛、家財極富的婆羅門家族手裡，外地移入的波斯行政首長隨即失勢。戈爾孔達在婆羅門操縱下，和馬拉塔家結盟，給與金援。一六八六年，蒙兀兒大軍因之圍困戈爾孔達首府畢札普。因爲有一封透露戈爾孔達和馬拉塔結盟的信遭他們截獲。怒氣沖天的奧朗則布火速派軍攻向海德拉巴德；戈爾孔達的君主和穆斯林臣子殺了兩位信印度教的高官，把割下來的頭送給奧朗則布，希望平息他的怒氣。但在信印度教的財政官員大部份被罷黜，有幾個還被殺後，大暴亂即隨之而起。蒙兀兒大軍還是直撲而來。奧朗則布不肯原諒戈爾孔達支持馬拉塔。一六八七年一月，蒙兀兒大軍拿下海德拉巴德，戈爾孔達君主和忠心的大臣退入附近一座大要塞。要塞的牆很高很厚，要塞裡的倉儲也很富足。圍在外面的軍隊則過得很慘，尤其是在季風帶來豪雨的時候。整區到處鬧饑荒和疫癘，蒙兀兒的軍隊也不得倖免。他們曾想在要塞牆角的支撐點埋炸藥，卻引發誤爆，炸死了許多圍城的士兵。最後還是在一六八七年九月，由一位變節的傢伙領他們進了要塞。

現在，蒙兀兒的君主終於可以著手去做他們圍城、補給之外的另一項特長：巡視新拿下的行省；這地方原已就由穆斯林統治，制度和他們差不多；所以，現在只需要建立比先前公平、徹底、有錢的政權就好。戈爾孔達舊政權裡的穆斯林官員，大部份都獲留任，在蒙兀兒王朝裡作官。新的國君需要地方上的穆斯林以彼此共有的信仰、政治文化、語言襄助，一待他們完全融入蒙兀兒體制，通過蒙兀兒體制的考驗，就可以再外放到帝國別的地方去作官。有位名將，尼札姆（Shaikh Nizam），是在要塞陷落前投降的，已經在一六八八年受封統帥要職。在一六八八年晚期的血戰裡倖存的印度教官員，就幾乎全遭罷黜，連著名的印度教朝聖地康吉布朗，都派了一位穆斯林當行政首長。蒙兀兒君主對這新拿下的地，選擇重新來一次人口普查，重訂稅制。算出來的配額比較高，但也沒有徹底執行。可見蒙兀兒王朝就算想徹底控制、建立制度，也還是得看地方的條件及權要來作妥協。不過，所收到的稅雖然有連年兵災和饑饉，依然和戈爾孔達政權豐年時收到的差不多；這就成就斐然了。就算奧朗則布最新拿下的這一行省，同化的程度還不如北印度平原的那些中樞省份，但他應該算是一償宿願：闢出了一條不絕的財源，可以支援他和馬拉塔一直沒結束的戰事。

一六八八年，蒙兀兒派出三支大軍，從海德拉巴德往西開拔。一路上備受糧食不足、傳染疾病之苦，但大軍還是繼續推進，攻得下來的地就攻下來，不肯投降的城鎮村落就屠戮一空。馬拉塔勢力則一秉他們狂飆疾駛的機動力，在四月直攻海德拉巴德。只是，蒙兀兒的軍隊照樣隆隆朝西而去，直刺馬拉塔的家鄉。一六八九年一月，戈爾孔達的叛將尼札姆得知席瓦濟的兒子和接班人桑布哈吉就在離他不遠的地方病了，便親手點將，攻他個出其不意。桑布哈吉雙眼遭刺瞎，抓到奧朗則布帳下，綁在駱駝背上巡行營區一圈，任衆人笑罵，再遭凌遲處死，四肢一隻隻砍下餵狗。但桑布哈吉十九歲的兒子拉札朗（Rajaram）和母親則未鬆手，從一六九一到一六九八年，一直在馬德拉斯（Madras）南邊的金吉（Jinji）要塞力抗蒙兀兒的圍城大軍。

一七〇七奧朗則布去世，宮中再度爆發血腥的王位爭奪戰，但在這之後，不管是勝利登基的人還是他治下的體制，再也沒有奧朗則布統治時期的凝聚力和權勢，也沒有半世紀前的皇家機器可用。從一七二〇年以降，海德拉巴德興起的新自治穆斯林王朝，加入地方勢力的陣營，和馬拉塔一起分食蒙兀兒帝國分崩離析的殘軀。而再沒多久，法國人和英格蘭人就會學會怎樣玩印度的政治遊戲，孟加拉的不布顛勢力也會崛起，成爲這一帶逐鹿的強悍對手。

蒙兀兒政府一六八八年所承受的壓力，不該全放在大舉征伐和軍力調度的架構裡看。有許多靠的是這裡面的細節，靠的是蒙兀兒人是否有能力從他們新征服的子民裡汲取精明強幹的地方人才，注入宮中的文化和政治裡去。但這困難實在大得很。例如一六八六年畢札普的穆斯林政府垮台後，貝達爾人（Bedar）在南側建立的小王國就直接對上了蒙兀兒的勢力。黑皮膚的貝達爾人在印度社會裡屬於種姓外狩獵民族，講的不是印歐語系的語言，靠他們剽悍的戰技和部落組織強大的凝聚力維繫命脈，一直忠心支持畢札普。一六八七年末，一支蒙兀兒軍隊兵臨他們的首都城下，他們的國王潘納亞克(Pam Nayak)就投降了。蒙兀兒人立即在城裡設了座清眞寺，明白表示這是穆斯林拿下了該地。潘納亞克被送到奧朗則布的華麗帳下，奧朗則布即將封他高官厚祿。只是宮裡的貴族，不管印度教徒或穆斯林，對宮中精緻的生活格調都很明瞭，對他就好生嫉妒。他們怎麼看都只覺得潘納亞克是個怪物，「烏漆抹黑」，畸形，腐食族來的。「拿夜色來比夜色都會大悲。……大熊、肥豬跟他連在一起也會引以爲奇恥大辱。……連洗屍的人看見他也會噁心想吐。」

他一到衆人面前，達官貴人都當著皇帝的面揶揄他、嘲弄他。「他上朝後五、六天，就突然動身往黃泉路去了。」看來，他應該死於一六八八年一月。可能的原因有奧朗則布下令，有他自己不堪受辱，還有當時印度西部肆虐的疫癘。

蒙兀兒還是封潘納亞克的兒子當將領，顯然他也還忠心。但潘納亞克還是有個侄子逃了出去，盤據一處山城作要塞，不時派出驍騎打劫，活動範圍有好幾英哩，直到一七〇三年或不止；到處破壞，擾亂貿易，用他殘餘的活動力證明蒙兀兒握有的治權其實空空如也。

第二十四章 英格蘭人與印度人等等

一六八八年，英屬東印度公司和蒙兀兒帝國的關係整年都在正式的宣戰狀態。那情形實在很像一隻獴猴突然發瘋去咬一頭戰象的腿。但當然，蒙兀兒大君一朝還有他的大軍，才不理牠，照樣去追桑布哈吉，照樣把蒙兀兒的治權伸進戈爾孔達。不過，有些地方官是很氣沒錯。英格蘭人也去打蒙兀兒開向麥加朝聖的船。蒙兀兒治下的穆斯林海上武力，自也在孟買打了英格蘭人。不止，一六八八年初的時候，孟加拉的沼澤三角洲，還有幾百個發了熱病的英格蘭人，守不住內陸的據點撤到了那裡，整天祈禱政治風暴趕快過去。

他們在倫敦的董事會直到一六八〇年代都還不肯聽建議建堡壘，加強該公司在亞洲軍事、政治實力的展現。但在一六八一至八二年間，該公司的經營大權落入約西亞·柴爾德爵士（Sir Josiah Child）那派人手裡，而他這人認爲「錢和權一定要攜手並進」。因此，該公司的董事會願意再有機會時會好好把握，走一下強硬路線。但是，任誰只要在印度洋混過，絕對搞不懂他們怎麼會弄出那樣的戰端來的，也不懂他們怎麼寫出他們一六八六年送出去的那份計劃。英格蘭人在那裡除了一處沒有碉堡的貿易站，啥也沒有，但和蒙兀兒總督倒有許多爭執，對他們取得的貿易權該怎麼解讀很有意見。只要是亞洲通都知道，這樣的事全看人高興，有好就有壞；若要動武，千萬想清楚，萬不得已不要來這一招，還一定要有地方勢力牢牢作靠山。一六八六年一月，這些條件英屬東印度公司的董事會雖然一樣也沒有，但硬就是派了十艘船加六連步兵直駛孟加拉灣，佔下一座碉堡，和阿拉干（Arakan，現在緬甸的一部份）國王結盟，然後對蒙兀兒帝國宣戰，直朝人家的地方首府邁步前進。他們打的如意算盤是：擺出這般威風凜凜的進攻架式，蒙兀兒總督一定會落荒而逃，然後欣然迎接和平重新降臨，把先前答應要給他們的貿易權全還給他們。

到了艦隊開到孟加拉灣時，地方上對貿易條款的爭論已經吵得火熱，逼得英屬東印度公司的貿易商不得從幾處大城撤退。他們的領袖查諾克（Job Charnock），是英國勢力於印度洋活動史上第一位大「印度通」。他在印度待了有三十多年。娶了一位印度老婆，有些人還說他這老婆是他從她前夫葬禮的殉葬火堆裡救下來的。一六八七年，他帶的那一幫數百名病懨懨的難民，在恆河口附近落腳，但後來想辦法徵得當地人包容，在上游弄到一處地方作據點；那地方叫卡里卡達（Kalikata）。他們在那裡撐過一六八八年的熱浪季和豪雨。那年十一月，一位公司船長一定要他們上船一起往東走，來一次想歪了的探險。這幾幕衝突滑稽劇分頭上演，後來因爲英格蘭威脅要對開往麥加的朝聖船動武，加上英屬東印度公司願意付高額賠償金給人家，而促成和平在一六九〇年降臨蒙兀兒帝國。查諾克也因地方官變得比較友善，而獲准回到卡里卡達，開始在那裡建貿易中心，後於一六九三年去世。他知道卡里卡達的優勢：河岸高，有段河面很寬，離蒙兀兒帝國在孟加拉的權力中心不算太近。英格蘭人把這地方的地名拼作加爾各答（Calcutta）。執拗頑強的老查諾克就葬在加爾各答的教堂墓園裡，爲後世舉以爲這座大殖民城市之父。

孟加拉的鬧劇一點也沒影響到英格蘭在印度最古老的聚落，聖喬治堡（Fort St. George），聖喬治堡的地點在印度（東南）科羅曼德海岸（Coromandel）的馬德拉斯。一六八八年二月三日，英格蘭的船「莫斯福德號」（Moulsford）從中國東南海岸的廈門開到馬德拉斯。船上的乘客裡，有三位是「廈門將軍派來談雙邊貿易的」。他們和英格蘭人談了幾回合沒結果後，就說要上內陸「康吉佛隆（Conjeveron）去……拜望先人所建寶塔」，才好回報「皇上和大人」。英格蘭急著要爲他們在廈門的貿易和中國人拉關係，便盡一切力量幫他們。這三個中國人可能在一六八八年末，從馬德拉斯搭船回廈門，但找不到有關他們的進一步資料。先前已經談過的施琅，便是派他們來的廈門「將軍」，他一六八八年八月曾跪在康熙皇帝座前，以他一六八三年率軍爲清廷攻下台灣，而獲賜朝服。

這幾位中國來使說要到「康吉佛隆」看「先人所建寶塔」，說的是中國史上最有名的朝聖客玄奘留下的記載。他在公元六二九至六四五年以橫越大陸的壯舉，從中國到印度帶回多部重要佛經。玄奘在作品裡提過一座城市，叫「建志補羅城」(Jianzhibuluo)，是他到印度一行的極南點。雖然很難考證，但我們現在知道外來客在一六〇〇年代到馬德拉斯，若說要到一處發音很像「康吉布朗」的地方朝聖，當地人一定會要他往內陸走，到「康吉佛隆」去看那裡的豪華塔門和一團熱鬧的佛像——其實就是「康吉布朗」(Kancheepuram)：這地方於今依然是印度教的一大朝聖中心，離馬德拉斯約五十哩遠。這幾位使者會依七世紀人寫的東西來觀光，不必大驚小怪：因爲，玄奘寫的《大唐西域記》是一本名著，有些中國的跑船人讀的書其實還不少。廈門也有一座名刹，裡面的和尚或俗家信徒也可能指點他們一二。

這一張環繞世界的關係網，還有更匪夷所思的一條線：在一六八八年連上聖喬治堡總督，也是一六八〇年代大力促成英格蘭和中國貿易的功臣，伊萊休·耶魯(Elihu Yale, 1649—1721)。耶魯總督和他弟弟湯瑪斯靠私人貿易致富：有些經英屬東印度公司核准，有些則否，但不論是否，都帶動馬德拉斯繁榮，成爲大商業中心。耶魯生於北美康乃狄克州，兩歲大時回英格蘭，但和新英格蘭的親戚一直都有聯絡，對他出生地的感情也從未消減。他在一六九九年從印度回英格蘭，帶回史上第一批「英裔印度籍」財富，也把「總督」(nabob)這類「印度裔英籍」名詞給帶了回去。他從一七一三年起，就捐了幾筆錢給康乃狄克的一所新設學院。總値約一千一百六十二英鎊（約合公元二〇〇〇年的十萬英鎊），和約翰・哈佛（John Harvard）捐給麻薩諸塞那所學校的錢差不多，但對耶魯這人是九牛一毛。爲了紀念他慷慨捐贈，這所學院就以他的姓爲名。耶魯大學向來以它歷史悠久的中國關係及出類拔萃的中國研究爲榮，但沒多少耶魯人知道，這關係可是從伊萊休・耶魯開始的。

孟加拉和科羅曼德海岸一帶，就在這團混亂裡崛起，於一六八〇年代成爲歐洲人在亞洲貿易機會最多、成長最快的邊疆。巴黎人、倫敦人、阿姆斯特丹人，甚至鄉巴佬表親，一概愛在口裡掛時新的外來語，在身上披異國風的布料。英格蘭的男男女女，連水手和一般工人，都穿卡利柯棉做的內衣。印花棉布在尼德蘭富家千金那邊還特別搶手。現在商人年年都在找新花樣的印花絲綢，要賣給「英格蘭仕女」；人家都說法國人和歐洲其他地方的人也願意出兩倍的錢，買歐洲以前沒見過的東西，就算品質比較差也沒關係，就是不願買品質比較好但以前有過的樣式」。chintz（印花棉布）、calico（卡利柯棉布）、muslin（摩蘇紗），還有其他種種，無奇不有，沒辦法流傳後世，但都在那時從印度鑽進英語裡去，外帶一大堆這些名詞所指稱的貨品。英格蘭和荷蘭的東印度公司在亞洲貨裡的投資，紡織品的比重也愈來愈大。一六八八年是印度疫癘和饑荒的一年；英格蘭人和蒙兀兒帝國打仗，也讓孟加拉的貿易停擺一陣子。這兩家公司從印度出口的布料驟減；英格蘭於一六八八年的出口量不到一六八七年的四分之一，更不到一六八四年印度布料景氣最盛時的十分之一。兩國公司的印度布料貿易要等到一六九〇年代晚期，才完全恢復元氣，但此後，勁道一直維持到一七〇〇年代初期不衰。

兩家大公司派駐在印度要塞和貿易站裡的經紀商，發現印度人雖然高興他們大量買布，但對印度錯綜複雜的生產貿易體系卻不怎麼重要。這體系早在他們來前就已經存在很久了。印度西部的紡織工業在中亞一直有很大的市場——像波斯、布哈拉（Bokhara）、撒馬爾罕——還有紅海沿岸的國家。科羅曼德海岸的紡織品外銷東南亞的量也很大；荷蘭人在這一區外銷分到的一杯羹，是他們在香料產區貿易的命脈。生產的分工很細密，在地方種姓制度分居不同階級的人，各做各的種地、紡織、染色。每一生產點都有商人居中把貨品從前一生產階段推到下一生產階段，每每還得預付工資，各階段的人才能種地、紡織、染色。工作場所看起來或許原始——印度南部的織工一概在戶外的樹下織布——但他們的頂級產品，像著名的透明「流水」摩蘇紗，歐洲工匠絕難望其項背。他們對有些產品的製程有極深入的了解，但只在某地某些人家裡流傳。他們知道如何用連串化學作用調配植物染料，也是他們民間工藝裡很重要的成就。印度南部的紡織人家在大樹蔭下織布，染布人家在水質特佳的河裡染布，製成的產品不斷推進到國際的大貿易網，技巧和知識也不斷傳授與子孫——這些，都是一六八八年的世界裡非常重要也不可缺的一角。

從好望角過來的歐洲人，絕不是印度次大陸僅此唯一的外來商客。從十六世紀的葡萄牙人到我們現在，歐洲人不時撞見亞美尼亞人循陸路或海路擴張他們在亞洲的貿易路線。這些亞美尼亞人裡，有一位叫哈瓦漢・喬葛雅齊（Havhannes Joughayetsi，也就是John of Julfa，朱爾法約翰）的，一六八八年就待在拉薩；拉薩是西藏第一大城。他在一六八二年從波斯伊斯法罕外的紐朱爾法（New Julfa）出發，帶著亞美尼亞首富商家古拉克（Guerak）交給他的貨品；紐朱爾法在那時是亞美尼亞境外最重要的亞美尼亞勢力中心。古拉克家有一支系曾住在威尼斯，用的族徽是蜂群朝蜂窩聚集的圖樣，可能在指他們這家族廣派代理商行走各地，爲他們在倉庫裡累積了大批財貨。哈瓦漢要到印度去替老闆賣東西，然後將四分之三的貨款匯回給他們。他在紐朱爾法一家商業學校學到很周密的經商術，也有責任替老闆記下他做的事和買賣。一待我們知道他老闆並不反對他自己也順道做點買賣或和別人合夥，而他在印度每到一處地方都找得到一小塊亞美尼亞人的聚居區，也找得到亞美尼亞的教堂，就不難理解何以他甘願走這麼遠、這麼危險的路去替老闆作買賣。

哈瓦漢從蘇拉特（Surat）走到亞格拉再走回蘇拉特，和幾位亞美尼亞商人合夥買賣布料和染料。亞美尼亞人對印度比荷蘭人、英格蘭人要熟悉得多，做起生意來也順手得多，知道怎麼避開印度的中間商買進布料，價格比英屬東印度公司買的要便宜百分之三十。一六八六年，哈瓦漢到孟加拉去，要買布到西藏去賣，走險峻的山路穿過尼泊爾，從海拔十五萬英呎高的隘道進入拉薩；拉薩的高度也有海拔十二萬英呎。他在拉薩住了近五年，一樣找到一塊亞美尼亞人的小聚落；有些人還在拉薩安家落戶，娶妻生子。他和那裡的西藏人或亞美尼亞人直接做生意；他們有些人定期跋涉九百多英哩的艱險路途，穿過絕大部份杳無人煙的荒山野地，高度還全在十三萬英呎之上，到中國西北邊境青海盆地的西寧去。他便托這些同胞幫他帶琥珀去賣給中國人，拿白銀換中國人的金子；因爲中國金換銀的匯率比印度要低很多。拉薩的亞美尼亞人若有爭執，都盡可能在那一小撮自己人裡解決，不去叨擾西藏官府。有人去世，哈瓦漢參與祭悼；有喜慶節日，哈瓦漢送小禮物。一位同樣受雇於古拉克的人在一六八八年二月十日去世，哈瓦漢替他打理留下來的貨和個人財產。一六九三年他離開拉薩穿過尼泊爾時寫過：「整條山路都被洪水沖走了；一路苦不堪言；有的橋不過一根頭髮細。」

西藏文化浸淫在俗稱「喇嘛教」的藏傳佛教裡；佛教「轉世」和「中觀」（打坐冥想）的思想，在藏傳佛教裡特別發達。他們相信各寺廟裡的大喇嘛都是前世人所轉世來的；直到今日，都還有無數故事流傳民間，講述各類預知未來、靈魂出殼及其他精神力量展現的事蹟。一六八〇年代，駐蹕拉薩的達賴喇嘛因「偉大的五世」達賴喇嘛羅桑嘉措（1617—82），得蒙古固始汗部

(Khosot) 的軍事支持，及遠在北京的清廷冊封，聲勢達於鼎盛。五世達賴喇嘛於一六八二年去世，實權落入始汗部扶植的攝政之手。該攝政將五世達賴喇嘛的死訊蓋下，對外宣稱「偉大的五世」正閉關中，不得打擾。直到一六九六年祕密才被揭發，而由六世達賴喇嘛繼位。他們巍峨的「城堡／佛寺／宮殿」，布達拉宮，那時已近完工，紅白的灰泥牆面加金箔裝飾，在高地稀薄的空氣裡金碧輝煌，俯瞰下方的拉薩；城內一支支商旅熙來攘往，一個個哈瓦漢，也正在和同胞討價還價談生意。

第七篇

流亡，希望，家人

在現代世界的早期，世人的希望不太會依某種抽象的標準去求促進人類的福祉；而常是和某一些人或某些地方連在一起——這地方，也可以說是「家」；現在大部份人的希望還是這樣。這樣的感情，在那些沒有故土可回，或有故土但回去即遭外族統治的人身上，特別強烈：如亞美尼亞人，新世界的非洲黑奴，東南亞的明朝遺民。對伊斯蘭所說的那批「有經書的子民」而言——也就是穆斯林、基督信徒、猶太教徒，耶路撒冷便是希望和朝聖之城。至於猶太教徒，既渴望回到耶路撒冷，又知道回去只有接受外族統治一途，這份認識就深埋在他們「流放的選民」(Chosen People in Exile) 自覺的核心附近。至於十七世紀的基督信徒，除了依然在作十字軍大夢的一些天主教徒之外，耶路撒冷倒像是愈來愈具體的地方，而不再是特殊命運和希望的象徵。流離失所的猶太人，家人遭莫測未來威脅的英格蘭人，在禮拜時唱的是同樣的詩篇，過的是同樣難眠的夜，聽見同樣失落和渴望的呼聲。

第二十五章　明年耶路撒冷再見

一六八八年的節跟每年一樣，「贖罪日」（Yom Kippur）和「逾越節家宴」（Passover Seder）要結束的時候，猶太人都會彼此互道一句：「明年耶路撒冷再見」。一次要公開說，在贖罪日深自反省將盡之時；另一次則在家人圍坐餐桌時說，拿來問小孩問題，要他們不要忘記。

那時的耶路撒冷不是沒有猶太人；在他們說的「以色列王國」（Land of Israel）的其他地方一樣也有猶太人。但這句儀式用語「明年耶路撒冷再見」，在大部份猶太人卻代表內心深處的渴望，根本沒辦法實現的渴望。其實，流亡、無望的情緒，還以耶路撒冷最是深沈。耶路撒冷在過「亞波節」（Ab，一六八八年八月五日）第九天的肅穆齋戒日時，會有猶太人聚集在「所羅門聖殿」（Temple of Solomon）的西牆，紀念聖殿於公元前五八六年首度被毀，公元七〇年第二座聖殿再毀；兩次的日期據信都在這同一天。一六八八年的耶路撒冷，宗教和族裔未作嚴格分區，但猶太人最大的聚居區就在西牆再往西一點的地方。猶太人必須穿過滿聚北非穆斯林的地區，才到得了西牆。那時，那一帶也有幾座穆斯林學校和寺廟，有些可能已經改作私人的寓所。但猶太人最心痛的是聖殿原本的所在，也就是西牆之上，那時已蓋起了兩座華麗的穆斯林清眞寺，「遠寺」（al-Aqsa Mosque）和「圓頂」（Dome of the Rock）。若有猶太人從大門往裡面多看一眼，準會被人追著跑。因此，就算他們人在耶路撒冷，也絕對應該用「贖罪日」這麼嚴格的齋戒來哀悼聖殿被毀。「贖罪日」這天早上的禮拜，是猶太男子終年唯一不戴祈禱披巾、不拿護符匣（tefillin，裝經句的小盒）作禮拜的一次；禮拜時，人人哭號，哀痛逾恆。

流亡，依拉比語（rabbinic；拉比釋經用的語言，後期希伯來語）主流猶太教義的說法，一個人這一生就罕有機會作突破，罕有機會徹底療傷、回歸。謹守傳統，也就成了記憶，成了維繫一己對生命源頭的信仰最主要的憑藉；許多亡命天涯的人都是如此。因此，猶太人的社群、猶太人年年在過的各種節、猶太人謹守的猶太律法，就成了每一位猶太人流亡時，個人暨文化得以存續的基礎。此外，家庭觀念和節慶儀式，幾乎就等於猶太人之所以是猶太人的根本條件。

一六八八年夏，吉莉柯・萊伯（Glikl bas Judah Leib）❶滿心歡喜，看著兒子末底改（Mordecai）和摩西・拿單（Moses Nathan）的女兒雙雙站在婚帳之下；拿單家是漢堡地位很顯赫的猶太人家。末底改是個很好的年輕人，年紀雖然不大，就已經是父親哈伊姆・萊伯（Haim Leib）生意上的好幫手了。最近他才剛和父親到萊比錫去了一趟，父親臥病，經他細心照顧康復。哈伊姆給新娘一千「皇家幣」❷作聘金，摩西・拿單給女兒三千丹麥皇家幣作嫁妝。兩家人合出三百多皇家幣的婚禮費用，新郎的父母還同意讓新人在家裡免費吃住兩年。這是常事，主要是因爲許多猶太男女都是早婚。像吉莉柯自己十四歲時就結婚了，才二十六或二十七就在爲第一個孩子舉行婚禮。末底改那時可能十九或二十，是吉莉柯第四個結婚的孩子；還有八個等在後面。

吉莉柯的父親猶大·約瑟夫（Judah Joseph），或叫猶太·萊伯（Judah Leib），是位漢堡富商；母親貝拉（Beila）是（今德國）亞托那（Alton）人拿單·梅爾利希（Nathan Melrich）的女兒。她父親待她孀居的岳母「善盡世間之一切禮遇」；這對她是很重要的身教，她終身感念不忘。漢堡那時已經是座大港市暨商業中心，最適合勤奮、精明的生意人求發展。但對猶太人未必歡迎有加；路德會的牧師就敵視他們，水手和學徒也會當街公然侮辱猶太人，想辦法找猶太人麻煩，搶劫猶太人家。亞托那附近的丹麥國王領地，地位沒那麼重要，但比較寬容。吉莉柯她們和許多猶太人家就常在兩地間跑來跑去。哈伊姆是作黃金、白銀、珍珠、珠寶買賣的，固定在萊比錫和法蘭克福（Frankfurt am Main）兩地的市集跑，其他地方的買賣就雇可靠的猶太經紀商替他處理。他做生意，一定找吉莉柯商量拿主意。

猶太人在治國偏愛打仗、偏重權謀的世界裡，沒有一己的安身之地，能靠的就只是用好名聲來支撐商譽。他們除了和信基督的君主、商人會有麻煩外，彼此要債的嘴臉也很無情，若再擔心借主品行不佳或信用不好，那就更強硬了。也因此，吉莉柯很在乎「財富和榮譽」（oysher un koved）就不奇怪了。意第緒語（Yiddish）是她的母語；這語言的根源在德語，但用希伯來文字母來寫，還借用了一大堆希伯來語。「財富和榮譽」這兩個名詞她用兩個希伯來語源的字來寫，顯示她於此之重視。早早締結良緣，是財富和榮譽的兩大要件。德語區的猶太社群大部份都不大，因此要找好品行、好家世的女婿或媳婦就得擴大範圍。廣達好幾處貿易中心的親族網，這時絕對派得上用場。

哈伊姆和吉莉柯起家時，也沒多少資本；但兩人有腦筋，又勤奮，財富和信用就穩定累積了起來。吉莉柯生的十四個孩子裡，有十二個長大成人；這比例比大部份的貴族或王室可是高很多。一六八九年一月，哈伊姆在出門談生意時跌倒，導致疝氣或其他「脫腸」痼疾惡化。醫生束手無策。吉莉柯那時正好經期將盡，還沒淨身。但她還是要抱一抱他。但他回答：「不可以；反正妳沒多久就可以淨身了嘛。」但他沒等到她可以抱他就死了。醫生傾身靠近他，聽見他呢喃說道：「以色列啊你要聽，耶和華我們的神是唯一的主。」（《聖經・申命記》第六章第四節）。

哈伊姆沒爲家人指定遺囑執行人或監護人。「我太太什麼事都知道，她照平常去做就好。」吉莉柯就接下他的生意，偶爾自己出馬，但多半請她信任的經紀人代理。不過，她還有八個孩子要辦終身大事。失落、不安常教她晚上輾轉難眠。她便開始寫她一生的回憶，看是不是對孩子的未來會有幫助。她用意第緒語寫；但仔細一讀她的回憶錄，就知道她看得懂德文，也會一點希伯來文；不過她那希伯來文好像多半是從猶太會堂的女賓部聽來的，而不是讀來的。十七世紀的猶太人，男女不論，會用文字把家教和一生的回憶留給後人，不太稀奇。而吉莉柯講故事的本領就很好；在今天，她很可以去寫推理小說。我猜她這方面的長才第一次有機會發揮，應該就是她在那無眠的夜裡寫下了一則親身經歷：一六八七年，有兩個猶太人碰上強盜被殺，之所以破案，是因爲有個睡不著的猶太婦人半夜正好從窗口朝外看，看見兩個基督信徒拖了一個很大、很沈的箱子鬼祟跑掉。她寫這件事時，是用《聖經》的一句經文來個一語雙關：「保護以色列的，也不打盹，也不睡覺。」（〈詩篇〉第一百二十一章第四節）

吉莉柯在寫她的婚姻生活時，偶爾會痛苦哀嘆，時光何其匆匆就戛然而止：「但我眞是笨啊，不知道我的『兒女圍繞桌上好像橄欖樹籽』有多美好！」上帝若從不睡覺，時刻看顧他的子民，那她的失落或許可以用她的「罪」來解釋，因爲「大流亡」這件事是要從猶太人犯的罪來解釋的。而她卻又自信是個好妻子、好母親，有財富又有榮譽，而且這份自信也非無稽，這就不太容易和「罪」作調和了。有次她還懷疑：「上帝早就決定了我的苦難和不幸，以這來懲罰我依賴別人的罪。」她這段話是在寫她在丈夫死後碰上的麻煩。她有個心愛的女兒所嫁非人，在柏林死了，還有個兒子根本沒本事做生意，害她還得出錢替他還債，然後雇他替她做事。

孀居期間，她回掉了好幾個不錯的求婚對象；後來她有點後悔。孩子一個個結婚了。漢堡對猶太人也沒變得好一點。一六九九年，吉莉柯終於答應（今法國）美次（Metz）一位富有的李維（Hirsch Levy）向她求婚；美次有相當繁榮的猶太社群，和法國、神聖羅馬帝國兩邊的貿易關係有時也很可以讓他們好好利用。因此，一七〇〇年，吉莉柯離開漢堡，帶著她唯一還沒結婚的女兒一起。李維豪華的房子教她大爲驚歎。但不到兩年，李維破產了。兩夫婦得靠已婚的子女出錢還債。李維在一七一二年去世。吉莉柯住進美次出嫁女兒的家，一七二四年去世。

一六八八年四月二日星期五，義大利北部帕馬（Parma）附近的小城柯洛諾（Colorno），有位約瑟・方田奈拉（Yosef Fontanella）之子，撒母耳・哈因姆（Samuel Hayyim），和澤伽利亞・方田奈拉（Zechariah Fontanella）之女，斯黛拉（Stella），簽署了一份「婚契」（ketubbah）。在現代早期，「婚契」對歐洲南部的猶太人雖不是婚姻合法的前提，卻是婚姻神聖的要件：以滿注的愛來構思，以華麗的裝飾作搭配，講上禮讚的「誓辭」，禮讚家庭和社群最高的聖潔。方田奈拉家的這份「婚契」，中央部份就用亞蘭文（Aramaic）寫下婚約的誓辭，在六十公分見方的羊皮紙婚約書四周，繞著一圈繁複漂亮的裝飾。靠頂部的地方畫了一頂皇冠，下面是一隻鴿子銜著橄欖枝。外圈有兩行字，一段是從《聖經・耶利米書》裡選出來的：「從前耶和華給你取名青橄欖樹，又華美，又結好果子。」另一段是〈雅歌〉裡的：「我的鴿子，我的完全人，只有這一個是他母親獨生的，是生養他者所寶愛的。」兩段外緣和夾在中間的部份還有中央的誓辭，都有精細的藤蔓、綠葉、繁花、果實圖案，綠底上了大量金粉。義大利文的賀辭寫的是「祝新人瓜瓞綿綿，枝繁葉茂，活力充沛。祝新人長命百歲，得見子子孫孫。」大寫字，圍在皇冠旁邊，在誓辭上方往兩旁拉。藤蔓間散落《聖經·詩篇》第一百二十八章的經文：「你妻子在你的內室，好像多結果子的葡萄樹。你兒女圍繞你的桌子，好像橄欖栽子，願耶和華從錫安賜福給你，願你一生一世看見耶路撒冷的好處。願你看見你兒女的兒女，願平安歸於以色列。」最特別的是所有的枝葉、藤蔓裝飾，都是用毫芒小字寫的希伯來經文作輪廓線，字母約只有一公釐高，寫的是〈以斯帖記〉和〈雅歌〉的全文。

現代早期在義大利的猶太人，未必全被隔在周遭基督社會之外。他們的「婚契」，有許多就取材自他們所在的社會，或地中海共同繼承的希臘、羅馬傳統。不過，哈因姆和斯黛拉的婚約書裡，只有幾樣東西不屬於猶太傳統：費力以毫芒小字寫的優美經文圈住枝葉和花朵，是猶太人獨有的藝術傳統。一個個小字，道出堅貞妻子的故事（以斯帖），誓死不渝的愛情。神聖的經文，闖出了繁衍多孳的世界。

所以，這兩位同姓的年輕人到底是誰？在柯洛諾有許多人都姓方田奈拉。這一對堂親的關係應該夠遠，否則依摩西的律法是不准結婚的。我們現在知道世界曾有過這一對佳人，純粹是因爲他們的後人將他們漂亮的婚契一代代傳世，純粹是因爲有收藏家在蒐集婚契。這份婚契，現在收藏在紐約市的「美國猶太教義理神學院」(Jewish Theological Seminary of America)。但這對佳偶，只有一人在這份史料裡留下了個人的印記。依習俗，婚契是由新郎和一位證婚人簽

撒母耳・哈因姆・方田奈拉與斯黛拉・方田奈拉的婚契

署就好，新娘不簽。柯洛諾另還有一份婚契流傳下來，時間是一七二〇年代，新娘是格蕾齊亞（Grazia），也是撒母耳・哈因姆・方田奈拉的女兒。

第二十六章　願你平安

凡敬畏耶和華，行他的道便爲有福。
因你要吃你勞碌的所得，
你的妻即如葡萄多結果實，
於你屋內之室，
你的子即如橄欖枝葉環繞你桌，
願你的主耶和華從錫安賜福予你，
願你一生一世看見耶路撒冷的榮華。
願你得見你子子孫孫，
願平安歸於以色列。

普賽爾（Henry Purcell, 1659?—1695），歷任西敏寺（Westminster Abbey）風琴師、皇家禮拜堂風琴師、國王作曲家、國王管樂器管理師、國王御用大鍵琴家；一六八八年一月十五日以《聖經．詩篇》第一百二十八章的經文寫下這首聖歌，供皇家禮拜堂作感恩節禮拜時用。經文裡說的「多結果實」和家庭之樂，正適合這場合，因爲要慶祝王后懷孕。在場的人裡，是有人擔心王后此次懷孕萬一生下王儲，受洗爲天主教徒，就可能危及以色列／英格蘭的和平。但不管怎樣，就是沒人會想得到年尾的時候，國王、王后和初生的小王子都會出亡國外。此後，倫敦反而成爲他們三人遙不可及的耶路撒冷，終身未能再見。

這首聖歌以昂揚莊嚴的器樂演奏作開始，帶出詩篇的文句。以地中海的意象公開慶祝私人的喜事，在北歐基督信徒是再自然不過。「你的妻即如葡萄多結果實」這句，搭配男低音獨唱尤其感人。普賽爾帶的教堂詩班，有位很出色的男低音叫約翰．戈斯特林（John Gostling），他常特別爲他譜曲，寫出來的成績也特別好。這首聖歌的長度不到十分鐘，到處是小調和弦，瀰漫詭異的不祥，尤其是挿在男低音和男高音句子間的兩個女高音齊唱，「願你平安」，用的是小調的三度和弦：

男低音：你的妻即如葡萄多結果實。

女高音：願你平安。

男高音：你的子即如橄欖枝葉環繞你桌。

女高音：願你平安。

一六八八年初，普賽爾還未滿二十九歲，很忙，也很擔心（我猜）。他太太已經給他生了三個兒子，但沒一個活得過周歲生日。現在，他太太又懷孕了。他奉派的工作是很可觀，但詹姆斯二世已經將他的愛顧轉到另一座天主教堂和裡面的音樂家去了。普賽爾的風琴師薪水已經遲了一年沒發，「風琴目前失修嚴重，光是清理、調音、整修，就需要花上四十英鎊，維護又再需要每年二十英鎊。」這是普賽爾一六八七年五月或六月給宮裡寫的陳情書裡的話；一六八八年三月，他終於要到了薪水。

普賽爾寫的曲子極多，展現了他超凡的創意、技巧和情感。他為戲劇寫的音樂也很多，進行曲、輓歌、水手舞、英雄凱旋的歡呼，他都寫得出來。這位寫〈因主常樂〉（Rejoince in the Lord Always，俗稱〈鐘聲聖歌〉〔The Bell Anthem〕）的作曲家，可以把〈因主常樂〉裡的歌詞「神所賜平安超乎一切想像」寫得音簡意賅，也可以用〈拍我馬屁〉（Kiss my arse）（一六九〇年）這樣的歌詞，寫嘻笑怒罵的小輪唱曲。他寫的戲劇音樂，涵括當時所有的題材，從小歌劇《迪多和伊尼亞斯》（*Dido and Aeneas*）寫到歌曲，再寫到舞台劇配樂，像《恐婚症患者良緣》（*The Marriage Hater Matched*）、《奧則朗布》❶、艾芙拉・班恩寫的《阿布德拉瑟：摩爾人的復仇》

(*Abdelazer or the Moor's Revenge*)。蘇瑟恩改編班恩小說的《奧奴諾可》等等。

一六八八年五月，普賽爾的太太生下了一位女兒。這位女兒不僅長大成人，還結婚生子。之後，普賽爾夫婦又再生了兩個孩子，其中一個長到成人有了孩子。至於普賽爾本人，還是拼命寫曲，爲戲劇譜曲更是賣力；但偶爾也給新王寫幾首曲子，跟當年他在詹姆斯二世朝中的情形一樣。普賽爾於一六九五年逝世，得年只有三十六歲。

普賽爾和他那時的每一位音樂家一樣，只被人當成匠人看，必須應主顧要求寫應景的曲子。只是，天才到底還是會爲自己找出路（普賽爾有英國莫札特之譽），就算他們得到的待遇遠不如我們大部份人所想。只是，有好長一陣子我一直不解，何以那縈繞不去的哀愁會偷偷溜進〈因主常樂〉這樣一首慶祝的聖歌裡。後來我想起來，普賽爾自己有三個夭折的孩子，還有一個在一六八八年一月尚未出生。這時，再聽聽兩位女高音青嫩的齊唱：「願你平安」，我就懂了。

中文版註

序曲

1. 剃頭醫生，就是西洋古時一手剪頭髮一手動手術的 barber surgeon。
2. 牛街清眞寺位於宣武區牛街，是北京規模最大、歷史最久的伊斯蘭寺院，始建於北宋時期（九九六年），明朝重修，清康熙三十五年（一六九六年）大修，近年又有修繕裝飾。建築上採中國傳統的木造結構，但細部有濃厚的伊斯蘭裝飾風格。寺內有一批重要的文物與碑版，其中有兩塊是阿拉伯文墓碑，以及明弘治九年（一四九六年）用漢文、阿拉伯文所刻的《敕賜禮拜寺記》碑，爲研究伊斯蘭歷史的重要資料。
3. 「中介航路」（Middle Passage），指歐洲奴隸販子從西非海岸橫渡大西洋到西印度群島或新大陸的販奴這段航程。

第一篇

1. 賈列船（galley），單甲板的大型帆船，有的是以風帆爲動力，若以划槳爲動力，划槳手則是奴隸或犯人。
2. 此學會的義大利原名爲 Accademia degli Argonauti。Argonauts 出自希臘神話，傑森（Jason）率衆前

往科基斯（Colchis）尋找金羊毛所搭乘的船隻，叫作「亞格號」（Argo），船上船員便叫作 Argonauts。

3. 索比耶斯基（Jan III Sobiesky, 1629-96。或作 John Sobieski）。娶法籍寡婦爲妻，經妻子運作，借路易十四之力步步高升，後因戰功彪炳，當選國王（一六七四至九六在位），號爲約翰三世。驍勇善戰，逐退進犯的鄂圖曼帝國，重振波蘭國力，締造波蘭最後一次盛世。雖然出身行伍，但是十七世紀教育程度最高的波蘭國王，大力支持波蘭的藝文活動。

第一章

1. 「里西斯」是柏拉圖《對話錄》裡〈里西斯〉（Lysis）篇的主人翁之一，蘇格拉底在這一篇裡談友誼種種。而里西斯這位俊俏少年，則陷於「友誼」的三角關係：希波泰里斯（Hippothales）暗戀於他，他卻另有密友梅尼西納斯（Menexenus）。

2. 赫米斯神智學（Hermetic），據稱源自埃及智慧之神「赫米斯·都利斯美琪斯塔斯」（Hermes Trismegistus）的密契主義（mysticism）和神學。

新柏拉圖學派（Neoplatonism）以柏拉圖哲學爲基礎，加上斯多噶哲學及東方神祕主義所形成的哲學和宗教體系，始於公元三世紀埃及的亞力山卓港（Alexandria），以普羅泰納斯（Plotinus）、玻菲利（Porphyry）、普羅克爾斯（Proclus）等哲學家爲代表，於基督宗教思想影響甚大。

3. 一五三一年十二月，一位皈依基督的印地安人胡安·迪亞哥（Juan Diego）親見聖母顯靈兩次，第一次顯靈，奉聖母指示在墨西哥城北郊附近蓋了瓜達魯普聖母院（Basilica de Nuestra Senora de Guadalupe），成爲後世墨西哥的宗教重鎮。第二次顯靈，則畫下了著名的瓜達魯普聖母像。這次顯靈，促成墨西哥印地安人大批皈依基督。瓜達魯普聖母後來也成爲墨西哥的守護神，於十九世紀高懸於墨西哥獨立運動的旗幟上。

4. 即路易斯・貢戈拉（Luis de Gongora y Argote, 1561-1672），西班牙巴洛克時代最有名的詩人，走縟飾流（mannerism）一派。

5. 愛西斯（Isis），埃及神話裡的主司生育、繁殖的女神，樣子是位正在給聖嬰哺乳的女神。她是陰間冥神歐西里斯（Osiris）的妹妹、妻子，何洛斯（Horus，鷹首人身的太陽神）的母親。

6. 披索（peso）目前依然是阿根廷、玻利維亞、哥倫比亞、古巴、多明尼加共和國、墨西哥、菲律賓、烏拉圭等國的主要貨幣。

7. 派亞韓（Piet Heyn, 1577-1629），生於阿姆斯特丹的荷蘭海盜英雄。一六二三年加入荷屬西印度公司，負責出海盜任務，俘獲西班牙銀礦船隊一事，是在一六二八年，韓率領海盜船隊，先行離去，西班牙船隊誤以爲大患已去，放心開航，行至古巴北岸，韓率船隊包抄載貨沈重的西班牙船隊，將西班牙船隊趕進哈瓦納東方的馬坦扎灣（Matanzas），一舉手到擒來。而他也以這次的功蹟名留後世。

8. 信經（Credo），又作 Creed，基督信徒於崇拜中以同唸信經來表明其信仰專一。大公教會有三大信經：〈使徒信經〉（The Apostle's Creed）、〈尼西亞信經〉（The Nicene Creed）、〈亞他那修信經〉（The Athanasian Creed）。信經的經文都不長，如〈使徒信經〉：「我信上帝，全能的父，創造天地的主。」或「我信耶穌基督，上帝的獨生子，我們的主；因著聖靈成孕，從童女馬利亞所生；在本丟彼拉多手下遇難，被釘在十字架上，死了，葬了；下到陰間；第三天從死裡復活；後升天，坐在無所不能的父上帝的右邊；將來要從那裡降臨，審判活人、死人。」

9.「米塔」(mita)，正式名稱爲 Repartimiento，意爲「配額」。mita 是祕魯的說法，在墨西哥則叫作 cuatequil，早在一四九九年即已實施，但於一五七五年才有明確的規定。西班牙的殖民政府依法可以徵召百分之五的印地安人赴礦場工作，徵召起碼百分之十的印地安人作季節性的農工。西班牙殖民者只要向政府提出申請，說明所需之印地安人力於民生有何貢獻，即可取得批准。後經多次修改，一直實施到西班牙殖民末期（一八二〇年代）。

10.衛匡國（Martino Marini, S. J., 1614-61），耶穌會教士暨漢學家。於一六六五年編繪出版了《中國新地圖冊》，其中收有十七張地圖，繪製了中國全國地圖和分省地圖，包含一張台灣地圖。這冊地圖使用西方地理製圖學原則編繪，使西方世界對中國地理有了較準確的了解。並著有兩篇論文：《關於韃靼人的戰爭》和《中國歷史的第一章》：前者記述滿族如何征服全中國，後者記述公元前的中國古代史，在義大利和歐洲的漢學研究史上都很有價值。

11.印格爾斯塔（Ingolstadt），德國巴伐利亞省的古城，臨多瑙河和舒特河（Schutter），公元八〇六年首見史料記載，一二五〇年正式建城，一四七二年成立巴伐利亞大學。城中有許多中古時代的古蹟。

12.「晶球體」(crytalline sphere)，乃古代托勒密的天動說，認爲最外層天體和天空之間還有一個透明的球體，以之說明歲差運動和天平動的原理。

第二章

1.「寶貝」(cowrie) 是「寶貝科」(Cypraeidae) 的海生螺貝，外殼堅厚似小圓丘，色彩豔麗，有磁器般的光澤，許多還有斑點，產於印度洋和太平洋，其中黃色的「錢寶貝」(Monetaria moneta)，爲非洲、南亞地區的人當錢幣使用。

2.「伊瑪目」（imam），即「師表」意，乃先知穆罕默德於世間的代表，即「哈里發」，負責捍衛信仰，管理政務。後也成為大教理學家的榮譽稱號。

第三章

1. 凱佛里耶（Robert Cavelier, 1643-87），法國探險家，一六六六年赴加拿大探險，取得蒙特婁土地，建立皮毛貿易站。一六六九年南移到俄亥俄探勘，因膽識、能力過人，獲法王路易十四授與貴族封號。一六七七年取得法王特許權，開發北美新法蘭西領土。一六八二年宣布密西西比河流域為法國屬地，命名為「路易斯安那」。一六八三年建聖路易堡。後來再獲路易十四支持，率遠征隊往南探勘，到瑪塔戈達灣（Matagorda）尋找密西西比河的入海口，苦尋未得，於一六八七年三月因遠征隊兵變而被殺。

2. 摩根（Sir Henry Morgan, 1635-88），威爾斯籍海盜，一生行徑因手下敘述而特為血腥、詭異。可能早在一六五五年即已參加英國攻打牙買加的行動，從西班牙那裡搶來了牙買加當英格蘭的殖民地。後橫行加勒比海，在英格蘭政府默許下四處打劫，顛覆西班牙於西印度群島的威權。最後在一六七〇年攻下西班牙在南美洲的重要據點巴拿馬，一陣燒殺擄掠後，拿了財貨棄同伴而逃。後在英格蘭、西班牙媾和的氣氛裡被捕，又於一六七二年因英、西兩國關係惡化，而於一六七四年為英王查理二世封爵士，派他到牙買加任副總督，以富貴榮華終老於斯。

3. 這種燻肉的架子叫 boucans。這裡的海盜原文為 buccaneer，從法文 boucanier 而來。boucanier 則是燻肉的意思。

4.聖靈降臨節（Pentecost），又名 Whitsunday，復活節後第五十天的禮拜日。基督宗教的重要節日，紀念聖靈在基督被害、復活、升天後五十天於猶太人的五旬節降臨，而這天也是基督門徒向外傳福音之始。

5.維艾拉這裡用的是 tongue（舌）於 tongue of fires（火舌）和 tongue（口音）二者的雙重意象。「舌頭如火焰」一段，出自《新約・使徒行傳》第二章：「五旬節到了，門徒都聚集在一處。忽然從天上有響聲下來，好像一陣大風吹過，充滿他們所坐的屋子，又有舌頭如火燄顯現出來分開落在他們各人頭上。他們就都被聖靈充滿，按著聖靈所賜的口才說起別國的話來。」「口音」一段，出自《舊約・創世記》第十一章：「那時，天下人的口音言語都是一樣。他們往東邊遷移的時候，在示拿地遇見一片平原，就住在那裡。他們彼此商量說：來罷！我們要作磚，把磚燒透了。他們就拿磚當石頭，又拿石漆當灰泥。他們說：來罷！我們要建造一座城和一座塔，塔頂通天，為要傳揚我們的名，免得我們分散在全地上。耶和華降臨，要看看世人所建造的城和塔。耶和華說：看哪，他們成為一樣的人民，都是一樣的言語，如今既作起這事來，以後他們所要作的事就沒有不成就的了。我們下去，在那裡變亂他們的口音，使他們的言語彼此不通。於是耶和華使他們從那裡分散在全地上；他們就停工，不造那城了。因為耶和華在那裡變亂天下人的言語，使眾人分散在全地上，所以那城名叫巴別。」

6.瑪拿西・本・以色列（Menasseh ben Israel, 1604-357），Menasseh 也作 Manasseh，原名 Manoel Dias Soeiro，希伯來著名學者。家族因信仰之故從葡萄牙移居荷蘭。一六二二年於阿姆斯特丹成立第一家希伯來文印刷廠，以希伯來文、拉丁文、西班牙文、葡萄牙文出版著作，和荷蘭政治家、法學家格羅秀斯（Hugo Grotius, 1583-1645）、畫家林布蘭、瑞典女王都有來往，教過史賓諾莎。在《以色列的希望》（*Esperanca de Israel*）書裡，指南美洲發現了以色列失落的「十族」。一六五〇年改將這本書以拉丁文發表，送到英國國會，向他們請命，要求解除一二九〇年起禁止猶太人定居英國的命令。一六五五年親自走訪倫敦，面謁克倫威爾，終於促成英國在他死後，於一六六四年解除猶太人定居的禁令，謂爲現代英國猶太社群之父。

7. 維艾拉講的第五帝國預言，應係根據《聖經·但以理書》第二章三十六至四十五節所作的發揮。該段經文提出了世間有「金、銀、銅、鐵與泥」等四種物所成的國，各有其時；在此同時，天上另有一永不敗壞的國，卻要打碎滅絕那一切國。後人對於但以理的預言有各式各樣的揣測，對於這四國所指究爲歷史上各時期的哪些國家，衆說紛紜。也有人引申，認爲屬於上帝的第五帝國將會到來。

8. 黃熱病（yellow fever），非洲和中南美洲等地的急性濾過性病毒傳染病，以蚊蟲爲傳染媒，主要病癥爲發燒、嘔吐、黃疸、出血。

第四章

1. 丹皮爾（William Dampier, 1652-1715），英國海盜出身的探險家，也是觀察力非常敏銳的自然學家。一六七八至九一年間，是橫行南美洲西海岸和太平洋區的大海盜，一六八八年曾踏上澳洲大陸，但無斬獲。後於一六九九年，奉英國海軍之命，率隊探險，繞過好望角，航行至澳洲西部的沙克灣（Shark Bay），再沿岸北上至丹皮爾群島，經新幾內亞，到了新不列顛。回程時，因船難流落至亞森欣島，經英軍救回，之後，再回頭去幹海盜。颱風於歐洲史上最早的記載，即見於丹皮爾的航海日誌。他還在一六九七年出版了《環球新紀行》(*A New Voyage Round the World*) 一書。

2.伊夫林 (John Evelyn, 1620-1706) 是出身英國鄉紳背景的作家，生平寫的三十部左右的作品裡，以他從十一歲起就在寫的《日記》(*Diary*) 最爲重要。此書於一八一八年出版，謂爲十七世紀英格蘭社會、宗教、政治活動的珍貴文獻。培匹斯 (Samuel Pepys, 1633-1703) 是任職於英格蘭海軍部門的業餘作家，一樣以他記的《日記》(*Diary*) 留名後世 (一八二五年出版)，他的日記內容則以復辟時代英國上流社會的生活情態爲主。

3.雅虎 (Yahoo) 是斯威夫特 (Johathan Swift, 1667-1745) 名作《格列佛遊記》(*Gulliver's Travels*) 裡的人形獸族。

第五章

1.預格諾派 (Huguenot)，法國新教徒，尤其是指喀爾文派或改革派教徒。一五九八年法王在〈南特詔書〉中承認信仰自由，但路易十四取消詔書，導致許多新教徒因恐遭迫害，而逃往英國、美國。

第六章

1.「三十年戰爭」(Thirty Years' War)，奧地利哈布斯堡 (Hapsburg) 王朝和日耳曼諸侯從一六一八年打到一六四八年的戰爭。

2.平戶，日本長崎縣市，位在九州西北的平戶島上，是日本一五五〇年開放予葡萄牙、荷蘭、英國人通商的第一個港口，後於一六三六年爲長崎取代。

第七章

1.凡爾賽宮，位於巴黎以西二十公里處。始建於一六六一年，歷經二十八年始完工，是法王路易十四的住所。宮中裝飾極盡豪華之能事，長廊巨廳的牆上與天花板上飾以筆畫，在氣勢恢弘之外猶有藝術氣息。各廳中，以鏡廳（La Gallerie des Glaces）最爲特殊，廳爲長形，一面是窗，另一面牆全部是鏡子，廳內以金黃色爲裝飾，掛滿水晶燈。

2.這本書叫《暹邏王室記》（*Description du Royaume de Siam*），一六九〇年於法國出版。三年後有英文版與荷文版。

第八章

1.戈龍文（Fedor Alexseevich Golovin），中國史書譯作「費要多羅」，這是但因爲早先中國人不明瞭西方姓、名的次序，以致誤將姓作費要多羅。

第九章

1.本段直接引用原出處《黃書》〈原極第一〉。白話譯文如下：廓清族類，劃分畛域，各就各位，萬物歸乎屏障之內……倒不是因爲「天地」喜歡劃分而作此類別，而是因爲非如此無法合作避禍……華夏和夷狄的骨架、五官、合群、排外都很類似，但卻非得和夷狄劃清界線，爲什麼呢？……華夏和夷狄若不劃清界線，就破壞了地的道理。天地創造人類，本來就有分別，人若不能劃清界線，就破壞了人的道理。……〔天命〕可以禪讓，可以繼位，可以革命，就是不可以任由夷狄打斷。

2.本段直接引用原出處《讀通鑑論》卷十六〈敍論四〉。白話譯文如下：古制是治古代天下用的，不可於今世一概而論……今世因時制宜，治的是今世，未必可以轉用於後世。君子不將制度傳諸萬世。

第十章

1.本段在《康熙起居注》裡是列在二十七年三月二十八日之下。

2.見《康熙起居注》二十七年三月初八、初九。

3.見《康熙起居注》二十七年七月十四。

4.清廷在和鄭成功對峙期間，爲了杜絕沿海居民和鄭氏互通聲氣，在一六六二年關閉沿海港口對外通商，沿海居民一律往內陸撤三十到五十公里。一六八三年施琅拿下台灣，威脅解除，康熙乃於一六八五年設置海關，重開廣州、漳州（福建）、寧波、雲台山（浙江）四港口對外通商。

5.康熙二十六年十二月初一。

第十一章

1.哥倫布發現新大陸後，西班牙爲了搶佔先機，引教皇助力將新世界劃歸西班牙所有，導致葡萄牙大爲不快，後經協商，雙方於一四九六年六月簽訂〈托德西拉斯條約〉（Treaty of Tordesillas），於維德角群島（Cape Verde Islands）西方三百七十里格（league，約當一千一百八十五英哩）劃條貫穿南北兩極的直線，線西歸西班牙，線東歸葡萄牙。至於已經屬基督宗教國家所有之地，兩國皆無權再予佔領。

葡萄牙因此條約，方才能夠拿下巴西，進而讓巴西佔有南美大片土地。

2.原詩全文如下：破網修多兩眼花，淘河不厭細魚蝦。採鮮曾進君王膳，四體雖勞敢辭倦。撒網常迷水似天，歌殘罷傍蛟龍眠。髩髭白盡丰姿老，驚遍風潮怕秋草。朋儕改業去漁人，聞比漁魚更辛苦。晚知天學到城府，買魚喜有守齋戶。

3.編註：由於查不到此詩的中文原句，此處乃編者依照作者所引用的英文譯出。

4.這本《學人期刊》(*Journal des Scavans*)，創刊於一六六五年，一直發行到一七九二年。咸認是第一份學術刊物。以文學、科學與藝術爲主要內容，每週發行一次，上市後在歐洲廣被模仿。

第十四章

1.曼特農夫人（Madame de Maintenon, 1639-1719），原名 Francoise d'Aubigne，雖然有位文武兼備的祖父，但不成材的父親害得她從小顛沛流離，父親早逝後由嚴厲的姑媽扶養長大，十六歲即無奈嫁給大她二十五歲的著名瘸子作家斯卡隆（Paul Scarron, 1610-60），但也因他的沙龍打入藝文界，結識名流，鍛煉出一身周旋在知性和兩性糾葛裡的本事。二十五歲喪夫，無子，因安妮皇后賞識，獲賜年金，生活無虞，漸漸建立起虔敬、貞定的形象。後來再因替路易十四的情婦孟德斯潘侯爵夫人藏私生子，此後因擔任孟德斯潘孩子的保母，步上高攀之路，最後入宮當皇太子妃的侍女，再於王后死後扶正。她比路易十四大三歲。於後世的評價兩極。

2.馬薩林樞機主教（Cardinal Jules Mazarin, 1602-61），原籍義大利，義大利名爲 Giulio Raimondo Mazzarino。接受耶穌會教育，後入教廷外交部任職，多次參與外交斡旋，而得法王路易十三的首相李希留

（Richelieu）賞識。一六四〇年離開教廷，轉入法國政界發展，在李希留死後繼任法國首相一職。於輔佐幼主路易十四大有功勞。

3. 柯爾貝（Jean-Baptiste Colber, 1619-83） 出身商人家庭，善於理財，因替馬薩林處理財務而得馬薩林賞識，不次拔擢，後於臨終時推薦給路易十四，路易十四引以爲心腹，柯爾貝乃爲路易十四鞠躬盡瘁二十五年，大力整頓法國財政。

4. 沃邦（Sebastien Le Prestre de Vauban, 1633-1707），著名的法國軍事工程師，於圍城技術暨要塞的防禦工程都有革命性的改革。路易十四打過的每一場仗，他人都在陣中，雖然不是帶兵衝鋒陷陣的驍將，但許多勝仗靠的都是他的工程專才和創意。生前寫的技術手冊一直是歐洲軍事研究必讀的經典達百年之久。

5. 弑君派（regicide），十七世紀中葉，參與英王查理一世審判且將之處死的政界派系。

6. 「高盧優先論」（Gallicanism） 這名詞雖然在十九世紀才出現，但歷史和法國民族主義一樣長久，可以上溯到八、九世紀查理曼大帝（Charlemagne） 的年代，在十四世紀興盛，於十六世紀又分成政治和教義兩條路線。重點在節制教皇的權力，可以歸納爲三大主張：法王權力在俗家世界完全獨立；法國的全國教會會議位階在教皇之上，教士和國王聯合節制教皇插手法國境內事務。路易十四對這問題特別堅持法國王權在某些地方位在教皇之上，例如主教出缺的教區稅收，應歸法王所有，而和支持教皇至上的「越山派」（Ultramontanism） 對立。

7. 英諾森十一世（Innocent XI, 1611-89） 一六七六年在法王路易十四極力反對下當選教皇，因爲英諾森十一世於政、教關係上面顯然和路易十四的主張背道而馳。他繼位時教廷已經破產，靠他勵精圖治，整頓賦稅，開源節流，加上天主教強權國家的奧援，而挽救了教廷的財政。英諾森十一世和路易十四的爭執，以路易十四要拿下出缺主教教區的賦稅權爲導火線，而讓「高盧優先論」浮上檯面。雙方的對峙，又因教皇反對路易十四迫害預格諾教徒而更無轉圜餘地。英諾森十一世廣爲後世史家舉爲十七世紀最傑出的教皇，因爲他在教會紀律敗壞的年代不搞派系，操守無瑕，拯救了教廷的政事暨財務。

8. 埃居（ecu），法國古錢幣名，幣值不一。

9. 法國古斤，重量不一，從三百八十公克到五百五十公克都有。

10. 歐洲因宗教改革引發新教徒迭遭迫害，法國因政教合一對新教徒的迫害尤其嚴重，綿延數十年未止，後在一五九八年，由原爲新教徒後皈依天主教的亨利四世（Henri IV）簽署〈南特詔書〉，容許新教信仰，保護法國的預格諾信徒於信仰、政治等方面享有部份自由、平等的權利，方使宗教衝突暫告休止。但在一六八五年被路易十四廢止。

11. 「龍騎兵」（dragon）是法國古代騎兵團名稱，路易十四時代以龍騎兵團迫害新教徒，因而出現 dragonnade 這樣的說法。

12. 嘉年華會（Carnival），羅馬天主教國家於四旬齋（從聖灰日至復活節）前三天至一星期的懺悔節（Shrovetide）裡所舉行的狂歡儀式。

13. 十七世紀法國有兩位著名劇作家都姓高乃伊，皮耶・高乃伊（Pierre Corneille, 1606-84）和湯瑪斯・高乃伊（Thomas Corneille, 1625-1709）兩兄弟都是法國古典戲劇的大師，同因戲劇上的非常成就獲選爲法蘭西院士。不過以哥哥皮耶的成就較弟弟豐碩，但和權傾一時的名相李希留不合。

拉辛（Jean-Baptiste Racine, 1639-99），比高乃伊晚一輩。早年因作詩禮讚國王的婚姻而獲賜年金。赴

1688 *432*

巴黎結識拉封登（La Fontaine）結爲好友，但和莫里哀交惡。一六七三年也獲選爲法蘭西院士。後因一六七七年推出的劇碼噓聲四起，憤而封筆，由國王任命爲史官。一六八七年應曼特農夫人之請寫宗教劇，才重新提筆寫作。

14. 「空信」（bare belief），指基督信徒決定接受基督信仰，但還只是在理性上接受，在感性上認同，還未化作實際的行爲。

15. 莫里諾斯（Miguel de Molinos, 1628-96），西班牙天主教司鐸，因提倡羅馬天主教視爲異端的「虛寂論」而入獄身亡。莫里諾斯以一六七五年發表的《性靈指南》（*Spiritual Guide*）小冊聲名鵲起，主張揚棄個人意志，讓上帝的旨意可以暢行做功。但在一六八五年他聲勢正盛、好友英諾森十一世又在教皇位時，竟遭教廷以「妖言惑衆」之名逮捕，判處終身監禁。由於在他的小冊裡沒有具體的實證可證明這一罪名，因此，他遭逮捕的眞正原因可能在和「性」有關的「行爲不檢」。

16. 「虛寂論」（Quietism），基督信仰裡的一支教義論，主要在主張信徒應該掏空性靈（虛寂），陷入完全的消極被動狀態，這樣才能供神的事功充分發揮功效。這樣的理論不僅基督宗教裡找得到，數百年來在別的宗教裡也很常見，新教裡的虔敬派（Pietist）和貴格派，神學的主張和這類似。但這名詞一般掛在莫里諾斯名下。居伊昂所主張的虛寂論比較溫和。

第十五章

1. 「福克斯節」（Guy Fawkes Day），十一月五日。一六〇五年火藥陰謀事件（Gunpowder Plot, 1570-1606）主謀蓋・福克斯（Guy Fawkes）被捕處決。這項天主教徒策動的陰謀，計劃是要趁詹姆斯一世和政府要員在國會大樓開會時將他們炸死，報復詹姆斯一世對英格蘭天主教徒愈來愈強硬的壓迫。

2. 范戴克（Anthony Van Dyck, 1599-1641），原籍法蘭德斯的著名肖像畫家，常居英國，為宮中名流畫像，終老於斯。

3. 瓊斯（Inigo Jones, 1573-1652），畫家、建築師，設計師，建築古典學派奠基人，曾設計建築「白廈宮」（參十六章註七）。

4. 威爾頓皇家地毯工廠（Wilton Royal Carpet Factory），一六五五年成立後，至今依然營業不輟，相當有名，可能是世上最古老的地毯工廠。

5. 內戰，又叫作「大叛亂」（Great Rebellion），即英國國會和國王因爭奪國家最高權力而開打的內戰。總共打了三次，一六四二至四六年間的內戰，奧利佛・克倫威爾以善戰的將才崛起，率國會軍趕走查理一世；一六四七至四九年的內戰，查理一世問斬；一六五〇至五一的內戰，查理二世流亡國外。

6. 千禧年（millennium）論，在基督信徒間叫做「末世論」（Eschatology），指基督將要復活再來世間，治理一千年。典出《聖經・啓示錄》二十章與《聖經》舊約裡多處提及的彌賽亞降臨人世。早期教會相當相信末世論；聖奧古斯丁（St. Augustin, 354-430）並賦予精神上的重要性。到了新教盛行時期，千禧年論／末世論重又在信徒間興起。

7. 〈審查法〉（Test Act），一六七二年通過的法案，規定英國凡出任公職者，皆須宣誓效忠國王，信奉英國國教，出席國教聖餐儀式。一八二八年廢止。

8. 「教皇派」（papist），蔑語，指稱教皇擁護者或天主教徒。

第十六章

1.嘉德騎士（Knight of the Garter），全名爲The Most Noble Order of the Garter。「嘉德騎士團」是英王愛德華三世於十四世紀設立的騎士爵位。Garter原本爲西方女士用的吊襪帶。據傳，愛德華三世設立這騎士團，是因爲有一次他看見一位女士的吊襪帶掉在地上，便撿起來還她，周遭的人哄堂大笑，愛德華三世十分生氣，怒斥曰：「凡不屑於此者皆可恥！」後來還成立這騎士團以爲紀念。他罵的這句話，就和聖喬治十字架一起刻在勳章上面。

2.原書作者註，十七世紀的幣值和現在很難比較。有一估計可以一用：一六八〇年代一英鎊可以買到現在近一百美金的東西。

3.「西班牙海」(Spanish Main)，也就是加勒比海，特別是靠近南美大陸北岸一帶的海面，十六至十八世紀西班牙船隻於此往來頻繁，也常有海盜出沒。

4.漢斯・史隆（Hans Sloan, 1660-1753），英國醫生、博物學家，有醫學博士學位，隨奧柏瑪公爵到牙買加時，蒐集到八百多種植物，以此爲基礎寫了一本拉丁文的植物名錄，一六九六年出版。一七一六年因貢獻不菲而獲英王授與男爵爵位，是英國史上第一位獲賜世襲爵位的醫生，惜因沒有子嗣無以爲繼。一七一七年出任英王喬治二世的首席御醫暨英國皇家學會會長。死後將生前豐富的收藏遺贈與大英博物館，一七五九年展出，乃大英博物館藏品的基礎。

5.梅瑟（Increase Mather, 1639-1723），公理會牧師、作家、教育家。十二歲進哈佛念書，十七歲畢業，在畢業典禮抨擊亞理斯多德的哲學，差一點拿不到學位。十八歲作第一次講道，未幾轉赴愛爾蘭的都柏林，進三一學院念書，畢業時又不肯戴學位帽、著學位袍，但未遭校方爲難，反而要他留校教書，被他拒絕，改到英格蘭傳道，後因一六六〇年查理二世上台，諸多情勢對新教不利，梅瑟憤而放棄英格蘭優渥的生活，坐了幾個月的船回新英格蘭當牧師。一六八三年，查理二世給麻薩諸塞的墾殖戶下最後通牒，要他們徹底遵守英王詔令，否則撤銷他們的特許權。梅瑟公開表示基督信徒只臣服上帝，墾殖戶乃拒絕聽令，以致特許狀於一六八六年遭英王撤銷。待詹姆斯二世上台下宗教寬容令，麻薩諸塞的墾殖戶公推梅瑟於一六八八年到倫敦代表向英王致謝。後於一六八九年威廉三世上台，梅瑟面謁威廉和瑪麗，求得撤換麻薩諸塞總督之令，但無法恢復遭撤銷的特許狀。不過，他還是在一六九一年拿到了新的特許狀。只是不管新總督還是新特許狀，都不太得民心。梅瑟於一六八五年獲受聘任哈佛校長，但在一七〇一年爲抗議新特許狀而辭職。至於一六九二年美洲薩冷（Salem）爆發的獵巫潮，據信梅瑟其人和其著作也逃不了干係。

6. 這段《聖經》經文的脈絡如下：「信而受洗的必然得救，不信的必被定罪。信的人必有神蹟隨著他們，就是奉我的名趕鬼，說新方言。手能拿蛇，若喝了甚麼毒物，也必不受害，手按病人，病人就必好了。」（馬可福音第十六章第十六至十八節）

7. 白廈宮（Whitehall Palace）是英國著名建築師瓊斯（參十五章註三）爲十七世紀英王詹姆斯一世建的皇宮，是王室最主要的居所，也曾是歐洲最富麗的宮殿之一。但於一六九八年毀於大火，只剩宴會廳（The Banqueting House）完整留下。一六四九年查理一世遭處決的地點就在宴會廳。奧倫治威廉暨瑪麗繼位後，也住在白廈宮。倫敦現在的「白廈街」，是中央政府機關薈萃之地，引申爲「英國政府」之意。

8. 議事國會（Convention Parliament），即一六六〇年查理二世復辟暨一六六八威廉三世光榮革命時，未經國王下令而召開的國會會議。

9. 「以色列失落的十族」（Ten Lost Tribes of Israel），猶太人在摩西死後由約書亞帶進迦南地時，總共有十二支部族。公元前九三〇年，十二族中的十族在迦南地北部成立以色列王國，另兩支則在南部成立猶大王國。公元前七二二年，北部的以色列王國亡於亞述，十支部族就此湮滅於史冊。後世對此失落十族的下落有許多說法，美國印地安人即是其一。

第十七章

1. 西法拉地（Sephardi），出自希伯來文 Sepharad（西法拉）。《聖經》舊約〈俄巴底亞書〉第一章第二十節提到「西法拉」這地方，據稱指的是西班牙。「西法拉地」則指中古至一五九〇年代因宗教迫害而逃至西班牙、葡萄牙安身的猶太人，後來再因迫害出亡，四散至法國、荷蘭、英格蘭、義大利、巴爾幹半島等地。

2. 托拉經櫃（Ark of the Torah）。托拉經是猶太教的經書，狹義指〈舊約〉的前五卷，也叫「摩西五經」；廣義指上帝賜與人類的律法，因此也叫《律法書》，也可指全本希伯來文聖經。此處是指置放了托拉經的木櫃，此處用了"Ark"，同「法櫃」（Ark of the Covenant）之「櫃」。

3. 莫里斯（Maurice, 1567-1625），全名爲「莫里斯，奧倫治親王，納掃公爵」（荷蘭文爲 Maurits, Prins Van Oranje, Graaf Van Nassau）。一五八五至一六二五年間繼父親威廉一世任尼德蘭省聯執政，在奧登巴內費爾和表親威廉路易（William Louis）襄助下，以三巨頭之勢穩住尼德蘭政局，推動荷蘭進一步朝獨立邁進。莫里斯不擅行政，故將內政、外交大事交給奧登巴內費爾，自己和威廉路易齊心推動荷蘭軍方的戰術、工程改良，將荷蘭軍隊改造爲當世最現代的大軍，終至於有能力和西班牙的精銳勁旅對抗得勝，也有實力不買英國女王伊麗莎白一世的帳。但也因政務和軍事上的歧見，加上生性猜忌心重，而和謀國老臣奧登巴內費爾漸行漸遠，明爭暗鬥，終致荷蘭獨力的大功臣奧登巴內費爾，被莫里斯借宗教路線衝突逮捕處決，而在莫里斯一生的功蹟蒙上一個大污點。

佛德瑞克・亨利（荷蘭原名爲 Frederik Hendrik, Prins Van Oranje, Graaf Van Nassau, 1584-1647），於一六二五至四七年間，繼同父異母哥哥莫里斯出任尼德蘭省聯執政，也繼承了哥哥的軍事長才，繼續和西班牙打哥哥沒打完的仗，在尼德蘭建立起半國王的外交和內政大權。

4. 奧登巴內費爾（Johan van Oldenbanevelt, 1547-1619），律師，政治家，乃威廉一世之外另一位荷蘭獨立之父。和莫里斯因行事作風、政策磨擦，暨宗教傾向不同，以致嫌隙頻生，猜忌日增，到最後遭莫里斯利用宗教衝突的機會，逮捕處死。

5. 威廉二世（William II, 1626-50），一六四七年接下父親佛德瑞克・亨利的執政職位，野心很大，想要繼續擴張父親已經建立起的霸權，而和省聯的政務委員會發生衝突，曾攻向阿姆斯特丹未成，於一六五〇年因染上天花而死。

6. 范德赫斯特（van der Helst, 1613-1670），巴洛克畫家，十七世紀中葉阿姆斯特丹首屈一指的肖像畫家。

第十八章

1. 皮里尼（Pliny, 23-79），羅馬學者，著有《自然史》（*Historia naturalis*）。這一本百科全書式的著作，分成三十七卷，詳列出天文、地理、動物、植物、礦物的條目。本書一直到中世紀都受到重視，然而其中的觀察多無科學上的價值。

2.維楚維厄斯（Marcus Pollio Vitruvius），約公元前一世紀的人，奧古斯丁大帝的建築師。著有《建築學》（*De architectura*），探討羅馬的建築、工程與都市計畫。

3.原書註：波根斯柏克（Borgensperk）在德語裡叫作 Wagensberg，瓦爾瓦索（Janez Vajkard Valvasor）於德文是 Johann Weichard Valvasor。我在這裡盡量用斯洛維尼亞的稱呼，而不用日耳曼人的稱呼，就只有卡尼奧拉（Carniola）是用英文／拉丁文的說法，而不用斯洛維尼亞人的 Krain 或 Kranjska。

4.斯特雷波（Strabo, 64 B.C. ?-19?），小亞細亞籍的希臘歷史學家、地理學家，著有《地理書》，記載羅馬帝國全境的風土。

第十九章

1.艾芙拉・班恩（Aphra Behn, 1640-89），劇作家、小說家、詩人，據信是英國史上第一位以寫作維生的女性。她命運多舛，生來不知父母爲誰，由人收養，成長於殖民地，多所遊歷，但是，結婚未幾即喪夫守寡。曾替英王查理二世當間諜，卻拿不到報酬，還因欠錢而入獄。最後只好以寫作維生，幸好作品上市反應熱烈，加上爲人慷慨熱情，極具魅力，招來大批朋友相隨。但也因行徑比較不受禮法約束，惹來不少流言蜚語。除了《奧奴諾可》之外，名作有《逼婚》（*The Forced Marriage*, 1671）、《流浪漢》（*The Rover*, 1677, 1681）。

2.克蘿莉思（Cloris），希臘神話裡的花之女神，指盛開的花朵。

亞歷西斯（Alexis），原型爲Alexander，名字的寓意爲身強體健有希臘血統的男子。赫米斯（Hermes），希臘神話天神宙斯和瑪亞（Maia）之子，爲衆神的使者，掌科學、商業、雄辯，手持雙蛇盤繞杖頭有雙翼的權仗，頭戴低頂寬邊的有翼之帽，腳踏有翼之靴。在許多神話裡也是植物的守護神，常和牧神藩、寧芙聯在一起；或是旅人的守護神；和音樂也有很密切的關係。阿芙黛蒂（Aphrodite），一般說是愛和美的女神，但在希臘神話裡也職司生殖，另由於是從海的泡沫裡誕生的，因此也是海之女神，照看海上的旅人。

3.蘇瑟恩（Thomas Southerne, 1660-1746），愛爾蘭籍劇作家，以兩部作品留名後世，都改編自班恩的小說，一是《亡命的婚姻》（*The Fatal Marriage*），另一就是《奧奴諾可》。，兩劇推出後賣座都很好，一直演到十九世紀。

第二十章

1.虎克（Robert Hook, 1635-1703），數學家、物理學家、哲學家。一六六〇年在波義爾（Boyle）研究室做事時發明彈性的「虎克定律」，一六六三年當選皇家學會會員，一六六四年發現獵戶星座的第五星；提出木星繞軸的說法，第一個做出格列戈里反射望遠鏡，拈出「細胞」（cell）一詞，第一個提出物體受熱膨脹，最先研究小化石而成爲進化論的開山祖師，一六七二年發現衍射的現象，爲解釋這現象而提出光有波動的說法。一六七八年提出以平方反比律來計算行星的軌道，後遭牛頓修訂，但因爲覺得牛頓沒有給與他該得的肯定，而生糾紛，造成兩人失和。

2.卑金屬（base metal），容易被氧化的、腐蝕的金屬，如銅、鉛、亞鉛、錫等。

3.洛克流亡荷蘭，是因爲沙夫茨貝里（Shaftesbury）伯爵在政爭中失勢。伯爵的政治理念是主張行君主立憲制，由新教徒任國王，捍衛公民自由、宗教寬容，由國會掌統治大權，作經濟擴張。兩人因理念相近，而結爲好友，洛克從一六六六年起任伯爵的家庭醫師，往來密切。後於一六七九反王派贏得國會大選，爆發王位繼承權的政爭，沙夫茨貝里伯爵是反王弟詹姆斯繼任的一派，在鬥爭中失勢，被關進倫敦塔，一六八一年出庭受審，雖由陪審團裁定無罪開釋，但因安全不保，於翌年出亡荷蘭，一六八三年逝於荷蘭。洛克由於算是沙夫茨貝里心腹，因此也於一六八三年九月出亡荷蘭。

4.再洗禮派（Anabaptist），一五二一年興起於日耳曼的一支基督教派，主張幼兒洗禮無效，成年後須再行洗禮。同蒙天主教和新教迫害。

5.「劍橋柏拉圖派」（Cambridge Platonist），十七世紀一群英國哲學和宗教思想家，爲了融合基督宗教倫理和文藝復興時代的人文主義，宗教和新科學，信仰和理性，而匯聚出來的思想體系，立場和喀爾文大相逕庭。領袖人物是魏屈考特（Benjamin Whichcote），追隨者有劍橋大學的寇德·華斯（Ralph Cudworth）、摩爾（Henry More）、約翰·司密（John Smith）及其他學校多人。

第二十一章

1.征服者麥何密二世（Mehmet the Conqueror），奧圖曼帝國國王，一四五一至八一年在位。於一四五三年攻下了東羅馬帝國的首都君士坦丁堡，並將之易名爲伊斯坦堡。

2.就是「天課」，眞主阿拉規定的課稅，也就是救貧濟困，取之於富人，用之於貧民的一種均富制度。天課徵稅的標的物是資財，即指用以營業、生產與生息等，所獲之財富利益，以及奢侈裝飾品等。至於課稅的方法和比率，均有合理但不同的規定。

3.迴旋舞托缽僧（Mevlevi dervish），據稱乃著名蘇菲詩人魯米（Mevlana Jalaluddin Rumi, -d. 1273）始創的教團。

第二十二章

1.在伊斯蘭信仰中，若想獲得救贖，必須達成「五功」：一、念功，默唸信仰要義：「萬物非主，惟有眞主，穆罕默德是阿拉使者。」二、拜功，每天五次面對聖地麥加，向阿拉禱告、敬拜。三、課功，每年年終課稅，賙濟窮人。四、齋功，守齋戒，特別在九月的聖月期間。五、朝功，一生至少一次到麥加朝聖。

2.這裡指的是亞伯拉罕向眞主獻上自己的兒子爲祭祀犧牲，眞主嘉許他的順從。《古蘭經》裡把亞伯拉罕譯爲易卜拉辛：「他（易卜拉欣）說：『我的小子呀！我確已夢見我宰你爲犧牲，你考慮一下！你究竟有什麼意見？』他說：『我的父親啊！請你執行你所奉的命令吧！如果眞主意欲，你將發現我是堅忍的。』他們倆既已順服眞主，而他使他的兒子側臥著。我（眞主）喊叫說：『易卜拉欣啊！你確已證實那個夢了。』我必定要這樣報酬行善的人們。這確是明顯的考驗。我以一個偉大的犧牲救贖了他。」（第三十七章第一〇〇至一〇七節）。

在《聖經》裡，亞伯拉罕也獻上兒子爲祭，事蹟載於〈創世記〉。

3.或作加卜利勒。即基督宗教裡的加百列（Gabriel）。另，穆斯林亦稱天使爲「天仙」。

4.「卡巴」（Ka'bah），或作「卡巴天房」，麥加聖寺內的一座近方形廳殿。Ka'aba在阿拉伯文的意思是立方體。公元六二三年，穆罕默德將之定爲伊斯蘭教徒禮拜的朝向。後經多次修繕。

5. 謝里夫 (sharif)，阿拉伯文「高貴」的意思。只限穆罕默德叔父阿巴斯 (al-'Abbas) 和阿布塔里布 (Abu Talib) 後人，及阿布塔里布和穆罕默德女兒法蒂瑪 (Fatimah) 生的兒子阿里 (Ali) 的兒子可以用。鄂圖曼土耳其帝國，也奉謝里夫爲麥加君主。

6. 亞伯拉罕立足地 (Maqam Ibrahim)，英文作 The Station of Abraham。麥加聖寺內，卡巴以東處，有一小閣。閣由四柱撐起頂蓋，四方圍有銅柵，閣內有一石，相傳爲亞伯拉罕指揮修建卡巴時曾站立之處。

7. 夏甲，伊斯蘭信徒或作夏芝蘭，以實瑪利，或作伊斯瑪儀。

第二十三章

1. 穆罕默德爲避開迫害，於公元六二二年自麥加遷到麥地那。此遷徙事件稱爲「希吉來」(Hijri)。後以公元六二二年爲伊斯蘭教紀元的元年。

2. 原文本作 "sexual puritanism"。近年常見人借用基督新教的「清教」(Puritanism) 一詞，形容近年歐美（尤其是美國）於性開放多年之後反向回歸，將人（尤其是女性）作貞潔、浪蕩二分的性壓抑潮流。有貶意。

第二十五章

1. 原書作者註：有許多作品是用她的德文名字，Glüeckel of Hameln。

2.「皇家幣」（Reichsthaler），英文作 rix-dollar，意思是 imperial dollar（皇家錢幣），十六至十九世紀通行於荷蘭、丹麥、日耳曼等地。荷蘭語爲 rijksdaler，rijk（王國）加 daler（錢幣）。

第二十六章

1.《奧則朗布》，十七世紀英格蘭大文豪德萊頓（John Dryden, 1631-1700）以蒙兀兒皇帝奧朗則布爲題材所寫的戲。

參考資料與延伸閱讀

以下列出我爲本書各章節所使用的主要參考資料與新近研究。讀者可以將之當作延伸閱讀的書單。

在關於1688年的概略描述方面，我特別感謝Fernand Braudel所著的*Civilization and Capitalism: 15th-18th Century*, (translated by Siân Reynolds, 3 vols. (New York, 1981)。有兩本談此時期歐洲歷史的著作非常有幫助：John B. Wolf, *The Emergence of the Great Powers, 1685-1715* (New York, 1951)；以及John Stoye, *Europe Unfolding, 1648-1688* (London and New York, 1969)。此外，Jack A. Goldstone在*Revolution and Rebellion in the Early Modern World* (Berkeley, Los Angeles, and Oxford, 1991)一書中所採的理論方向也很受用。

第一篇

關於柯洛內里與他的圓球，請參*Libro dei globi* (Amsterdam, 1969)一書，本書是對於柯洛內里所做的當代學術版本，由Helen Wallis做導論。

第一章

關於白銀船隊的描述，係根據C. H. Haring, *Trade and Navigation between Spain and the Indies in the Time of the Hapsburgs* (Cambridge, Mass., 1918)。關於美洲白銀流向及其影響，最近有一近作：Michel Morineau, *Incroyables Gazettes et Fabuleux Métaux: Les Retours des Trésors Américains d'aprés les Gazettes Hollandaises (XVIe-XVIIIe siècles)* (Cambridge, U.K., and Paris, 1985)

泰瑞沙修女在波托西的故事，取自Bartolomé Arzáns de Orsúa y Vela, *História de la Villa Imperial de Potosí*, ed. Lewis Hanke and Gunnar Mendoza, 3 vols. (Providence, R.I., 1965)，以及Orsúa y Vela的*Tales of Potosí*, trans. Frances M. López-Morillas, ed. and intro. R. C. Padden (Providence, R.I., 1975)。

關於波托西，見Jeffrey A. Cole, *The Potosí Mita, 1573-1700: Compulsory Indian Labor in the Andes* (Stanford, 1985)

修女胡安娜的詩作及生平，見 Octavio Paz, *Sor Juana* (Cambridge, U.K., 1988)。

關於基諾神父，見 Herbert Eugene Bolton, *Rim of Christendom: A Biography of Eusebio Francisco Kino, Pacific Coast Pioneer, 2d ed.* (Tucson, 1984)，以及 Eusebio Francisco Kino, ed. and trans. Herbert Eugene Bolton, *Kino's Historical Memoir of Primería Alta*, 2 vols. (Cleveland, 1919)。

在皮馬與索諾拉沙漠的背景方面，我借用了 Donald Bahr, Juan Smith, William Smith Allison, and Julian Hayden, *The Short Swift Times of Gods on Earth: The Hohokam Chronicles* (Berkeley, Los Angeles, and London, 1994)；以及 Buford Pickens, Arthur Woodward, et al., *The Missions of Northern Sonora: A 1935 Field Documentation* (Tucson and London, 1993)；以及 Charles W. Polzer et al., eds., *The Jesuit Missions of Northern Sonora* (New York and London, 1991)。

對馬尼拉的描述，見 John E. Willis, Jr., "China's Farther Shores: Continuities and Changes in the Destination Ports of China's Foreign Trade, 1680-1690", in *Emporia, Commodities and Entrepreneurs in Asian Maritime Trade, c. 1400-1750*, ed. Roderick Ptak and Dietmar Rothermund (Stuttgart, 1992), pp. 53-77。

第二章

對於西非的概述與背景，見 B.A. Ogot, ed., *UNESCO History of Africa*, vol. 5 (Berkeley, Oxford, and Paris, 1992)，以及 Richard Gray, ed., *Cambridge History of Africa*, vol.4 (Cambridge, U.K., 1975)；以及 John Thornton, *Africa and Africans in the Making of the Atlantic World* (Cambridge, U.K., and New York, 1992)。

以西方語言所寫的文獻中，關於葡萄牙和剛果王國的資料異常豐富。箇中最棒的概述當屬 John Thornton, *The Kingdom of Kongo: Civil War and Transition, 1641-1718* (Madison, Wis., 1983)。至於文化方面的解說，見 Wyatt MacGaffey, *Religion and Society in Central Africa: The BaKongo of Lower Zaire* (Chicago, 1986)。

書中關於 1688 所用的文件和細節，見 Levy Maria Jordão, Visconde de Paiva Manso, *História do Congo (Documentos)* (Lisbon, 1877)。

關於達荷美，見 Robin Law, *The Slave Coast of West Africa* (Oxford and New York, 1991)，以及 Roussier, ed., *L'Établissement d'Issiny, 1687-1702* (Paris,

1935)。

關於塞內甘比亞，見 Philip D. Curtin 的優秀著作，*Economic Change in Precolonial Africa: Senegambia in the Era of the Slave Trade* (Madison, Wis., and London, 1975)。

有關 1680 年代當時人的見聞，見 Chambonneau, "Relation du Sr. Chambonneau," *Bulletin de Géographie Historique et Descriptive*, vol. 2 (1898), pp. 308-21；以及 Thora G. Stone, "The Journey of Cornelius Hodges in Senegambia," *English Historical Review*, vol. 39 (1924), pp. 89-95。

第三章

運奴數字來自 Philip D. Curtin, *The Atlantic Slave Trade: A Census* (Madison, Wis., and London, 1969)。

基本描述見 Elizabeth Donnan, *Documents Illustrative of the History of the Slave Trade to America*, 4 vols. (Washington, D.C., 1930-35)。

談皇家非洲公司的部份，見 Kenneth G. Davies, *The Royal African Company* (London, 1957)。

關於寇伊曼事件，見 I. A. Wright, "The Coymans Asiento (1685-1689)," *Bijdragen voor Vaderlandsche Geschiedenis en Oudheidkunde*, vol. 6, part 1 (1924), pp. 23-62。

關於殖民時代的巴西，我主要參考 C. R. Boxer, *The Golden Age of Brazil*, 1695-1750 (Berkeley, Los Angeles, and London, 1962)；以及 Bailey W. Diffie, 由 Edwin J. Perkins 協助編輯的 *A History of Colonial Brazil, 1500-1792* (Malabar, Fla., 1987)。

關於帕馬雷斯，見 Palmares: An African State in Brazil," *Journal of African History*, vol. 6, no. 2 (1965), pp. 161-75；以及 Edison Carneiro, *O Quilombo dos Palmares* (Rio de Janeiro, 1966)。

關於維艾拉神父，見 Thomas M. Cohen, *The Fire of Tongues: Antonio Vieira and the Missionary Church in Brazil and Portugal* (Stanford, 1988)；以及 Antonio Vieira, *Sermões*, ed. Gonçalo Alves, 15 vols. (Porto, 1945-48)。

西印度群島的基本描述，來自 J. H. Parry and P. M. Sherlock, *A Short History of the West Indies*, 2d ed. (London and New York, 1968)。

Worthy Park 的相關段落，見 Michael Craton and James Walvin, *A Jamaican Plantation: The Histroy of Worthy Park, 1670-1970* (Toronto, 1970)；以及

Carey Robinson, *The Fighting Maroons of Jamaica* (Kingston, Jamaica, 1969)。

關於德克薩斯的故事，見 Robert S. Weddle, *Wilderness Manhunt: The Spanish Search for La Salle* (Austin and London, 1973)；以及 Adolph F. A. Bandelier and Fanny R. Bandelier, comps., *Historical Documents Relating to New Mexico, Nueva Vizcaya, and Approaches Thereto, to 1773*, ed. Charles Wilson Hackett, 2 vols. (Washington, D.C., 1926)。

談凱多人的部份，見 John R. Swanton, *Source Material on the History and Ethnology of the Caddo Indians* (Washington, D.C., 1942)；以及 Todd Smith, *The Caddo Indians: Tribes at the Convergence of Empires, 1542-1854* (College Station, Texas, 1995)。

第四章

基本資料取自 William Dampier, *A New Voyage around the World*, intro. Sir Albert Gray and Percy G. Adams (New York, 1968)。

關於丹皮爾所到的地點的進一步探討，見 Leslie R. Marchant, *An Island unto Itself: William Dampier and New Holland* (Carlisle, Western Australia, 1988)。

關於巴第人，見 Roland M. Berndt, Michael V. Robinson 和 C. D. Metcalfe 的文章，登在 *Aborigines of the West: Their Past and Their Present*, ed. Ronald M. Berndt and Catherine H. Berndt (Perth, Australia, 1980)。

第五章

關於荷蘭人與柯伊柯伊族的關係，見 Richard Elphick, *Kraal and Castle: Khoikhoi and the Founding of White South Africa* (New Haven and London, 1977)。

關於預格諾教派的概述，見 Richard Elphick and Hermann Giliomee, eds., *The Shaping of South African Society, 1652-1820* (Cape Town, 1979)；以及 Colin Graham Botha, *The French Refugees at the Cape* (Cape Town, 1919)。

本章中的決議，係引自 Suid-Afrikaanse Argiefstukke, ed., *Resolusies van de Politieke Raad*, 6 vols. (Cape Town and Johannesburg, 1957-68), vol. III。

第六章

基本內容來自巴達維亞與尼德蘭十七人紳士團在1687年12月至1688年12月這一年間的通信內容。本章用的是一個加了註解的抄本：W. Ph. Coolhaas, ed. *Generale Missiven van Gouverneurs-Generaal en Raden aan Heren XVII der Verenigde Oost-Indische Compagnie*, vol. 5 (The Hague, 1975)。

關於倫甫的段落，主要參考 G. E. Rumpf, *The Poison Tree: Selected Writings of Rumphius on the Natural History of the Indies*, ed. and trans. E. M. Beekman (Amherst, 1981)；我尤其借重一本短篇幅的精彩傳記：Rumpf, *The Ambonese Curiosity Cabinet*, ed. and trans. E. M. Beekman (New Haven and London, 1999)。

至於寇奈利亞・范・奈仁魯德，我倚賴的是 *Strange Company: Chinese Settlers, Mestizo Women and the Dutch in VOC Batavia* (Leiden, 1988), chap. 8；以及 Blussé, *Bitters Bruid: Een Koloniaal Huwelijksdrama in de Gouden Eeuw* (Amsterdam, 1997)。

關於整體背景與其他地方的若干細節，見 M. C. Ricklefs, *A History of Modern Indonesia since c. 1300*, 2d ed. (Stanford, 1993)；以及 Leonard Y. Andaya, *The World of Maluku: Eastern Indonesia in the Early Modern Period* (Honolulu, 1993)；以及 Barbara Watson Andaya, *To Live as Brothers: Southeast Sumatra in the Seventeenth and Eighteenth Centuries* (Honolulu, 1993)。

第七章

E. W. Hutchinson, *Adventurers in Siam in the Seventeenth Century* (London, 1940)。

Hutchinson, ed. and trans., *1688: Revolution in Siam: The Memoirs of Father de Bèze, S.J.* (Hong Kong 1968)。

若干細節取自荷蘭東印度公司有關大城與麻六甲的報告手稿檔案，Algemeen Rijksarchief, The Hague, VOC 1453, fol. 225v-232 and 428-436v.。

第八章

關於莫斯科與彼得大帝的概述，取自 Evgenii V. Anisimov, *The Reforms of Peter the Great: Progress through Coercion in Russia*, trans, and intro. John

T. Alexander (Armonk, N.Y., and London, 1993)；以及 Robert K. Massie, *Peter the Great: His Life and World* (New York, 1981)。

關於俄國與蒙古人、與中國清朝的關係，見 Mark Mancall, *Russia and China: Their Diplomatic Relations to 1728* (Cambridge, Mass., 1971)；以及 Morris Rossabi, *China and Inner Asia: From 1368 to the Present Day* (London and New York, 1975)。

關於戈頓將軍，見 Patrick Gordon, *Tagebuch des Generals Patrick Gordon*, ed. and trans. Prince M. A. Obolenski and M. C. Posselt (Moscow, 1849-51)；以及 Gordon, *Passages from the Diary of General Patrick Gordon of Auchleuchries, A.D. 1635-1699* (Aberdeen, 1859)。

關於舊信徒派，見 Robert O. Crummey, *The Old Believers and the World of Antichrist: The Vyg Community and the Russian State, 1694-1855* (Madison, Wis., and London, 1970)；以及 Ivan Stouchkine, *Le Suicide Collectif dans le Raskol Russe* (Paris, 1903)。

第九章

關於王夫之，我發現以下兩作特別有幫助：Ian McMorran, "Wang Fu-chih and the Neo-Confucian Tradition," in William Theodore de Bary et al., *The Unfolding of Neo-Confucianism* (New York, 1975)；以及 Ian McMorran, "The Patriot and the Partisan: Wang Fu-chih's Involvement in the Politics of the Yung-li Court," in *From Ming to Ch'ing: Conquest, Region, and Continuity in Seventeenth-Century China*, ed. Jonathan D. Spence and John E. Wills, Jr. (New Haven, 1979)。

所引的王夫之的文章，出自 Wing-tsit Chan, ed. and trans., *A Source Book in Chinese Philosophy* (Princeton, 1963)；以及 William Theodore de Bary, Wing-tsit Chan, and Burton Waston, eds., *Sources of Chinese Tradition* (New York, 1960)。那首 1688 年的詩，譯自 Anon. ed.《王船山詩文集》(北京, 1962), p. 357。感謝 Sun Shaoyi 小姐協助翻譯。

王夫之的生平，也見 Anon. ed., *Wang Chuanshan xueshu taolun Ji* (Beijing, 1965)。

關於石濤，有一本由 Jonathan Spence 寫了導論：Richard Edwards, in an exhibit catalog, *The Painting of Tao-chi, 1641-ca. 1720* (Ann Arbor, Mich., 1967)非常精彩，蒐羅了很多研究，並分析了石濤的畫作。

也參 Ju-hsi Chou, *The Hua-yü-lu and Tao-chi's Theory of Painting* (Tempe, Ariz., 1977)。

第十章

基本的文獻來自中國第一歷史檔案館編輯出版的《康熙起居注》(北京，1985)。

關於康熙生活與政治的重要見解，可見 Jonathan D. Spence, *Emperor of China: Self-Portrait of Kangxi* (New York, 1974)；以及 Silas H. L. Wu, *Passage to Power: K'ang-hsi and His Heir Apparent, 1661-1722* (Cambridge, Mass., and London, 1979)。

本章所提到的人物，其小傳可於 Arthur W. Hummel, ed., *Eminent Chinese of the Ch'ing Period* (Washington, D.C., 1944)一書中找到。

關於治水問題，見 Richard E. Strassberg, *The World of K'ung Shang-jen: A Man of Letters in Early Ch'ing China* (New York, 1983), pp. 117-21, 208-15。

第十一章

南懷仁的喪禮，以及張誠的蒙古之行，根據的是 J. B. du Halde, S. J., *Déscription Géographique, Historique, Chronologique, et Physique de l'Empire de la Chine et de la Tartarie Chinoise*, 4 vols. (The Hague, 1736)。

若干細節取自 John E. Wills, Jr., "Some Dutch Sources on the Jesuit China Mission, 1662-1687," *Archivum Historicum Societatis Iesu*, vol. 54 (1985), pp. 267-93。

關於南懷仁，見 John W. Witek, S.J., ed., *Ferdinand Verbiest, S.J. (1623-1688): Jesuit Missionary, Scientist, Engineer and Diplomat* (Nettetal, Germany, 1994)。

關於《西文四書解》，見 David E. Mungello, *Curious Land: Jesuit Accommodation and the Origins of Sinology* (Stuttgart, 1985), chap. 8。

關於吳歷，見 Jonathan Chaves, *Singing at the Source: Nature and God in the Poetry of the Chinese Painter Wu Li* (Honolulu, 1993)。

第十二章

關於德川時期的日本，見 John W. Hall, ed., James McClain, assist. ed., *The*

Cambridge History of Japan, vol. 4, *Early Modern Japan* (Cambridge, U.K., and New York, 1991)；以及 Conrad Totman, *Early Modern Japan* (Berkeley, Los Angeles, and London, 1993)。

關於金澤，見 James L. McClain, *Kanazawa: A Seventeenth-Century Japanese Castle Town* (New Haven and London, 1982)。

關於江戶，見 James McClain, John M. Merriman, and Ugawa Kaoru, eds., *Edo and Paris: Urban Life and the State in Early Modern Times* (Ithaca and London, 1994)。

關於春畫，見 Richard Lane, *Images from the Floating World: The Japanese Print* (New York, 1978)。

關於人偶淨琉璃，見 Donald Keene, *The Battles of Coxinga: Chikamatsu's Puppet Play, Its Background and Importance* (London, 1951)。

關於德川綱吉，見 Donald H. Shively, "Tokugawa Tsunayoshi, the Genroku Shogun," in *Personality in Japanese History*, ed., Albert M. Craig and Donald H. Shively (Berkeley, Los Angeles, and London, 1970)；以及 Harold Bolitho, "The Dog Shogun," in *Self and Biography: Essays on the Individual and Society in Asia*, ed Wang Gungwu (Sydney, 1976)；以及 Beatrice Bodart Bailey, "The Laws of Compassion," *Monumenta Nipponica*, vol. 40, no. 2 (Summer 1985), pp. 163-89。

關於 1688 年的幕府，取自 Kuroita Katsumi, ed., *Tokugawa jikki*, in *Shintei Zoho Kokushi Taikei* (Tokyo, 1919—35)。

關於長崎，見 Wills, "China's Farther Shores," cited under chapter 1 above。

第十三章

關於德川時期的日本文學，見 Donald Keene, *World within Walls: Japanese Literature of the Pre-Modern Era, 1600-1867* (New York, 1976)，特別是第五章談芭蕉與第八章談井原西鶴的兩章。

井原西鶴的《日本永代藏》，(英文)譯文取自 G. W. Sargent, *The Japanese Family Storehouse* (Cambridge, U.K., 1959)，本書在背景介紹與詮釋方面相當傑出。

關於芭蕉的描述和詩句的英文譯文，見 *The Narrow Road to the Deep North and Other Travel Sketches*, intro. and trans. Nobuyuki Yuasa (Baltimore, 1966)；以及 William R. LaFleur, *The Karma of Words: Buddhism and the*

Literary Arts in Medieval Japan (Berkeley, Los Angeles, and London, 1983)。

第十四章

我以凡爾賽宮爲焦點對法國所作的記述，最重要的指引來自 Pierre Goubert, *Louis XIV and Twenty Million Frenchmen*, trans. Anne Carter (New York, 1970)；以及 John B. Wolf, *Louis XIV* (New York, 1968)；以及 W. H. Lewis, *The Splendid Century: Life in the France of Louis XIV* (Garden City, N.Y., 1957)；以及 Robert Mandrou, *Louis XIV et Son Temps: 1661-1715* (Paris, 1973)。至於插圖與細節，則藉助於 Nancy Mitford, *The Sun King: Louis XIV at Versailles* (New York, 1966)。

丹古侯爵的日記後有出版：Philippe de Courcillon, marquis de Dangeau, *Journal du Marquis de Dangeau*, ed. M. Feuillet de Conches, 19 vols. (Paris, 1854-60)。

並參 Charlotte Haldane, *Madame de Maintenon: Uncrowned Queen of France* (Indianapolis and New York, 1970)；以及 Théophile Layallée, *Madame de Maintenon et la Maison Royale de St.-Cyr (1686-1793)* (Paris, 1862)；以及 Jeanne de Guyon, *La Vie de Madame Guyon Écrite par Elle-même*, ed. Benjamin Sahler (Paris, 1983)；以及 Marie-Louise Gondal, *Madame Guyon (1648-1717): Un Nouveau Visage* (Paris, 1989); 以及 Marie-Louise Gondal, ed., *Madame Guyou: La Passion de Croire* (Paris, 1990)。

第十五章

本章嘗試借用從圖書館所得的文獻與爭論，從而讓內容自己說話。有一本著作獨具見解，其簡述相當有用，並全盤引錄了關於爭論的內容，這本著作是：Geoffrey Holmes, *The Making of a Great Power: Late Stuart and Early Georgian England, 1660-1722* (London and New York, 1993)。

以下兩本著作也讓我獲益良多：Mark Kikshlansky, *A Monarchy Transformed: Britain 1603-1714* (London and New York, 1996)；以及 Maurice Ashley, *James II* (London, Toronto, and Melbourne, 1977)。

有一本著作對於 1688 做了簡短有利的概述：John Carswell, *The Descent on England: A Study of the English Revolution of 1688 and Its European Back-*

ground (New York, 1969)。

在 1988 年左右出版了不少縝密的編輯作品，對於本書的主題而言，我認爲其中最重要的一本是 Jonathan I. Israel, ed., *The Anglo-Dutch Moment: Essays on the Glorious Revolution and Its World Impact* (Cambridge, U.K., and New York, 1991)。

記述威廉的返英與在英格蘭南方的長征，取自 Henri and Barbara van der Zee, *1688: Revolution in the Family: A Royal Feud* (London, 1988)。

有關威爾頓莊與范戴克的畫一事，來自我 1994 年造訪該地時取得的一本觀光手册。

倫敦危機，見 Robert Beddard, ed., *A Kingdom without a King: The Journal of the Provisional Government in the Revolution of 1688* (Oxford, 1988)；以及 John Evelyn, *Diary*, ed. E. S. de Beer, 6 vols. (Oxford, 1955)。

第十六章

奧柏瑪公爵，見 Estelle Frances Ward, *Christopher Monck, Duke of Albemarle* (London, 1915)；以及 Hans Sloane, M.D., *A Voyage to the Islands Madera, Barbados, Nieves, S. Christopher, and Jamaica*, 2 vols. (London, 1707)。

關於梅瑟，見 Robert Middlekauff, *The Mathers: Three Generations of Purtitan Intellectuals, 1596-1728* (New York, 1971)。

關於潘威廉，我受益於幾本著作，其一爲 Hans Fantel, *William Penn; Apostle of Dissent* (New York, 1974)；另外兩本堪稱學術佳作：一爲 Mary Maples Dunn, *William Penn: Politics and Conscience* (Philadelphia, 1967) ，另一爲 Richard S. Dunn and Mary Maples Dunn, eds., *The World of William Penn* (Philadelphia, 1986)；至於潘威廉的美國行腳，見 Richard S. Dunn, Mary Maples Dunn, and Jean R. Soderlund, eds., *William Penn and the Founding of Pennsylvania, 1680-1684: A Documentary History* (Philadelphia, 1983)。

關於詹姆斯二世和其他有關的 1688 主題，見 Vincent Buranelli, *The King and the Quaker: A Study of William Penn and James II* (Philadelphia, 1962)；以及 Joseph E. Illick, *William Penn the Politician: His Relations with the English Government* (Ithaca, 1965)；以及 Richard S. Dunn and Mary Maples Dunn, chief eds., *The Papers of William Penn* (Philadelphia, 1986), vol. 3。

第十七章

在英文著作方面，有一本後起之秀：Jonathan Israel, *The Dutch Republic: Its Rise, Greatness, and Fall, 1477-1806* (Oxford, 1995)。

Simon Schama 的 *The Embarrassment of Riches: An Interpretation of Dutch Culture in the Golden Age* (Berkeley, Los Angeles, and London, 1988)一書，提供了關於荷蘭文化的精彩描述和見解。

關於維加談股市的書，見 M. F. J. Smith, ed., and G. J. Geers, trans., *Confusion de Confusiones de Josseph de la Vega* (The Hague, 1939)；以及一篇文章：Harm Den Boer and Jonathan I. Israel in *The Anglo-Dutch Moment*, ed. Israel。

此外，有關 1688 年的荷蘭政治情勢，我援引了多處的 Jonathan Israel, "The Dutch Role in the Glorious Revolution" in *The Anglo-Dutch Moment*, loc. cit。

關於維森，見 J. F. Gebhard, Jr., *Het Leven van Mr. Nicolaas Cornelisz. Witsen (1641-1717)*, 2 vols. (Utrecht, 1881)。

十八章

關於文字共和國的概念，見 Dena Goodman, *The Republic of Letters: A Cultural History of the French Enlightenment* (Ithaca and London, 1994)。

談培爾的書有一傑作：Elisabeth Labrousse, *Pierre Bayle* (The Hague, 1963—64)。

關於《文字共和國新聞》，見 Louis-Paul Betz, *Pierre Bayle und die "Nouvelles de la République des Lettres" (Erste Populärwissenschaftliche Zeitschrift) (1684-1687)* (Zurich, 1896, repr. Geneva, 1970)；以及 Hubert Bost, *Pierre Bayle et la Question Religieuse dans le "Nouvelles de la République des Lettres," 1684-1687* (Montpellier, 1991)。

關於佩羅，見 Antoine Picon, *Claude Perrault, 1613-1688, ou, La Curiosité d'un Classique* (Paris, 1989)。至於佩羅的《古今之比》內容，我是參照 Perrault, *Parallèles des Anciens et des Modernes*, ed. H. R. Jauss and M. Imdahl (Munich, 1964)。

關於瓦爾瓦索，見 P. von Radics, *Johann Weikhard Freiherr von Valvasor*

(Laibach [Ljubljana], 1910)；以及 Johann Weichard Valvasor, *Die Ehre des Herzogtums Krain* (Laibach [Ljubljana] and Nürnberg, 1689)；以及 Branko Reisp, *Kranjski Polihistor Janez Vajkard Valvasor* (Ljubljana, 1983), English summary, pp. 385-417；以及 Branko Reisp, ed., *Korespondenca Janeza Vajkarda Valvasorja Z Royal Society: The Correspondence of Janez Vajkard Valvasor with the Royal Society* (Ljubljana, 1987)。

第十九章

參 Angeline Goreau, *Reconstructing Aphra: A Social Biography of Aphra Behn* (New York, 1980)；以及 Aphra Behn, *Oroonoko, The Rover, and Other Works*, ed. Janet Todd (London and New York, 1992)。

第二十章

關於牛頓，見 Richard S. Westfall, *Never at Rest: A Biography of Isaac Newton* (Cambridge, U.K., and New York, 1980)；以及 Issac Newton, *Sir Isaac Newton's Mathematical Principles of Natural Philosophy and His System of the World*, trans. Andrew Motte, trans. and annotated Florian Cajori (Berkeley, Los Angeles, and London, 1962)；以及 H. W. Turnbull, ed., *The Correspondence of Isaac Newton*, 7 vols. (Cambridge, 1959－)。

研究洛克的人，找得到許多有關洛克的通信與著作的傑出編輯作品，例如 E. S. De Beer, ed., *The Correspondence of John Locke* (Oxford, 1978), vol.3; 以及 John Locke, *An Essay Concerning Human Understanding*, ed. Peter H. Nidditch (Oxford, 1975)；以及 Locke, *Two Treatises of Government*, ed. Peter Laslett (Cambridge, U.K., 1960)。

到目前爲止，最棒的洛克傳記要屬 Maurice Cranston, *John Locke: A Biography* (New York, 1957)。

我對於洛克的認識，大大歸功於 John Dunn 的這本 *Locke* (Oxford and New York, 1984)；以及 Laslett 在 John W. Yolton 的 *Locke: An Introduction* (Oxford and New York, 1985)書中所作的導言。

比起認識牛頓和洛克，萊布尼茲更難了解，而就我經驗所及，現有文獻無法提供令人滿意的指引。我找到若干幫助：R. W. Meyer, *Leibniz and the Seventeenth-Century Revolution*, trans. J. P. Stern (Cambridge, U.K., 1952); 以及 Stuart Brown, *Leibniz* (Minneapolis, 1984)；以及 Centre International de Synthèse, ed., *Leibniz, 1646-1716:Aspects de l'Homme et l'Oeuvre* (Paris, 1968)。關於萊布尼茲在中國思想方面的興趣，見 David E. Mungello, *Leibniz and Confucianism: The Search for Accord* (Honolulu, 1977)；以及 Leibniz, *Discourse on the Natural Theology of the Chinese*, trans. Henry Rosemont and Daniel J. Cook (Honolulu, 1977)。有關 1688 這一年的活動，見 Leibniz, *Allgemeines Politischer und Historischer Briefwechsel*, ed. Kurt Müller and Erik Anburger, vol. 5 (Berlin, 1954)。

第二十一章

對於十七世紀穆斯林世界的認識，有一書能修正我們的舊觀點：C. A. Bayly, *Imperial Meridian: The British Empire and the World, 1780-1830* (London and New York, 1989), chaps. 1 and 2。

此外，Goldstone, *Revolution and Rebellion*；以及 Rifa'at 'Ali Abou-El-Haj, *Formation of the Modern State: The Ottoman Empire, Sixteenth to Eighteenth Centuries* (Albany, N.Y. 1991)兩作，嘗試針對奧圖曼帝國提出新觀點。

就概論而言，英文著作以此書爲權威：Stanford Shaw, *History of the Ottoman Empire and Modern Turkey*, vol. 1, *Empire of the Gazis: The Rise and Decline of the Ottoman Empire, 1280-1808* (Cambridge, U.K, and New York, 1976)。

關於阿加，見 Osman Aga, *Der Gefangene der Giauren*, ed. and trans. Richard F. Kreutel and Otto Spies (Graz and Vienna, 1962)。

得 Ayse Rorlich 協助，我採用了 Temesvari Osman Aga, *Gâvurlarin Esiri* (Istanbul, 1971)一書中的幾個觀點。

關於伊斯坦堡，見 Robert Mantran, *Istanbul dans la Seconde Moitié du XVIIe Siecle: Essai d'Histoire Institutionelle, Économique, et Sociale* (Paris, 1962)。

有關 1687 至 88 年間的危機，見 Joseph von Hammer, *Geschichte des Osmanischen Reiches*, 10 vols.(Pest, 1827—35)；以及 Ayse Rorlich of Mehmed Aga Silahdar 給我的一份論文概要：*Silahdar Tarihi* (Istanbul, 1928)。

關於威尼斯人在雅典與伯羅奔尼薩的情況，見 James Morton Paton, ed., *The Venetians in Athens, 1687-1688, from the Istoria of Cristoforo Ivanovich* (Cambridge, Mass., 1940)。

關於阿爾及爾人，見 John B. Wolf, *The Barbary Coast: Algiers under the Turks, 1500 to 1830* (New York and London, 1979)。

第二十二章

近代英文著作最權威者當屬 F. E. Peters, *The Hajj: The Muslim Pilgrimage to Mecca and the Holy Places* (Princeton, 1994)。

有關 1680 年代的細節，見 Sir William Foster, ed., *The Red Sea and Adjacent Countries at the Close of the Seventeenth Century, as Described by Joseph Pitts, William Daniel, and Charles Jacques Poncet*, Works Issued by the Hakluyt Society, Second Series, No C (Cambridge, U.K., 1949; reprint, Liechtenstein, 1967)。

第二十三章

新作方面，有一著作針對政治結構與政治變化提出了精彩簡述：*The New Cambridge History of India* (Cambridge, U.K., and New York, 1993)中的兩卷：John F. Richards, *The Mughal Empire* 和 Stewart Gordon, *The Marathas, 1600-1800*。

關於那位畢扎普的蘇菲教徒的詩作及背景，見 Richard M. Eaton, *Sufis of Bijapur, 1300-1700: Social Roles of Sufis in Medieval India* (Princeton, 1978)。

有關蒙兀兒攻克戈爾孔達事件，見 J. F. Richards, *Mughal Administration in Golconda* (Oxford, 1975)。

在細節方面，也請參 Jadunath Sarkar, *History of Aurangzib*, 2d ed., 5 vols. (Calcutta, 1930)；以及 Niccolo Manucci, *Storia do Mogor, or Mogul India, 1653-1708*, trans. William Irvine, 4 vols. (New Delhi, 1981)。

有關潘納亞克事件的背景，見 J. F. Richards, "The Imperial Crisis in the Deccan," *Journal of Asian Studies*, vol. 35, no. 2 (February 1976), pp. 237-56 和此文所引用的資料來源。

第二十四章

對於英國東印度公司的最佳描寫，是 Holden Furber, *Rival Empires of Trade in the Orient, 1600-1800* (Minneapolis, 1976)；以及 K. N. Chaudhuri, *The Trading World of Asia and the English East India Company, 1660-1760* (Cambridge, U.K., and New York, 1978)。關於英國東印度公司與蒙兀兒帝國的衝突，見 William W. Hunter, *A History of British India* (reprint, New

York, 1966)。

對於馬德拉斯的記錄，出自 *Records of Fort St. George: Diary and Consultation Book*, 86 vols. (Madras, 1894)。

關於耶魯，見 Hiram Bingham, *Elihu Yale* (New York, 1939)。

關於紡織的生產與貿易，見 K. N. Chaudhuri, and John E. Wills, Jr., "European Consumption and Asian Production in the Seventeenth and Eighteenth Centuries," in *Consumption and the World of Goods*, ed., John Brewer and Roy Porter (London and New York, 1993), pp. 133-47。

關於哈瓦漢・喬葛雅齊與亞美尼亞人在亞洲的活動，見 Philip D. Curtin, *Cross-Cultural Trade in World Histroy* (Cambridge, U.K., and New York, 1984), chap. 9；以及 Michael Aghassian and Kéram Kévonian, "Armenian Trade in the Indian Ocean in the Seventeenth and Eighteenth Centuries," in *Asian Merchants and Businessmen in the Indian Ocean and the China Sea*, ed. Denys Lombard and Jean Aubin (New Delhi, 2000)；以及 Lvon Khachikian, "The Ledger of the Merchant Hovhannes Joughayetsi, "*Journal of the Asiatic Society* (Calcutta), vol. 8, no. 3 (1966)；以及 Lvon Khachikian, "Le Registre d'un Marchand Arménien en Perse, en Inde, et au Tibet (1682-1693)," *Annales: Économies, Sociétés, Civilisations*, vol. 22, part 1 (January-June 1967)。

第二十五章

關於耶路撒冷，見 F. E. Peters, *Jerusalem: The Holy City in the Eyes of Chroniclers, Visitors, Pilgrims, and Prophets from the Days of Abraham to the Beginnings of Modern Times* (Princeton, 1985)。

關於吉莉柯・萊伯，見 Natalie Zemon Davis, *Women on the Margins: Three Seventeenth-Century Lives* (Cambridge, Mass, and London, 1995)。吉莉柯・萊伯的傳記，最佳的譯本是：Beth-Zion Abrahams, *The Life of Glückel of Hameln, 1646-1724, Written by Herself* (London, 1962, and New York, 1963)。

有關柯洛諾的「婚契」，承蒙耶路撒冷的希伯來大學教授 Shalom Sabar 指點，他是這方面的專家；見 Shalom Sabar, *Ketubbah: Jewish Marriage Contracts in the Hebrew Union College Skirball Museum and Klau Library* (Philadelphia, 1990)。感謝紐約市猶太神學院圖書館允許我借閱該書並影

印這份珍藏。

第二十六章

有關普賽爾，我參考了 J. A. Westrup, *Purcell* (London and New York, 1965)；以及 Westrup 登在 *The New Grove Dictionary of Music and Musicians*, 20 vols. (Washington, D.C., 1980)上的文章；以及 Franklin B. Zimmerman, *Henry Purcell: An Analytical Catalogue of His Music* (london and New York, 1963)。

國家圖書館出版品預行編目資料

1688／魏而思 (John E. Wills, Jr.) 著；宋偉航譯.--
初版-- 臺北市：大塊文化，2001 [民 90]
面；　公分.--(From ; 2)
譯自：1688: A Global History
ISBN　957-0316-99-3 (平裝)

1. 世界史 - 17世紀

712.5　　　　　　　　90017763